제3판

유아교육기관에서의 부모교육과 지원

Parent Education and Support in Early Childhood Educational Settings
3rd Ed.

김희진 · 한영미 지음

도서출판 파란마음

서문 preface

유치원과 어린이집을 포함한 다양한 유아교육기관에서 부모를 교육하고, 부모를 지원하고, 부모와 협력하는 것은 중요한 일로 여겨집니다. 기관장, 교사, 부모 모두 그 중요성은 인정하지만 여러 가지 이유로 부모교육과 지원이나 부모와의 협력이 잘 이루어지지 않고 있습니다.

지난 30년간 '부모교육' 과목을 가르치면서, 유아교육을 공부하는 학생과 유아교육기관의 기관장이나 교사들과 함께 어떻게 하면 부모교육과 지원 및 협력을 활성화시킬 수 있을까 고민해 왔습니다. 함께 수업을 하면서 부모교육이 중요하다는 것에는 모두 동의하였지만, 부모교육에 대한 시각이 아직도 부모를 일방향으로 가르쳐야 한다는 것에 머무르고 있음도 느꼈습니다. 기존 교재에는 유아교육기관에서의 부모교육과 지원 또는 협력보다는 부모기의 의미, 부모-자녀 관계, 가족 관계 및 유형에 관한 내용이 많은 분량을 차지하였고, 외국의 프로그램도 우리나라에서 전혀 접할 수 없는 것이 많아 실제에 적용할 수 있는 정보와 자료에 대한 목마름도 느꼈습니다.

이 책에는 학부 학생, 대학원생, 교사 그리고 기관장과 함께 고민하고 생각을 나눈 결과를 담았습니다. 첫째, 이 책을 통해 부모를 교육하고, 지원하고, 협력하는 것에 대한 시각을 바꾸려고 노력하였습니다. 부모는 경쟁하고 불편해 할 대상이 아니라 유아의 발달과 학습을 최적화하기 위해 협동해야 할 대상이라는 것을 강조하고 싶었습니다. 둘째, 부모를 교육하고, 지원하며, 협력하기 위해서 기본적으로 준비해야 할 사항은 무엇인지 제시하였습니다. 부모에 대한 시각 바꾸기, 교직원 스스로 준비되기, 교육기관의 물리적·심리적·정책적 환경 준비하기, 그리고 부모와의 협력을 위한 체제 마련하기 등을 강조하였습니다. 셋째, 부모를 교육하고, 지원하며, 협력하기 위해 활동이나 프로그램을 계획하고, 실행하며, 평가하려면 어떤 준비와 절차가 필요한지를 제시함으로써, 실제 적용에 도움이 되고자 하였습니다. 넷째, 부모를 위한 활동이나 프로그램을 진행할 때 활용할 수 있도록 국내·외에서 개발된 자료를 소개하였습니다. 이 책이 유아교육을 공부한 후 현장에서 부모와 함께 일할 학생, 유아교육기관에서의 부모교육과 지원을 향상시킬 의지가 있는 교사와 기관장께 많은 도움이 되길 바랍니다.

2014년에 초판을 개정한 후 다시 10년이 지나는 동안 현장에서는 부모와의 관계에 대해 많은 변화가 있었습니다. 유아교육 현장의 많은 선생님과 기관장님은 이전에 비해 부모와의 관계가 더 어려워졌다고들 하십니다. 세 번째 개정할 때는 더 어려워진 상황에서 부모와의 관계를 어떻게 정립할 것인가를 제안하려고 노력했습니다. 또한 이번 개정에는 부모교육에 관심이 높은 신진학자를 공동 저자로 모셔서 새로운 시각을 담아 보려고 했습니다.

이 책을 준비하면서 감사해야 할 분이 많음을 느꼈습니다. 먼저, 그동안 함께 일하고 이야기 나눴던 부모님들께 감사드립니다. 때로는 부모님들과 일하는 것이 싫고, 부담스럽고, 후회도 되었지만, 많은 부모님들은 제가 노력하면 기꺼이 동참해 준다는 믿음을 주셨습니다. 다음으로 그동안 함께 공부했던 학부 또는 대학원 학생, 선생님, 기관장께도 감사드립니다. 부모교육과 지원에 대한 제 소신과 방향성을 이해해 주셨고, 귀한 경험을 나눠줌으로써 이 책을 준비하는 데 도움이 되는 아이디어와 영감을 주셨습니다. 마지막으로 이 책을 준비하는 데 직접적인 도움을 주신 많은 분들께 감사드립니다. 귀한 통신문 자료를 사용하도록 허락해 주신 아이코리아부속새세대유치원 이경미 원장님, 카페를 공개하도록 허락해 주신 김정숙 선생님, 교육대학원에 재학하면서 현장의 소리를 들려준 선생님들, 그리고 좋은 편집으로 읽기 편한 책이 될 수 있게 도와준 도서출판 파란마음의 황호철 사장님과 편집부에 감사드립니다.

2025년 가을이 시작할 즈음에

김희진·한영미

차례 contents

일러두기

용어의 사용

- **부모교육:** 본 서에서는 일방향성을 암시하는 부모교육이란 용어 대신 부모(또는 가정)와 유아교육기관 간의 상호 협력과 지원, 그리고 양방향적인 상호작용의 의미가 담긴 용어를 사용하려고 노력하였다. 내용이 소개되는 맥락에 따라 부모교육이란 용어도 사용되었으나, 가능하면 지원, 협력, 참여, 의사소통, 관계 같은 용어를 사용하려 하였다.
- **유아교육기관:** 본 서의 제목과 내용에 사용되는 '유아교육기관'은 영아와 유아가 재원하는 다양한 형태의 교육기관을 총칭하는 용어로 사용하였다.
- **영유아:** 본 서의 내용에 사용한 '영유아'는 출생부터 초등 입학 전까지의 0~5세를 총칭하는 용어로 사용하였다. 단, 맥락에 따라 영아와 유아를 구별할 필요가 있을 때는 '영아' 또는 '유아' 용어를 사용하였다.

학습목표

각 장의 머리에 각 장의 학습목표를 제시함으로써 수업 시간에 무엇을 강조해야 하는지가 분명히 드러나도록 하였다.

사례

각 장의 말미에 그 장의 내용과 관련된 사례를 제시함으로써 학습한 내용에 대한 이해를 높이고자 하였다. 각 장에 소개된 내용은 모두 현장에서 수집한 내용임을 밝힌다.

요약

각 장의 목표와 관련된 핵심 내용을 요약함으로써 학습한 내용을 정리할 수 있도록 하였다.

교수–학습을 위한 제언

각 장의 내용과 관련 있는 활동을 제시함으로써 학습한 내용을 복습하거나, 실제에 적용할 수 있는 전략을 세우거나, 심화 학습을 할 수 있도록 하였다. 교수-학습 활동으로 제시된 활동은 보고서 과제, 발표 과제, 수업 중 활동, 학기 말 프로젝트 등 다양한 목적으로 활용될 수 있다.

➡ 표시

한 장에서 소개된 내용이 다른 장에서 소개된 내용과 관련 있을 경우, '➡' 표시 후에 관련 있는 장의 내용을 제시하였다. 관련 있는 부분을 제시함으로써 각 장의 내용이 유기적인 관계가 있음을 강조하고자 하였다.

Part I

기반 다지기

Chapter 01

부모교육과 지원의 정의

학습목표

- 부모교육과 지원의 정의를 이해한다.
- 부모교육과 지원에서 사용되는 다양한 용어의 의미와 각 용어가 암시하는 바를 이해한다.
- 현대사회에서의 바람직한 부모교육과 지원의 방향에 대해 이해한다.

1. 부모교육과 지원에서 사용되는 용어

부모교육과 지원의 정의에 대해 알아보기 전에, 부모교육과 지원을 지칭하기 위해 사용되는 용어를 먼저 살펴보고자 한다. 왜냐하면 부모교육이나 지원과 관련하여 사용되는 용어를 통해 부모교육과 지원의 정의를 유추할 수 있기 때문이다.

유아교육기관에서 부모와 관련된 활동을 지칭하는 용어는 다양하지만 가장 오래, 빈번히, 포괄적인 뜻으로 사용되고 있는 용어는 '부모교육'이다. 즉, 부모교육은 모든 경우에 사용되어 온 용어(umbrella term)였다. 그러나 최근에는 '부모 참여'가 포괄적인 의미로 사용되기도 한다(Gestwicki, 2012; Goodall & Montgomery, 2023). 현실에서는 부모가 참여하는 활동의 특성이나 초점에 따라 다양한 용어가 '부모교육'이나 '부모 참여'와 섞여 쓰이고 있다(Cataldo, 1987; Powell, 1998). 각각의 용어가 가진 의미를 살펴보면 다음과 같다.

- **부모교육**(parent education): 부모를 가르치는 것과 관련된 활동에 대한 포괄적인 의미가 강조된 용어이다. 예를 들면, 강연회나 워크숍 등을 통해 정보를 제공하거나 태도나 기술, 전략을 가르치는 다양한 활동이 포함된다. 즉, 부모를 가르치는 것이 목적이라고 생각되는 모든 활동에 사용된다.
- **부모 훈련**(parent training): 부모를 가르치는 것과 관련된 활동 중 특히, 기술이나 전략을 가르치는 활동이 강조된 용어이다. 예를 들면, 자녀의 언어 교육을 위한 전략, 자녀의 기본 생활 습관을 함양시키는 전략, 자녀의 행동 지도 기술을 가르치는 활동에 사용된다.
- **부모 개입**(parent intervention): 위기에 처한 부모를 돕기 위해 개입하는 것과 관련된 활동이 강조된 용어이다. 전통적으로 헤드 스타트(Head Start)처럼 다양한 이유(예 빈곤, 가정 폭력, 이혼)로 위기에 처한 가정의 부모와 자녀를 돕기 위한 활동이 포함된다.
- **부모 참여**(parent participation/parent involvement): 부모가 유아교육기관의 다양한 활동(예 학급 활동, 부모회 활동, 유아교육기관의 운영과 관련된 활동)에 직접 참여하는 것이 강조된 용어이다. 참여의 정도는 단순히 보조교사나 보조자로 참여하

는 수준에서 교사를 채용하거나 유아교육기관의 재정에 참여하는 수준까지 다양할 수 있다.

- **부모 상담**(parent counseling): 부모가 자녀나 자녀 양육에 관해 유아교육기관의 교사 또는 기관장과 의논한다는 의미가 강조된 용어로, 정기적 상담과 비정기적 상담(예 개인적 상담, 집단 면담, 개인 면담)이 모두 포함된다.
- **부모(가정)-기관 의사소통**(parent/home-school communication): 부모 또는 가정과 유아교육기관과의 의사소통(예 부모와 교사 간에 면대면, 쪽지, 전화, 전자우편, 인터넷 홈페이지 등의 다양한 매체를 통해 교육에 대한 정보를 제공하거나 의견을 주고받기)의 의미가 강조된 용어이다. 부모 상담에는 특정한 문제에 대해 의논한다는 뜻이 반영된 반면, 의사소통에는 다양한 정보를 주고받는다는 의미가 반영되어 있다.
- **부모 협력**(parent cooperation): 부모가 유아교육기관과 대등한 관계하에서 협력한다는 의미가 강조된 용어이다. 따라서 활동의 종류보다는 활동이 진행되는 방식에 초점을 둔 용어이다.
- **부모(가정)-기관 관계**(parent/home-school relationships): 부모 또는 가정과 유아교육기관의 바람직한 관계가 어떤 것이어야 하는지에 관한 의미가 강조된 용어이다. 부모 협력과 마찬가지로 활동의 종류보다는 바람직한 관계의 형성을 강조한 용어로 볼 수 있다.

부모교육이나 지원과 관련 있는 도서에서 사용되는 용어뿐만 아니라 책의 제목에도 이런 다양함이 반영되어 있다. 예를 들면, 「The development of parent education programs」(Cataldo, 1987), 「Parent education」(Child Study Association, 1954), 「Coordination among schools, families, and communities」(Cibulka & Kritek, 1996), 「Parents as partners in education」(Berger & Riojas-Cortez, 2011), 「Empowering parents, families, schools, and communities during early childhood years」(Swick, 2009), 「Family support and education programs」(Weiss, 1988), 「Parent engagement in early learning: Strategies for working with families」(Powers, 2016) 등의 책에서도 부모교육, 협력, 동반자로서의 부모, 가족 지원과 같은 용어들이 사용되고 있다.

2. 부모교육과 지원 정의

앞서 제시된 다양한 용어를 살펴보면 부모교육과 지원의 정의와 현대적 경향을 파악할 수 있다. 첫째, 다양한 용어가 사용되기는 하나 모든 용어에서 부모교육과 지원의 최종적 수혜 대상은 영유아(자녀)임을 알 수 있다. 즉, 부모와 유아교육기관이 직접 또는 간접적으로 협력하고 지원하는 것을 통해 궁극적으로는 영유아의 성장과 발달을 최적화하는 것을 목적으로 한다.

따라서 어떤 용어를 사용하든지, 어떤 활동을 진행하든지에 관계없이 궁극적인 목적이 영유아와 그 부모에게 맞춰져 있다면 부모교육과 지원으로 정의할 수 있다. Jenkins와 Sullivan(2011)도 21세기에 실시되고 있는 모든 부모 및 가족 지원 프로그램의 공통 목표는 영유아와 가족의 발달을 최적화하는 것이고, 이런 목표를 달성하기 위해 부모가 자녀를 양육할 능력을 강화시키는 것, 부모가 바람직한 신념을 갖고 이에 따라 자녀를 양육하는 사람이 될 수 있도록 힘을 실어 주는 것이 내용으로 강조되고 있다고 하였다.

둘째, 어떤 용어는 일방향적인 영향력을 암시하는 반면 어떤 용어는 양방향적인 영향력을 암시한다. 예를 들면, 부모교육, 부모 훈련, 부모 개입이라는 용어는 유아교육기관에서 부모에게로 일방향적인 영향력이 행사됨을 의미한다. 반면, 부모-유아교육기관 의사소통, 협력, 그리고 관계라는 용어는 유아교육기관과 부모가 서로 양방향적인 영향력을 행사함을 의미한다.

과거에는 부모를 부족하고 가르쳐야 할 대상으로 생각했기 때문에, 무엇인가(예 지식, 정보, 능력, 전략 등)가 결핍되어 있는 부모를 돕기 위해 개입한다는 의미가 내포된 '부모 개입'이라는 용어나, 부모를 일방적으로 가르쳐야 할 대상으로 본다는 의미가 내포된 '부모교육'이라는 용어를 많이 사용하였다. 같은 맥락에서 부모에게 특정한 자녀 양육 기술이나 전략을 가르치는 것을 강조하는 프로그램은 '부모 훈련'이란 용어를 사용하였다.

그러나 점차 부모를 부족하고 가르쳐야 할 대상으로 보는 관점에서 이해하고 협력해야 할 대상으로 보는 관점으로 변함에 따라 용어의 사용도 바뀌어 갔다. 예를 들면, 부모가 자녀가 다니는 교육기관에 참여하여 교사, 보조교사, 의사결정자의 역할을 하는 것을 강조하는 프로그램은 '부모 참여'라는 용어를 주로 사용하였고, 부모가 자녀의 양육과 관계된 기관에서 일하는 모든 사람과 대등한 관계를 맺고 협력한다는 것을 강조하는 프로그램은 '부모 협력'이라는 용어를 사용하였으며, 부모를 대상으로 상담하는 것을 강조하는 프로그램은 '부모 상담'이라는 용어를 사용하였다. 최근 부모와 가족을 자녀의 성장과 발달에 핵심 요소로 인식하고 적절히 지원한다는 개념이 강조되면서 '부모 지원'이나 '가족 지원'이란 용어를 사용하는 경향도 증가하고 있다.

셋째, 어떤 용어는 구체적인 활동을 암시하는 반면, 어떤 용어는 분위기나 맥락을 암시하고 있다. 예를 들면, '부모교육', '부모 개입', '부모 상담', '부모 훈련', '부모 참여' 같은 용어는 실시될 활동을 예측할 수 있는 반면, '부모-유아교육기관 협력'이나 '부모-유아교육기관 관계' 같은 용어는 구체적인 활동을 암시하고 있지 않다. 최근 전자보다는 후자의 용어들이 더 많이 언급되는데, 그 이유는 어떤 활동을 하는지도 중요하지만, 부모(가정)와 유아교육기관이 서로 협력하고 지원하는 관계를 맺는 것이 더 중요하기 때문이다. 즉, 부모와 기관이 서로를 무시하고 우위에 서려고 하는 상황에서는 어떤 활동도 효과적이기 어렵기 때문에 분위기와 맥락을 강조하는 용어가 더 많이 사용되고 있다.

넷째, 위에 언급된 모든 용어는 서로 배타적인 용어가 아니다. 활동의 특정 측면을 강조하기 위해 특정 용어를 사용하기는 하지만, 모든 용어는 서로 밀접한 관련을 맺고 있다. 예를 들면, 부모교육 중 기술이나 전략 같은 실제적인 측면이 강조된 활동을 '부모 훈련'이라고 한다. 또한, 부모와 유아교육기관이 서로 긍정적인 관계를 맺는 가운데 부모 참여나 의사소통이 이루어질 수 있다.

따라서 부모교육과 지원에서 사용되는 용어와 정의의 핵심은 부모를 유아교육기관에 자주 오게 하고, 많은 활동을 하며, 가르치는 것이 아니라 상호 존중하는 분위기에서 영유아의 성장과 발달을 최적화하기 위해 협력하는 것임을 잊지 말아야 한다.

일러두기

본 서에서는 내용이 소개되는 맥락에 따라 앞서 소개된 다양한 용어(예 교육, 훈련, 개입, 참여, 상담, 의사소통, 협력, 관계, 지원)가 사용될 것이다. 부모와 가정 그리고 유아교육기관과 교육기관 또는 기관이란 용어도 맥락에 맞게 번갈아 사용될 것이다. 그러나 어떤 용어로 소개되든 모든 내용은 부모(또는 가정)와 유아교육기관 간의 상호 협력과 지원, 그리고 양방향적인 상호작용의 정신을 기반으로 한다.

용어와 정의를 기반으로 어떤 활동이 부모의 교육, 지원, 협력을 위한 활동에 포함되는지 알아봄으로써 부모교육과 지원의 정의를 구체적으로 이해할 수 있을 것이다. 부모교육과 지원에 관련된 서적을 살펴보면 다양한 활동이 부모교육과 지원의 예로 제시되어 있다. 다음은 그런 서적에 제시된 활동의 예이다.

- 입학 설명회(집단)
- 입학 상담(개별)
- 신입부모 오리엔테이션
- 집단 면담
- 개인 면담
- 개별적, 비형식적, 우발적으로 이루어지는 상담(예 전화, 전자우편, 면대면 상담)
- 기관 홈페이지 운영
- 학급별 홈페이지 운영
- 각종 행사(예 운동회, 소풍, 민속의 날, 수료식, 각종 발표회, 생일 축하)
- 통신문(예 교육 계획안, 준비물 안내 편지, 행사 안내 편지, 자녀 양육 전략 소개)
- 기관 또는 학급별 뉴스레터
- 부모 게시판 또는 부모 의견함 운영
- 부모 참여 수업(예 아버지 또는 어머니 참여 수업같이 부모가 수업에 참여하는 것)
- 부모 참관 수업(예 수업 관찰같이 부모가 수업을 보기만 하는 것)
- 자원 인사, 보조교사, 주교사 등의 역할로 수업에 참여
- 부모가 가진 다양한 재능(예 외국어, 문학, 미술, 무용, 음악, 체육, 요리, 바느질, 컴퓨터, 목공, 전자제품이나 교재·교구의 수리)을 이용하여 수업이나 교재·교구 제작 또는 환경 구성에 기여하는 것
- 부모회나 운영위원회의 제안으로 활동(예 바자회, 어린이날 행사) 등을 주관하는 것
- 부모를 위한 강연회, 워크숍, 역할놀이, 토론회

그러나 제시된 활동을 살펴보면, 어떤 것이 부모교육과 지원, 그리고 협력에 해당되는지 판단할 수 있는 기준을 추론하기 어렵다. 왜냐하면 정의보다는 활동의 종류를 중심으로 제시되어 있기 때문이다. 다음과 같은 질문을 통해 부모교육, 지원 또는 협력과 관련된 활동이 무엇인지를 판단할 수 있는 기준을 마련할 수 있을 것이다.

- **진행하는 활동의 주 대상이 누구인가?**

  :주 대상이 부모인 경우(예 신입부모 오리엔테이션, 통신문, 수업 참관, 면담 등)만 해당되는가? 아니면 주 대상이 영유아이지만 부모가 참관 또는 참여하는 경우(예 운동회 참관, 부모 참여 수업)도 해당되는가? 만약, 주 대상이 영유아이고 부모가 참관 또는 참여하는 경우도 포함된다면, 포함되는 이유는 무엇인가?

- **진행하는 활동의 목적이 무엇인가?**

  :목적이 부모를 위한 것(예 신입부모 오리엔테이션, 통신문 등)만 해당이 되는가? 영유아를 위한 것(예 운동회, 민속의 날 등의 행사), 영유아와 부모를 모두 위한 것(예 아버지 또는 어머니 참여일)도 해당이 되는가? 만약, 활동의 목적이 영유아를 위한 것도 포함된다면, 포함되는 이유는 무엇인가?

- **진행한 활동의 성과 또는 결과가 무엇인가?**

  :활동의 결과로 부모의 지식, 기술, 태도, 전략 등이 변화된 것만 해당이 되는가? 아니면 부모를 변화시키려는 목적이 분명한 활동은 모두 포함되는가?

위의 세 가지 수준의 질문을 기초로 어떤 활동이 부모교육이나 지원과 관련된 활동으로 분류될 수 있는지 기준을 판단할 수 있을 것이다. 가장 엄격한 수준에서 볼 때, 활동의 주 대상이 부모이거나, 부모를 위한 목적으로 실시되거나, 활동의 결과로 부모가 변화된 활동만 부모교육과 지원으로 분류할 수 있다. 약간 덜 엄격한 수준에서 볼 때, 활동의 주 대상이 영유아이고 부모가 함께 참여할 때(예 운동회 때 함께 게임 실시, 영유아와 부모가 함께 활동하는 아버지 또는 어머니 참여일, 부모가 보조교사로 참여하는 수업)도 부모교육과 지원 활동으로 분류할 수 있다. 가장 덜 엄격한 수준에서 볼 때, 영유아가 주 대상이고 부모는 단순히 참관만 하는 활동(예 부모가 참관만 하는 수업이나 행사)을 부모교육과 지원 활동으로 분류하기도 한다. 그러나 세 번째 수준, 즉 가장 덜 엄격한 수준에서 판단하는 것에 모든 사람이 동의하지는 않을 것이다.

부모교육과 지원 활동을 어떤 수준에서 정의할지는 부모교육과 지원에 대한 개인의 관점에 따라 달라질 것이다. 혹자는 가장 엄격한 수준에서 판단할 것이고, 혹자는 가장 덜 엄격한 수준에서 판단할 것이기 때문이다. 만약, 가장 덜 엄격한 수준, 즉 부모가 활동의 현장에 있기만 해도 부모교육과 지원 활동으로 정의한다면 부모가 그 자리에 존재하는 것만으로도 부모의 지식, 기술, 태도, 전략 등이 긍정적인 방향으로 변화되도록 노력해야 한다. 예를 들면, 부모가 영유아들의 행사를 참관할 때도 단순히 보기만 하게 하는 것이 아니라 행사의 목적, 진행 방식, 내용, 부모가 도울 방법에 대한 안내를 제공함으로써 부모의 자녀 교육에 대한 이해를 높일 수 있다(제9장 부모 참여 방안, pp. 147~178). 중요한 것은 부모를 주 대상으로 하는 활동인가 또는 영유아를 주 대상으로 하는 활동에 참가하는 것인가보다는 부모가 그 활동에 참가함으로써 유아교육기관에서의 교육과 자녀 양육에 관한 이해를 높이고 긍정적으로 변화하도록 지원하는 것이다.

사례

다음은 부모를 직접 교육기관에 오게 하거나 다양한 활동을 하지 않더라도 인터넷에서 운영되는 카페를 통해 가정과 교육기관의 협력과 존중이라는 부모교육과 지원의 정의가 잘 실천되고 있는 사례이다. 초등학교의 사례이기는 하나 가정-교육기관 간의 협력을 통해 교육의 효과가 극대화되는 것을 잘 보여주는 사례이고, 유아교육기관에도 적용될 수 있는 사례이기 때문에 소개하고자 한다. 사례로 제시된 카페는 김정숙 교사가 daum에서 운영하는 카페이다([김정숙과 아이들: cafe.daum.net/jjsskim]). 오른쪽의 그림은 카페의 메뉴이다. 각 메뉴의 내용을 상세히 살펴보면 다음과 같다.

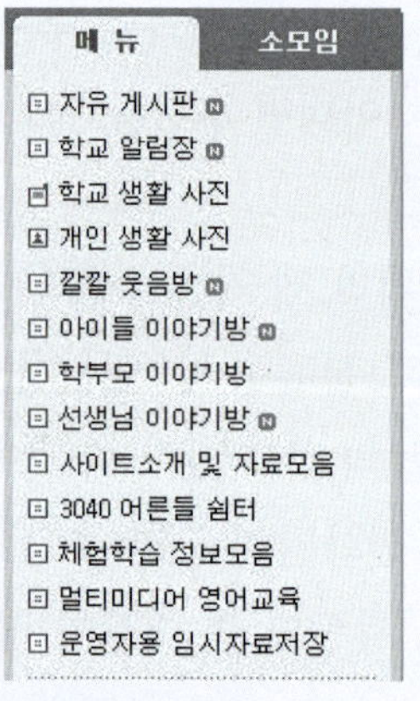

자유 게시판

- 교사, 학생, 부모, 그리고 방문객 누구나 쓰고 싶은 글을 올리는 곳
- 과거에 교사의 담당 학급에 있던 학생들이 방문해서 인사를 남기기도 함
- 과제에 관한 질문을 올리기도 함
- 왼쪽의 예시는 수업 내용과 연관된 사이트를 소개한 것임

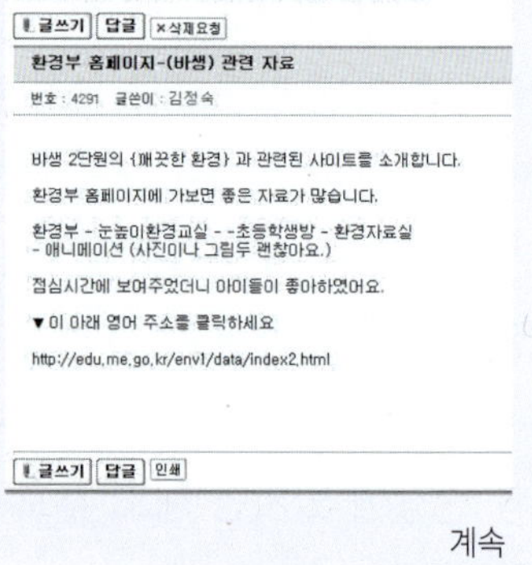

계속

| 사례 | 계속

학교 알림장

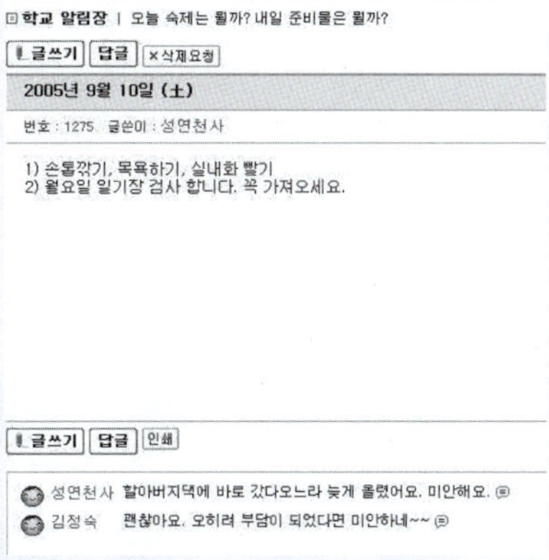

- 학생이 알림장에 기록한 내용을 다시 올리는 곳
- 부모가 가정과 직장에서 알림장을 확인할 수 있도록 함
- 저학년일 경우, 알림장에 제시된 준비물이 어떤 과목에서 어떤 활동을 위해 사용되는지, 양은 어느 정도가 적당한지 등에 대한 추가적인 정보를 부모에게 제공하기도 함
- 학급에 준비물을 준비하지 못하는 학생이 있으면 다른 부모들에게 여유분을 보내주도록 부탁하기도 함

학교 생활 사진

- 교사가 디지털 카메라를 이용하여 수업에 방해가 되지 않는 범위에서 수업, 쉬는 시간, 점심시간 등에 이루어지는 활동 사진을 찍어 올리는 곳
- 사진뿐만 아니라 사진에 대한 간단한 설명도 추가되기 때문에 부모가 학교에서 이루어지는 학습 활동을 잘 이해할 수 있게 됨

- 아래 사진들은 위의 사진과 사진에 따른 설명을 자세히 볼 수 있는 사진임. 모든 조의 사진이 다 제시되어 있으므로 학부모와 자녀가 사진을 보면서 학교 생활에 대해 이야기할 기회를 제공함

계속

| 사례 | 계속

개인 생활 사진

- 고학년을 담임했을 때 활성화되는 메뉴로 학생이 자유롭게 자신의 사진을 올리는 곳임. 어렸을 때의 사진, 생일이나 여행같이 특별한 날 찍은 사진 등을 주로 올림

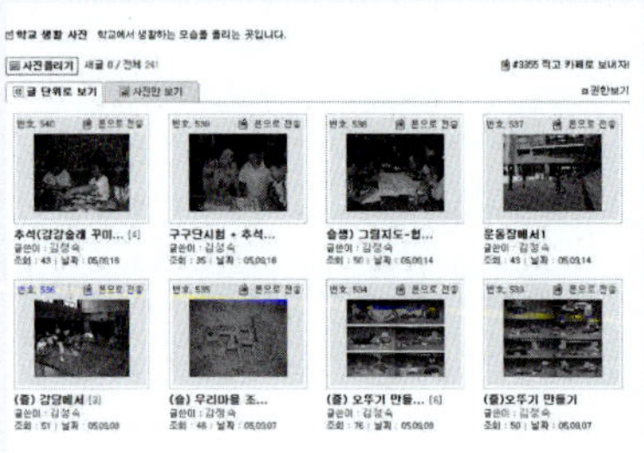

학부모 이야기방

- 부모가 자녀를 양육하면서 느끼는 어려움이나 기쁨을 올리는 곳
- 다른 학부모와 교사가 이곳에 올려진 글을 읽고 자연스럽게 상담하거나 격려해 주는 기회가 마련됨

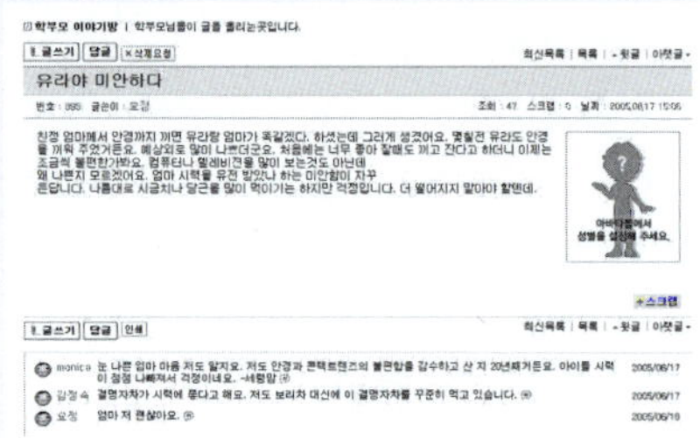

깔깔 웃음방

- 학생들 수준에 적절한 유머나 활동을 올리는 곳
- 교사, 학생, 부모 누구나 올릴 수 있음

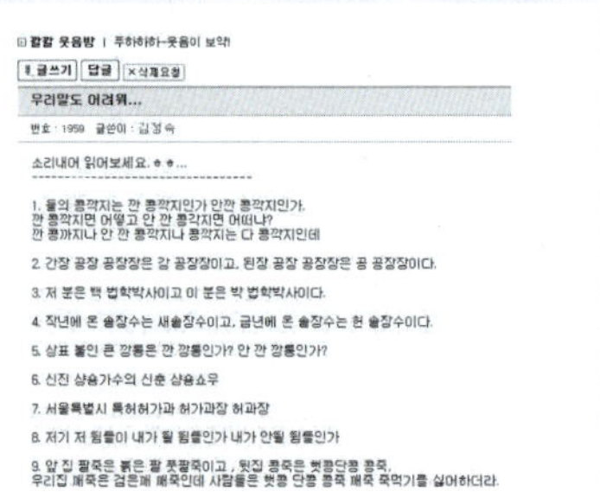

선생님 이야기방

- 교사가 교단 일기를 올리는 곳
- 교사의 교육관을 이해할 수 있어서 학부모에게 매우 도움이 됨

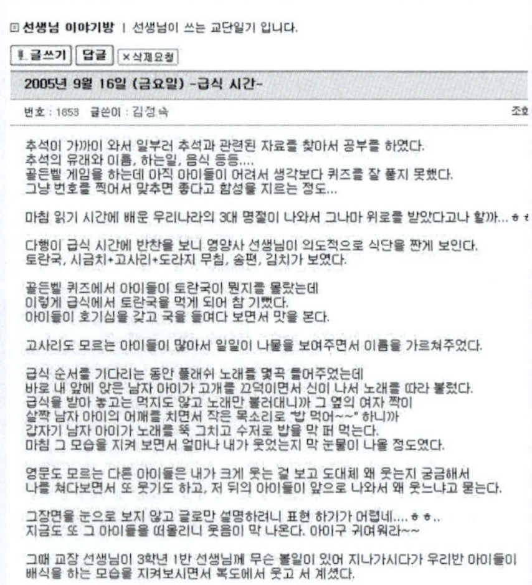

아이들 이야기방

- 학생이 채팅을 하거나 자신의 이야기를 올리는 곳
- 교사와 부모는 이곳에 올라온 이야기를 읽음으로써 학생의 생각과 생활을 이해하는 기회를 가질 수 있음

계속

| 사례 | 계속

사이트 소개 및 자료 모음

- 학습과 관련 있는 사이트와 자료를 올리는 곳
- 가정에서 참고 자료를 찾는 데 도움이 됨

⊡ **사이트소개 및 자료모음** | 이곳에 재미있는 사이트를 추천해 보세요.

글쓰기 새글 0 / 전체 344

번호	제목	글쓴이
363	MS워드에서 글자수를 알아보기	김정숙
362	**7차 교육과정에 대하여...**	어린왕자
361	국립수목원 홈피를 소개합니다 [1]	monica
360	동작구청 사이버 어학당	김정숙
358	증명사진 만들기	김정숙
357	**교과서에 나오는 식물들...** [1]	어린왕자
355	**종이접기** [1]	어린왕자
354	**어버이날을 위한 카네이션** [1]	어린왕자
353	**한국 지폐 변천사** [2]	어린왕자
352	한국 교육과정 평가원 - 교수 학습 개발 센터	김정숙
350	어린 왕자님~~~ help!!	김정숙
351	Re:어린 왕자님~~~ help!! [1]	어린왕자
349	**인터넷 동화 사이트** [3]	어린왕자
347	**시·도 교육청별사이버 학습 사이트 주소**	어린왕자
348	**Re:시·도 교육청별사이버 학습 사이트 주소**	어린왕자
346	★아이와 함께 할수있는 미술놀이 27가지 ★ [2]	어린왕자

체험 학습 정보 모음

- 주말에 체험 학습을 할 수 있는 장소가 소개됨

⊡ **체험학습 정보모음** | 즐거운 여행을 위한 정보모음방입니다.

글쓰기 새글 0 / 전체 70

번호	제목
75	**가을철 풍성한 9,10월 축제 소식** [1]
74	**가까운분들 놀러가세요...^^**
73	**한가위 한강 전통놀이마당에 초청합니다 - 한강시민공원사업소** [1]
72	**찰리와 초콜릿 공장이 영화로**
71	**즐거운 넷째 토요일 - 즐거운 상상놀이,온몸으로 느끼는 문화** [1]
70	**그림과 함께 하는 주말 - 가나 아트센터**
69	**[체험학습장] 사능수목학습원(남양주) 토요가족체험학교 운영**
68	**[무료]웰컴투동막골-9월 1일- 전국상영관**
67	**아이들과 함께 역대 왕릉탐방**
66	**서울근교 물놀이 장소** [1]

3040 어른들 쉼터

- 부모들이 즐길 수 있는 유머, 시, 글, 노래 등이 소개됨

⊡ **3040 어른들 쉼터** | 하루가 피곤하신가요? 잠시 쉬어가세요.

글쓰기 새글 0 / 전체 787

번호		제목
803		**책을 읽고 답사를 떠나라...**
802		**'자식문제=엄마 성적표' 딜레마** [5]
801		**어린왕자 입니다...^^** [3]
800		통기타 노래 모음
799		추억의 애창가요 모음 27곡 [6]
798		Old pops [3]
796		**다시 만난 어린왕자 중에서...** [2]
794		조기유학은 미친 짓이다.
795		Re:조기유학은 미친 짓이다. [1]
793	마음의 글	그건 내 탓이 아니라 순전히 네 탓이다 [2]
792		**생활의 지혜** [2]
791		시험과 인생에서 성공하기 위한 단 한가지가 있다면… [1]
790		**만원의 불행과 행복....^^** [4]
788		인간 관계를 좋게 하는 방법 [2]
787		5월 기념일 [1]
786		♣ 내가 이곳에 머무는 이유 ♣ [3]
785		우연히 발견한 글이 좋아서..... [2]

요 약

유아교육기관에서의 부모교육과 지원은 부모와 유아교육기관이 직접 또는 간접적으로 협력하고 지원하는 것을 통해 영유아의 성장과 발달을 최적화하는 목적을 가지고 행해지는 활동으로 정의할 수 있다. 역사적으로 다양한 용어가 사용되어 왔지만 부모를 가르치거나 변화시켜야 하는 대상으로 보고 일방향적인 영향력을 암시하는 용어보다는, 부모와 유아교육기관이 협력적인 관계 속에서 상호 영향력을 행사한다는 의미가 암시된 용어를 사용하는 것이 더 바람직할 것이다. 또한, 구체적인 활동보다는 그 활동이 이루어지는 분위기나 맥락의 중요함을 강조하는 용어의 사용도 증가할 것으로 예상된다.

부모교육과 지원에 포함될 수 있는 활동이 무엇인가를 정하는 기준에 대해 합의가 이루어진 것은 없다. 그러나 부모교육과 지원의 대상, 목적, 결과를 고려하여 기준을 마련하는 방안을 생각해 볼 수 있다. 어떤 기준이 사용되든지 그 활동을 진행하면서 부모의 지식, 기술, 태도, 전략 등이 변화하여 궁극적으로는 영유아의 성장과 발달이 촉진되도록 하는 것이 중요하다.

교수-학습을 위한 제언

1. 수업을 시작하기 전에 부모교육이나 지원과 관련된 다양한 용어를 제시하고, 각각의 용어가 암시하는 바가 무엇인지 생각해 보게 합니다.
2. 다양한 용어 중 어떤 용어가 현대사회의 바람직한 부모와 유아교육기관과의 관계를 암시하는지 토론해 봅시다.
3. 부모교육이나 부모 훈련이란 용어의 사용을 지양한다면, 어떤 용어가 현대사회에서 가장 적절한지, 그 이유는 무엇인지 토론해 봅시다.
4. 유아교육기관에서 실시하는 부모 관련 활동의 목록을 조사해 봅시다. 교사에게 어떤 활동이, 어떤 이유로 부모 관련 활동에 포함된다고 생각하는지 질문해 봅시다. 교사의 응답에 기초하여 교사가 정의하는 부모교육과 지원은 무엇인지 유추해 봅시다.

참고문헌

Berger, E., & Riojas-Cortez, R. (2011). *Parent as partners in education: Families and schools working together* (8th ed.). Merrill.

Cataldo, C. (1987). The development of parent education programs. In C. Cataldo (Ed.), *Parent education for early childhood* (pp. 3-25). New York, NY: Teachers College ress.

Child Study Association (1954). *Parent education: Its ends and goals*. New York: Child Study Association of America.

Cibulka, J., & Kritek, W. (Eds.). (1996). *Coordination among schools, families, and communities: Prospects for educational reform*. Albany: State University of New York Press.

Gestwicki, C. (2012). *Home, school, and community relations* (8th ed.). Delmar.

Goodall, J., & Montgomery, C. (2023). Parental involvement to parental engagement: A continuum. *Mapping the Field*, 158-169.

Jenkins, L., & Sullivan, M. (2011). Professionals and families: Partners in care. In G. Ensher & D. Clark (Eds.). *Relationship-centered practices in early childhood* (pp. 185-210). Paul H. Brookes.

Powell, D. (1998). Reweaving parents into the fabric of early childhood programs. *Young Children, 53*, 60-67.

Powers, J. (2016). *Parent engagement in early learning: strategies for working with families*. Redleaf Press.

Swick, K. (2009). *Empowering parents, families, schools, and communities during early childhood years* (2nd ed.). Stipes Publishing.

Weiss, H. (1988). Family support and education programs: Impulse control. *Journal of Applied Developmental Psychology, 8*, 17-37.

Chapter 02

부모교육과 지원의 중요성 및 필요성과 현황

학습목표

- 부모교육과 지원의 중요성을 이해한다.
- 현대사회의 특성에 따른 부모교육과 지원의 필요성을 이해한다.
- 우리나라에서 현재 부모와 가족에게 제공되는 다양한 지원을 파악한다.

1. 부모교육과 지원의 중요성

부모교육과 지원이란 용어가 공식적으로 존재하지 않았고, 교육을 실시하는 사람이나 교육을 받는 사람이 부모교육과 지원이란 것을 인식하지 못했어도, 부모교육과 지원의 역사는 인류의 역사와 함께 시작되었다. 인간이 지구상에 살게 된 이후부터 자녀의 출산과 양육은 중요한 것으로 인식되었기 때문에 부모와 친척은 그들의 자녀를 출산하고 양육하면서 어떻게 아이를 키우고, 무엇을 먹이고, 아플 때는 어떻게 하고, 무엇을 가르칠 것인가에 대해 이런저런 조언을 하였을 것이다. 또한 주변의 이웃도 부모가 자녀를 양육하는 데 발생하는 여러 가지 문제를 의논하기도 하였을 것이다. 이런 모든 행위가 부모교육과 지원의 영역에 해당하는 것이었으나, 교육이라고 인식되기보다는 일상생활의 일부분이라고 인식되어 왔다.

학문적으로는 코메니우스가 모성 교육의 중요성을 언급한 후, 부모교육과 지원의 중요성이 강조되어 왔으나, 이것은 관념적, 철학적, 또는 경험적 사실에 기초한 것이었다(Berger & Riojas-Cortez, 2011). 1920년대 아동 연구 운동이 활발해진 이후에야 과학적이고 객관적인 사실에 근거하여 부모교육과 지원의 중요성이 논의되었다.

교육의 기능이 가정에서 학교로 점점 더 많이 이양되고 있는 현대사회에서는 가정과 교육기관의 협력을 통한 부모교육과 지원이 더욱 중시되고 있다. 부모-교육기관 간의 협력은 가정에서의 부모의 긍정적 역할과 교육기관의 전문성을 활용하여 동반자 관계를 형성한다는 의미이다. 가정과 기관의 협력을 위해 부모와 기관은 서로 정보를 제공하고, 지원하고, 문제에 대한 해결 방안이나 발전 방향을 함께 모색하고 있다.

많은 연구는 가정과 교육기관이 협력하고 서로 지원할 때 학생이 학교와 사회에서 성공할 확률이 더 높아진다고 밝히고 있다. 심지어 부모가 학교에 와서 특별한 활동을 하지 않고 가끔 들리기만 해도 학생은 부모가 신경 쓰고 있다고 느끼기 때문에 성적이 향상된다는 보고도 있다(NEA, 1996). 어린 시기에 이루어진 부모와 교육기관 간의 협력은 상급학교로의 전이를 촉진시킬 뿐만 아니라(Pianta, Kraft-Sayre, Rimm-Kaufman, Gercke, & Higgins, 2001), 그 효과가 청소년기인 고등학교까지 지속된다(Barnard, 2004; Weiss, Lopez, Kreider, & Chatman-Nelson, 2013).

시대를 불문하고 부모는 자녀의 첫 양육자, 사회화 담당자, 그리고 교육자이다. 부모가 자녀에게 관심을 보이고, 지원해 주고, 사랑해 주고, 격려해 주는 역할의 중요성은 널리 알려져 있다. 자녀에 대한 부모의 관심은 사회·경제적 지위, 문화, 가정의 형태 같은 요인들보다 자녀의 성공에 더 많은 영향을 미치는 요인이다(Reynolds, Mavrogenes, Hagemann, & Bezruczko, 1994). Henderson과 Mapp(2002)는 51개의 연구 결과를 종합한 결과, 수입이나 인종 같은 가정 환경에 관계없이 부모가 자녀의 교육과 자녀의 학교 활동에 더 많이 참여할수록 자녀의 성적은 향상되고, 상급학교에 진학할 확률은 높아지고, 학교를 중퇴할 확률은 낮아진다고 보고하였다. 이재림, 김지애, 차동혁, 이향희(2013)가 2006년~2011년 사이에 다양한 연령층의 자녀와 부모를 대상으로 한 부모교육 프로그램의 효과를 주제로 학술지에 발표된 41개 논문을 메타분석한 결과, 부모와 자녀의 행동 변화에 많은 변화가 있었고, 부모의 내면적 변화에는 중간 정도의 변화가 있음을 보고하였다. 이진과 김선아(2020)가 1997년부터 수행된 194개의 부모교육 프로그램 연구물들을 분석한 결과, 부모교육 프로그램은 부모의 부모 역할 만족과 자녀의 자존감에 큰 영향을 미치는 것으로 보고하였다. 특히 다문화 부모를 대상으로 한 부모교육 프로그램의 효과가 더 큰 것으로 나타났다.

부모의 관심과 지원의 효과는 가정뿐만 아니라 교육기관에서도 발휘된다. 부모가 교육기관에서 이루어지는 자녀의 교육에 관심을 갖고, 다양한 방법으로 자녀의 교육에 참여하고 협력할 때 그 효과는 극대화될 수 있다. 부모와 교육기관이 협력할 때 영유아의 발달이 최적화되고, 성적이 향상되고, 긍정적인 태도가 형성된다는 것을 보고한 연구 결과(예 Edward, 2009)가 매우 많기 때문에 부모와 교육기관의 협력의 중요성은 전문가뿐만 아니라 일반인에게도 잘 받아들여지고 있다. Gestwicki(2012)는 부모참여의 효과를 영유아에게 나타나는 효과, 부모에게 나타나는 효과, 교사에게 나타나는 효과로 나누어 개념화하였다.

영유아에게 나타나는 효과

- 영유아기 환경의 안정성 확보
- 자아개념의 향상
- 합리적이고 논리적이고 일관적인 성인의 반응 확보

부모에게 나타나는 효과

- 지원을 받는다는 느낌

- 지식과 기술의 습득
- 자아개념 향상

○ 교사에게 나타나는 효과
- 긍정적인 반응의 축적으로 인한 자신감 향상
- 다양한 지원을 통한 교육의 질 향상

또한 Couchenour와 Chrisman(2013)는 각급 학교에서의 부모교육과 지원의 효과를 보고한 다양한 연구를 살펴본 후, 부모 참여의 효과를 다음과 같이 정리하였다.

○ 학생의 성공에 미치는 효과
- 사회·경제적 지위, 인종, 부모의 교육 수준에 관계없이 학생의 성취 수준이 향상됨
- 부모가 더 많이 참여할수록 자녀의 성취 수준이 더 높아짐
- 자녀의 태도와 행동이 더 긍정적으로 변함
- 반사회적 행동의 빈도가 줄어듦
- 자녀의 성적, 시험 결과, 출석률, 숙제 성취 정도가 더 높음
- 자녀가 졸업할 가능성과 상급학교로 진학할 가능성이 더 높음
- 참여 수준에 따라 효과가 달라지는데, 가장 긍정적인 효과를 얻기 위해서는 부모 참여가 미리 계획되어야 하고, 지속적이어야 하고, 포괄적이어야 함
- 부모의 참여가 높은 학생에게 교사는 더 많은 기대를 함
- 가정과 학교의 동반자 관계가 잘 형성될수록, 위기에 처한 가정의 자녀가 향상되는 정도가 더 높음
- 가정의 문화와 학교의 문화가 연계될수록, 위기에 처한 가정의 자녀가 향상되는 정도가 더 높음
- 학생의 연령(예 영유아기, 학동기, 청소년기)에 관계없이 부모 참여의 효과가 나타남
- 학생의 성공을 가장 잘 예측하는 요인은 가정의 수입이나 사회적 지위가 아니라, 학습을 격려하는 가정 환경, 성취와 미래에 대한 적절한 수준의 기대, 그리고 가정-학교-지역사회 간의 연계임

○ 교육기관의 질 향상에 미치는 효과
- 교사의 열정이 더욱 높아지고 부모에 의한 교사 평가 점수가 향상됨

- 학교에 대한 가족의 지원이 증가하고, 지역사회에서의 평판이 높아짐
- 동일한 학교 프로그램일 경우, 부모와 가족을 포함시키는 프로그램이 그렇지 않은 프로그램보다 성공할 확률이 높음
- 학생의 성적이 안 좋았던 학교에서는 학생의 성적이 전반적으로 향상됨

부모-교육기관 협력의 긍정적 결과는 최적의 영유아 발달과 교육적 성과 이외의 다양한 분야에서도 보고된다. 부모와 교육기관 간의 관계가 좋을수록 교사의 직무 만족도가 높아지는데(Couchenour & Chrisman, 2013; Wherry, 1999), 직무 만족도는 교사의 교직 이직률을 낮추는 데 영향을 미치는 요인 중 하나이다. 또한, 부모와 교육기관의 협력은 미래사회에서 일할 양질의 인력을 양성하는 데 기여하기도 하며, 헤드 스타트의 예에서도 알 수 있듯이 국가가 복지에 사용하게 될 많은 예산을 줄이는 데 기여하기도 한다. 정리하면 부모교육과 지원은 영유아의 성장과 발달뿐만 아니라 부모의 개인적 성장, 교육기관의 교육 효과 극대화, 국가의 인력 양성 및 예산 절감 차원 등의 측면에서도 매우 중요하다.

2. 현대사회에서의 부모교육과 지원의 필요성

부모교육과 지원의 중요성이 논의되어 왔고, 어떤 형식으로든 실시되어 왔다는 사실은 부모교육과 지원의 필요성을 누구나 인식하고 있었다는 간접적인 증거가 된다. 실제로도 부모와 교사 모두 부모교육 또는 부모 참여의 필요성을 인정한다. William(1992)의 조사에 따르면 80% 이상의 부모와 교사는 학교에 부모가 적극적으로 참여할 필요가 있다고 생각하고 있었다. 만 5세 이하의 자녀를 가진 부모의 92.8%는 자녀 발달 및 양육과 관련한 부모교육의 필요성을 느끼고 있다(김은설, 장혜진, 김문정, Waker, 2011). 육아정책연구소와 한국보육진흥원(2015)에서 '부모교육 제도화를 위한 시스템 구축 및 표준교육과정 개발'에 대한 연구를 진행하며 부모교육에 참여할 의향을 조사한 결과, 예비 부모는 약 86%가 참여 의사를 밝힌 것에 비하여 영유아 부모는 약 98% 이상 참여 의사를 밝혔다. 또한 부모교육 제도화의 필요성에 대하여 예비부모와 영유아기 부

모는 80% 이상 동의하며 부모교육에 대한 높은 요구를 표현하였다(이미화, 김은설, 김길숙, 이진화, 윤지연, 2016).

그러나 부모교육과 지원이 왜 중요한지, 왜 필요한 것인지, 필요하다면 어떤 목적을 이루기 위해서 실시해야 하는지, 누구를 대상으로 실시해야 하는지, 어떤 내용을 어떤 방법으로 실시해야 하는지는 그 시대의 인간관, 교육, 사회, 문화, 역사, 경제적 상황에 의해 많은 영향을 받았다. 예를 들어, 자녀에게 기본적인 의식주를 제공해 주고 질병에 걸려 사망하지 않게 해주는 것이 부모의 중요한 역할로 기대되던 과거에는 부모가 그러한 역할을 성공적으로 수행할 수 있게 하려고 부모교육과 지원이 필요했고, 조부모, 일가친척, 한 마을의 구성원이 비공식적인 방법으로 부모교육과 지원을 실시했다.

현대사회의 특성은 부모교육과 지원을 다른 이유에서 요구한다. 부모교육과 지원의 필요성은 시대에 따라 달라지고, 그 변화를 반영하는 부모교육과 지원만이 부모에게 도움이 될 수 있을 것이다. 따라서 본 장에서는 현대사회의 여러 특성에 따른 부모교육과 지원의 필요성을 함께 논의하고자 한다.

○ 영유아기 자녀를 둔 부모는 그들에게 가장 큰 영향력을 지닌 존재이기 때문에, 교육과 양육의 효율성을 위해서 부모에 대한 교육과 지원이 필요하다.

최근 영유아의 성장과 발달에 미치는 미디어의 영향력이 증가하고 있지만, 적어도 영유아기에는 부모와 교육기관이 가장 영향력 있는 존재라는 명제에 대부분의 사람이 동의한다. 부모가 영유아의 신체, 인지, 언어, 사회, 정서의 모든 발달 영역에 영향을 미치고, 영향의 강도도 강하며, 그 효과 또한 오래 지속된다는 것이 과학적으로 입증되었다(Heath, 2012). 그러나 부모는 자녀를 양육한 경험이 적기 때문에 어떻게 자녀를 양육해야 할지 몰라 혼란스러워하고 있다. 부모가 자녀 양육과 관련된 사회적 지원을 적절히 받았을 때 자녀 양육의 질이 향상되었다는 연구 결과(Hurrelmann, 2011)가 많은데, 이런 연구 결과는 부모교육과 지원의 필요성을 강조하고 있다.

○ 위기에 처한 가정의 부모뿐만 아니라 모든 가정의 부모는 자녀 양육과 관련된 교육과 지원을 받을 권리가 있기 때문에, 부모교육과 지원이 필요하다.

외국에서는 1960년대 사회 개혁의 수단으로 부모교육과 지원(예 헤드 스타트의 일부로 시행된 부모교육)이 실시된 이래, 저소득층이나 문제가 있는 가정의 부모를 주 대상으로 교육을 실시하고 지원을 제공했다. 그러나 현대사회에서는 가족의 안녕(well-being)

을 보장하고 예상되는 문제를 예방하는 것이 국가와 사회의 책임으로 인식되면서 모든 부모를 위해 부모교육과 지원이 제공되어야 한다고 주장한다(Berger & Riojas-Cortez, 2011; Dunst, Trivette, & Thompson, 1990; Gross et al., 2020). 또한 부모 역할의 전이기(예 임신기, 자녀의 발달 전이기, 자녀가 교육기관에 입학하는 시기 등)에는 아무런 문제가 없는 부모도 도움이 필요하다는 연구 결과가 제시되고 있다(Cook et al., 2023; Gestwicki, 2012). 따라서 1960년대 이후 부모교육과 지원에서 소외되었던 중산층 가정의 부모를 포함한 모든 부모에게 교육과 지원이 제공될 필요가 있다.

- **부모의 역할은 인간으로서 사회에서 맡는 역할 중의 하나이기 때문에 준비가 필요하고, 그 준비로서 부모교육과 지원이 필요하다.**

오랜 기간 동안, 많은 사람이 부모가 되기 위해서 형식적인 교육을 받을 필요는 없다고 생각했다. 누구나 태어나고 자라서 성장하면 결혼하는 것이고, 아이를 낳아 부모가 되면 자녀를 키우기 때문에, 자녀를 키우는 것은 교육 없이도 누구나 할 수 있는 일이라는 인식이 지배적이었다. 그러나 부모의 역할은 인간이 사회에서 맡는 많은 역할 중의 하나라는 인식이 대두되면서 형식적인 부모교육의 필요성을 인식하게 되었다(Galinsky, 1994). 특히 부모의 역할은 성인이 사회에서 맡은 다른 역할과는 달리 항상 자발적으로 맡는 것도 아니고, 한 번 맡으면 물릴 수 있는 것도 아니고, 타인 즉, 자녀에게 주는 영향이 절대적인 역할이기 때문에 전문적인 지식과 기술이 필요한 분야이다. 그럼에도 불구하고 다른 역할을 준비(예를 들면, 의사나 교사가 되기 위해 하는 준비)하는 과정과는 달리 아무런 준비가 되지 않은 채 부모의 역할을 맡기 때문에 많은 문제가 발생한다. 따라서 부모교육과 지원을 통해 인간이 맡는 여러 역할 중 가장 중요한 부모 역할을 잘 수행할 수 있도록 교육과 지원을 제공할 필요가 있다.

- **부모들이 부모로서뿐만 아니라 인간으로서 성장할 기회를 얻기 때문에, 부모교육과 지원이 필요하다.**

과거에는 부모를 대상으로 하는 교육과 지원을 부모 역할에 관한 것으로 한정했으나, 부모로서의 역할은 일생을 통해 이루어지는 성인의 역할 중 한 측면으로 인식함에 따라, 인간으로서 성장할 기회도 제공되어야 할 필요성이 대두되었다. 성인이 담당하는 다른 역할과는 달리 부모의 역할은 자녀들이 성장함에 따라 함께 변해야 하는 역할이다(이진, 임선아, 2020; Galinsky, 1994). 부모교육과 지원을 통해서 부모는 부모로서 성장할 기회를 얻을 수 있을 뿐만 아니라, 인간으로서도 성장하고 발달할 기회를 얻을 수 있기 때문에 부모교육과 지원이 필요하다.

○ 현대사회의 부모는 과거에 비해 더 많은 스트레스를 받고, 그들이 자녀를 양육하는 환경이 악화되고 있기 때문에 부모교육과 지원이 필요하다.

현대의 가족은 다양한 스트레스에 노출되어 있다. 2023년 우리나라 이혼 건수는 9만 2천 건으로 천 명당 1.8건을 기록하고 있다. 특히 결혼 후 5~9년 사이에 이혼하는 비율은 18.1%, 4년 이하에 이혼하는 비율은 18.0%에 달한다(통계청 인구동향조사, 2024). 이는 자녀가 영유아기에 있을 때 이혼이 가장 많이 이루어진다는 것을 의미한다. 2022년 기준 여성 한부모, 남성 한부모, 미혼모와 미혼부를 포함한 한부모 가구는 일반 가구의 6.7% 수준이며(여성가족부, 2023), 조기 퇴직이나 실직 등으로 인해 가정이 불안정해지는 경우가 많아, 부모로서의 역할을 충실히 이행하기가 점점 더 어려워지고 있는 실정이다. 부모의 스트레스는 부모로서의 역할을 제대로 할 능력을 저하시키기 때문에(Waanders, Mendez, & Downer, 2007) 이러한 사회적 환경에 살고있는 현대의 부모는 자녀를 양육하는 데 적절한 교육과 지원을 받을 필요가 있다.

○ 현대사회에는 다양한 형태의 가족이 존재하고, 각 형태의 가족에서 요구하는 부모의 역할이 다르기 때문에 부모교육과 지원이 필요하다.

현대사회가 점차 다양해짐에 따라 가족의 형태도 점차 다양해지고 있는 추세이다. 다양한 이유(예 이혼, 부모의 사망, 가족 구성원의 폭력, 가출, 유기)로 다양한 형태의 가족(예 한부모 가족, 조부모-손자녀 가족 등)이 생겨나게 되었다. 다문화 가족 실태 조사(2021), 조손가족 실태 조사(2020), e-나라지표(2024. 9월 기준)에 따르면 국제결혼은 총 결혼의 2012년 8.7%에서 2023년 10.1%까지 증가하였다. 이에 따라 다문화 가정은 지속적으로 늘어가고 있으며, 전체 학생 중에서 다문화 학생이 차지하는 비율이 2012년 0.7%에서 2021년 3.0%로 증가하였다. 또한 한부모 가정은 2022년 기준 전체 가구 대비 약 6.7%인 것으로 나타났다.

이와 같이 다양한 가족 형태가 차지하는 비율이 점차 증가할 것으로 예상된다. 따라서 양 부모 가족 이외의 가족 형태를 비정상적이라고 보던 과거의 시각도 바뀌어서 현재는 다양한 가족 형태를 정상적인 범주의 것으로 받아들이고 있다. 김은설 등(2011)과 김길숙, 김지현, 이혜민(2016)의 연구에서도 부모교육을 실시할 때 가정의 특성(예 맞벌이, 다문화, 한부모 가정)에 따라 다르게 접근할 필요가 있음을 강조하였다. 다양한 형태의 가정에서 부모 역할을 수행하는 사람이 겪는 어려움도 다양하고, 중점적으로 수행해야 할 역할도 다르기 때문에 그들을 돕기 위해 부모교육과 지원이 필요하다.

○ 정보와 자원의 공유 및 공정한 분배 차원에서 부모교육과 지원이 필요하다.

현대사회가 첨단 정보사회로 접어들면서 정보를 찾을 수단과 방법을 갖고 있는 사람과 가지고 있지 않은 사람들과의 격차는 점차 심해지고 있다(심상완, 김정식, 2001; Cairney, 2000). 부모들 간에도 자녀 양육과 교육에 필요한 다양한 사실, 기술, 전략 등에 대한 정보에 접근할 수 있는 능력과 수단의 유무에 차이가 나타나고 있다(이윤진, 이정원, 김문정, 황은숙, 2010). 부모들이 소유한 능력과 수단의 차이는 자녀 양육의 양과 질에 영향을 미치게 되기 때문에, 정보와 자원의 공정한 소유 및 분배의 차원에서 부모교육과 지원이 필요하다.

○ 현대사회에서는 바람직한 부모 역할에 대한 상충적인 정보가 공존하기 때문에, 부모교육과 지원이 필요하다.

현대사회의 특징 중 하나는 많은 정보가 제공된다는 것이다. 부모 역할에 대한 정보도 예외는 아니어서 다양한 이론을 바탕으로 한 바람직한 부모의 역할과 자녀 양육법이 소개되고 있다. 또한 과거로부터 전승되어 온 부모 역할에 대한 조언과 주변에서 자녀를 양육하면서 체험적으로 터득한 자녀 양육에 대한 조언도 있다. 그러나 이런 정보와 조언은 때때로 상충되는 경우도 많다(Lee, Jeter, & Darby, 2000). 최근 부모를 대상으로 설문조사를 실시한 결과, 부모 역할을 수행하는 데 있어서 너무 많은 정보 속에서 어떤 정보를 취해야 하는 것인지 혼란스러움을 겪고 있는 것으로 나타났다(김아연, 2022. 10. 24.). 예를 들면, 어린이가 넘어져서 울면 자립심을 키워주기 위해서 안아 일으켜 주지 말라고 조언하기도 하고, 반대로 어린이가 부모에게 사랑받는 존재라는 것을 확인하고 타인의 감정을 잘 헤아려 줄 수 있도록 위로해 주라고 조언하기도 한다. 부모는 많은 정보를 주체하지 못하고 이것저것을 시도해 보지만, 그러한 과정에서 바람직한 부모 역할을 찾는 것에 실패하고 좌절하기도 한다. 그러므로 많은 정보 가운데 자신에게 적절하고, 자신의 자녀에게 효율적인 정보를 찾아 활용할 수 있도록 도와주기 위해서 부모교육과 지원이 필요하다.

○ 현대사회의 부모는 자녀를 양육할 때 참고 할 적절한 모델이 적기 때문에, 부모교육과 지원이 필요하다.

현대는 사회, 정치, 문화, 경제의 모든 측면에서 빠른 속도로 변하고 이에 따라 사회 구성원들의 가치관도 급격히 변하고 있다. 따라서 과거에 그들의 부모가 자신을 양육하던 방식대로 자녀를 양육할 수 없고, 부모가 중시해서 가르쳤던 가치관도 더 이상 현대를 사는 부모에게는 중요한 가치관이 될 수 없기에 부모 세대가 했던 것을 모델로 하여 자신의 자녀를 양육하기가 어려워졌다. 또한 주변에서 가치관의 혼돈을 겪고 있는 다른 부모의 모습을 보고 함께 고민하게 된다. 현대사회에 적절한 부모의 역할 모델을 제시하는 경우가 적기 때문에 부모의 역할을 하는 데 많은 어려움을 겪고 있다. Siegel과 Martzell(2013)도 부모가 되고, 부모 역할을 하는 것은 과거 자신이 양육되었던 경험과 현재 사회에서 직면하는 다양한 상황이나 경험이 복합적으로 작용해서 이루어지는 것이라고 강조하였다. 따라서 현대사회의 부모들이 자신에게는 물론이고 사회와 문화적으로도 의미 있는 부모 역할에 대한 모델과 이미지를 정립할 수 있게 하도록 부모교육과 지원이 필요하다.

○ 현대사회의 부모는 만능 부모가 되어 만능 자녀를 양육해야 하는 중압감을 느끼기 때문에, 부모교육과 지원이 필요하다.

과거의 사회는 부모에게 자녀의 의식주를 최소한의 수준에서 해결해 주고 최소의 교육만 제공하도록 요구했으나, 현대의 사회는 부모에게 많은 역할을 수행하도록 요구하고, 요구 수준도 높아졌다. 부모는 자녀의 의식주를 해결해 주어야 할 뿐만 아니라, 놀아주어야 하고, 여행이나 문화 활동을 통하여 다양한 경험을 제공해 주어야 하며, 학교 교육뿐만 아니라 음악, 미술, 운동 같은 다양한 특기 교육도 시켜야 한다. 부모는 자신을 다른 부모와, 자기 자녀를 다른 가정의 자녀와 끊임없이 비교하고, 경쟁하고, 우열을 겨루는 상황에서 많은 스트레스를 느끼고 있다(서문희, 양미선, 2013). 그러므로 현대사회의 부모가 어떻게 하는 것이 자신과 자녀와 가족을 위해 옳은 길인지를 결정하고, 신념을 가지고 실천하고, 부모 역할을 수행하는 데서 오는 스트레스를 적절하게 해소할 수 있도록 부모교육과 지원이 필요하다.

○ 미래사회에 적응할 수 있는 사람으로 자녀를 키우기 위해 부모교육과 지원이 필요하다.

현대사회는 급속히 변하고 있고, 변화의 속도는 앞으로도 더더욱 가속될 전망이다. 사회화를 담당하는 부모가 해야 할 일은 자녀가 미래사회의 사회 질서를 따르고 사회 발전에 기여할 수 있도록 준비시키는 일이다(Myers-Walls, Somlai, & Rapoport, 2001; Cook, Fisk, Lombardi, & Ferreira van Leer, 2024). 과거에는 부모가 살아온 사회와 자녀가 살아갈 사회가 크게 다르지 않았기 때문에 자녀의 사회화를 담당하는 일은 어려운 일이 아니었다. 그러나 급속히 변화하는 사회에서 자녀가 살아갈 사회가 어떨 것인지, 자녀에게 어떤 가치, 태도, 기술, 능력을 갖추어 주어야 할지를 예측하는 일은 쉬운 일이 아니다. 그러므로 부모가 미래사회를 살아갈 자녀에게 필요한 것이 무엇이고, 어떻게 준비시켜야 할지에 관한 도움을 주기 위해 부모교육과 지원이 필요하다.

○ 유아교육기관과 가정과의 연계성 확립을 위해 부모교육과 지원이 필요하다.

가정에서 부모가 자녀의 교육을 전적으로 담당했던 과거와는 달리 현대사회에서는 가정과 교육기관이 어린이의 교육을 함께 담당하고 있다. 교육이 효과적으로 이루어지기 위해서는 가정에서의 교육과 교육기관에서의 교육이 일관적이어야 한다(Fitzgerald, 2004). 따라서 교육기관에서는 각 기관의 교육적 철학, 운영 방침, 교육과정, 교수 방법, 그리고 아동 지도 방법을 부모교육과 지원을 통해 부모에게 알려주어 가정에서도 일관성 있는 환경을 제공하도록 지원해야 한다. 또한 부모도 교육기관과 가정과의 관계를 긴밀히 유지하고, 가정에서 발생하는 여러 가지 문제를 교육기관과 함께 해결해 나가기 위해 부모교육과 지원이 필요하다.

○ 정부나 국가 차원에서 투자의 효율성을 고려해 볼 때 부모교육과 지원이 필요하다.

1960년대 미국에서 저소득층 가정의 유아를 대상으로 실시된 헤드 스타트(Head Start)는 사회 구성원이 어릴 때 적은 비용을 투자하여 큰 성과를 얻고자 시작된 프로젝트였다(Vinovskis, 2005). 초기에 적게 투자하고 후에 많은 효율성을 올린다는 이 개념은 부모교육과 지원에도 적용되고 있다. 국가나 정부는 사회의 구성원이 어릴 때 적은 비용을 들여 그들의 부모를 교육하고 지원해서 효율적으로 부모 역할을 하게 하고, 그 결과 유아가 최적의 성장과 발전을 이루기를 기대하고 있다. 국가는 질 높은 인적 자원을 확보하고 사회 발전의 원동력을 얻을 수 있을 뿐만 아니라, 비정상적으로 성장한 청소년이나 성인을 교화시키고 치료시키는 데 드는 사회 비용을 절감할 수 있기 때문에 부모교육과 지원이 필요하다.

3. 우리나라에서 2000년대 이후 부모와 가족에게 제공되는 지원

우리나라는 2000년대 이후 저출산(참고: 2024년도 합계 출산율은 0.75명임) 대책의 필요성이 대두되고 저소득 가정, 다문화 가정, 한부모 가정, 조손 가정 등 위기에 처한 가정의 수가 증가함에 따라 다양한 기관에서 정책을 수립하고 지원하고 있다. 특히 시대의 변화에 따라 양육에 대한 높은 스트레스가 저출산 현상을 심화시킬 수 있기에 부모급여 및 아동수당 지급 등 국가적 차원에서 다양한 지원사업을 실시(박성애, 강수정, 2024)하고 있는데, 일반 가정을 위한 지원과 특별한 욕구가 있는 가정을 위한 지원으로 나누어 살펴보고자 한다.

먼저 일반 가정을 대상으로 시행하는 정책을 살펴보면 다음과 같다. 첫째, 부모의 자녀 양육 부담을 완화하기 위해 2012년에는 0~2세 보육료를 지원했고, 누리과정을 통해 만 5세 보육료(어린이집 재원)와 교육료(유치원 재원)를 지원했다. 2013년부터는 3~4세로 확대된 누리과정을 통해 교육기관을 이용하는 자녀를 둔 부모에게는 보육수당 및 교육수당을 지급하기 시작하였다. 2025년 현재 사실상 0~5세 무상 보육 및 교육을 실시하고 있다.

2013년부터 소득에 관계없이 교육기관을 이용하지 않는 자녀를 둔 부모에게도 양육수당을 지급하기 시작했는데, 아동의 연령 및 장애 유무, 거주지역에 따라 차등 지급한다. 또한 가정에서 아동의 양육 부담을 덜고 아동의 기본적인 권리와 복지 증진을 돕기 위하여 아동수당 제도가 신설되었다. 2018년 9월부터 만 6세 미만의 일부 아동(소득, 재산 기준 하위 90%)을 대상으로 아동 1인당 월 10만 원을 지급하기 시작해서 2019년 1월부터는 만 6세 미만의 모든 아동에게, 2019년 9월부터는 만 7세 미만의 모든 아동에게, 2025년 현재는 만 8세 미만(0~95개월) 모든 아동에게 지급하여 아동수당의 대상 범위를 넓혀나가고 있다.

2022년부터는 생애 초기 아동 양육에 따른 경제적 부담 경감을 위해 첫 만남 이용권 서비스를 신설하여 출생아 당 200만 원의 바우처를 지급하기 시작하였다. 그리고 2023년

1월부터는 기존 영아수당(양육수당 중 24개월 미만의 영아를 양육하는 가정에 지급하였던 현금 지원 서비스)을 부모급여 서비스로 개편하여 만 0세 부모에게는 월 70만 원, 만 1세 부모에게는 월 35만 원을 지급(단, 어린이집 이용 시 보육료 바우처와 현금 차액만 지급)하기 시작하였다. 2024년부터는 만 0~1세 부모에게 매월 100만 원의 부모급여를 지급하고 있다. 국가는 이러한 복지 서비스를 통하여 출산 및 양육으로 인한 경제적 부담을 경감하고 영아기 집중 돌봄을 두텁게 지원하기 위한 국가적 노력을 해나가고 있다.

예 2-1 영유아 양육 및 교육비, 보육비 지원제도(2025년 기준)

<table>
<tr><th colspan="2">제도</th><th colspan="2">내용</th></tr>
<tr><td rowspan="2">영유아
교육비
지원</td><td>만 3~5세
누리과정
지원</td><td>• 유치원 및 어린이집에 다니는 만 3~5세의 모든 유아에게 유아 학비와 보육료 지원</td><td>임신육아종합포털 아이사랑
http://www.childcare.go.kr
유아학비지원시스템 e-유치원
http://www.childschool.go.kr</td></tr>
<tr><td>만 0~2세
보육료 지원</td><td>• 어린이집을 이용하는 영아 가정의 양육 부담을 덜고, 가정의 경제를 돕기 위하여 보육료 지원</td><td rowspan="4">복지로
http://www.bokjiro.go.kr</td></tr>
<tr><td colspan="2">가정양육수당</td><td>• 만 3~5세 자녀가 있는 가정에서 아이를 돌보는 가정 양육 시, 부모의 자녀 양육에 대한 부담을 경감하고 보육 서비스 선택권 보장 *누리과정 지원과 중복 지원되지 않음</td></tr>
<tr><td colspan="2">아동수당</td><td>• 만 8세 미만 아동의 양육 부담을 덜고 아동의 기본적인 권리와 복지 증진</td></tr>
<tr><td colspan="2">부모급여</td><td>• 24개월 미만 아동의 보호자를 대상으로 하는 현금 지원 서비스로, 출산 및 양육으로 인한 경제적 부담을 경감하고 영아기 집중 돌봄을 두텁게 지원하기 위한 복지 서비스
- 매월 100만 원 지급(보육료 지원 시 차액 지급)</td></tr>
<tr><td colspan="2">첫 만남 이용권</td><td>• 2022년 1월 1일 이후 출생아로서 출생 신고되어 정상적으로 주민등록번호를 부여받은 아동을 대상으로 출산 시 최초 1회 출산 축하 및 초기 육아 지원을 국민행복카드로 이용할 수 있도록 200만 원의 바우처 포인트 지급</td><td>국가바우처 통합카드
국민행복카드
http://www.voucher.go.kr/</td></tr>
</table>

둘째, 보건복지부 또는 고용노동부가 주관하여 다양한 양육지원제도를 운영하고 있다. 보건복지부 홈페이지(http://www.mohw.go.kr) 또는 복지로 홈페이지(http://www.bokjiro.go.kr)에서 다양한 복지 정보를 찾아볼 수 있다. 2025년 현재 시행하는 제도의 일부를 소개하면 다음의 예와 같다.

예 2-2 일반 가정 부모를 위한 양육지원제도

제도	내용	소관부처
의료급여 임신·출산 진료비 지원	• 의료급여수급자 중 임신 중이거나 출산(유산 및 사산 포함)한 수급권자 및 출생일로부터 2세 미만 영유아의 법정 대리인을 대상으로 의료비 지원	보건복지부 www.mohw.go.kr
산모, 신생아 건강관리 지원사업	• 전문 교육을 받는 산모, 신생아 건강관리사가 출산 가정을 방문해 산모의 건강회복을 돕고, 신생아를 보살펴 출산 가정의 경제적 부담을 덜어줌 • 산모 또는 배우자가 생계·의료·주거·교육급여 수급자 또는 차상위계층에 해당하는 출산가정을 지원 • 산모 및 배우자의 건강보험료 본인부담금 합산액이 전국 가구 기준 중위소득 150% 이하에 해당하는 출산 가정을 지원 • 태아 유형, 출산 순위에 따라 바우처 지원 기간 상이	
표준모자보건수첩 제작, 배부	• 표준모자보건수첩을 제작, 배부하여 예방접종, 각종 검진, 검사, 양육 등에 대한 정보를 제공하고, 관리할 수 있도록 지원	
모성보호육아지원 [출산전후휴가 (유산, 사산휴가 포함), 급여, 육아휴직급여 등]	• 출산 전후에 휴가급여와 육아휴직급여, 육아기 근로시간 단축 급여를 제공하여 출산으로 인한 직장 여성의 이직을 방지하고, 사업주의 여성 고용기피 요인 해소를 위해 출산 전후 휴가(유산, 사산휴가 포함), 육아휴직 및 육아기 근로시간 단축을 사용한 근로자에게 지원	고용노동부 http://www.moel.go.kr/ 고용보험 https://www.ei.go.kr/
출산육아기 고용안정장려금	• 육아휴직·육아기 근로시간 단축 부여에 따른 사업주의 노무 비용 부담을 완화시키고, 출산전후휴가·육아휴직 등 기간 중 대체 인력 활용을 촉진하여 육아휴직·육아기 근로시간 단축 활성화 및 고용안정을 도모 • 비정규직 여성근로자가 육아휴직이나 육아기 근로시간 단축을 신청한 경우, 사업주에게 지원	

계속

| 예 2-2 | 계속

제도	내용	소관부처
육아기 근로시간 단축	• 만 12세 이하 또는 초등학교 6학년 이하의 자녀를 양육하기 위하여 근로시간 단축을 신청할 수 있음 • 근로자가 신청하면 사업주는 1년간(육아휴직 미사용 기간 가산 시 최대 3년) 근로시간 단축(단축 후 근로시간: 주당 15~35시간)을 허용해야 함	
모성보호육아지원(출산전후 휴가급여, 육아휴직 등 급여)	• 출산전후휴가, 육아휴직 및 육아기 근로시간 단축, 배우자 출산휴가를 사용한 근로자를 지원하기 위한 서비스로 고용보험 가입한 예술인과 노무제공자인 출산 여성을 지원 • 출산전후휴가급여는 통상입금의 100%를 지원하며, 육아휴직 최대 1년간 육아휴직 개시일 기준 통상임금의 80%를 지원(상한액 150만 원/하한액 70만 원)하며, 육아기 근로시간 단축 급여와 배우자 출산휴가급여(남녀고용평등법에 따른 배우자 출산휴가 기간 중 최초 5일분 지급)도 지원함	고용노동부 http://www.moel.go.kr/ 고용보험 https://www.ei.go.kr/

복지로 홈페이지(http://www.bokjiro.go.kr), 서울시여성가족재단 일·생활균형 지원센터(http://www.seoulworkfamilybalance.or.kr)에서 일부 발췌 및 재구성

셋째, 전국에 설치되어 있는 유아교육진흥원과 육아종합지원센터는 영유아기 자녀를 둔 부모를 위한 다양한 프로그램을 각 지역의 특성과 부모 및 가족의 욕구에 맞는 사업을 실시하고 있다.

다른 한편에서는 가정의 욕구와 특성에 맞게 맞춤형으로 다양한 지원이 이루어지고 있다. 첫째, 취약계층 아동에게 맞춤형 통합 서비스를 제공하는 대표적인 지원정책인 드림스타트 사업(드림스타트 사업단 http://www.dreamstart.go.kr)이 있다. 0세(임산부)부터 만 12세(초등학생 이하) 아동 및 가족을 대상으로 아동에게는 건강검진, 예방접종, 영양교육, 응급처치 교육, 아동권리 교육 등 총 8종의 필수 서비스를, 임산부에게는 산전 및 산후 검진, 예비 부모교육 등 2종의 필수 서비스를, 부모에게는 자녀 발달 및 양육 교육의 1종 필수 서비스를 제공한다. 이러한 통합 서비스 제공을 통하여 취약계층 아동의 건강한 성장과 발달을 도모하고 공평한 출발 기회를 보장함으로써, 건강하고 행복한 사회구성원으로 성장할 수 있도록 하는 것을 목표로 하고 있다.

둘째, 다문화 가정을 위한 지원으로는 다문화가족지원센터(다문화가족지원포털 다누리 https://www.liveinkorea.kr, 2024. 8. 23. 검색)에서 하는 다양한 사업이 있다. 그중 이민

자 부모와 관련해서는 안정적인 한국 생활 정착을 위한 한국 생활 안내와 더불어 한국어 교육 서비스, 통역·번역 서비스, 상담 및 사례관리 서비스, 가족교육 서비스 등을 제공한다. 또한 지역 다문화가족지원센터에서는 부모-자녀 상호작용 프로그램(대구 달성군), 아빠-자녀 관계 증진 프로젝트: 파파 프렌디(서울 용산구)등 자체적으로 다문화가족을 지원하는 프로그램을 운영하고 있다.

셋째, 가족센터(http://www.familynet.or.kr/, 2024. 9. 3. 검색)는 기존 건강가정지원센터에서 명칭을 변경하고, 다양한 특성을 가진 가족을 대상으로 맞춤형 프로그램을 실시하는데, 부모교육 및 지원과 관련된 몇 가지 예를 제시하면 다음과 같다.

예 2-3 가족센터에서 실시하는 프로그램의 예

범주	부모교육 지원과 관련 있는 하위 프로그램의 예		
가족교육	• 생애주기별 (조)부모교육		• 남성 대상 교육
가족 상담	• 가족(집단) 상담		
다양한 가족 지원	• 다문화 가족	• 한부모 가족	• 북한이탈주민 가족
가족돌봄나눔	• 아버지-자녀가 함께하는 토요 프로그램	• 아이돌봄 서비스	• 공동육아 나눔터

가족센터 홈페이지(https://www.familynet.or.kr)에서 내용 발췌

사 례

사례 1

다음은 시사저널에서 작성된 [저출산 대책 시리즈] "맞벌이·외벌이 다 해봤지만 육아 어려워"(2024. 5. 22.) 기사로 현대의 부모는 자녀를 양육하는 데 많은 어려움이 있고, 다양한 지원을 절실히 요구함을 잘 보여주고 있다.
https://www.sisajournal-e.com/news/articleView.html?idxno=402850

"맞벌이·외벌이 다 해봤지만 육아 어려워"

박성수 기자 입력 2024. 05. 22. 09:00

대한민국이 위기를 맞았다. 통계청에 따르면 지난해 4분기 우리나라 출산율은 0.66명까지 감소했다. 이대로 가면 2750년에는 대한민국이란 나라가 세계지도에서 지워질 것이란 전망도 있다. 아이가 태어나지 않는 나라 대한민국에서 다시 우렁찬 아이들의 울음소리를 들을 수 있는 방법은 없는 것일까? 100명의 입을 통해 대한민국의 미래를 되살릴 방법을 들어본다. [편집자 주]

국내 30대 기혼 부부 중 상당수는 맞벌이를 하고 있다. 그러다 아이를 갖게 되면 고민이 시작된다. 육아를 하려면 부모 중 한 명이 일을 관둬야 하지만, 외벌이로는 육아 비용을 감당하기 힘든 게 현실이다. 그렇다고 맞벌이를 하자니 직장과 육아 스트레스가 이중으로 겹치는 데다 육아 도우미 비용도 만만치 않다.

결혼 7년차인 김상진 씨(가명·35세)는 지난해 둘째를 가졌다. 첫째 때는 아내가 일을 잠시 그만두면서 외벌이로 키웠지만, 육아 비용과 아파트 대출 상환에 따른 경제적 어려움으로 둘째부터는 아내도 직장에 나가 맞벌이를 하고 있다.
김상진 씨는 "맞벌이와 외벌이 둘 다 해봤지만, 어느 것이 더 낫다라고 할 수 없을 정도로 막막한 현실"이라며 "최선과 차선 중 하나를 선택하는 게 아니라, 최악과 차악 중 하나를 선택하는 느낌"이라고 말했다.

Q. 현재 육아는 어떻게 하고 있나

"첫째가 지금 6살이고 작년에 둘째를 낳았다. 첫째가 너무 예쁘기도 했고, 아이들에게 최고의 선물은 형제를 갖게 해주는 것이라는 말에 공감해 둘째도 갖기로 결심했다. 첫째 때는 누구나 그렇듯 아이를 키우는 게 처음인지라 자신이 없어 우선 아내가 잠깐 일을 쉬더라도 육아에 전념하기로 했다. 육아 초보였기 때문에 요령도 없었고, 밤에 깨는 아이를 보면서 잠도 제대로 못 자, 직장까지 피

계속

| 사례 1 | 계속

로가 이어지기 일쑤였다. 저녁에 퇴근해도 애를 봐야 하기 때문에 마음 편히 쉴 수 있는 날이 없었다. 나중에는 평일에 아내가 육아에 전념하고, 주말에는 내가 육아에 집중하기로 분담하면서 그나마 상황이 나아졌다. 첫째 때 겪은 경험을 바탕으로 둘째 때는 육아가 좀 더 쉬울 것이라고 생각하고 맞벌이를 하기로 했다."

Q. 아이를 키우면서 느낀 어려움은 무엇인가

"경제 문제가 제일 크다. 둘째 때는 육아 비용뿐 아니라 집 대출 비용도 갚아야 하는 상황이라 외벌이로는 답이 없다고 판단했다. 당장 매달 집 대출금만 200만 원 내야 하는데, 첫째 육아비에 둘째까지 더해서는 내 월급만으로 턱도 없는 상황이다. 그래서 아내도 같이 맞벌이를 하고 있는데, 애를 봐줄 사람이 없기 때문에 결국 육아 도우미를 고용해야 했다. 아침부터 퇴근 전까지 아이를 돌봐주는데 월 250만 원 가까이 비용이 나간다. 여기에 만일 야근이나 직장 회식 등이 겹치면 추가 비용도 내야 하기 때문에 이것도 만만치 않게 부담이 크다. 사실상 맞벌이를 해도 와이프가 번 돈 대부분이 육아 도우미 비용으로 나가는 셈이다.

비용 문제로 처부모님에게 육아를 부탁한 적도 있지만, 눈치가 보여 이것도 어렵다. 그렇다고 일을 그만두기에는 경력 단절이 길어져 재취업이 어렵기 때문에 일을 계속 할 수 밖에 없는 상황이다."

Q. 저출산 문제가 심각한 사회문제인데 원인이 무엇이라고 보는지

"한국은 아이를 키우기 힘든 사회라고 생각한다. 가장 큰 걸림돌은 집값이다. 현재 직장인들의 연봉 수준을 생각하면 부모님 도움 없이는 수도권 내 집을 장만하기가 어렵다. 전세가 됐든 자가가 됐든 수억 원이 필요한데 30대 직장인들 대부분 모아 놓은 돈이 부족하다. 우리 집은 그나마 부모님의 경제적인 지원이 있었고, 아내와 나 둘 다 평균 이상 연봉을 받고 있지만 생활이 넉넉하지 않다. 주위에 친구들을 보면 정말 빠듯하게 사는 사람들이 많다. 당장 나 살기도 바쁘고 여유가 없는데 애를 가질 생각을 하지 않는다.

직장 육아 휴직에 대한 인식 개선도 아직 갈 길이 멀다. 이제는 남성들도 육아 휴직을 쓸 수 있지만, 아직까지도 회사 내부적으로 이에 대해 곱지 않은 시선이 많은 것이 사실이다. 대놓고 불이익을 주진 않지만, 육아 휴직 후 다른 부서로 발령 난다든지 뒷말이 나오는 등 마음 편히 육아 휴직을 낼 수 없는 분위기가 아직도 팽배하다.

또래 친구들과 만나면 항상 하는 말이 지금 애 낳아서 대학 보내려면 정년까지 버텨야 한다는 것인데, 정작 본인들 노후에 대해서는 준비해 놓은 것들이 없다. 정년까지도 대출금을 갚고 있어야 하며, 그렇다고 노후를 국민연금에 기대하자니 고갈 소리만 주구장창 나온다. 이처럼 미래가 불확실한데 아이까지 낳자니 다들 부담이 큰 것이다."

계속

| 사례 1 | 계속

Q. 출산 장려를 위해 필요한 제도는 무엇인가

"정부 지원이 대폭적으로 확대돼야 한다고 생각한다. 자녀수당을 늘려주고 소득 조건 없는 대출 혜택을 강화해야 한다. 또한 육아 도우미를 정부 차원에서 고용해 지원하고, 자녀 출산 집 장기 임대 혜택 등이 필요하다.

특히 정부 차원에서 육아 관련 규제 강화도 필요하다고 본다. 정부에서 산후조리원 비용을 지원하기로 했지만, 조리원에서 지원금만큼 가격을 올려버리면서 사실상 부모들 입장에선 차이가 없다. 또 아이 용품이라고 하면 가격이 말도 안 되게 비싼 것들이 많은데 정부가 나서서 물가 안정화를 해줘야 한다.

최근 아이를 낳으면 1억 원을 지원해준다는 이야기가 나오고 있는데, 바꿔 말하면 아이를 키울 때 1억 원 갖고는 택도 없다는 말과 같다. 1억 원이 아이를 키우는 데 충분한 돈이면 다들 아이를 낳겠다고 하겠지만, 언론이나 주변 분위기를 보면 턱없이 부족하다는 의견들이 많다. 빡빡한 살림에 '1억 원을 주면 아이를 낳을까 생각해 보겠다'이지, '1억 원을 주면 아이를 낳겠다'는 아니다."

출처: 시사저널e(https://www.sisajournal-e.com)

사례 2

우리나라에서 실시된 부모와 가족의 교육 및 지원의 역사적 사례로 삼성복지재단에서 실시하는 포괄적 보육 서비스를 들 수 있다. 이 프로그램은 저소득층 가정의 아동, 부모, 가족을 지원하기 위해 기관장, 교사, 사회복지사가 팀을 이루어 포괄적 보육 서비스를 제공하는 프로그램이다. 아동을 위한 양질의 보육 프로그램, 부모를 위한 부모 지원 프로그램, 가족의 다양한 욕구(예 의료, 지역사회 서비스, 직업 훈련)를 지원하기 위한 사회 복지 서비스가 서로 유기적인 관계 속에서 제공되고 있다. 프로그램에 대한 자세한 내용은 「삼성 유아프로그램 II: 포괄적 보육 서비스」(김희진, 2005)에서 찾을 수 있다.

요 약

부모교육과 지원의 필요성은 그 시대의 사회, 정치, 경제, 문화적 현상을 반영한다. 현대의 부모들도 현대사회의 다양한 특징으로 인해 부모교육과 지원을 요구한다. 현대사회의 부모들은 영유아기 자녀에게 가장 큰 영향력을 행사하는 존재이기 때문에, 부모로서 당연히 교육과 지원을 받아야 할 권리가 있다. 또한, 인간으로서의 맡은 부모 역할을 잘 수행하고, 성장하기 위해, 과거보다 악화된 사회 환경에서 자녀를 양육하며, 다양한 가족 형태에 맞는 부모교육과 지원이 필요하다. 또한, 다양한 정보와 자원을 공유할 필요가 있으며, 상충되는 정보를 접했을 때 판단할 능력이 필요하다. 적절한 양육 모델이 부족하고, 만능 부모가 되어야 한다는 중압감에 시달리며, 자녀를 미래사회에 적응할 수 있는 사람으로 키워야 하기 때문에, 유아교육기관과의 연계성이 중요하다. 더불어, 사회와 국가를 위한 인재를 양성하기 위해 부모교육과 지원을 필요로 한다.

교수-학습을 위한 제언

1. 본문에 언급된 필요성 이외에 어떤 이유에서 부모교육과 지원이 필요한지 토론해 봅시다. 토론할 때는 현대사회의 특징을 고려합니다.
2. 영유아기 자녀를 가진 부모와 인터뷰하여 자녀 양육 시 어떤 어려움을 경험하는지 알아봅시다.
3. 영유아기 자녀를 가진 부모와 인터뷰하여 자녀 양육 시 어떤 도움을 필요로 하는지 알아봅시다.
4. 영유아기 자녀를 가진 부모와 인터뷰하여 자녀 양육과 관련하여 어떤 교육에 참여하고 싶은지 알아봅시다.
5. 우리나라의 부모교육이나 지원과 관련된 역사적 사건이나 분야를 찾아봅시다. 예를 들면, 부모가 자녀를 양육하는 데 도움이 되는 것과 관련된 법이 제정된 역사 자료 수집, 자녀 교육과 관련된 신문기사 분석, 자녀 양육과 관련된 도서 분석 등을 통해 우리나라에서 부모교육과 지원이 어떻게 변화해 왔는지 생각해 봅시다.
6. 부모를 위한 교육과 지원이 각 나라의 사회, 정치, 경제, 문화적 상황의 영향을 받는다는 것을 고려해 볼 때, 현재 우리나라의 다양한 상황이 부모와 가족에게 어떤 영향을 미치고 있는지 토론해 봅시다.

참고문헌

건강가정지원센터. https://www.familynet.or.kr에서 2024. 7. 9. 검색.

김길숙, 김지현, 이혜민(2016). **부모교육 프로그램 내용분석 및 활용방안**(연구보고 2016-18). 육아정책연구소.

김아연(2022. 10. 24.). '요즘 부모'를 이해하는 키워드 넷. 오마이뉴스. https://www.ohmynews.com/NWS_Web/View/at_pg.aspx?CNTN_CD=A0002874490

김은설, 장혜진, 김문정, Waker, S. (2011). **영유아기 자녀 부모 특성별 부모교육 강화 방안**(연구보고 2011-16). 육아정책연구소.

김희진(2005). **삼성 유아 프로그램 II: 포괄적 보육서비스-부모지원 프로그램 진행자 매뉴얼**. 다음세대.

다문화가족지원포털 다누리. https://www.liveinkorea.kr에서 2024. 7. 9. 검색.

드림스타트 사업단. http://www.dreamstart.go.kr에서 2024. 7. 9. 검색.

박성애, 강수정(2024). 영아기 자녀를 둔 어머니의 부모소명이 양육스트레스에 미치는 영향: 배우자 공동양육의 조절효과. **가정과삶의질연구, 42**(2), 27-44.

복지로 홈페이지. http://www.bokjiro.go.kr에서 2019. 7. 9. 검색.

서문희, 양미선(2013). 유아 사교육비 실태 및 결정요인 분석. **한국보육지원학회지. 9**(3). 189-207.

서울시여성가족재단 일·생활균형 지원센터. http://www.seoulworkfamilybalance.or.kr에서 2024. 7. 9. 검색.

심상완, 김정식(2001). 사회인구학적 배경에 따른 정보격차의 다원모형분석. **한국인구학, 24**(2), 235-253.

여성가족부(2023). **2023 통계로 보는 남녀의 삶**.

여성부(2012). **다문화 가족 실태조사**.

이미화, 김은설, 김길숙, 이진화, 윤지연(2016). 영유아기 부모교육 제도화를 위한 전달체계 시스템 구축 방안 연구. **육아정책연구, 10**(3), 1-24.

이윤진, 이정원, 김문정, 황은숙(2010). **가구유형별 육아지원 요구와 정책방안 연구: 맞벌이 및 한부모 가구를 중심으로**(연구보고 2010-03). 육아정책연구소.

이재림, 김지애, 차동혁, 이향희(2013). 부모교육 프로그램의 효과성 메타분석: 국내 학술지 연구를 중심으로. **한국가정관리학회지, 31**(3), 27-47.

이진, 임선아(2020). 부모교육프로그램 효과에 대한 메타분석. **한국교육학회, 58**(3), 117-143.

[저출산 대책 시리즈] "맞벌이·외벌이 다 해봤지만 육아 어려워"(2024. 5. 22.). 시사저널e(https://www.sisajournal-e.com)에서 검색.

전국다문화가족지원단. http://www.liveinkorea.kr에서 2014. 5. 1. 검색.

통계청(2010). **인구주택 총 조사 보고서**.

통계청(2012). **인구동태통계연보**.

통계청(2012). **인구동향 조사**.

Barnard, W. (2004). Parent involvement in elementary school and educational attainment. *Children and Youth Services Review, 26*, 39-62.

Berger, E., & Riojas-Cortez, R. (2011). *Parent as partners in education: Families and schools working together* (8th ed.). Merrill.

Cairney, T. (2000). Beyond the classroom walls: The recovery of the family and community as partners in education. *Educational Review, 52*(2), 163-174.

Cook, K. D., Ehrlich Loewe, S., Kabourek, S., Francis, J., Schaper, A., Thomson, D., Kauerz, K. (2023). How do combinations of transition activities available to children and families predict successful kindergarten transitions? *Early Education and Development, 35*(4), 740–765.

Cook, K. D., Fisk, E., Lombardi, C. M., & Ferreira van Leer, K. (2024). Caring for whole families: relationships between providers and families during infancy and toddlerhood. *Early Childhood Education Journal, 52*(4), 921–933.

Couchenour, D., & Chrisman, K. (2013). *Familes and schools and communities: Together for young children* (5th ed.). Wadsworth Cengage Learning.

Dunst, C., Trivette, C., & Thompson, R. (1990). New directions for family resource and support programs. In D. G. Unger & D. R. Powell (Eds.), *Families as nurturing systems: Support across the life span* (pp. 19-44). New York: Haworth Press.

Edward, P. (2009). *Tapping the potential of parents: A strategic guide to boosting student achievement through family involvement*. Scholastic Inc.

Fitzgerald, D. (2004). *Parent partnership in the early years*. Continuum.

Galinsky, E. (1994). Families and work: The importance of the quality of the work environment. In S. Kagan & B. Weissbourd (Eds.), *Putting families first: America's family support movement and the challenge of change* (pp. 112-136). Jossey-Bass Publishers.

Gestwicki, C. (2012). *Home, school, and community relations*. Delmar.

Gross, D., Bettencourt, A. F., Taylor, K., Francis, L., Bower, K., & Singleton, D. L. (2020). What is parent engagement in early learning? Depends who you ask. *Journal of Child and Family Studies, 29*(3), 747–760.

Heath, P. (2012). *Parent-child relations: History, theory, research, and context*. Prentice Hall and Merrill.

Hurrelmann, K. (2011). *Social networks and social support in childhood and adolescence*. Walter de Gruyter.

Lee, P., Jeter, D., & Darby, L. (Eds.). (2000). *Helping your child learn responsible behavior*. U. S. Dept. of Education, Office of Educational Research and Improvement.

Myers-Walls, J., Somlai, P., & Rapoport, R. (Eds.). (2001). *Families as educators for global citizenship*. Ashgate.

NEA-National Education Association of the United States (1996). *Building parent partnerships*. NEA Professional Library.

Pianta, R., Kraft-Sayre, M., Rimm-Kaufman, S., Gercke, N., & Higgins, T. (2001). Collaboration in building partnerships between families and schools: The National Center for Early Development and Learning's kindergarten transition intervention. *Early Childhood Research Quarterly, 16*, 117-132.

Siegel, D., & Martzell, M. (2013). *Parenting from the inside out*. The Penguin Group.

Vinovskis, M. (2005). *The birth of Head Start: Preschool education policies in the Kennedy and Johnson administrations*. University of Chicago Press.

Waanders, C., Mendez, J., & Downer, J. (2007). Parent characteristics, economic stress and neighborhood context as predictors of parent involvement in preschool children's education. *Journal of School Psychology, 45*, 619-636.

Weiss, H., Lopez, M., Kreider, H., & Chatman-Nelson, C. (Eds.). (2013). *Preparing educators to involve families: From theory to practice* (3rd ed.). Sage.

Wherry, J. (1999). *Selected parent involvement research*. The Parent Institute. (www.par-inst.com에서 2001. 3. 1. 검색).

William, D. (1992). Parental involvement teacher preparation: Challenges to teacher education. In L. Kaplan (Ed.), *Education and the family*. Allyn & Bacon.

Chapter 03

부모교육과 지원의 전제 조건

학습목표

- 바람직한 부모-유아교육기관 관계 형성의 중요성을 이해한다.
- 바람직한 부모-유아교육기관 관계 형성을 위한 전제 조건을 이해한다.

제2장에서 살펴본 바와 같이, 부모와 교사 모두는 부모 참여, 부모교육, 부모-기관 협력의 필요성을 인정하지만 현실에서는 활발히 이루어지고 있지 않다. 부모를 교육하고, 지원하고, 자녀의 교육 활동에 적극적으로 참여하게 하고, 다양한 활동을 협력적 관계 속에서 진행하게 하려면 우선 부모와 유아교육기관과의 관계가 좋아야 한다 (Couchenour & Chrisman, 2013; Harman, 2023). U. S. Department of Education, Office of Educational Research and Improvement(2001)에서는 바람직한 부모-기관 관계를 형성하기 위해서 염두에 두어야 할 원칙을 다음과 같이 제시하였다.

- 부모와 기관이 동반자 관계를 형성하기 위한 단 한 가지 방법은 없다. 따라서 부모, 가족, 지역사회, 교육기관의 특성에 맞는 방법을 찾도록 노력해야 한다.
- 직원 교육과 훈련이 필수적으로 요구된다.
- 의사소통은 효율적인 동반자 관계의 기본 조건이다.
- 융통성과 다양성이 핵심적인 요소이다.
- 외부로부터 재정적, 정서적, 제도적 지원을 받도록 노력해야 한다.
- 변화에는 시간이 걸림을 명심해야 한다.
- 다양한 방법을 사용하여 부모-기관 간의 동반자 관계를 주기적으로 평가해야 한다.

활발한 협력을 통해 관계가 좋아질 수 있지만, 몇 가지 전제 조건이 미리 갖춰지면 더 좋은 출발을 할 수 있다. 본 장에서는 부모와 유아교육기관 간의 바람직한 관계를 형성하는 전제 조건에 대해 생각해 보고자 한다. 부모와 기관이 협력적 관계보다는 배타적 관계 또는 소원한 관계를 맺어온 것은 바람직한 관계를 형성하는 데 필요한 전제 조건을 마련하려는 노력을 소홀히 했기 때문이기도 하다.

유아교육기관을 운영하는 기관장이나 교사는 부모교육과 지원의 필요성을 인정하면서도 부모를 부담스러운 존재로 생각해 왔기 때문에 진심으로 마음을 열고 관계를 맺지 못하고 있다. McGrath(2007)은 2~5세 자녀를 어린이집에 보내는 부모와 교사가 등원과 하원 시간에 상호작용하는 것을 관찰하였는데, '동반자로서의 부모와 교사(parents and teachers as partners)' 관계를 보여주는 상호작용은 거의 일어나지 않았고 '상반된 감정이 공존하는 동반자(ambivalent partners)' 관계를 보여주는 상호작용이 대부분이었다고 보고하였다. 연구자는 기관은 부모와 교사가 상호작용할 시간을 더 많이 제공하고, 교사는 부모와의 관계를 형성하는 데 필요한 훈련을 받아야 하고, 부모는 교사와의 관계의 본질에 대해 생각할 필요가 있다고 강조하였다. Bang, Jang과 Jung(2021)은 유치원 교사와 인터뷰한 결과 부모와의 갈등에 대한 두려움이나 부모의 불합리한 요구 등으로 인하여 부모들과 함께 하는 것에 어려움을 겪고 있다고 하였다. Curran(2007)은 부모와 일하면서 교사가 느끼는 보람과 좌절의 양면적 감정을 다음과 같이 정리하기도 하였다.

○ 교사가 보람을 느낄 때

- 부모가 쉽게 동기 유발될 때
- 부모가 자신이 모르는 것을 솔직히 인정하고 도움을 청할 때
- 부모가 즐겁고 개방된 자세로 교사와 대화하고 농담할 때
- 부모가 새로운 것을 기꺼이 하려고 노력할 때
- 부모가 절대로 포기하지 않고 노력할 때
- 부모가 감사를 표현할 때

○ 교사가 좌절을 느낄 때

- 좋은 프로그램을 마련해서 초청하여도 나타나지 않을 때
- 모든 문제를 해결할 하나의 해결책만 달라고 요구할 때
- 교사를 동반자가 아니라 경쟁자로 인식할 때
- 부모가 자녀 교육에 대한 책임을 교사에게만 전가하려 할 때
- 부모가 자녀 양육이나 교육에 대한 것을 배우려는 욕구가 전혀 없을 때
- 교사의 노력을 무위로 만들 때
- 교사와 교육기관을 지원하기보다는 비판할 때

부모와 유아교육기관 간에 바람직한 관계를 형성하기 위해서는 첫째, 부모가 편안히 기관에 올 수 있는 환경이 조성되어야 하고 둘째, 서로의 전문성을 인정하고 협력하려는 자세가 선행되어야 한다. 본 장에서는 먼저 바람직한 관계 형성을 위한 환경 조성에 대하여 논의한 후, 부모와 교사가 가진 전문성에 대해 살펴보고자 한다.

1. 바람직한 부모-유아교육기관 관계 형성을 위한 환경

부모와 유아교육기관이 동반자 관계를 맺고 서로 지원하고 협력하며 참여하기 위해서는 그것을 가능하게 하는 심리적, 물리적, 정책적 환경이 마련되어야 한다. 첫째, 바람직한 심리적 환경이란 부모와 교사가 만났을 때 서로 편한 마음이 드는 환경, 서로를 반기는 환경, 서로를 믿고 의논할 수 있는 환경, 즐거운 마음으로 기관을 방문하게 하는 환경을 의미한다. 즉, 즐겁고 편하고 자발적인 마음으로 서로 만나고 자녀의 교육을 위해 노력할 수 있는 환경이 마련되어야 한다. 심리적 환경의 중요성은 부모와의 관계에 대한 교사의 신념(김희진, 2005; Berger & Riojas-Cortez, 2011)(제8장 교직원의 준비와 훈련, pp. 131~143)을 점검하는 항목에도 잘 나타나 있다. 또한 많은 부모교육과 지원에 관련된 지침서(Curran, 2007; National Education Association of the United States, 1996; Schumacher, 2020)에도 부모를 반길 것, 부모가 편한 마음이 들게 할 것, 진심으로 대할 것, 부모의 마음과 느낌을 이해함을 표현할 것 등이 제안되어 있는데, 이런 제안은 모두 심리적 환경의 중요성을 강조한 것이다.

둘째, 바람직한 물리적 환경이란 시설과 설비 그리고 공간에서 풍기는 분위기가 부모를 반기고, 편한 마음이 들게 하고, 쉴 수 있게 하는 환경을 의미한다. 예를 들면, 기관의 입구에 들어서면 부모를 반기는 글귀나 부모에게 제공되는 정보(예 부모용 게시판)가 있고, 부모가 쉴 수 있는 탁자와 소파 또는 의자가 있고, 부모가 볼 수 있는 책이 있는 책꽂이가 있고, 부모들이 마실 수 있는 차가 준비된 공간이 마련되어 있다면 부모를 환영하는 물리적 환경이라고 할 수 있다. 최근에는 각 교육기관 내에 가족 자원 센터(Family Resource Center)를 운영하여 가족에게 필요한 정보, 책자, 프로그램 등을 제공하는 경향이 증가하고 있다(Decker & Decker, 2003).

셋째, 바람직한 정책적 환경이란 유아교육기관이 정책적으로 부모의 방문과 참여를 환영하고 격려하는 것을 의미한다. 유아교육기관 안내 책자 또는 홈페이지에 부모의 방문과 참여를 환영한다는 것을 공식적으로 밝히고, 방문과 참여를 위해 어떤 절차를 밟아야 하는지 등의 규정을 안내하여야 한다.

2. 유아교육기관과 부모의 전문성

부모와 유아교육기관이 서로 지원하고 협력하기 위해서는 서로에게 무엇인가 배울 수 있고 도움을 받을 수 있다고 생각해야 한다. 만약, 부모와 기관 중 어느 한 쪽만 전문가라고 생각하거나 서로 전문가라고 생각하지 않는다면 일방향적인 교육만 이루어지거나 지원과 협력이 전혀 이루어지지 않을 수도 있다. 본 절에서는 전문성의 개념을 먼저 살펴본 후, 유아교육기관, 영유아 교사, 운영자의 전문성과 부모의 전문성을 구체적으로 알아보고, 상황을 개선하기 위해 어떤 노력이 필요한지 살펴보고자 한다.

1) 유아교육기관, 영유아 교사, 운영자의 전문성

전문가란 특정 분야의 일을 줄곧 해 와서 그에 관해 풍부하고 깊이 있는 지식이나 경험을 가지고 있는 사람을 의미한다. 전문가의 기준으로는 일정 기간의 훈련, 독점적인 지식의 점유, 대중사회의 인정 등이 언급된다(오욱환, 2005). 따라서 전문가, 전문가가 일하는 집단, 전문가 집단을 이끌어 가는 사람 모두 전문성을 가진 것으로 인정된다.

영유아 교사가 전문가인가 아닌가에 대해서는 많은 논의가 있어 왔다(박은혜, 2013). 학계에서는 영유아 교사를 전문가로 인정하는 반면, 일반 대중은 영유아 교사를 전문가로 인정하지 않는 경향이 있어 왔다. 최근 일반 대중의 생각도 변하고 있지만 역사적으로 대중은 영유아 교사를 전문가로 인정하지 않는 경향이 우세하였다. 영유아 교사가 전문가로 인정받지 못하는 다양한 이유 중에서 부모와의 관계 형성에 영향을 주는 몇 가지 이유를 살펴보면 다음과 같다.

첫째, 영유아 교사의 업무 중 하나가 영유아를 돌보는 것과 관련이 있는 것으로 보인다. 교육계에서는 돌봄의 교육적 의의를 강조하지만, 돌봄과 관련된 용어로 '탁아', '보모' 같은 용어가 사용되었고, 이런 일은 전문성이 없이도 할 수 있다는 생각이 지배적이었기 때문에 일반 대중은 영유아 교사를 전문가로 보지 않아 왔다. 영유아 교사가 스스로 생각하는 대중의 인식과 관련된 전문성도 가장 낮아 전문성 6개 영역 중 '사회·경제적 지위'에 대한 전문성 인식이 가장 낮았다(노진영, 2013). 이는 영아 교사의 역할에 교육적 돌봄이 포함(탁정화, 황해익, 2012)되고 그것으로 인해 대중이 보는 교사의 전문성에 회의를 가질 수 있다는 것을 보여준다.

둘째, 영유아 교사가 되기 위한 직전 교육 기간의 다양성과 관련이 있는 것으로 보인다. 유치원과 어린이집을 포함한 공식적인 유아교육기관의 교사가 되기 위해 받아야 하는 직전 교육 기간은 1년에서 4년까지 다양하다. 최근 영유아 교사의 질을 높이기 위해 직전 교육 기간을 늘리고 교육 내용을 강화하려는 다양한 노력을 하고 있지만 여전히 영유아 교사의 직전 교육 기간은 길지 않은 것이 현실이다[참고: 2021년 보육 실태 조사에 따르면 보육교사의 학력은 고졸 12.5%, 3년제 대학 54.5%, 4년제 대학 29.57%로 과반수 이상이 대학 이상의 학력을 소지하여 2018년 조사에 비교하여 고졸은 12.5% 감소하고 대학 졸업자는 증가; 2011년 교육정책 분야별 통계 자료에 따르면 유치원 교사의 59.1%는 3년제 대학 이하 학력 소지자였으나 OECD(2018)의 교원 대상 국제 비교 연구(TALIS, Teaching and Learning International Survey)에 따르면 우리나라 유아교사의 학력은 4년제 대학 이상 졸업 학력을 가진 교사 비율이 50%를 넘어 다른 국가에 비하여 학력 수준이 높은 것으로 나타남(김은설, 박진아, 이솔미, 2019)].

2023년도 대학 진학률은 76.2%(한국교육개발원, 2023)인데 영유아기 자녀를 둔 부모의 연령이 30대 초반임을 고려할 때, 부모의 학력은 지속적으로 높아질 것으로 전망된다. 부모교육과 지원의 관점에서 볼 때 교사의 학력과 부모의 학력은 중요한 의미가 있다. 부모의 학력이 교사의 학력보다 상대적으로 높을 때 부모는 교사를 전문가로 인정하기 어려울 것이다. 교사의 업무를 '탁아' 또는 '보호'라는 개념과 연관시켜온 대중의 관점을 고려할 때, 부모 학력과 교사 학력의 격차는 교사의 전문성을 인정하기 더욱 어려운 상황을 만들 수도 있다.

셋째, 영유아 교사의 연령, 교직 경력, 자녀 양육 경험 유무 같은 조건과 관련이 있는 것으로 보인다. 영유아 교사의 잦은 이직과 낮은 교직 경력은 교사의 질이나 교사의 전문성과 관련된 문제로 자주 언급되어 왔다(박은혜, 2013). 예를 들면, 유치원 교사의 49%는 경력 5년 미만의 교사이고, 54%는 29세 이하이며, 퇴직자의 37.8%는 34세 이하의 젊은 교사이다(교육과학기술부, 한국교육개발원, 2011). 보육교사는 2012년 평균 4년 5개월의 경력을 가지고 있었으나(보건복지부, 2012) 2021년에는 평균 7년 6개월로 늘었다(보건복지부, 육아정책연구소, 2021).

부모교육과 지원의 관점에서도 교사의 낮은 연령, 낮은 교직 경력, 그리고 적은 자녀 양육 경험은 부모가 교사의 전문성을 인정하는 데 부정적인 영향을 미치는 요인이 될 수 있다. 교사들은 전문적인 교육을 받았기 때문에 교직 경력이나 자녀 양육 경험이 자신의 전문성을 약화시키는 요인이 아니라고 생각하지만, 일반 대중인 부모는 다른 입장인 것으로 보인다. 영유아 교사에 대한 전통적인 편견이나 상대적으로 짧은 직전 교육 기간 같은 요인과 교사의 연령, 교직 경력, 자녀 양육 경험이 상호작용할 때 상황은 더욱 어려워질 것이다.

넷째, 영유아 교사의 자기 표현 방식과 관련이 있는 것으로 보인다. 교사는 영유아와 생활하기 때문에 밝고, 맑고, 순수한 인상이라는 평을 많이 듣는다. 영유아 교사는 인지적, 언어적 능력이 발달하고 있는 영유아와 효과적으로 상호작용하기 위해 말을 짧게 하고 반복적으로 하거나, 얼굴 표정, 손, 몸짓을 이용하는 비언어적인 의사소통 수단을 많이 사용하며, '어린이' 같은 방식으로 말하고 행동하는 경향이 있다. 의복도 영유아와 생활하기 편한 복장을 하거나 그들이 좋아하는 밝고 장식이 많은 것을 즐겨 입기도 한다.

일반 대중은 전문가가 말하고, 행동하고, 의복을 입는 것에 관한 고정관념이 있다. 의사, 변호사, 교사 같은 전문가를 생각할 때 머리에 그려지는 모습은 위에 언급한 영유아 교사의 모습과는 다를 수 있다. 부모가 가진 전문가에 대한 이미지와 자기 자녀의 교사에 대한 이미지가 다를 때 부모는 교사를 전문가로 인식하는 데 어려움을 겪을 것이다.

부모와 기관과의 협력이라는 관점에서 볼 때, 일반 대중인 부모가 교사의 전문성을 인정하지 않는다면 협력이 이루어지기 어렵다. 특히, 현재 유아교육기관에서 이루어지는 부모와의 관계는 평등하고 협력적이라기보다는 부모를 대상으로 무엇인가를 가르친다는 개념이 우세한 관계이기 때문에(제1장 부모교육과 지원의 정의, pp. 13~25), 부모가 영유아 교사의 전문성을 인정해야만 성공적인 부모교육과 지원이 가능해진다. 부모는 영유아 교사를 보모의 역할을 수행하는 것으로 인식하는 경향이 있는데, 자신보다 나이도 어리고, 학력도 낮고, 교직 경력도 짧으며, 자녀를 키워본 경험도 없고, 어리게 행동하는 교사로부터 배울 것이 없다고 생각한다면 부모교육과 지원은 불가능할 것이다. 따라서 부모와 유아교육기관의 협력 또는 부모교육과 지원이 효과적으로 이루어지기 위해서는 유아교육기관과 영유아 교사의 전문성을 높이려는 노력이 필요하다.

2) 부모의 전문성

'부모가 영유아 교육에 대한 전문성이 있는가?'라는 질문에 부모를 포함한 대부분의 사람은 부정적으로 대답할 것이다. Curran(2007)은 교사가 재고해야 할 부모에 대한 고정관념으로 '자녀에 대해 관심이 없는 부모들이 더 많다.', '교사가 부모보다 아는 것이 더 많다.', '교사가 부모보다 더 많은 답을 가지고 있다.', '부모는 교사가 교육받은 전문가이기 때문에 교사의 말을 신뢰한다.' 등을 제시하였다. 이런 고정관념은 교사가 부모는 아무것도 모른다고 생각하게 하므로 부모와 적절한 관계를 맺는 데 걸림돌이 된다.

물론 부모는 영유아 교육에 대해 전문적인 교육을 받지 않았고 부모 스스로도 자녀에게 언제부터, 어떤 방식으로, 무엇을 배우게 해야 하는지, 어떻게 훈육해야 할지 모르기 때문에 자녀 양육에 많은 어려움을 겪는다고 토로한다(김진하, 2024). 또한 양육불안(김현정, 2003)이라는 용어가 흔하게 사용되고 있을 정도로 부모는 자녀를 양육하는 데 어려움을 겪으며 혼란스러워 하고 있다.

그러나 '부모가 영유아 교사나 영유아 교육 전문가의 조언을 현실적으로 경청하고 따르는가?'라는 질문에도 많은 사람이 부정적으로 대답할 것이다. 실제로 부모는 사교육을 시키는 이유에 대해서 학력 위주의 사회 분위기나 어머니의 교육열을 많이 언급하고(김정욱, 배호중, 2021; 이정원, 2009), 전문가의 말보다는 같은 연령의 자녀를 가진 다른 부모의 조언을 더 따르는 경향이 있다. 또한, 부모가 자신의 자녀 교육 또는 양육방식(예 영어 교육 방법, 도서 활용 방법, 언어 지도 방법)을 다양한 유형의 SNS에 올려 인기를 얻기도 한다. 부모가 자녀 양육에 어려움을 겪으면서도 전문가의 조언은 따르지 않는 모순을 어떻게 설명할 수 있을까?

우리나라는 전통적으로 교육에 많은 관심을 기울여 온 나라이다. '교육에 관한 한 온 국민이 전문가'라는 말은 교육과 관련되어 많이 언급되는 말이다. 더구나 앞서 언급된 바와 같이 부모를 포함한 일반 대중이 영유아 교사의 전문성을 인정하기 어려운 조건과 결부되어 부모는 스스로가 전문가인 것처럼 행동하기도 한다. 그렇다면 과연 영유아기 자녀를 가진 부모는 전문성이 있는가? 없다면 어떤 측면의 전문성이 없고, 있다면 어떤 측면의 전문성이 있는가? 있다면 영유아 교사로서 부모의 전문성을 어떻게 인정해야 하는가?

전문가에 대한 공식적인 정의를 기초로 볼 때 부모가 영유아 교육에 대한 전문성이 없는 것은 분명하다. 그러나 부모는 적어도 자신의 자녀에 대해서는 전문가이다. 교사가 일반적인 또는 평균적인 영유아에 대해 전문적 지식이 있다면, 부모는 자신의 자녀에 대해 전문적 지식이 있다. 예를 들면, 교사는 3세 유아의 신체 발달 경향에 대한 평균적인 지식이 있지만 부모는 3세 자녀의 신체 발달에 대한 구체적인 지식이 있다. 교사는 특정 유아에 대해 자세한 지식을 갖기 어렵지만 부모는 자신의 자녀에 대해 자세한 지식을 가지고 있다.

교사와 부모의 상호작용은 특정 영유아를 중심으로 이루어지기 때문에 교사가 부모만큼 그 아이에 대한 지식이 없다면 부모는 교사가 자신의 자녀를 모른다고 생각하거나 자신의 자녀를 관심 있게 지도하지 않았다고 생각하여 실망할 가능성이 높다. 부모는 자녀가 화가 났을 때 어떻게 반응하는지, 밥을 먹을 때는 어떤 특성이 있는지, 최근 어떤 발달적 징후를 보이기 시작했는지에 관해서는 교사보다 더 잘 알고 있을 가능성이 높다(Curran, 2007). 교사는 담당하는 영유아 수가 많기 때문에 각 어린이에 대해 부모만큼 잘 파악하는 것은 불가능하다.

더구나 부모는 자신이 자녀에 대해 잘 알고 있다고 생각하는데, 유아교육기관에서 부모가 아무것도 모른다고 생각하거나 틀린 생각을 하고 있기 때문에 고쳐야 한다고 생각하여 일방적으로 교육하려고 한다면 부모는 따르기 어려울 것이다. 결국 유아교육기관-부모 관계에서의 성공은 부모가 자신의 자녀에 대해 가지고 있는 구체적인 정보, 즉 전문성을 기관이 활용하여야만 가능한 것인지도 모른다.

3) 교사와 부모의 전문성 함양과 활용을 위한 노력

영유아의 성장과 발달을 위해 유아교육기관과 부모가 협력하는 것에 부정적인 영향을 미치는 요인이 많지만, 그중 중요한 한 가지는 교사와 부모가 서로 가진 전문성을 인정하지 않는 현실이다. 본 절에서는 서로의 전문성을 알리고 인정하기 위해서 어떤 노력이 필요한지 살펴보고자 한다.

교사의 전문성을 높이는 과제 중 직전 교육 기간, 교사의 연령 및 경력, 자녀 양육 경험의 유무는 다양한 제도적, 교육적, 법적, 정책적 문제와 관련되어 있기 때문에 쉽게 해결하기 어려운 과제이다. 그러나 유아교육기관과 교사가 가진 전문성을 적극 이해시키고 전문성을 높이기 위해 어떤 노력을 하고 어떤 방식으로 실천하고 있는지를 홍보하는 것은 각 기관에서 실행할 수 있는 효과적인 전략이 될 수 있다. 다음의 예는 기관 홈페이지, 통신문, 소식지 등을 통해 알릴 수 있는 사례이다.

- 원내 자율 장학이나 원외 현직 교육을 받았을 때 어떤 주제로 어떤 내용의 교육을 받아 교육과정에 어떻게 반영하였는지에 대한 사례
- 대학원 같은 상급학교에 진학하거나 졸업한 교사의 사례
- 교사가 특정 연수에서 발표한 사례
- 교사가 표창받은 사례
- 교육 주제에서 다루어지는 내용뿐만 아니라 교육적 의의(예 다양한 분야의 개념 간 연계, 상급학교 교육과정과의 연계)에 대한 공지

또한 전문가다운 언행과 옷차림을 통해 부모가 영유아 교사를 전문가로 인식하게 하는 것도 중요하다. 부모와 상호작용할 때는 성인과의 상호작용에 적절한 목소리, 목소리 톤, 어휘, 제스처, 그리고 옷차림 등을 통해 부모가 교사를 전문가로 인식하도록 하여야 한다.

부모의 전문성은 전문성을 높인다는 측면보다는 자녀에 대한 전문성을 인정하는 방향으로 접근하는 것이 바람직하다. 교사가 교육 계획을 작성하거나 특정 영유아에 대한 관찰 결과를 바탕으로 지도 계획을 세울 때, 특정 영유아에 대한 부모의 전문적 지식을 활용하고 그것을 부모에게 알리는 것이 중요하다. 다음의 예는 기관 홈페이지, 통신문, 소식지, 개별 접촉 등을 통해 부모의 전문성이 존중받고 있음을 알릴 수 있는 사례이다.

- 부모가 쪽지, 편지 등을 통해 영유아의 상황(예 기분, 건강 상태, 최근의 변화 상황)을 알려 왔을 때 어떻게 지도에 반영되었는지를 간단히 다시 알려주기
- 영유아에 대한 생활 지도 계획을 세울 때 부모의 의견 구하기
- 부모와의 면담이나 상담 때 부모의 관점을 이해하고 존중하기
- 유아교육기관의 다양한 행사나 활동에 부모의 의견을 적극적으로 구하고 수용하기
- 부모의 의견이 반영되었음을 적극적으로 알리기

교사와 부모 간의 전문성 상호 존중이라는 개념은 부모교육과 지원의 현대적 명칭인 기관-가정 간의 협력, 상호작용, 관계라는 명칭에도 반영되어 있다. Powell(1989, 1998)은 성공적인 부모교육과 지원 프로그램에서 발견되는 공통적인 특징을 제시하였는데, 그중 하나인 교사와 부모 간의 협력, 그리고 전문성에 대한 상호 존중과 관련 있는 특

징을 살펴보면 다음과 같다.

- 성공적인 부모교육과 지원은 영유아 교육에 있어서 부모와 가족의 영향력을 인정하는 것에서 시작한다. 부모와 가족의 영향력을 인정한다는 것은 부모의 의견과 역할을 존중한다는 것을 의미한다.
- 성공적인 부모교육과 지원은 기관과 가정 간의 지속적이고 양방향적인 의사소통이 이루어질 때 가능하다. 지속적이고 양방향적인 의사소통은 기관과 부모와의 협력 및 상호작용이 일시적이고, 단편적이고, 일방적인 것이 아니라 지속적이고, 포괄적이고, 양방향적이어야 한다는 것을 의미한다.
- 성공적인 부모교육과 지원은 부모의 관심과 욕구가 반영될 때 가능하다. 특히, 자녀에 대한 부모의 관심과 욕구가 바람직한 방향으로 교육에 반영되어야 함을 의미한다.
- 성공적인 부모교육과 지원은 유아교육기관과 부모가 서로의 자원이 되고, 서로에게 개방적이고, 서로에게 융통적일 때 가능하다. 서로의 자원이 되고, 서로에게 개방적이고 융통적이란 말은 서로가 서로에게 배울 자세가 되어 있고 서로를 존중해야 함을 의미한다.

이상에서 살펴본 바와 같이 유아교육기관과 부모(가족)가 협력적인 관계를 유지하기 위해서는 여러 조건이 갖추어져야 하지만 그중에서도 서로의 전문성을 인정하고, 존중하고, 활용하는 자세를 갖는 것이 매우 중요하다.

사 례

사례 1

다음 100개의 목록은 교육기관을 가족에게 친근한 환경으로 만들기 위해 사용할 수 있는 것으로 제시된 전략이다(Constantino, 2003, pp. 145-149). 우리나라의 실정과 맞지 않는 제안도 있지만 사례를 통해 외국에서는 어떤 노력을 하는지 알아볼 수 있다.

1. 가족 참여에 관한 정책을 만든다.

계속

| 사례 1 | 계속

2. 모든 가족의 참여를 강조하기 위해 부모라는 용어 대신에 가족이라는 용어를 사용한다.
3. 기관의 교육 목표 또는 사명에 가족의 참여에 관한 내용을 포함시킨다.
4. 지역사회의 문화와 학교의 프로그램을 연계시키는 프로그램 또는 행사를 진행한다.
5. 학교 내에 가족 자원 센터(Family Resource Center)를 운영한다.
6. 그 주 또는 그 달의 가족을 선정한다.
7. 가족들이 주차할 수 있는 공간을 마련한다.
8. 학교의 출입구나 안내 지도를 다양한 인종의 부모가 이해할 수 있도록 표시한다.
9. 가족 참여의 중요성에 대해 교사, 관리자, 학생에게 알린다.
10. 교직원 교육 시 가족과 관련 있는 내용에는 가족을 참여시킨다.
11. 메모, 편지 또는 전화 등을 통해 가족에 대한 감사와 긍정적 반응을 전한다.
12. 개방된 마음과 긍정적 태도로 가족에게 접근한다.
13. 잘 듣는다.
14. 가족과의 상호작용을 통해 어린이의 장점, 재능, 흥미를 이해한다.
15. 가족에 대한 학교의 기대를 가족이 이해하고 수용할 수 있는 방식으로 전한다.
16. 직장에 다니는 부모의 편리한 시간대에 맞춰 교사의 시간을 할애한다.
17. 모든 학년에서 부모와의 상담을 의무화한다.
18. 부모에게 가장 편리한 방식으로 정보를 제공한다.
19. 학교의 규칙과 기대에 대해 가족에게 설명하고 지원해 줄 것을 부탁한다.
20. 가족과 비공식적인 대화를 할 기회를 만든다.
21. 우려되는 점을 조기에 솔직하고 개방적인 자세로 의논한다.
22. 교직원은 PTA나 부모 조직에 가능하면 자주 참여하고 관심을 보인다.
23. 학급, 학년, 학교 신문을 제작하고 부모에게도 발송한다.
24. 학교 홈페이지를 자주 갱신(update)한다.
25. 학교 개방 또는 방문 가능 시간대를 게시한다.
26. 부모 안내 책자를 제작한다.
27. 다양한 언어를 사용하는 부모가 이해할 수 있도록 다양한 언어로 정보를 제공한다.
28. 가족의 참여를 촉진할 수 있도록 다양한 과학 기술(technology)을 사용한다.
29. 의사소통의 촉진과 관련된 문화적 관습을 이해하기 위해 부모와 대화한다.
30. 학교를 방문했을 때 부모가 어떤 기분을 느끼는지 부모에게 들어본다.
31. 학교에서 부모가 어떤 대우를 받는다고 느끼는지 부모에게 들어본다.
32. 가족과 학생의 의견을 반영하여 학교의 분위기를 수정한다.
33. 학급의 학생과 그들의 친구에 대해 파악한다.
34. 가족이 흥미를 보이는 주제에 대한 프로그램을 제공한다.
35. 실시한 가족 프로그램에 대해 평가한다.
36. 가족이 자녀를 지원할 수 있도록 가족 지원 프로그램 또는 집단을 조직한다.

계속

| 사례 1 | 계속

37. 가족을 지원하기 위해 자녀 양육에 관한 정보를 제공한다.
38. 아동 발달이나 훈육 등에 관한 부모 교실을 운영한다.
39. 모든 가족이 참여할 수 있는 활동이나 행사를 진행한다.
40. 부모가 가진 재능이나 능력을 파악하고 학교에서 실시되는 다양한 활동에서 기여하도록 격려한다.
41. 가족 독서 클럽을 운영한다.
42. 부모와 상담 가능한 시간대로 공시된 시간에는 항상 대기한다.
43. 가족 참여의 중요성을 교사가 이해할 수 있도록 돕는다.
44. 학교의 출입구와 외관이 부모에게 친숙하도록 개선할 수 있는지 고려한다.
45. 페인트 칠을 해야 할 곳이 있는지 살펴본다.
46. 휴지, 낙서, 쓰레기 등은 24시간 이내에 치운다.
47. 선거일에는 선거 장소로 활용될 수 있도록 학교를 개방한다.
48. 지역사회 단체가 학교를 행사 장소로 사용할 때는 학교에 대한 정보를 제공한다.
49. 학교에 대한 중요한 정보가 담긴 유인물을 마련하고 방문자에게 제공한다.
50. 저녁에 실시되는 활동을 위해 전등의 밝기가 적절한지 평가한다.
51. 가족이 학교 컴퓨터실과 도서관을 사용할 수 있게 개방한다.
52. 학교 근처에 '천천히 가야 하는 지역'을 표시하는 안내판이 잘 보이게 부착한다.
53. 학교의 운영에 가족이 참여하도록 한다.
54. 학교에 관련된 계획이나 의사결정에 참여할 수 있도록 부모를 훈련한다.
55. 교장이나 관리자에 대한 이력서를 공개한다.
56. 최소한 5개 이상의 장소(예 신문, 전화번호부, 시청 웹사이트 등)에 학교의 전화번호와 팩스번호를 게시한다.
57. 관리자의 전화번호와 이름을 학교 웹사이트와 신문에 매번 게시한다.
58. 매달 뉴스레터를 출판한다.
59. 학교 웹사이트에 학교에서 출판한 모든 출판물을 탑재한다.
60. 영어가 모국어가 아닌 가족을 위한 프로그램의 수를 늘린다.
61. 다양한 출판물에 학교의 로고나 마스코트가 들어가게 한다.
62. 학교의 자랑거리를 널리 알린다.
63. 모든 교직원에게 명함을 제작해 준다.
64. 모든 학급에 전화를 설치한다.
65. 클럽이나 학교 활동에 참여하는 학생의 수가 증가되도록 한다.
66. 클럽 행사를 계획한다.
67. 모든 학생이 클럽이나 활동에 참여할 수 있는 체제인지 평가한다.
68. 학교를 지원하는 기관에게 학교에 대한 자세한 정보를 제공한다.
69. 학교의 다양성을 증진하고 축하할 최소 5개의 방법을 고안한다.

계속

| 사례 1 | 계속

70. 학교에 어떤 학생 모임이 있는지 확인하고 교장은 매달 그들과 점심을 하도록 한다.
71. 다양한 학생이 통합될 수 있는 프로그램을 계획한다.
72. 학생회가 모든 학생에게 개방되도록 한다.
73. 학교에서 실시된 활동이 담긴 학교 달력을 제작한다.
74. 학교의 출판물에 어려운 말이나 부정적인 용어가 없는지 점검한다.
75. 학교의 교육과정을 가족이 이해하도록 하는 데 도움이 되는 프로그램을 계획한다.
76. 가족 방문의 날을 실시한다.
77. 학교의 안전과 보안에 관련된 정책을 게시한다.
78. 가족과 상호작용하는 방법에 대해 학교의 안전 요원을 훈련시킨다.
79. 학교 방문이나 들어오는 방법에 대한 안내를 위압적이지 않게 게시한다.
80. 학교에 안 좋거나 부정적인 일이 생긴 당일 부모와 가족에게 알린다.
81. 학교에서의 활동에 대해 부모에게 알리기 위해 원격통신(telecommunicaton)을 활용한다.
82. 학교에 다양한 방법으로 가족을 참여시킨다.
83. 교직원에게 인센티브나 별도의 급여를 주어 학생 활동과 가족 관련 활동에 참여하는 교직원의 수를 늘린다.
84. 학생들이 학교에서 이루어지는 다양한 활동에 참여하도록 한다.
85. 모든 학생과 가족에게 정보를 제공함으로써 학교의 역사(예 개교일)를 자축한다.
86. 부모 역시 그 학교 졸업생이라면 부모의 학창시절 경험을 나누도록 격려한다.
87. 조부모도 참여하도록 격려한다.
88. 가족의 바람직한 문화가 자녀에게 전승되도록 가족에게 부탁한다.
89. 가족을 활용할 수 있는 실험적 학습 기회를 만들어 본다.
90. 학교의 모든 측면이 가족과 학생을 동기 유발하도록 한다.
91. 가족이 학교에 참여한 것에 대해 항상 감사를 표현한다.
92. 매달 최소 5개의 감사 카드를 직접 써서 가족에게 보낸다.
93. 모든 학생, 교직원, 가족을 격려하고 인정할 기회를 마련한다.
94. 학생을 대상으로 하는 신입생 오리엔테이션에 재학생이 참여하도록 한다.
95. 지역사회의 사업자들에게 가족의 참여를 지원하도록 부탁한다.
96. 지역사회의 사업가와 학생 간 멘토 관계가 형성되도록 노력한다.
97. 학교 운영위원회를 지원하는 사업자를 확보한다.
98. 학교의 모든 단체를 위한 예산을 확보한다.
99. 가족과 교사가 의사소통하는 기회를 매년 20% 이상 증가시킨다.
100. 가족의 참여가 모든 학생의 향상에 기여한다는 것을 믿는다.

사례 2

다음은 전직 교사였던 부모와의 인터뷰 사례이다. 교사였을 때 바라본 부모와 부모가 되어서 바라본 교사가 어떻게 다른지에 대해 토론하는 과정에서 언급한 것으로 영유아 교사의 전문성을 부모에게 적극적으로 알리는 것이 얼마나 중요한지 보여주는 사례이다.

> 내가 교사일 때는 부모가 내가 얼마나 열심히 공부하고 노력하는지 알아주지 않는 것 같아 매우 섭섭했었습니다. 일선 교사로서 대학원도 졸업했기 때문에 교사로서의 전문성에 대해 나름대로 자부심을 가지고 있었지만 부모가 인정하는 것 같지 않아 속상했습니다. 그리고 내가 교사로서 하는 다양한 일, 예를 들면, 활동실을 재배치하거나 유아의 흥미와 욕구를 고려하여 교육과정을 발전시켜 나가는 일, 또는 연수에서 발표하는 것의 가치를 부모가 알아주지 않는다고 생각했습니다.
> 그러나 부모가 되어 내 아이를 유치원에 보내면서 교사가 하는 일에 대해 부모가 알 수 있는 방법이 없다는 것을 알았습니다. 교육 계획이나 행사 같은 것에 대해 통신문이 오지만, 교사들의 업무가 전문적인 것이라는 것을 직접 보여주는 방식은 아니었습니다. 교사였고, 유아교육을 전공한 나도 유추해야 했으니 일반 부모가 교사의 전문성을 느끼지 못하는 것은 당연한 것처럼 보였습니다. 왜 교사였을 때는 그 생각을 못 했는지….

요 약

부모와 유아교육기관이 서로 지원하고 협력하기 위해서는 먼저 두 가지 조건이 갖춰져야 한다. 첫째는 부모와 기관의 지원과 협력을 촉진하는 심리적, 물리적, 정책적 환경을 마련하는 것이고, 둘째는 부모와 교사가 서로의 전문성을 인정하는 분위기를 만드는 것이다. 부모는 유아교육기관과 영유아 교사에 대한 전통적인 고정관념과 영유아 교사와 관련된 다양한 요인(예 연령, 경력, 학력, 양육 경험, 행동 양식 등) 때문에 영유아 교사를 전문가로 여기지 않는 경향이 있다. 마찬가지로 영유아 교사도 부모를 자녀의 전문가로 보기보다는 부족하고 배워야 할 대상으로 보는 경향이 존재한다. 이런 요인들이 부정적으로 상호작용하여, 부모와 교사가 서로 존중하고 협력하기보다는 배타적으로 대하는 상황을 초래했고 그 결과, 부모교육과 지원이 활성화되지 못 해왔다. 부모와 유아교육기관 간의 바람직한 관계를 형성하기 위해서 다양한 조건이 마련되어야 하겠지만, 서로의 전문성을 인정하고 협력하려는 상황이 먼저 조성되어야 한다. 유아교육기관에서는 다양한 전략을 사용하여 서로의 전문성을 활용하는 방안을 모색하여야 한다.

교수-학습을 위한 제언

1. 교사가 부모와 일하면서 느끼는 보람과 좌절에는 어떤 것이 있는지 교사와 인터뷰해 봅시다. 본 장에서 제시된 것과 어떤 공통점 또는 차이점이 있습니까?
2. 부모의 방문과 참여를 촉진하기 위한 물리적 환경을 계획해 봅시다. 어떤 시설과 설비가 준비되어야 한다고 생각하십니까?
3. 부모의 방문과 참여에 관련된 규정이 필요하다면 어떤 규정을 마련해야 한다고 생각하십니까? 규정을 만들어 봅시다.
4. 부모에게 영유아 교사의 이미지에 대해 인터뷰하고, 교사에게 부모의 이미지에 대해 인터뷰한 후 비교해 봅시다. 서로에 대해 어떤 긍정적 또는 부정적 이미지를 가지고 있습니까? 그 이유가 무엇인지 토론해 봅시다.
5. 영유아 교사와 부모의 전문성을 서로 활용하는 것과 제1장에 제시된 부모교육 또는 지원과 관련된 용어와는 어떤 관련이 있는지 생각해 봅시다. 서로의 전문성을 활용한다는 개념을 강조할 때 어떤 용어가 가장 적절하다고 생각하는지 토론해 봅시다.
6. 본 장에서 사례로 제시된 것 이외에 영유아 교사의 전문성을 알리고 부모의 전문성을 활용하는 전략에는 어떤 것이 있을지 브레인스토밍(brainstorming)해 봅시다.

참고문헌

교육과학기술부, 한국교육개발원(2011). **교육정책 분야별 통계 자료집**(통계자료 SM 2011-4). 저자.

교육과학기술부, 한국교육개발원(2012). **교육통계연보**. 저자.

김은설, 박진아, 이솔미(2019). **OECD TALIS 국제 유아교원 비교 연구 2019: Starting Strong Suevey 분석**(연구보고 2019-15). 육아정책연구소.

김정욱, 배호중(2021). 어머니의 심리적 요인이 사교육비 지출에 미치는 영향. **교육과학연구, 52**(2), 1-28.

김진하(2024). 자녀양육기 어머니의 부모교육 경험을 통해 본 반성적 사고와 성장. 서울대학교 석사학위논문.

김현정(2003). 우리나라 유아의 일상생활에 대한 연구. 이화여자대학교 대학원 박사학위논문.

김희진(2005). **삼성 유아 프로그램 II: 포괄적 보육서비스-부모지원 프로그램 진행자 매뉴얼**. 다음세대.

노진영(2013). 영유아교사의 전문성 인식과 직무만족 수준에 관한 연구. **한국유아교육·보육행정연구, 17**(2), 74-93.

박은혜(2013). **유아교사론**(4판). 창지사.

보건복지부(2012). **2012 보육실태 조사**. 저자.

보건복지부, 육아정책연구소(2021). **2021 전국보육실태조사: 어린이집 조사 보고**. 저자.

오욱환(2005). **교사 전문성: 교육전문가로서의 교사에 대한 논의**. 교육과학사.

이정원(2009). 유치원·어린이집 미이용 취학전 아동의 사교육 이용에 영향을 미치는 요인. **한국영유아보육학, 59.** 29-55.

탁정화, 황해익(2012). 영아교사의 어려움과 전문성에 대한 인식 및 지원방안 탐색. **열린유아교육연구, 17**(2), 73-103.

한국교육개발원(2023). **2023 교육기본통계.** 교육부·한국교육개발원.

Bang, Y. S., Jang, H. J., & Jung, J. H. (2021). Understanding Korean early childhood teachers' challenges in parent–teacher partnerships: Beyond individual matters. *Social Behavior and Personality: an international journal, 49*(10), 1-16.

Berger, E., & Riojas-Cortez, R. (2011). *Parent as partners in education: Families and schools working togethcr* (8th ed.). Merrill.

Constantino, S. (2003). *Engaging all families: Creating a positive school culture by putting research into practice*. Scarecrow Education.

Couchenour, D., & Chrisman, K. (2013). *Familes and schools and communities: Together for young children* (5th ed.). Wadsworth Cengage Learning.

Curran, D. (2007). *Working with parents. American Guidance Services*.

Decker, L., & Decker, V. (2003). *Home, school, and community partnerships*. Scarecrow Education.

Harman, D. (2023). *Building parent teacher partnerships: Intentional connections*. Parent Child Press, Incorporated

McGrath, W. (2007). Ambivalent Partners: Power, trust, and partnership in relationships between mothers and teachers in a full-time child care center. *Teachers College Record, 109*(6), 1401-1422.

McNally, S., & Slutsky, R. (2020). Teacher–child relationships make all the difference: Constructing quality interactions in early childhood settings. *In Early Childhood Education and Care Quality in Europe and the USA* (pp. 18-33). Routledge.

National Education Association of the United States (1996). *Building parent partnerships*. NEA Professional Library.

OECD(2019). *Providing quality early childhood education and care: Results from the starting Strong Survey 2018*. OECD

Powell, D. (1989). *Families and early childhood program*. Washington, D.C.: NAEYC.

Powell, D. (1998). Reweaving parents into the fabric of early childhood programs. *Young Children, 53*, 60-67.

Schumacher, B. (2020). *Menu for building family partnerships*. Learning Props.

U. S. Department of Education, Office of Educational Research and Improvement (2001). *Family involvement in children's education: Successful local approaches-An idea book*. Washington, D.C.: U. S. Department of Education.

Part Ⅱ

부모교육 및 지원 프로그램의 계획, 실행 및 평가

- 준비하기
- 실행 및 평가하기

준비하기

Chapter 04

프로그램 계획의 기본 원칙

학습목표

- 부모교육 및 지원을 위한 계획을 수립할 때 지켜야 할 원칙을 이해한다.
- 계획 수립 원칙을 고려하여 연간 계획을 수립할 수 있다.

부모교육 및 지원을 위해 1년 동안의 프로그램을 위한 전반적인 계획을 수립하든지 또는 개별적인 프로그램을 위한 계획을 수립하든지 일련의 원칙을 지켜야만 성공적인 프로그램이 될 수 있다. 프로그램의 성격에 따라 모든 원칙을 다 고려할 수는 없지만 가능한 한 많은 원칙을 반영하도록 한다. 프로그램 계획의 일반적인 원칙을 살펴보면 다음과 같다.

1. 부모들의 욕구가 최대한 반영된 프로그램을 계획한다.

성인 학습자를 위한 프로그램을 계획하는 데 고려해야 할 중요한 원칙 중의 하나는 그들의 욕구를 반영하는 것이다(Caffarella, 2013; Hill, 2022). 부모도 성인 학습자이기 때문에 그들이 원하는 것을 제공하여야 참여 동기도 높아지고 참여한 후에도 적극적으로 학습하려고 한다. 따라서 부모가 원하는 것이 무엇인지를 조사('제5장 현황 점검 및 부모의 욕구 조사'의 | 사례 1 |, pp. 95~98)하여 프로그램에 최대한 반영해야 한다. 이 원칙은 부모교육과 지원에서 진행자와 부모 간의 관계를 재설정하는 최근의 경향(제1장 부모교육과 지원의 정의, pp. 13~25)과도 일치한다. 과거에는 부모를 '모자라고 알지 못하는 부족한 존재'로 인식했기 때문에 전문가인 진행자가 처방한 대로 와서 교육을 받고 그대로 따라서 하면 된다고 생각하였다. 그러나 최근에는 부모와 프로그램 진행자 간의 관계를 동등하고, 협력적이고, 서로가 가진 장점을 기초로 영향을 주고받는 관계로 상정하고 있기 때문에 부모의 욕구를 반영하는 것은 매우 중요하다.

2. 유아교육기관의 교육 계획과 일관성 있는 프로그램을 계획한다.

유아교육기관에서 실시되는 부모교육과 지원의 목적(제2장 부모교육과 지원의 중요성 및 필요성과 현황, pp. 27~49) 중의 하나는 유아교육기관에서의 교육과 가정에서의 교육 간에 일관성을 이루는 것이다(U. S. Department of Education, 1994). 따라서 부모를 위한 프로그램을 계획할 때는 영유아를 위한 프로그램과 교육의 목표, 주제, 방법 등 다양한 측면에서 조화를 이루어야 한다. 다음의 예는 목표, 주제, 방법 측면에서 영유아를 위한 교육 계획과 부모를 위한 프로그램 계획이 연관된 것이다.

예 4-1 영유아를 위한 계획과 부모를 위한 계획 간의 일관성

구분	영유아를 위한 교육 계획	부모를 위한 프로그램 계획
목표	• 창의적이고 혁신적인 인간 양성	• 부모가 자녀를 미래사회의 인재로 양육하기 위해 창의적이고 혁신적인 인간으로 키우는 것을 자녀 양육 목표로 설정하도록 함
주제	• 여름 7~8월	• 여름철 자녀 건강 관리 • 한의학 측면에서 본 여름 건강 관리
	• 초등학교에 가려면 2월	• 초등학교에서의 학습 • 초등학교 입학 전 준비: 신체·심리·사회·정서·인지적 측면에서의 준비
방법	• 독립심과 자발적인 의사결정 강조	• 부모에게 다양한 자녀 양육 정보와 각 정보의 장단점을 설명하고 부모가 선택하도록 격려함

3. 부모에게 제공하는 다양한 프로그램 간에 일관성이 있는 프로그램을 계획한다.

부모를 위한 교육 및 지원 프로그램을 계획할 때는 영유아를 위한 교육 프로그램과의 일관성뿐만 아니라 부모를 위한 프로그램 간에도 일관성이 유지되도록 한다. 1년 동안 프로그램을 진행하면서 다양한 활동을 하게 되는데, 각 활동을 통해 부모가 전달받거나 경험하는 것 간에 모순이 있다면 부모는 혼란을 겪게 된다. 부모는 프로그램을 통해 태도나 신념 형성에 관련된 경험, 지식이나 정보와 관련된 경험, 실제적인 기술이나 전략과 관련된 경험을 하게 된다(김희진, 2005). 만약, 각 활동에서 제공되는 신

념에 관련된 내용, 정보, 또는 전략이 상충된다면 프로그램의 효율성이 저하될 뿐만 아니라 역효과도 나타날 것이다. 예를 들면, '바람직한 자녀 양육 신념'과 관련된 활동에서는 자녀를 양육하는 일반적인 태도로서의 행동주의 신념을 바람직하지 않은 것으로 설명하고, '자녀의 행동 지도'와 관련된 활동에서는 행동주의 신념에 기초한 전략만 제시한다면 프로그램 간의 일관성이 저하될 것이다. 따라서 부모에게 제공되는 다양한 프로그램에서 전달되는 메시지 간에 일관성이 유지되도록 계획한다.

4. 부모의 사회, 문화, 경제, 교육적 맥락을 고려하여 프로그램을 계획한다.

자녀 양육은 그 부모를 둘러싼 사회, 문화, 경제적 맥락과 밀접하게 관련되어 있기 때문에 부모가 영위하는 삶의 맥락을 고려하여 프로그램을 계획하여야 한다(Davis-Kean,, Tighe, & Waters, 2021). 과거에 부모와 가족을 대상으로 실시했던 프로그램이 실패한 것은 대상 부모와 가족의 맥락을 무시했기 때문이라는 연구 보고가 많이 있다. 예를 들면, Chilman(1973)은 중산층 부모에게 적절했던 토론을 저소득층 부모에게 적용하여 실패하였다고 보고하였다. 저소득층의 부모는 참여를 거부하였고 중간에 그만두었으며 끝까지 참여한 부모도 프로그램 평가 결과에서 변화가 거의 없는 것으로 나타났다. 일련의 연구 결과를 통해 부모의 사회·경제적 지위, 문화적 배경, 민족적 배경에 따라 프로그램에 반응하는 방식이 다르다는 것을 알게 되었고, 부모의 배경적인 맥락을 고려한 프로그램을 개발하려는 시도를 하게 되었다. 사회 정책적으로도 다양한 부모와 관련된 사회 정책의 성공과 실패는 각 정책이 적용되는 대상의 다양한 맥락을 고려한 정책인가 아닌가에 따라 부분적으로 결정된다는 보고(Keniston & Carnegie Council on Children, 1978)가 있었다. 따라서 유아교육기관이 위치한 지역의 사회적 상황, 문화적 특성, 경제적 수준에 따라 프로그램의 내용이나 내용의 수준, 또는 실시 방법을 조정하여야 한다.

5. 부모의 개인적 특성을 고려하여 프로그램을 계획한다.

자녀 양육은 부모를 둘러싼 거시적인 맥락뿐만 아니라 부모의 개인적인 특성(예 자녀 수, 부모의 성격이나 가치관, 부모가 가진 문제의 심각성과 범위, 교육 수준)의 영향도 받는다. 따라서 부모의 개인적인 특성에 따라 프로그램에 요구하는 내용, 선호하는 전달 방법, 참여하는 패턴 등이 다르기에, 일률적으로 적용하는 표준화된 프로그램보다는 부모의 욕구에 맞게 조정할 수 있는 프로그램을 개발해야 한다(Bornstein et al., 2022; Edelman & Radin, 1991).

그런데 유아교육기관에서 진행되는 프로그램은 개별보다는 집단의 형태로 진행되기 때문에 부모의 개인적 특성을 반영하는 것은 어려운 과제이다. 이를 해결하기 위해서 의사결정을 할 때 고려해야 할 요인의 목록이나, 어떤 욕구의 반영을 위해 어떤 요인을 어떻게 조정할지에 대한 이론적인 틀, 혹은 연구 결과에 근거한 틀이 있어야 한다. 현재까지는 부모의 특정한 특성을 중심으로 소집단 부모 모임을 구성하여 프로그램을 운영하는 전략이 제시되고 있다. 예를 들면, 자녀가 한 명인 부모와 한 명 이상인 부모 집단으로 나누고 '외동이 양육'과 '형제, 자매 자녀 양육'에 초점을 두어 프로그램을 운영할 수 있다. 즉, 모든 부모의 개인적 특성을 고려하기는 어렵지만, 프로그램의 주제나 내용과 밀접한 관련이 있는 부모의 개인적 특성을 중심으로 소집단을 나누어 프로그램을 운영하도록 계획할 수 있다.

6. 실천 가능한 계획을 수립한다.

부모교육 및 지원 프로그램을 계획할 때는 부모의 양육, 영유아의 성장 및 발달, 그리고 기관에서 실시하는 교육의 효율성을 높이기 위해 목표를 높게 잡고 많은 활동을 계획하는 경향이 있다. 그러나 부모는 성인 학습자이기 때문에 외부에서 주어지는 정보를 그대로 받아들이지도 않고, 받아들인다 해도 실제 행동이 변하는 데까지는 시간이 많이 소요되기 때문에(Caffarella & Merriam, 2000), 의욕만 앞서서 무리한 계획을 세우는 것은 바람직하지 않다. 부모가 적응하고 받아들일 수 없는 계획을 세워 부모를 좌절시키거나 프로그램에 참여하는 것을 거부하게 하기보다는 실천 가능한 계획을 세우고 부모의 반응에 기초하여 프로그램을 확장하거나 축소할 수 있다. 따라서 프로그램 목표, 내용 또는 주제, 빈도, 진행 방법, 소요 시간, 경비 등의 측면에서 부모의 욕구와 기관의 상황 등을 고려하여 실천 가능한 계획을 수립한다.

7. 부모의 적극적인 참여를 유도할 수 있는 계획을 수립한다.

과거의 부모는 제공되는 정보를 수동적으로 받아들였지만 현대의 부모는 주도적으로 정보를 찾고 제공하기를 원한다. 자신이 자녀와 읽은 영유아용 도서, 자녀와 함께 만든 놀잇감, 자녀에게 영어 교육을 실시한 방법, 자녀와 방문한 박물관이나 문화재에 대해 다양한 유형의 SNS에 공유하는 일이 증가하고 있고 많은 부모들이 이에 호응하는 것에서도 이런 경향을 읽을 수 있다. 부모교육 및 지원 측면에서도 부모를 수동적인 존재로 취급하기보다는 부모가 자신감을 갖고 자신의 신념과 상황에 맞는 것을 취사선택할 능력을 길러주는 권한 부여(parent empowerment)의 개념이 강조되고 있다(Albrecht, 2021; Mindick, 1986; Reeder & Morris, 2021). 또한 부모교육 및 지원 프로그램 진행자와 부모와의 관계도 상하 수직 관계보다는 서로 협력하고 의논하는 수평의 관계가 바람직한 것으로 제안되고 있다(김월섭, 2021; Norton, 1994). 따라서 부모교육 및 지원을 위한 프로그램을 계획할 때는 주제의 선택, 전달 방식의 선정, 강사의 선정 및 초청, 운영 경비의 조달 및 사용, 프로그램의 운영 과정에 부모를 적극적으로 참여시키는 방안을 강구하여야 한다.

사 례

사례 1

유치원이나 어린이집에 자녀를 보내는 10명의 부모를 대상으로 부모교육 및 참여에 대한 부모들의 경험과 기대를 심층적으로 살펴본 연구결과도 본 장에서 제시한 프로그램 계획의 기본 원칙과 매우 유사하다. 배지희, 조미영, 봉진영, 김은혜(2011)에 의하면 부모는 어떤 유형의 프로그램/활동을 하느냐보다는 어떻게 진행되느냐가 더 중요하다고 인식하고 있었다. 자녀를 잘 이해하도록 진행하거나, 자녀 양육에 실질적인 도움이 되도록 진행하거나, 부모의 관심과 요구가 반영되도록 진행하거나, 양방향적인 소통과 교류가 이루어지도록 진행하거나, 부모의 적극적인 참여가 가능하도록 진행하거나, 다양한 가족의 형태를 고려하여 진행하거나, 일회성이 아닌 일관성 있고 지속적인 지원이 이루어지도록 진행하는 것이 더 중요하다고 부모들은 생각하고 있었다.

사례 2

A 유아교육기관에서는 부모의 개인적 욕구를 반영하고자 부모 소집단 모임을 활성화하고 있다. 다른 부모에게 가르쳐 줄 기술이나 능력(예 요리, 화장법, 퀼트, 미술, 비즈 공예)이 있는 부모의 명단을 접수하고 다른 부모에게 알림으로써 관심 있는 부모끼리 자발적으로 소모임을 조직하도록 하고 있다. 소모임의 목적이 '인간으로서의 부모'(▶ 제10장 부모교육과 지원의 내용, pp. 179~188)에 초점을 두고 있기 때문에 기관에서 적극적으로 소모임에 관여하지는 않지만, 소모임이 조직되면 활동 내용을 기관 소식지에 게재하여 다른 부모에게 알리고 있다. 기관에서 장소를 제공할 여유가 없을 경우, 가르치거나 배우기를 원하는 부모의 집에서 모일 수 있다. 가르치는 부모는 무엇인가 할 수 있다는 자신감을 얻을 수 있고, 배우는 부모는 저렴한 가격에 배울 수 있는 장점이 있다.

사례 3

B 유아교육기관에서는 부모회를 운영하고 있는데, 부모회에서는 부모를 위해 다양한 활동을 실시하고 있다. 예를 들면, 부모를 위한 강연을 준비할 때 주제 정하기, 적절한 강사 물색하기, 강사 섭외하기, 강연회 당일 강사 안내하고 소개하기 등을 부모회에서 맡아서 하고 있다. 준비 과정에서 기관장과 의논을 하지만, 실질적인 책임은 부모회가 맡고 있다.

요약

부모교육 및 지원을 위해 계획을 수립할 때는 몇 가지 원칙을 염두에 둔다. 모든 원칙을 반영하기는 어렵지만, 가능한 한 많은 원칙을 반영하여 프로그램을 계획한다면, 프로그램이 성공적으로 운영될 확률이 높아진다. 프로그램 계획의 일반적인 원칙으로는 부모의 욕구가 최대한 반영된 프로그램을 계획하기, 유아교육기관의 교육 계획과 일관성 있는 프로그램을 계획하기, 부모에게 제공하는 다양한 프로그램 간에 일관성 있는 프로그램을 계획하기, 부모의 사회, 문화, 경제, 교육적 맥락을 고려하여 프로그램을 계획하기, 부모의 개인적인 특성을 고려하여 프로그램을 계획하기, 실천 가능한 계획을 수립하기, 부모의 적극적인 참여를 유도할 수 있는 계획을 수립하기가 있다.

교수-학습을 위한 제언

1. 만약 부모의 욕구와 기관장 또는 교사가 생각하는 바람직한 프로그램의 방향이 일치하지 않을 경우는 어떻게 해결해야 할지 토론해 봅시다. 예를 들어, 부모는 3세 유아에게 한자를 어떻게 배우게 하는지 알고 싶어 하고 유아교육기관에서는 3세 유아에게 한자를 가르치는 것이 발달적으로 부적절하다고 생각할 때 어떻게 해결할 수 있습니까?
2. 하나의 부모교육 및 지원 프로그램을 계획합니다. 계획할 때, 본 장에서 학습한 원칙을 어떻게 반영할지 토론해 봅시다. 예를 들면, 부모를 대상으로 놀잇감 만들기 워크숍을 계획할 때, 위에 제시된 원칙들을 어떻게 반영할지 토론해 봅니다. 어떤 원칙은 반영되고 어떤 원칙은 반영되지 않았다면 그 이유는 무엇입니까?
3. 일 년 동안 실시될 부모교육 및 지원 프로그램을 계획합니다. 계획할 때, 본 장에서 학습한 원칙을 어떻게 반영할지 토론해 봅시다. 어떤 원칙들은 반영되고 어떤 원칙들은 반영되지 않았다면 그 이유는 무엇입니까?
4. '부모의 사회, 문화, 경제, 교육적 맥락을 고려하여 프로그램을 계획한다.'라는 원칙을 농촌과 도시에 위치한 기관에 자녀를 보내는 부모에게 적용하여 봅시다. 프로그램의 내용이나 프로그램 진행 방법상의 차이가 있을 것이라고 생각합니까? 있다고 생각한다면 어떻게 차별화해야 합니까? 없다고 생각한다면 그 이유는 무엇입니까?
5. '부모의 개인적인 특성을 고려하여 프로그램을 계획한다.'라는 원칙을 생각해 봅시다. 유아교육기관에서는 집단으로 프로그램을 진행하는 것이 일반적입니다. 이런 상황에서 부모의 개인적 특성을 고려하여 프로그램을 계획하는 것이 가능하다고 생각합니까? 만약, 가능하다고 생각한다면 어떤 전략을 사용할 수 있겠습니까? 만약, 불가능하다고 생각한다면, 이 원칙을 포기하는 것이 바람직합니까?

참고문헌

김월섭(2021). 학부모 리더의 교육참여 역량 강화 프로그램 개발. 서울대학교 대학원 박사학위논문.

김희진(2005). **현대 부모 및 가족 지원 프로그램: 포괄적 관점**. 창지사.

배지희, 조미영, 봉진영, 김은혜(2011). 유아교육기관에서 부모교육 및 참여에 대한 부모들의 경험과 기대. **유아교육연구, 31**(3), 279-304.

Albrecht, D. (2021). The journey from traditional parent involvement to an alliance for empowerment: A paradigm shift. *Theory Into Practice, 60*(1), 7-17.

Bornstein, M. H., Cluver, L., Deater-Deckard, K., Hill, N. E., Jager, J., Krutikova, S., ... & Yoshikawa, H. (2022). The future of parenting programs: I design. *Parenting, 22*(3), 201-234.

Caffarella, R. (2013). *Planning program for adult learners: A practical guide for educators, trainers, and staff developers* (2nd ed.). CA: Jossey-bass.

Caffarella, R., & Merriam, S. (2000). Linking the individual learner to the context of adult learning. In A. L. Wilson & E. R. Hayes (Eds.), *Handbook of adult and continuing education*. San Francisco: Jossey-Bass.

Chilman, C. (1976). Programs for disadvantaged parents. In B. M. Caldwell & H. N. Ricciuti (Eds.), *Review of child development research* (Vol. 3), (pp. 403-465). Chicago: University of Chicago Press.

Davis-Kean, P. E., Tighe, L. A., & Waters, N. E. (2021). The role of parent educational attainment in parenting and children's development. *Current Directions in Psychological Science, 30*(2), 186–192. https://doi.org/10.1177/0963721421993116

Edelman, P., & Radin, B. (1991). *Serving children and families effectively: How the past can help chart the future*. Washington, DC: Education and Human Services Consortium.

Keniston, K., & Carnegie Council on Children (1978). *All our children: The American family under pressure*. New York: Harcourt Brace Jovanovich.

Mindick, K. (1986). *Social engineering in family matters*. New York: Praeger Publishers.

Norton, D. (1994). Education for professionals in family support. In S. Kagan & B. Weissbourd (Eds.), *Putting families first: America's family support movement and the challenge of change* (pp. 441-470). Jossey-Bass Publishers.

Reeder, J., & Morris, J. (2021). Becoming an empowered parent. How do parents successfully take up their role as a collaborative partner in their child's specialist care? *Journal of Child Health Care, 25*(1), 110-125.

U. S. Department of Education (1994). *Strong families, strong schools: Building community partnerships for learning*. Washington, DC: Author.

Chapter 05

현황 점검 및 부모의 욕구 조사

학습목표

- 각 기관에서 실시하고 있는 부모교육 및 지원의 현황을 점검하고 개선 방향을 모색한다.
- 부모를 대상으로 하는 욕구 조사의 중요성을 이해한다.
- 욕구 조사에 포함되어야 할 내용을 이해하고 적용한다.
- 욕구를 파악하는 전략을 이해하고 적용한다.

가정과 유아교육기관이 협력하고, 부모를 지원하고 참여시키기 위해서는 두 가지 사전 작업이 필요하다. 첫째는 현재 부모와 유아교육기관과의 상황을 평가하는 것이고, 둘째는 부모가 원하는 것이 무엇인지 알아내는 것이다. 이 두 가지 사전 작업을 통해 유아교육기관에서 개선하여야 할 것이 무엇인지와 부모가 필요로 하는 것이 무엇인지를 파악할 수 있다. 본 장에서는 먼저, 현 상황을 파악하는 데 활용할 수 있는 준거를 제시하고 다음으로 부모의 욕구를 파악하는 방법에 대해 알아보고자 한다.

1. 가정-기관 관계의 현황 점검

부모를 동반자로 인식하고, 부모의 참여와 협력을 격려하고, 부모를 지원하기 위한 프로그램을 제공하기 위해서는 현재 각 기관의 상황을 점검할 필요가 있다. 각 기관의 부모교육 및 지원과 관련된 상황을 파악하고 평가하기 위해서는 미국과 호주에서 실시해 온 유아교육기관의 인증에 사용되어 온 항목이나, 최근 우리나라에서 유치원과 어린이집 프로그램을 평가하기 위해 사용하는 항목들을 활용할 수 있다. 이런 항목을 통해 가정과 기관과의 관계에서 어떤 측면이 중요하게 여겨지는지를 이해할 수 있고, 각 기관의 상황을 개선하기 위해 어떤 노력을 해야 할지에 대한 방향을 설정할 수 있다.

1) 외국의 평가 지표

(1) 미국의 유아교육기관 인증 체제

미국의 National Association of Education for Young Children(NAEYC)은 1985년부터 양질의 유아교육기관은 어떤 것이어야 하는지에 대한 준거(standard)를 10개 영역으로 나눠 제시하고 각 유아교육기관이 자발적으로 인증(accreditation)을 받도록 격려하고 있다. 2022년부터 적용된 새로운 개정판에도 준거 10개 영역 중 가족(Families) 영역은 7번째 영역으로 제시되어 있고, 7개의 하위 항목으로 구성되어 있다. 또한 2022년 새로 개정된 항목은 다민족 국가인 미국의 특성이 더 많이 반영되어 있다. 개정된 NAEYC Early Learning Program Accreditation Standards and Assessment Item 중에서 가족 영역의 구체적인 항목을 살펴보면 다음과 같다 (https://www.naeyc.org/accreditation/2024. 8. 21. 검색).

표 5-1 미국의 유아교육기관 인증 평가 체제: 가족

평가 항목 번호	평가 항목
7A	• 가족을 알고 이해하기
7A.1	• 필요 시, 교사는 등·하원 시간 동안 분리를 어려워하는 가족을 돕는다.
7A.2	• 교직원 오리엔테이션은 새로운 교직원이 가족의 다양성을 이해하는 데 어떻게 도움이 되었는지를 보여줄 수 있어야 한다.
7A.3	• 가족에 대한 정보가 교육 환경에 적용된 한 가지 예시를 보여주거나 설명하시오.
7A.4	• 가족에 대한 정보가 교수 방법에 적용된 한 가지 예시를 보여주거나 설명하시오.
7A.5	• 교사가 아동에 대한 가족 구성원의 지식을 교실 계획에 지속적으로 어떻게 통합시켰는지에 대한 두 가지 예시를 보여주거나 설명하시오.
7A.6	• 가족을 공식적으로 만나고 프로그램이나 서로를 도울 수 있도록 가족을 지원한 두 가지의 예시를 보여주거나 설명하시오.
7A.7	• 교직원과 가족이 함께 행사를 계획한 한 가지의 예시를 보여주거나 설명하시오.
7B	• 직원과 가족이 정보를 공유하기
7B.1	• 개별 아동의 발달 지표, 개별 활동, 공유한 질병 관련 이슈에 대해 영아의 가족과 소통한 두 가지의 예를 보여주거나 설명하시오.
7B.2	• 개별 아동의 발달단계, 개별 활동, 공유한 질병 관련 이슈들에 대하여 유아와 학령기 아동의 가족과 소통한 두 가지의 예를 보여주거나 설명하시오.
7B.3	• 교직원이 발달 지연이나 다른 특별한 필요가 있는 아동에게 제공한 것을 보여주시오. - 우려되는 사안에 대한 기록과 설명 - 다음 단계에 대한 제안 - 진단 평가를 위한 자료에 대한 정보
7C	• 아동 지지자로서 부모를 육성하기
7C.1	• 교직원이 아동의 보육이나 교육에 대한 가족의 관심에 어떻게 협력하였는지 그에 대한 예시를 보여주거나 설명하시오.

※ 각 항목에 대한 자세한 내용은
https://www.naeyc.org/our-work/families/10-naeyc-program-standards에서 찾을 수 있음.

(2) 호주의 어린이집 질 향상과 인증 체제

호주의 국가 어린이집 인증 위원회(National Childcare Accreditation Council Inc.: NCAC)가 1994년부터 시행하던 인증 업무가 2012년 1월 1일부터 국가 질 체제(National Quality Framework: NQF)로 이관되어 종일제 어린이집(long day care), 가정 어린이집(family day care), 유아원과 유치원(preschool/kindergarten), 방과 후 보육(outside school hour care)의 질을 관리하고 있다.

호주의 National Quality Standards는 질 영역(quality areas), 기준(standard), 요소(elements)의 세 단계로 제시되는데, 7개 질 영역, 15개 기준, 40개 요소로 구성되어 있다(www.acecqa.gov.au 2025. 1. 23. 검색). 2018년부터 개정되어 시행되고 있는 National Quality Standards에서 부모 및 가족과 관련된 영역은 가족과 지역사회와의 협력적 파트너십(Quality Area 6: Collaborative partnerships with families and communities)으로 2개 기준 6개로 구성되어 있다. 평가는 국가 질 기준을 넘어섬(Exceeds national quality standard), 국가 질 기준을 충족함(Meets national quality standard), 국가 질 기준을 충족하는 과정임(Working toward national quality standard), 상당한 개선이 요구됨(Significant improvement required)의 5단계로 이루어진다.

표 5-2 호주의 어린이집 질 향상과 인증 체제에서의 부모와 가족 관련 영역

QA6	가족과 지역사회와의 협력적 파트너십	
6.1	가족과의 지지적 관계	• 가족과 존중하는 관계를 발전, 유지하고 가족의 양육 역할을 지원한다.
6.1.1	서비스에 참여	• 가족은 등록을 통해 서비스에 참여하고 서비스 결정에 기여할 수 있다.
6.1.2	부모 관점 존중	• 가족의 전문 지식, 문화, 가치관 및 신념은 존중되며 가족은 자녀의 학습과 복지에 관한 의사결정을 공유한다.
6.1.3	가족을 지원	• 양육 및 가족 복지를 지원하기 위한 서비스 및 관련 지역사회 서비스 및 자원에 관한 최신 정보를 가족에게 제공한다.
6.2	협력적인 파트너십	• 협력적 파트너십은 아동의 참여, 학습 및 복지를 향상시킨다.
6.2.1	전이	• 각 아동의 학습 및 전환의 연속성은 정보를 공유하고 책임을 명확히 함으로써 지원한다.
6.2.2	접근과 참여	• 효과적인 파트너십은 아동의 접근, 프로그램 참여 및 참여를 지원한다.
6.2.3	지역 연계	• 서비스는 지역사회와 관계를 형성하고 함께한다.

2) 우리나라의 평가 지표

(1) 유치원 평가

유치원 평가는 유치원 교육력 및 교육 서비스의 질적 수준을 제고하고, 학부모의 알 권리 보장과 유치원 선택권을 확대한다는 두 가지 목적을 가지고 있다. 2008년부터 시범 실시된 유치원 평가는 2010년까지 3년간 진행된 1주기 평가에 이어 2011년부터 2013년까지 진행된 2주기 평가, 2014년부터 2016년까지 3주기 평가, 2017년부터 2019년까지 4주기 평가, 2020년부터 2022년까지 5주기 평가가 완료되고, 2025년 현재 6주기 평가가 실시되고 있다. 4주기 평가까지는 획일화된 평가 지표, 평가 문항이 제시되었지만, 5주기 평가부터 유치원의 자율성 존중하기 위하여 평가 문항을 지역 교육청과 유치원에서 자율적으로 구성할 수 있도록 변경하였으며 2023년 평가에도 동일하게 반영되고 있으나 영역의 이름과 지표 일부가 변경되었다. 2025년 현재 유치원 평가의 영역은 서울특별시교육청 기준 3개 영역(유아 놀이 중심 교육과정 및 방과후 과정, 교육의 주체가 참여하는 민주적 유치원 운영, 유치원의 건강과 안전)으로 구성되어 모든 영역 전면 자체 평가를 실시하고 있다.

유치원 평가에서 3개 영역 중 '교육의 주체가 참여하는 민주적 유치원 운영' 영역에 '부모와 지역사회가 함께하는 협력 공동체 형성' 평가 지표에서 부모 및 지역사회와 관련된 내용을 제시하고 있다. '부모와 지역사회가 함께하는 협력 공동체 형성' 평가 지표의 평가 문항 및 자세한 내용은 다음과 같다.

표 5-3 유치원 평가에서 부모 및 지역사회와 관련된 평가 지표

Ⅱ. 교육 주체가 참여하는 민주적 유치원 운영	
부모와 지역사회가 함께하는 협력 공동체	• 교육 공동체의 구성원이 유치원 비전과 목표에 대해 잘 인식하고 있으며, 비전과 목표가 유치원 교육에 적극 반영된다. • 학부모가 유치원 교육 활동에 적극적으로 참여하고 의견을 개진할 수 있는 개방적인 시스템이 마련되어 있다. • 학부모 참여를 활성화하여 상호 이해와 협력을 높이기 위해 노력한다. • 지역사회와의 협력적 체제 구축을 통해 지역사회의 인적·물적 자원을 활용하여 교육한다. • 유치원 구성원 간 갈등을 해결하기 위해 지원 방안 및 갈등 예방과 치유를 위한 참여를 지원한다.

서울특별시교육청유아교육진흥원(2025. 4).
2025 단위 유치원의 자율적 진단과 개선을 위한 유치원 평가 가이드북

그러나 제5주기 유치원 평가부터 지역과 기관의 자율성을 부여하였기에 제4주기 유치원 평가를 참고하는 경우도 있다. 제4주기 유치원 평가의 4개 영역(교육과정, 교육환경 및 운영관리, 건강·안전, 교직원) 중 부모와 지역사회와의 협력과 관련 있는 '교육환경 및 운영관리' 영역의 평가 지표 2-4(가정 및 지역사회와의 연계)의 평가 문항은 다음과 같다.

표 5-4 제4주기 유치원 평가에서 부모 및 지역사회와 관련된 평가 지표

평가 지표 2-4	가정 및 지역사회와의 연계
평가 항목	2-4-1. 부모와 상호 협의하에 유치원을 개방한다. ■ 부모에게 학급 활동을 참관할 수 있는 구체적인 절차와 방법을 안내한 자료가 있다. * 1개의 평가 기준(■)을 충족해야 Y로 평정
	2-4-2. 부모교육을 다양하게 실시하고 있다. ■ 연간 부모교육 계획(교육·보육 계획과 연계성 있게 수립) 자료가 있다. ■ 부모교육 방법으로 다음의 방법 중 세 가지 이상을 실행하고 있다. - 지면(가정통신문, 양육정보지, 양육 안내 편지, 리플렛, 소책자 등) - 컴퓨터를 이용한 통신(홈페이지, 카페, 블로그 등) - 개별 면담(유아의 적응이나 문제행동 관련 면담 등) - 집단 모임(소모임, 부모 강연회, 워크숍 등) * 2개의 평가 기준(■)을 충족해야 Y로 평정
	2-4-3. 부모와 개별 면담을 하고 가정과의 소통을 다양한 방법으로 실시하고 있다. ■ 모든 유아(90% 이상)의 부모와 연 2회(학기 당 1회) 이상 개별 면담을 실시하고 있다. ※ 단, 부모가 유치원을 직접 방문하기 어려운 경우, 개별 면담의 목적으로 전화를 이용하여 상담할 수 있음 ■ 유아별로 부모와 면담한 주요 내용이 기록, 관리되고 있다. ■ 부모와의 소통 방법으로 다음의 방법 중 세 가지 이상을 실행하고 있다. - 지면(가정통신문, 알림장, 소책자, 게시판 등) - 전화 및 컴퓨터를 이용한 통신(통화, SNS, 문자 메시지, 홈페이지, 카페, 블로그 등) - 수시 면담(유아의 특성이나 가정의 배경을 고려한 비정기적인 의사소통) - 집단 모임(소모임, 부모 강연회, 행사 등) ■ 부모와의 소통이 양방향으로 이루어지며, 이에 대한 기록이 유지되고 있다. * 4개의 평가 기준(■)을 충족해야 Y로 평정
	2-4-4. 유아와 가족 문제를 파악하고 지원한다. ■ 유아의 문제나 유아 가족의 문제에 대해 파악하고 이해하고자 노력하고 있다. * 1개의 평가 기준(■)을 충족해야 Y로 평정
	2-4-5. 지역사회와 연계한 다양한 활동을 실시하고 있다. ■ 유아에게 지역사회 자원을 이용한 활동을 월 1회 이상 실시한 기록이 있다. ■ 지역사회 주민과 연계하는 활동을 연 1회 이상 실시한 기록이 있다. * 1개 이상의 평가 기준(■)을 충족해야 Y로 평정

교육부(2017. 5). 제4주기 유치원 평가 중앙연수

(2) 어린이집 평가제

어린이집 평가인증은 영유아보육법 제30조에 근거를 두고 보육 서비스에 대한 효과적인 질 관리 시스템을 마련하고 부모들이 합리적으로 어린이집을 선택할 수 있도록 정보를 제공하기 위해 실시하고 있다. 2017년 11월부터 「유치원·어린이집 평가체계 통합방안」을 반영하여 제3차 평가인증이 시행되었고, 2019년 6월부터는 모든 어린이집을 대상으로 어린이집 평가제가 시행되었으며, 매년 평가 지표 영역과 지표 내용이 공포된다. 2025년부터 실시된 2024 개정 평가제는 총 6개 영역(영유아 중심 일과운영, 영유아가 주도하는 배움 지원, 영유아 존중 상호작용 지원, 보육과정 실행과 평가, 원장의 리더십과 보육교직원 역량강화, 건강 및 안전)으로 평가 지표가 구성되어 있다(어린이집 평가제 홈페이지 https://www.kcpi.or.kr/kce 2025년 2월 23일 검색). 어린이집 평가 지표에서 가족 및 지역사회와의 협력과 관련된 영역은 이전에 비하여 대폭 감소하였으며 '원장의 리더십과 보육교직원 역량강화' 영역에서 '상호 존중하는 소통과 협력' 내용 중 '어린이집은 가정과 원활하게 소통한다.'라는 적절한 수준만을 제시하고 있다.

이상에서 살펴 본 바와 같이 국내·외의 다양한 기관에서 실시하는 평가에 부모/가족과의 협력이나 지역사회와의 협력에 관한 문항이 포함되어 있다. 이는 부모/가족이나 지역사회와의 협력이 영유아 교육의 질을 높이는 데 핵심적인 요소임을 의미한다. 자신이 근무하는 기관에 가장 적절한 평가 문항을 선정하여 가정-기관 관계의 현황을 점검할 수 있다.

2. 부모의 욕구 조사

1) 욕구 조사의 중요성

성인인 부모를 대상으로 하는 부모교육 및 지원 프로그램을 계획할 때 고려해야 하는 중요한 요소 중 하나는 부모의 욕구이다. 성인 학습자의 다양한 특성에 대한 연구결과(☞ 제11장 부모교육과 지원의 방법 및 전략의 '| 표 11-1 | 성인 학습자의 특성과 부모교육 및

지원 프로그램에의 시사점', pp. 191~192)는 공통적으로 성인 학습자는 자신이 필요하다고 생각하는 것을 가르쳐 줄 때 학습 동기와 학습 효과가 높아진다고 지적한다(Caffarella, 2013)(▶ 제4장 프로그램 계획의 기본 원칙, pp. 73~81). 물론 어떤 프로그램을 계획하든지 학습자 자신의 욕구뿐만 아니라 학습자의 특성, 사회·문화적 환경, 교육 철학 및 심리학적 배경 등 다양한 요인을 고려하지만, 성인 학습자인 부모를 대상으로 하는 프로그램에서는 부모의 욕구가 중요한 고려 사항이다. 따라서 본 장에서는 욕구 조사의 중요성에 대한 이해를 기초로 욕구 조사에 포함되어야 할 내용과 욕구 조사 방법을 알아보고자 한다.

2) 욕구 조사에 포함되어야 할 내용

일반적으로 유아교육기관에서도 학기 초에 부모를 대상으로 부모교육 및 지원 프로그램에 대한 욕구 조사를 실시한다. 그러나 프로그램의 다양한 측면에 대한 전반적인 조사를 하기보다는 강연을 위한 주제나 부모 모임의 횟수, 부모 모임에 적절한 요일 및 시간 등 한정적인 내용에 국한해서 조사한다.

다양하고 광범위한 측면에 대한 욕구 조사는 자녀 양육이 일어나는 물리적·사회적·문화적 맥락을 파악할 수 있고, 부모의 욕구와 특성이 무엇인지 알아낼 수 있을 뿐만 아니라 부모의 욕구에 어떻게 대응해야 할지를 알아내는 데 도움이 된다.

프로그램의 목적과 대상의 특성에 따라 수집해야 할 정보는 달라질 수 있지만(김희진, 2005), 조사에 포함되어야 할 공통적인 정보는 다음과 같다.

가정의 일반적인 배경

- 응답자의 성, 연령, 직업 유무, 학력
- 자녀의 성, 연령
- 가족 구성원과 특성
- 가족이 경험하고 있는 어려움의 종류 및 심각성의 정도
- 가족이 지원을 청할 수 있는 인적, 행정적 자원

자녀에 대한 부모의 인식 및 행동과 관련된 욕구

- 자녀 발달에 대한 전반적인 인식 및 평가

- 자녀의 기본적인 욕구에 대한 이해
- 자녀의 신체, 인지, 언어, 사회, 정서 발달 상황 및 문제라고 인식하고 있는 분야
- 자녀 양육에 영향을 미치는 부모의 가치/신념/행동
- 자녀의 교육 및 특기 교육에 관한 욕구
- 자녀 양육의 주 담당자
- 자녀 양육 시 경험하는 어려움의 종류 및 우선순위

○ 부모 자신에 대한 욕구

- 부모가 경험하는 어려움, 문제 또는 관심과 흥미가 있는 분야
- 부모가 가진 장점 또는 자원
- 자녀 또는 부모를 위해 기관에서 지원받기를 원하는 서비스의 종류 및 우선순위
- 부모 지원 프로그램의 참여 경험 여부
- 지원을 받아야 할 경우, 마음이 편한 상담의 대상
- 부모 지원 프로그램에서 다루어야 하는 내용 및 우선순위(☞ 제10장 부모교육과 지원의 내용의 '[표 10-1]~[표 10-3]', pp. 181~182)

○ 프로그램의 운영 방식에 대한 욕구

- 희망하는 부모 지원 프로그램의 형식
- 참여 희망 여부
- 가장 편리한 요일, 시간 및 장소
- 가장 효율적인 연락 방법
- 선호하는 강사의 유형 및 특성(예 원장, 교사, 교수 등/친절함, 지식 많음, 유머 있음 등)
- 선호하는 시청각 자료의 유형
- 선호하는 프로그램의 진행 방식(예 강의, 토론, 실습 등)
- 필요한 부가적 서비스(예 교통편, 식사, 수화 통역사 등)

위에 제시된 정보를 모두 알아내야 하는 것은 아니기 때문에 각 유아교육기관에서 실시할 부모교육 및 지원 프로그램에 필요한 정보를 취사선택하는 지혜가 필요하다. 또한 알아내야 할 부모의 모든 욕구를 부모를 통해서만 직접 알아낼 수 있는 것은 아니다. 가능하면 부모가 쉽고 짧게 응답할 수 있게 하는 것이 중요하므로, 유아교육기

관에 입학할 때 제출한 영유아 개인 조사서 같은 다른 정보를 통해 알아낼 수 있는 사항(예 가족 구성원의 수 및 특성, 영유아의 연령 및 성별 등)은 욕구 조사를 위해 다시 묻지 않는다. 부모의 개인 정보에 해당되는 내용(예 직업, 수입, 학력, 이혼 등의 결혼 상태)도 묻지 않아야 한다.

3) 욕구 조사 방법

유아교육기관에서 욕구 조사를 위해 가장 일반적으로 사용되는 전략은 설문지를 사용하는 것이나, 설문지 이외에 문장 완성 질문지 같은 비형식적 질문지, 면담, 포커스 집단을 활용한 브레인스토밍, 부모 의견 또는 질문함, 그리고 지난해 실시한 프로그램의 평가 결과 등 다양한 전략을 사용할 수 있다.

(1) 형식적 설문지

설문지는 대상 가족의 특성 및 욕구를 파악하기 위해 가장 흔히 사용되는 방법은 [제5장 현황 점검 및 부모의 욕구 조사의 '| 사례 1 |, pp. 95~98. 설문지를 사용할 때 유의해야 하는 것(Wortham, 1990)'] 첫째, 일반 연구에서와 마찬가지로 꼭 필요한 질문만 해야 한다는 것이다. 많은 것을 알아내기 위해 지나치게 많거나 세세한 질문을 하면 시간이 오래 소요될 뿐만 아니라 응답자가 성실히 대답할 가능성도 낮아진다. 많은 질문을 한 번에 하기보다는 프로그램이 진행되면서 필요할 때마다 여러 번에 나누어 질문하는 것이 더 바람직하다. 둘째, 글씨나 행간을 작게 편집해서 설문지의 길이를 짧게 보이게 하기보다는 매력적으로 편집해서 설문지에 응답할 마음이 생기도록 하는 것이 더 효과적이다. 셋째, 설문지를 작성할 때 모호한 문항에 대해 설문지 배포자에게 질문할 방법이 없으므로 응답자가 이해하기 쉽게 문항과 응답을 제작한다. 넷째, 응답자의 설문지 작성을 돕기 위해 정확한 지시문을 제공한다. 다섯째, 각 문항에 제시되는 보기의 내용이 중복되지 않게 한다. 예를 들면, 부모의 연령을 25~30세, 30~35세, 35~40세, 40~45세 중 고르게 한다면 30세, 35세, 40세가 중복되어 있기 때문에 정확한 응답을 하기 어렵다. 여섯째, 각 문항에 제시되는 보기의 내용이 충분히 포괄적이어서 응답하고 싶은 내용이 제시되지 않는 경우가 없게 제작한다.

(2) 문장 완성 설문지

위에 제시된 형식적인 설문지 이외에도 간단한 문장을 제시하고 문장을 완성하게 함으로써 부모의 욕구를 파악할 수 있다. 문장 완성 설문지는 부모교육 및 지원 프로그램의 구조적 측면(예 언제, 누가, 어떻게 운영하는지에 관련된 측면)보다는 내용적 측면에 대한 욕구를 이해하는 데 도움이 된다. 예를 들면, 자녀 양육에 관해서 다음과 같은 문장을 완성하게 할 수 있으며 또한, 인간으로서의 부모의 욕구(제10장 부모교육과 지원의 내용, pp. 179~188)를 알아보기 위해 문장의 내용을 적절히 수정하여 사용할 수 있다.

- 자녀 양육과 관련된 나의 가장 큰 걱정은…
- 자녀 양육과 관련해서 가장 기쁠 때는…
- 자녀 양육과 관련해서 세 가지 소원이 있다면…
- 자녀 양육과 관련해서 알고 싶은 한 가지는…
- 자녀의 발달에 대해 알고 싶은 한 가지는…
- 부모로서 내 자신에게 바라는 것은…
- 내 아이가 가장 신경 쓰이게 하는 것은…

(3) 면담

면담은 직접 대상을 만나 질문하는 방법으로 부모뿐만 아니라 프로그램 담당자처럼 관련 있는 모든 사람과 실시할 수 있다. 면담은 심층적인 질문이 가능하기 때문에 실제 참여할 부모나 담당자를 대상으로 하면 부모의 욕구를 이해하는 데 효과적이다. 프로그램에 실제 참여할 부모를 대상으로 면담을 할 때도 가능하면 다양한 특성의 부모와 면담하여 부모의 다양한 의견과 시각을 파악할 수 있도록 해야 한다.

면담을 통해서는 심층적인 반응을 이끌어 낼 수 있기 때문에 피상적인 질문(예 선호하는 시간대)보다는 면담 대상자의 생각과 의견을 파악할 수 있는 질문(예 자녀 양육의 어려움과 이유)을 하는 것이 더 적합하다. 또한 면담은 글씨를 읽고 쓸 수 없는 대상자(예 기능적 문맹, 문맹, 시각 장애)의 욕구를 알아보는 데 효율적인 방법이다. 예를 들면, 읽고 쓸 수는 있어도 형식적인 지시문을 이해하거나 지시에 따르는 데 어려움을 보이는 기능적 문맹의 경우 설문지를 작성하게 하기보다는 설문지를 가지고 1:1로 면담하여 설문지에 응답하도록 도움을 줄 수도 있다. 면담자의 면담 능력이 면담의 성패에 많은 영향을 주므로 면담을 실시하기 전에 적절한 훈련을 받아야 한다.

(4) 포커스 집단을 활용한 브레인스토밍

포커스 집단이란 특정 주제에 대해 심층적인 논의를 하는 것을 의미한다. 포커스 집단은 프로그램 개발 초기에도 활용할 수 있지만 대략적인 계획이 세워진 후 구체화하기 위해 후반기에 더 많이 활용된다(Sims, 2002). 프로그램의 대상이 될 부모와 가족의 특성이나 상황 등을 부모 소집단이나 진행자 집단에게 제시한 후, 이들 부모와 가족에게 적합한 프로그램의 목표, 내용, 실행 전략, 진행자의 특성, 평가 등을 어떻게 설정할지 주제별로 브레인스토밍하게 하고 그 결과를 프로그램에 반영할 수 있다.

(5) 웹을 이용한 욕구 조사

웹에 내장된 도구를 이용해 설문지를 작성하면 부모의 욕구를 손쉽게 파악할 수 있다. 이 방법은 스마트 기기의 활용에 익숙한 부모에게는 매우 편리한 방법이고 부모의 응답을 정리하여 결과를 보여주므로 교사의 업무도 경감된다. 그러나 부모의 특성에 따라 스마트 기기 사용에 부담을 느낄 수 있으므로 부모의 특성을 고려하여 사용 여부를 결정한다. 대표적으로 네이버 폼을 이용한 설문지 제작과 구글의 구글 독스를 이용한 설문지 제작 방법이 있다.

(6) 모바일 알림장을 사용한 욕구 조사

기관에서 부모와의 일상적 의사소통을 위해 활용하고 있는 스마트 알림장을 사용하면 부모의 욕구를 손쉽게 파악할 수 있다. 특히 스마트 모바일 기기의 활용에 익숙한 부모에게는 매우 편리한 방법이고 부모의 응답 여부를 확인할 수 있을 뿐만 아니라 부모의 응답을 도표 등으로 정리하여 보여준다. 그러나 주 양육자의 특성에 따라 스마트 모바일 기기 사용이 익숙하지 않을 수 있으므로 지면 욕구 조사와 병행하여 사용할 필요가 있다.

사 례

사례 1

다음의 사례는 부모교육 및 지원 프로그램에 대한 부모의 욕구를 조사하기 위해 사용할 수 있는 설문지이다. 각 유아교육기관과 부모의 특성, 그리고 시행하고자 하는 프로그램의 특성에 맞게 수정하여 사용할 수 있다.

- 다음은 유치원(또는 어린이집)에서 실시할 부모교육 및 지원 프로그램의 필요성에 관한 질문입니다. 해당되는 번호에 표시(∨)하시거나 '기타' 칸에 직접 써 주시기 바랍니다.

1. 자녀 양육이나 가정 문제로 도움받을 필요성을 느껴보신 적이 있으십니까?
   ① 한 번도 느껴보지 못했다. ② 별로 느껴보지 못했다.
   ③ 조금 느껴본 적이 있다. ④ 매우 느끼고 있다.

2. 자녀 양육이나 가정 문제가 생기면 다른 사람과 의논하십니까? 의논하시는 경우 의논 대상을 모두 적어 주십시오.
   ① 거의 하지 않는다.
   ② 특별한 일이 생길 때마다 한다. (의논 대상 : ____________________)
   ③ 기회가 있을 때마다 자주 하는 편이다. (의논 대상 : ________________)

3. 자녀에 대해 걱정되는 부분이 있다면 어떤 부분입니까?
   ① 학습 문제 ② 정서적 문제 ③ 행동 문제
   ④ 또래 문제 ⑤ 발달 문제 ⑥ 특별한 문제 없음

4. 자녀가 다니는 유아교육기관에서 실시하는 부모교육 및 지원 프로그램이 필요하다고 생각하십니까?
   ① 예 ② 아니오

5. 부모교육 및 지원 프로그램이 제공될 경우 참석할 의사가 있으십니까?
   ① 예 ② 아니오

- 다음은 유치원(또는 어린이집)에서 실시할 부모교육 및 지원 프로그램의 내용에 관한 질문입니다. 해당되는 번호에 표시(∨)하시거나 '기타' 칸에 직접 써 주시기 바랍니다.

1. 부모교육 및 지원 프로그램이 필요하다면 어떠한 프로그램이 필요하다고 생각하십니까? 가장 필요한 것과 두 번째로 필요한 것을 적어 주십시오.

가장 필요한 것 ____________________	두 번째로 필요한 것 ____________________

계속

| 사례 1 | 계속

① 자녀를 이해하는 데 도움이 되는 내용 (예 영유아의 발달 및 특성)
② 자녀를 양육하는 데 도움이 되는 내용 (예 훈육법, 인성 및 예절 지도, 성교육, 편식 지도, 기본 생활 습관 지도)
③ 자녀를 교육하는 데 도움이 되는 내용 (예 책·장난감 고르는 방법, 학습지 시키는 방법, 읽고 쓰기, 각종 예/체능 특기 교육)
④ 기관에서의 교육을 이해하는 데 도움이 되는 내용 (예 교육과정, 하루 일과, 환경 구성, 놀이, 활동, 견학 및 행사)
⑤ 가족 관계를 좋게 하는 데 도움이 되는 내용 (예 대화법, 부모 역할 훈련 등)
⑥ 부모의 취미 생활에 도움이 되는 내용 (예 꽃꽂이, 그림그리기, 종이접기)
⑦ 부모들끼리의 관계 형성에 도움이 되는 내용 (예 휴식 및 친목 도모)
⑧ 기타(직접 적어 주세요: ______________________________)

2. 부모교육 및 지원 프로그램이 필요하다면 어떤 프로그램이 필요하다고 생각하십니까? 부모로서의 역할 수행에 관련된 내용과 개인으로서의 역할 수행과 관련된 내용 중 가장 필요한 것과 두 번째로 필요한 것을 각각 적어 주십시오. (※ 위의 1번과 같이 유사한 내용별로 묶어서 질문할 수도 있고, 아래 제시된 것과 같이 각각의 내용별로 질문할 수도 있다.)

부모로서의 역할 수행에 관련된 내용	• 가장 필요한 것:
	• 두 번째로 필요한 것:
개인으로서의 역할 수행에 관련된 내용	• 가장 필요한 것:
	• 두 번째로 필요한 것:

부모로서의 역할 수행에 관련된 내용	개인으로서의 역할 수행에 관련된 내용
• 영유아 교육기관 소개 및 하루 일과 • 현대 및 미래사회에서의 부모의 역할 • 영유아의 발달 특성 및 부모의 역할 • 영유아의 놀이와 부모 역할 • 그림책과 부모의 역할 • 영유아의 언어 발달(듣기, 말하기, 읽기, 쓰기)과 부모의 역할 • 수·과학 활동과 부모의 역할 • 창의력과 부모의 역할 • 영유아의 조형적, 음악적 경험과 부모의 역할 • 자녀와 대화하기	• 자신의 성격 이해하기(예 MBTI, 애니어그램) • 자신의 장점과 특성 이해하기 • 부부 관계 개선 • 고부 관계 또는 친척 관계에 대한 이해 • 사회적 지지망 확장/견고히 하기 • 가족과의 의사소통(예 PET, STEP) • 지역사회 자원 활용하기 • 알아두면 유용한 생활 속의 예절 • 알아두면 유용한 이웃과의 교제법 • 부모의 미용 또는 건강과 관련된 내용(예 화장법, 마사지, 운동, 식생활 등)

계속

| 사례 1 | 계속

부모로서의 역할 수행에 관련된 내용	개인으로서의 역할 수행에 관련된 내용
• 가정에서 부모와 자녀가 함께 할 수 있는 놀이 활동 • 형제 관계에서 부모의 역할 • 올바른 자녀 훈육 방법 • 자녀와의 의사소통 • 자녀의 문제 행동과 부모의 역할 • 자녀의 도덕성 발달과 부모의 역할 • 정서적 안정과 부모의 역할 • 영유아기 스트레스와 부모의 역할 • 자녀의 또래 관계와 부모의 역할 • 영유아기 성교육 • 영유아기 건강 및 식습관과 부모의 역할 • 한의학적으로 본 영유아의 건강 • 가정에서의 안전과 부모의 역할 • 손자녀 돌보기	• 가족 또는 부모 자신의 문화 체험 – 자연(예 등산, 바다/강, 식물원, 농장 체험) – 민속(예 민속마을, 전통놀이 체험 등) – 문화(예 박물관, 미술관, 음악회, 도자기 굽기 등) – 놀이(예 놀이공원, 동물원, 눈썰매장) • 취업에 도움이 되는 내용(예 미용, 옷 수선, 스포츠 마사지) • 부모의 취미와 관련된 내용(예 운동, 요리, 종이접기 등) • 부모의 친목 및 문화 체험과 관련된 내용(예 영화 및 연극 감상 등) • 부모의 경제 활동과 관련된 내용(예 증권 투자의 기초, 공인중개사 소개 등)

● 다음은 유치원(또는 어린이집)에서 실시할 부모교육 및 지원 프로그램의 진행에 관한 질문입니다. 해당되는 번호에 표시(∨)하시거나 '기타' 칸에 직접 써 주시기 바랍니다.

1. 부모교육 및 지원 프로그램을 진행하는 강사는 어떤 사람이기를 원하십니까?
   ① 원장　② 교사
   ③ 사회복지사　④ 다른 부모 또는 보호자
   ⑤ 외부 강사(교수, 해당 분야 전문가)
   ⑥ 기타(직접 적어 주세요: ____________________)

2. 아래의 교육 및 지원 방법 중에서 어떤 방법이 가장 마음이 편하신지 2가지를 선택해 주십시오.
   ① 강의　② 토론　③ 워크숍
   ④ 역할놀이　⑤ 관찰 및 현장 학습

3. 어떤 자료를 활용하면 가장 효율적이라고 생각하시는지 2가지를 선택해 주십시오.
   ① 소책자　② 비디오　③ 워크북
   ④ 사진　⑤ 실물　⑥ 컴퓨터(파워 포인트, 동영상 등)

4. 부모 모임을 할 때 의자 배치는 어떻게 되어 있는 것이 마음이 편하십니까?
   ① 원형 배치
   ② 강의식 배치(모두 강의하는 사람을 쳐다볼 수 있는 학교식 의자 배치)

계속

| 사례 1 | 계속

5. 무슨 요일이 참여하기에 가장 편합니까? (_______ 요일)

6. 어떤 시간대가 참여하기 가장 적절하십니까?
   ① 자녀가 기관에 있을 때 ② 자녀가 귀가한 후 오후 시간
   ③ 저녁식사 후 시간
   ④ 기타(직접 적어 주세요: ____)

7. 부모 모임을 상기시켜 드리고자 할 때 어떤 방법으로 연락받기를 원하시는지 2가지를 선택해 주십시오.
   ① 직접 만나서 말하기 ② 전화 ③ 쪽지 편지
   ④ 전자우편 ⑤ 핸드폰 문자 메시지

8. 어떤 도움을 드리면 부모님께서 참여하기에 더 편하십니까?
   ① 어린 자녀 돌보기 ② 식사 제공 ③ 교통편 제공
   ④ 기타(직접 적어 주세요: ____)

사례 2

A 유아교육기관에서는 학기 초에 실시한 욕구 조사 결과로부터 [자녀의 문제 행동 지도]에 대한 부모의 욕구가 높음을 알고 프로그램을 진행하기로 하였다. 자녀의 문제 행동 지도에 관한 부모의 구체적인 욕구를 파악하기 위해 다시 욕구 조사를 실시하면서 유아의 다양한 문제 행동을 나열하고 어떤 행동이 부모에게 가장 문제 되는지를 모두 표시하도록 하였다. 높은 수준의 욕구를 표현했음에도 많은 부모가 설문지를 돌려보내지 않았고 어떤 유아는 "우리 엄마가 나는 착하대요!"라고 교사에게 말하기도 하였고, 어떤 부모는 교사에게 전화하여 "선생님, 우리 반 아이들이 그렇게 문제가 많나요?"하고 질문하기도 하였다. 이런 반응을 보이는 이유를 알아본 결과, 유아가 보이는 다양한 수준(즉, 심각하지 않는 수준부터 심각한 수준)의 문제 행동이 40개 이상 나열된 것을 보고 부모가 부담을 느꼈음을 알 수 있었다. 부모는 표시하면 할수록 자기 자녀가 문제 있는 유아로 보이게 된다고 생각했거나 심각한 수준의 문제 행동이 묘사된 것을 보고 겁이 나기도 했다. 이는 부모를 대상으로 하는 설문에 포함될 문항을 신중하게 선택하고 서술해야 함을 보여주는 사례이다.

요 약

가정과 유아교육기관이 협력하고, 부모를 지원하고 참여시키기 위해서는 현 상황을 평가하고 부모의 욕구를 파악하는 것이 중요하다. 부모와의 관계와 관련된 기관의 현 상황을 파악하기 위해서는 우리나라, 미국, 또는 호주에서 개발되어 실행되고 있는 준거를 활용할 수 있다.

성인 학습자인 부모를 대상으로 하는 부모교육 및 지원 프로그램에서는 부모의 욕구를 반영하는 것이 중요하다. 파악해야 할 부모의 욕구에는 자녀에 대한 부모의 인식 및 행동과 관련된 욕구, 부모 자신에 대한 욕구, 프로그램 운영 방식에 대한 욕구 등이 포함될 수 있다. 부모의 욕구를 조사할 때는 형식적 질문지, 문장 완성 질문지, 면담, 포커스 집단을 활용한 브레인스토밍, 웹과 모바일 알림장을 활용한 설문지를 사용할 수 있다.

교수-학습을 위한 제언

1. 유아교육기관을 섭외할 수 있다면, 교재에 제시된 세 가지 준거 중 한 가지를 선택하여 기관장 또는 교사가 평가해 보도록 부탁합니다. 평가를 실시한 기관장 또는 교사를 면접하여 어떤 이유로 각 항목에 해당 평점을 주었는지 알아봅니다.
2. 유아교육기관이 가정-유아교육기관 관계를 평가한 정보를 기초로 어떤 측면을 개선해야 하는지 보고서를 작성하거나 토론해 봅시다.
3. 부모의 욕구를 이해하기 위해 어떤 정보를 알아야 한다고 생각하십니까? 교재에 제시된 내용 이외에 필요하다고 생각하는 정보가 있는지 토론해 봅시다. 각 정보가 왜 필요한지에 대해서도 근거를 제시해 봅니다.
4. | 사례 1 |에 제시된 설문지를 응답하고 싶은 마음이 들도록 매력적으로 제작하려면 어떤 점이 개선되어야 한다고 생각합니까? 매력적으로 다시 제작해 봅시다.
5. 문장 완성 설문지를 작성해 봅시다. 교재에 제시된 문장 이외에 어떤 문장을 제시할 수 있습니까? 유아교육기관에서 실시되는 부모 지원 및 교육 프로그램은 좋은 부모뿐 아니라 행복한 인간이 되도록 하는 내용도 포함할 수 있음을 학습하였습니다(☞ 제10장 부모교육과 지원의 내용, pp. 179~188). 부모로서의 부모뿐만 아니라 개인으로서의 부모의 욕구를 파악할 수 있는 문장도 개발해 봅시다.
6. 부모의 욕구를 파악하기 위해 면담을 한다고 가정합시다. 어떤 특성을 가진 부모와 면담하겠습니까? 어떤 질문을 하겠습니까? 면담의 계획을 세워봅시다.

참고문헌

경기도교육청(2022). 2022학년도 유치원 교원능력개발평가 매뉴얼.

교육부(2017. 5). 제4주기 유치원 평가 중앙연수.

김희진(2005). 현대 부모 및 가족 지원 프로그램: 포괄적 관점. 창지사.

보건복지부, 한국보육진흥원(2024. 2). 2024 어린이집 평가 매뉴얼(어린이집용). 한국보육진흥원.

서울특별시교육청유아교육진흥원(2020. 1). 제5주기 유치원 평가 기본 계획.

서울특별시교육청유아교육진흥원(2025. 4). 2025 단위 유치원의 자율적 진단과 개선을 위한 유치원 평가 가이드북.

Caffarella, R. (2013). *Planning program for adult learners: A practical guide for educators, trainers, and staff developers* (2nd ed.). CA: Jossey-Bass.

Sims, M. (2002). *Designing family support program: Building children, family and community resilience*. Australia: Common Ground.

Wortham, S. (1990). *Tests and measurement in early childhood education*. Merrill.

www.acecqa.gov.au 2025. 1. 23. 검색.

www.kcpi.or.kr/kcc 2025. 2. 23. 검색.

www.naeyc.org 2024. 8. 21. 검색.

Chapter 06

부모교육과 지원의 담당자

학습목표

- 부모교육과 지원을 담당할 수 있는 다양한 주체를 안다.
- 다양한 주체가 부모교육과 지원을 담당할 때 얻어지는 장점과 단점을 이해한다.
- 어떤 주체가 언제 부모교육과 지원을 담당하는 것이 효과적인지 판단하는 능력을 기른다.

유아교육기관에서 부모교육과 지원이나 부모와의 관계를 주로 담당하는 사람은 누구인가? 각 기관마다 책임질 영역(예 도서 정리, 행사 기록, 수·과학 자료 정리, 부모교육과 지원)을 정할 때, 부모교육과 지원은 기관장이나 원감이 맡는 경우가 많다. 부모교육과 지원 담당자에 대한 연구 결과를 살펴보면 각 학급에서 진행되는 부모 관련 활동(예 집단 면담, 개인 면담, 부모 참여 수업, 학부모 보조교사 참여)은 그 학급의 교사가 담당하지만, 모든 부모가 다 참여하는 부모 관련 활동(예 신입부모 오리엔테이션, 강연)은 기관장이나 원감이 담당하는 경우가 많은 것으로 나타났다(김은, 2001; 조미상, 2002).

이와 같이 부모교육과 지원은 학급을 책임지는 교사보다는 기관의 관리자급이 맡는 것으로 인식되어 있다. 그 이유는 다양하겠지만 크게 두 가지 이유를 생각해 볼 수 있을 것이다. 첫째는 집단으로 이루어지는 부모 관련 활동이 주로 원아가 등원 중인 일과 시간에 실시된다는 것이다. 교사가 부모교육과 지원을 담당하기 위해서는 학급을 다른 교사에게 맡겨야 하는데, 부모, 교사, 기관장 모두 선호하는 결정이 아닐 수 있다. 둘째는 교육을 맡은 사람은 부모보다는 더 많이 알고, 나이도 많고, 경륜도 높아야 한다는 선입견이 작용한다는 점이다. 그렇기 때문에 교사보다는 기관장이나 외부 강사를 초청하는 경우가 많을 것이다.

그러나 부모교육과 지원을 담당하는 사람은 어떤 사람이어야 한다고 고정적으로 생각하거나 현재까지 어떤 사람이 했기 때문에 앞으로도 그래야 한다고 생각하기보다는 어떤 경우에 어떤 사람이 담당하는 것이 더 효율적인지 생각해 볼 필요가 있다. 다음은 부모교육과 지원을 담당하는 사람을 네 가지 측면에서 나누어 본 것이다. 각 측면의 장점과 단점을 살펴봄으로써 부모교육과 지원의 효율성을 높일 수 있는 전략을 모색해 보고자 한다.

1. 외부 인사 vs. 내부 인사

유아교육기관의 부모교육과 지원을 담당하는 외부 인사로는 영유아 교육 전문가(예 교수, 장학사 등)와 분야별 전문가(예 소아과 의사나 한의사, 성교육 전문가)를 들 수 있다. 외부 인사는 주로 부모를 대상으로 하는 강연회를 담당하는 경우가 많다. 그 이유는 유아교육기관에서 부모 전체를 대상으로 하는 활동이 1년에 1~2회뿐인데 그것이 모두 강연회로 국한되는 경우가 많기 때문이다. 외부 인사와 내부 인사가 부모교육과 지원을 담당했을 때의 장점과 단점을 살펴보면 다음과 같다.

외부 인사의 장점은 외부 인사의 전문성으로 인한 부모 참여율 증가와 강연회 내용의 충실화를 들 수 있다. 외부 인사로 대학 교수나 분야별 전문가를 초빙하는 경우가 많기 때문에 부모의 참여 동기를 높일 수 있다. 특히, 동양권의 부모들은 토론보다는 강연, 또래 부모보다는 전문가로부터 배우기를 원하기 때문에(Moosavi, 2022; Lo & Lindsay, 2022; Webb, 2011), 외부 인사가 주도하는 활동에 더 많이 참석하는 경향이 있다. 또한 같은 이유로 전문가의 의견을 더 수용하는 경향이 있기 때문에 강연의 효율성이 더 높을 수 있다. 그러나 외부 인사와 유아교육기관과의 사전 조율이 이루어지지 않을 경우, 외부 인사 활용의 효율성이 낮아질 수 있다. 외부 인사와의 조율은 활동의 주제와 내용 측면에서 이루어져야 한다. 외부 인사에게 유아교육기관의 욕구를 설명하고 그것을 반영해주도록 요구하지 않고 외부 인사의 결정에 맡길 때, 같은 주제의 강연이 반복되거나 (예 현대사회에서의 부모의 역할, 부모 역할의 중요성), 평소 유아교육기관에서 강조한 내용과 반대되는 내용을 전달(예 특기 교육에 대한 입장, 특정 교육과정에 대한 입장)할 수 있다는 단점이 있다.

내부 인사의 장점과 단점은 외부 인사의 장점과 단점과 반대로 관련이 있다. 즉, 인지도나 전문성이 떨어진다는 단점이 있으나 그 기관의 맥락을 잘 이해하기 때문에 부모의 욕구에 부합하는 내용이나 기관의 교육과 일관성 있는 내용으로 진행할 수 있다는 장점이 있다. 특히, 성인을 대상으로 하는 활동의 성패가 그들의 욕구를 어느 정도 수용하는지에 따라 많은 영향을 받는다는 것을 고려할 때(Caffarella & Merriam, 2000; Siverman & Casazza, 2000; Sork, 2010), 대상 부모를 잘 이해한다는 것은 매우 큰 장점이 될 수 있다. 따라서 외부 인사 또는 내부 인사를 활용할 때는 각각의 장점과 단점을 파악하고 장점을 극대화하고 단점을 최소화하는 방향으로 활동을 실시하여야 한다.

표 6-1 부모교육과 지원의 담당자로서 외부 인사 vs. 내부 인사

구분	외부 인사	내부 인사
장점	• 부모에게 인지도가 높은 경우 참석률 증가에 기여한다. • 외부 인사의 전문성이 강연회의 질을 향상시킬 수 있다.	• 부모의 욕구를 잘 반영한 내용으로 활동을 구성할 수 있다. • 유아교육기관의 교육 방침이나 정책과 일관된 내용으로 구성할 수 있다.
단점	• 반복적인 내용으로 활동이 진행될 가능성이 있다. • 기관에서 평소에 강조하던 방침과 상반되는 내용을 전달할 수 있다.	• 강사에 대한 신선도가 낮아 참여율이 저조할 수 있다. • 외부의 전문 인사에 비해 전문성이 낮을 수도 있다.

2. 자녀를 아는 사람 vs. 모르는 사람

유아교육기관의 부모교육과 지원을 담당하는 사람이 참여하는 부모의 자녀에 관해 잘 아는 경우와 모르는 경우가 있다. 외부 인사, 기관장, 다른 학급을 담당하는 교사는 특정 부모의 자녀에 관하여 모를 가능성이 많고, 담임교사는 특정 부모의 자녀에 관해, 특정 부모는 자기 자녀에 관해 잘 알고 있다. 기관장과 다른 학급을 담당하는 교사는 그 기관에 재원 중인 영유아에 관하여 전반적인 지식은 있으나 담임교사나 부모만큼의 구체적인 지식은 없다.

유아교육기관에서 실시되는 활동 중 학급별로 진행되는 활동(예 면담, 간담회, 참여 수업)은 담임교사가 진행하는 것이 일반적인 관례이고, 전체 부모를 대상으로 하는 활동은 기관장이나 외부 인사가 담당하는 경우가 많다. 그러나 전체 부모를 대상으로 하는 활동에도 대상 부모의 자녀를 잘 아는 사람, 즉 학급 담임교사나 부모를 참여시키는 방안을 고려할 수 있다.

대상 부모의 자녀를 잘 아는 사람이 부모교육과 지원의 담당자 역할을 하는 것에는 다양한 장점이 있다. 첫째, 부모는 일반적인 영유아에 대해 이야기하는 것보다 자신의 자녀에 대해 이야기하는 것을 즐긴다. 대상 부모의 자녀를 모르는 사람이 활동을 이끌어 갈 때는 일반적인 영유아에 대해 이야기할 수밖에 없지만, 자녀를 잘 아는 사람이 활동을 이끌어 갈 때는 대상 부모의 자녀에 대해 이야기하고 구체적인 예를 들 수 있기

때문에 부모의 관심과 집중도를 높일 수 있다. 둘째, 교사의 전문성을 높일 수 있는 계기가 된다. 재직 중인 교사가 자신의 관심 분야(예 도서, 컴퓨터, 창의력, 조형이나 음률 등의 창의적 활동, 언어)를 정한 후 그 분야에 대해 꾸준히 공부하고 수업 사례를 정리하고 자료를 수집한다면 그 분야에 대한 교사의 전문성이 향상될 것이다. 교사의 전문성 향상을 통한 교육의 질을 높이는 것이 중요한 과제로 제시되는 현 상황(박은혜, 2013)에서 매우 의의 있는 시도일 것이다. 셋째, 부모가 영유아 교육의 중요성을 인식하는 계기가 된다. 재원 중인 영유아의 부모가 자신이 알고 싶은 분야를 정하고 공부한 후 다른 부모 앞에서 발표한다면 영유아 교육의 중요성과 교수-학습 방법을 이해하는 계기가 될 것이다. 그러나 부모가 부모 관련 활동을 이끌어 가기 위해서는 준비 과정에서 유아교육기관의 구체적이고 실질적인 지원이 필요하다. 구체적인 사례는 본 장의 '| 사례1 |'에 제시되어 있다. 넷째, 부모에게 교사의 전문성을 알릴 수 있는 계기가 된다. 부모(또는 가정)와의 협력과 상호작용이 활성화되기 위한 전제 조건으로 서로에 대한 전문성 인정이 중시되고 있다. 영유아 교사가 전문성이 있다고 말로만 강조하기보다 부모가 교사의 전문성을 직접 경험하게 한다면 부모가 교사의 전문성을 인정하고 존중하게 하는 계기가 될 수 있다.

반면 지원이나 준비가 소홀하다면 대상 부모의 자녀를 아는 사람, 즉 교사가 부모와 관련된 활동을 담당하는 것에 문제가 발생할 수 있다. 첫째, 담당 교사가 역량이 부족하거나 준비를 소홀히 한다면 오히려 교사에 대한 부모의 인식을 악화시킬 수 있다. 따라서 원내 장학이나 자율 장학을 통해 교사가 관심 분야에 대한 전문성을 높일 수 있도록 지원 체제가 마련되어야 한다(박은혜, 김명순, 2002; 이은지, 배지현, 2021). 둘째, 각 담임교사가 전체 부모를 대상으로 활동을 이끌어 가는 것이 1년에 1회 정도이기 때문에 큰 문제는 아니나, 담임교사가 학급을 비울 때 학급을 누가 책임질지에 대한 대책이 준비되어야 한다. 학급을 담당하지 않는 원감, 부모 자원봉사자, 영유아 교육을 전공하는 학생 등이 대체교사로 투입될 수 있다.

대상 부모의 자녀를 모르는 사람이 담당하는 경우의 장점과 단점은 부모교육과 지원 담당자로서의 외부 인사의 장단점과 맥락을 같이 한다. 대상 부모의 자녀를 모르는 인사가 전문성이 높을 경우, 전문성을 활용해 대상 부모의 자녀를 모른다는 단점을 어느 정도 보충할 수 있으나 전문성도 낮다면 문제가 될 수 있다. 따라서 대상 부모의 자녀를 모르는 사람이 부모 관련 활동을 담당하게 한다면, 그 분야의 전문성이 높은 사람을 활용하는 것이 바람직하다.

표 6-2 부모교육과 지원 담당자로서 부모의 자녀를 아는 인사 vs. 모르는 인사

구분	아는 인사	모르는 인사
장점	• 참여 부모의 관심을 잘 반영할 수 있다. • 참여 부모의 자녀에 대한 예를 들 수 있기 때문에 부모의 집중도와 이해도를 높일 수 있다. • 부모에게 교사의 전문성을 알릴 수 있는 계기가 된다.	• 전문성이 높을 경우 전문성으로 보충될 수도 있다.
단점	• 전문성이 낮을 경우 부모의 신뢰를 떨어뜨릴 수 있다. • 영유아들이 기관에 있을 때 활동이 진행되면 대체교사가 요구된다.	• 전문성이 낮을 경우 부모교육의 효율성이 저하된다.

3. 한 사람 vs. 여러 사람

유아교육기관에서의 부모교육 관련 활동은 여러 사람보다는 한 사람에 의해 진행되는 경우가 더 많다. 외부의 인사를 초청하거나 각 학급에서 진행되는 활동(예 면담)을 담임교사가 진행하는 경우는 다양한 사람, 즉 여러 사람이 담당하는 경우이다. 그러나 전체 부모를 대상으로 하는 활동은 기관장이나 원감, 즉 한 사람이 담당하는 경우가 대부분이다. 기관장이나 원감이 담당하는 이유는 학력, 경력, 연륜 또는 경험이 많기 때문이지만 부모교육과 지원의 효율성 측면을 고려할 때 항상 긍정적인 결과만을 산출하는 것은 아니다. 전체적인 진행, 즉 사회는 한 사람이 담당하더라도 활동의 핵심 내용은 여러 사람이 돌아가면서 강의하거나 발표할 수 있다.

한 사람이 담당할 경우, 부모와의 신뢰감이 형성되어 있고 일관된 메시지를 전할 수 있다는 장점이 있으나 반복적으로 접하는 데서 오는 신선감 부족으로 부모의 참석률이 낮아질 수 있다. 또한 한 사람이 계속 담당할 경우 과거에 언급했던 내용이나 예를 반복하여 활용할 가능성이 높아지기 때문에 새로움에 대한 부모의 기대를 충족시키기 어렵다. 특히, 담당자가 영유아 교육에 대한 전문성이 부족하다면 문제가 될 수 있다.

반면, 여러 사람이 담당한다면 부모는 새로움에 대한 기대를 충족시킬 수 있고, 과거에 만족하지 못했더라도 참석할 동기가 유발될 것이고, 내용과 실례가 중복될 가능성도 줄어든다. 앞서 언급한 바와 같이 교사와 부모가 활동의 진행자로 참여한다면 자신을 발전시킬 수 있는 기회로 활용할 수도 있다. 단, 여러 사람이 참여하는 데서 오는 강사 수준과 내용의 차이를 줄이기 위해 사전 조율과 지원이 필요하다.

표 6-3 부모교육과 지원 담당자로서 한 사람 vs. 여러 사람

구분	한 사람	여러 사람
장점	• 기관을 대표하는 사람인 경우(예 기관장)가 많기 때문에 신뢰가 형성되어 있다. • 일관된 메시지를 전달할 수 있다.	• 부모들이 새로움과 신선함을 느낄 수 있어 참여 동기를 자극한다. • 내용이나 실례가 중복될 가능성이 적다. • 담당하는 사람(예 교사나 부모)이 발전할 기회를 제공한다.
단점	• 반복적으로 접하기 때문에 부모들이 싫증을 낼 수 있다. • 다른 내용을 다룰 때도 과거에 언급 내용이나 실례를 들 수 있다. • 전문성 없이 기관의 대표라는 이유만으로 담당한다면 부모의 신뢰를 얻기 어렵다.	• 사전 조율과 계획이 없으면 각 담당자 간의 일관성이 부족할 수 있다.

4. 전문가 리더 vs. 비전문가 리더

부모를 대상으로 하는 교육과 지원을 담당하는 사람은 각자가 가진 리더십의 수준에 따라 | 그림 6-1 |처럼 6수준으로 분류할 수 있다(Berger & Riojas-Cortez, 2011). 다음 | 그림 6-1 |의 수준은 각자 가진 리더십의 수준을 의미할 뿐이고, 직접 교수(didactic instruction)의 정도 또는 프로그램을 실시하는 데 필요한 준비의 정도를 의미하는 것은 아니다. 즉, 리더십 수준이 높은 담당자라고 부모 집단을 통제적으로 이끌거나 직접 교수해도 된다는 것을 의미하는 것이 아니고, 리더십 수준이 낮은 담당자라고 아무런 준비 없이 부모 집단을 이끌어도 된다는 것은 아니다.

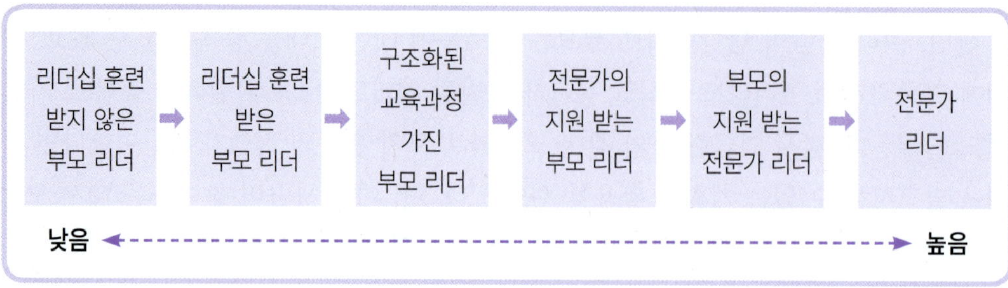

그림 6-1 리더십의 수준

리더십 훈련을 받지 않은 부모 리더는 특별한 목적이나 교육과정 또는 주제가 없는 비구조적 모임을 이끄는 데 적절하고, 리더십 훈련을 받은 부모 리더는 문제를 함께 풀거나, 서로 의견을 나누거나, 한 가지 주제에 대해 함께 공부하거나, 또는 서로 친숙해지기를 원하는 집단을 이끄는 데 적절하다. 부모 효율성 훈련(Parent Effectiveness Training: PET), 효율적인 부모를 위한 체계적 훈련 프로그램(Systematic Training for Effective Parenting: STEP) 같이 전문가가 개발한 구조화된 프로그램이 있을 경우, 이에 대한 훈련을 받은 부모 리더가 프로그램을 이끌어 갈 수 있다. 전문가의 지원을 받는 부모 리더는 리더십 훈련뿐만 아니라 담당할 프로그램의 내용에 대해서도 지원을 받는 경우를 의미한다. 예를 들면, 리더십 훈련을 받은 부모가 특정 주제(예 영유아에게 적절한 도서)에 대해 전문가의 지원을 받아 준비한 후 다른 부모에게 발표할 수 있다. 부모의 지원을 받은 전문가 리더는 해당 분야 전문가이면서 부모의 의견을 수용(예 특히 부모가 알고 싶어 하는 내용)하여 준비하는 경우를 말한다. 전문가 리더는 리더십뿐만 아니라 내용 분야에도 전문가인 사람을 의미한다.

어떤 수준의 리더십을 가진 사람이 프로그램을 담당할지는 부모의 특성이나 교육과 지원의 내용에 따라 결정하는 것이 바람직하다. 예를 들면, 동양권 국가의 부모, 연령이 낮은 10대 부모, 구조화된 교육을 선호하는 개인적 특성을 가진 부모(Webb, 2011)는 리더십의 수준이 높은 담당자와 함께 일하기를 선호한다. 따라서 무조건 높은 리더십 수준을 가진 사람을 선호하기보다는 부모의 특성과 프로그램 내용의 특성에 따라 적절한 리더십 수준을 가진 사람을 선정하는 것이 중요하다.

사례

다음의 사례들은 부모가 부모교육과 지원 담당자가 된 사례, 교사가 담당자가 된 사례, 그리고 대상 부모를 잘 아는 경우와 모르는 경우에 프로그램을 진행한 사례이다. 이 세 가지 사례를 통해 다양한 사람이 부모교육과 지원 담당자로 참여하는 것의 장점을 엿볼 수 있다.

사례 1

A 유아교육기관에서는 부모를 위한 강연을 위해 외부 강사를 초청하거나 기관장이 강연을 하기도 하지만 각 반 부모가 순서를 정해서 강연회를 준비하기도 한다. 강연 주제는 강연을 담당한 부모가 원하는 주제나 다른 학급 부모가 알고 싶어 하는 주제를 중심으로 정한다. 주제가 정해지면 기관장은 강연을 담당한 부모와 정기적으로 만나 참고 도서를 제공하고, 강연회를 담당한 부모의 질문에 답하고, 강의할 때 활용할 시청각 자료 준비를 지원하고, 부모가 핵심 내용을 파악하도록 돕는다. 부모가 강의할 때는 강연회 안내 편지, 강연회 장소 환경 구성, 간식 등의 전반적인 계획도 부모가 하도록 한다. 준비한 부모는 다른 부모의 참석률을 높이는 데도 적극적이기 때문에 참석률이 높아지는 부가적인 장점도 있다.

사례 2

B 유아교육기관에서는 특정 주제(예 창의력, 언어 지도, 수·과학 지도) 등에 관하여 강연회를 할 때 교사가 강사의 역할을 하도록 한다. 상황에 따라 외부 초청 강사나 기관장이 전반적인 내용을 소개하고 교사가 실제 활동에 대한 예를 소개할 때도 있고, 교사가 전체 강연을 전적으로 책임지고 맡아서 할 때도 있다.

사례 3

C 유아교육기관에서는 재원 중인 영유아의 부모가 8주간 진행되는 소규모 부모 집단 모임을 2회 이끌어 간 적이 있다. 이 사례는 참여 부모의 자녀를 아는 사람이 부모교육과 지원을 담당하는 것에 어떤 장점이 있는지를 보여준다. 이 부모는 유아교육과에 재직 중인 교수였는데, 1회 모임은 자녀가 재원 중이었을 때 실시되었고, 다른 1회는 자녀가 졸업한 후 2년 뒤에 실시되었다. 이 부모는 2회의 모임을 실시한 후 느낀 차이점을 다음과 같이 언급하였다.

계속

| 사례 3 | 계속

"두 번의 회기 모두에서 참여한 부모님은 모임이 너무 좋다고 말씀하셨지만, 진행자로서 내가 느낀 차이점은 컸어요. 첫 번째는 참여한 어머니 중 많은 사람이 내 아이 친구의 어머니였기 때문에 내가 그 아이들에 대해 잘 알고 있었죠. 모임을 이끌어 나갈 때 일반적인 원칙을 이야기한 후 그 아이들이나 그 당시 기관에서 진행 중인 교육과정을 예로 들었죠. 어머니가 자신의 자녀에 대한 질문을 할 때도 내가 그 아이를 알고 있었기 때문에 구체적인 토론을 할 수 있었어요. 두 번째 모임에서는 참여한 부모님과 자녀에 대해 구체적인 지식이 없었기 때문에 일반론이나 내 아이가 그 연령이었을 때 어땠는지를 중심으로 이야기할 수밖에 없었어요. 항상 뭔가가 미진하다는 느낌이 들었어요. 뭔가 덜 활발하고 가끔씩 어색하고…. 유행하는 말로 2% 부족했던 거죠."

요 약

유아교육기관에서 부모를 대상으로 하는 활동은 각 학급에서 교사가 진행하는 활동을 제외하고는 외부의 유명 인사를 초청하거나 기관장(또는 원감)이 담당하여 실시하는 경우가 많았다. 그러나 외부 인사를 초청하는 것, 대상 부모의 자녀를 잘 모르는 사람이 담당하는 것, 한 사람이 모두 맡아서 담당하는 것, 또는 리더십 수준이 높은 사람이 담당하는 것의 장점도 많지만 항상 효율적인 것은 아니다. 그러므로 기관의 내부 인사, 대상 부모의 자녀를 잘 아는 사람, 그리고 여러 사람이 돌아가며 진행하는 방식도 있음을 인식하고 각 방식의 장점과 단점을 고려하여 상황에 맞게 진행자를 결정하는 지혜가 필요하다.

교수-학습을 위한 제언

1. 누가 부모교육과 지원을 담당해야 가장 효율적이라고 생각하는지 발표해 봅시다.
2. 외부 강사, 기관장, 교사, 또는 부모가 활동을 주도할 때의 장점과 단점을 생각해 봅시다.
3. 어떤 주제 또는 내용이 각각 외부 강사, 기관장, 교사, 또는 부모가 진행하기 적절한지와 그 이유에 대해 토론해 봅시다.
4. 부모나 교사가 부모교육에 참여하게 하려면 어떤 지원이 선행되어야 하는지 토론해 봅시다.

참고문헌

김은(2001). 유치원에서의 부모교육 현황에 관한 연구. 중앙대학원 교육대학원 석사학위논문.

박은혜(2013). **유아교사론(4판)**. 창지사.

박은혜, 김명순(2002). 유치원 자율장학에 대한 유아교사들의 인식 및 요구. **교육과학연구**, 33(1), 171-185.

이은지, 배지현(2021). 유치원교사의 자율성에 대한 인식과 실천현황. **한국콘텐츠학회논문지**, 21(11), 389-402.

조미상(2002). 유치원에서의 부모교육 유형 및 내용 분석. 이화여자대학교 교육대학원 석사학위논문.

Berger, E., & Riojas-Cortez, R. (2011). *Parent as partners in education: Families and schools working together* (8th ed.). Merrill.

Caffarella, R., & Merriam, S. (2000). Linking the individual learner to the context of adult learning. In A. L. Wilson & E. R. Hayes (Eds.), *Handbook of adult and continuing education*. San Francisco: Jossey-Bass.

Lo, S. K. W., & Lindsay, J. (2022). "My children", "my grandchildren": Navigating intergenerational ambivalence in grandparent childcare arrangements in Hong Kong. *Family Relations, 71*(4), 1834-1851.

Moosavi, L. (2022). The myth of academic tolerance: The stigmatisation of East Asian students in Western higher education. *Asian Ethnicity, 23*(3), 484-503.

Silverman, S., & Casazza, M. (2000). *Learning and development: Making connections to enhance teaching*. San Francisco: Jossey-Bass.

Sork, T. (2010). Planning and delivering programs. In C. Kasworm, A. Rose. & J. Ross-Gordon (Eds.), *Handbook of adult and continuing education* (pp. 157-166). Sage.

Webb, N. (2011). *Social work practice with children* (3rd ed.). The Guilford Press.

Chapter 07

부모회와 운영위원회의 구성과 운영

학습목표

- 부모회의 필요성을 인식한다.
- 운영위원회의 필요성 및 관련 규정을 이해한다.
- 부모회와 운영위원회의 공통점과 차이점을 인식한다.
- 부모회를 성공적으로 구성하고 운영할 수 있는 전략을 이해한다.
- 운영위원회 운영에 부모회 기능을 반영 또는 통합할 수 있는 방안을 모색한다.

"유아교육기관이 망하는 지름길 중 하나는 부모회를 운영하여 부모를 자주 드나들게 하는 것입니다." 이 발언은 기관장을 대상으로 하는 강연에서 부모회에 대한 의견을 구했을 때 한 기관장이 한 말이다. 이 발언에 동의하는 기관장들 못지않게 반대하는 기관장들이 있었지만, 누구나 '부모는 상대하기 힘든 존재'라는 것에는 동의하는 듯했다. 기관장과 교사는 부모교육과 지원의 필요성을 이구동성으로 인정하지만, 부모가 관심을 보이지 않는다고 느끼기도 하고, 실제적인 효과가 있는지 의문을 갖기도 하고, 부모 대표 기구인 부모회가 반드시 있어야 하는가 하는 의문을 갖기도 한다. 즉, 부모를 위한 교육과 지원을 함에 있어서 부모회가 필수적인 것은 아니라는 의견이다. 특히, 부모회의 구성에 부정적인 기관장은 지금도 부모가 지나친 특기 교육 등 비교육적인 요구를 많이 하는데, 부모회라는 공식적인 기구를 운영하면 부모의 발언권이 강해져 무리한 요구를 더 많이 하게 될 것이라고 생각한다.

또한 전업 주부만 부모회에서 일할 시간이 있다는 선입견 때문에 직장을 가진 어머니의 수가 많은 기관에서는 부모회를 운영하는 것이 실질적으로 어려운 것이 현실이다. 그러나 일하는 어머니의 수가 많은 외국에서도 모든 기관에서 부모회(Parent Council)를 운영하고 있는 것을 볼 때, 부모회는 부모와 기관의 의지만 있다면 운영될 수 있다.

부모회를 구성한다는 것은 부모회의 실체를 갖게 된다는 가시적인 의미 이상의 의미를 가진다. 부모회가 없어도 부모의 의견을 반영한 부모교육 및 지원 프로그램을 실시하는 것이 어느 정도는 가능하다. 그러나 부모회를 구성한다는 것은 부모를 교육의 동등한 협력자로 인식하고 부모와의 협력을 적극적으로 실천한다는 적극적인 의미가 내포되어 있다. 부모회라는 공식적인 기구와의 협력을 통해 유아교육기관과 가정에서의 교육을 성공적으로 이끌 수 있는 다양한 노력을 진정한 의미의 동반자적인 관계에서 실천할 수 있게 된다. 이것은 현대 부모교육의 주요 경향인 부모교육자와 부모와의 관계를 일방향적인 것에서 양방향적인 것으로 재조정하는 것(제1장 부모교육과 지원의 정의, pp. 13~25)과 그 맥을 같이 한다.

유치원과 어린이집에 부모회와 유사한 기능을 하는 것으로 인식되는 운영위원회 설치가 2010년경부터 의무화되었다. 어린이집은 어린이집 운영위원회(영유아보육법 제25조, 시행령 제21조의2, 시행규칙 제26조)를, 유치원은 유치원 운영위원회(유아교육법 제19조의3, 시행령 제22조의3)를 운영하도록 되어 있다. 운영위원회는 전통적으로 학부모회가 담당하는 교육을 중심으로 한 부모-기관 연계와 협력의 역할과는 다른 역할을 담당함을 알 수 있다. 구체적으로 운영위원회에는 학부모뿐만 아니라 다양한 인사가 참여하는데, 어린이집은 시설장, 보육교사, 부모, 지역사회 인사가, 유치원은 학부모, 교원, 외부 전문가(소위원회 설치 시)가 참여하여 어린이집이나 유치원 운영 전반에 대한 권한(예 규칙 개정, 예·결산, 보육 또는 교육과정 운영, 건강/영양 및 안전, 급식 관련 권한 등)을 가지고 있다. 이와 같이 실질적 기능이 다름에도 불구하고 보육 정원에 따라 부모위원을 2~6인 포함하도록 하거나 학부모 위원 수를 유치원 운영위원회 전체 위원 수의 60~70%가 되도록 규정하고 있기 때문에 부모회를 별도로 구성하지 않는 경향이 있다. 그러나 앞서 강조한 바와 같이 부모회와 운영위원회의 기능과 역할은 다르고, 부모회를 구성할 경우 자녀 교육의 적극적 참여자로서의 역할을 하도록 유도할 수 있기 때문에 소위원회(예 부모회 소위원회)의 설치를 통해서 별도 운영하는 것이 바람직하다.

본 장에서는 먼저 부모교육과 지원, 그리고 협력을 실천하기 위한 기본 조건으로서의 부모회를 소개하고자 한다. 또한, 부모회의 부정적인 영향을 최소화하고 긍정적인 영향을 최대화하는 방법으로 부모회를 구성하고 운영하는 데 필요한 전반적인 사항을 살펴보고자 한다. 다음으로 유치원과 어린이집의 운영위원회에 대해 간단히 살펴보려 한다.

1. 부모회

1) 부모회의 활동

부모회의 구성원이 되어 유아교육기관에 참여하는 방법은 다양하다. Berger와 Riojas-Cortez(2011)는 부모회의 활동 범위에 기금 모금을 위한 활동, 영유아의 교육적 활동에 참여하는 활동, 영유아의 교육을 위한 설비 및 자료 제작 활동, 영유아의 수업을 보조하는 활동, 영유아에게 문제가 있을 때 해결에 참여하는 활동, 부모를 위한 회의나 모임을 주선하는 활동 등 다양한 활동을 포함시켰다.

현재도 부모가 다양한 방법으로 참여하고 있으나, 학기 초에 세워진 계획 하에 참여하거나 부모회가 주도하여 참여하기보다는 유치원이나 어린이집에서 필요할 때마다 부모에게 부탁하여 참여하는 방식으로 이루어지고 있다. 부모가 참여하는 모든 활동을 부모회가 주도해야 하는 것은 아니지만 부모회가 주도하는 활동, 유치원이나 어린이집이 주도하는 활동, 두 주체가 협력하는 활동 간의 균형이 필요하다. 부모회의 존재나 활동 여부와 관련 없이 현재 부모들이 유아교육기관에 참여하는 방식을 정리하면 다음과 같다.

표 7-1 부모회와 부모들의 활동 범위

구분	내용	
영유아의 수업에 참여	수업에 교사로 참여	• 흔하지 않지만 교사 대신 주교사로 수업에 참여(예 스승의 날)
	수업에 자원 인사로 참여	• 부모가 가진 특기나 재능을 활용하여 교사가 주도하는 수업의 자원 인사로 참여(예 축구 선수인 아버지가 축구에 대해 설명, 의사인 부모가 구강 위생에 대해 설명, 무용 전공 부모가 어린이들을 위한 무용을 공연)
	수업에 보조교사로 참여	• 교사가 주도하는 수업에서 수업의 일부를 담당하는 보조교사로 참여(예 김장하는 날 한 집단의 유아를 데리고 수업)
	수업에 도우미로 참여	• 교사가 주도하는 수업에서 수업을 담당하지 않고 도우미로 참여(예 현장 학습 시 도우미로 참여)
행사에 참여	영유아 대상 행사에 도우미로 참여	• 운동회나 어린이날 행사 등 영유아를 대상으로 하는 행사에 보조로 참여
	성인 대상 행사에 보조로 참여	• 조부모의 날, 입학 설명회 등 성인을 대상으로 하는 행사에 보조로 참여
교재 및 교구 제작에 참여	외국 자료의 번역	• 수업에 사용될 외국 서적 및 자료(예 다문화 가정 영유아를 위한 아시아권 동화책)의 번역에 참여
	역할놀이 의상 제작	• 역할놀이에 사용될 다양한 의상의 제작에 참여(예 재봉틀을 가지고 학급에 와서 영유아가 원하는 의상이나 소품 즉석 제작)
	조형 활동을 위한 자료 제작	• 조형 활동에 사용될 자료나 준비물의 준비에 참여
환경 구성에 참여	• 게시판, 복도, 활동실 등의 환경 구성이나 행사(예 졸업식, 입학식, 성탄축하를 위한 환경 구성)에 참여	

계속

| 표 7-1 | 계속

구분		내용
부모회 회원을 위한 활동	친목	• 부모회 회원 간의 친목을 도모하기 위한 활동에 참여(예 부모회 모임 전에 실시되는 간단한 게임, 추수감사절이나 어버이날의 식사, 각 가정의 경조사에 카드 발송)
	교육	• 자녀 양육이나 부모 자신에게 유용한 다양한 정보와 전략 제공 (예 강연, 토론, 워크숍, 통신문, 홈페이지 카페 등을 이용한 교육)
	기금 조성	• 유아교육기관이나 부모회의 기금 조성을 위한 활동(예 벼룩시장, 바자회)
	건의함 관리	• 부모회 회원을 위한 카페나 블로그의 건의함을 관리하고 기관에 의견 전달

2) 부모회와의 의사소통

부모회가 활동을 시작하면 유아교육기관과 부모회가 의사소통할 수 있는 공식적, 비공식적 의사소통 통로를 개설한다. 공식적 통로로는 기관의 대표와 부모회의 대표가 정기적(예 1달에 1회)으로 모여 간담회를 할 수 있다. 유아교육기관에서는 기관장과 원감이 참여하고 부모회에서는 부모회 임원이 참여하여 진행되는 간담회에서는 진행된 활동을 보고하고 앞으로 진행될 활동에 대해 의견을 나눌 수 있다. 기관-부모회 간담회에는 부모회 역원이 참여하는 것이 일반적이지만, 원하는 부모가 있다면 누구나 참여할 수 있도록 문호를 개방하는 것이 바람직하다. 기관-부모회 간담회를 실시하기 전에 부모회에서는 부모회 활동에 대한 논의를 통해 합의를 도출하고 기관에 건의할 사항이 있는지 의견을 수렴한다.

기관-부모회 간담회에서 다루어질 수 있는 회의 내용에는 다음과 같은 사항이 포함될 수 있다.

- 한 달간 유아교육기관에서 진행된 교육 활동과 기타 활동(예 시설 수리, 교육 기자재의 구입, 교사의 수상, 경조사 등)
- 한 달간 진행된 부모회 활동
- 다음 달에 진행될 교육 활동과 부모의 지원이나 도움이 필요한 활동
- 다음 달에 진행될 부모회 활동과 기관에서 협조해 주어야 할 사항
- 부모회에 대한 기관의 건의 사항
- 기관에 대한 부모회의 건의 사항

기관-부모회 간담회 결과는 기관의 통신문이나 부모회 회보 등을 통해 모든 부모에게 알림으로써 모든 부모의 참여와 지원을 이끌어 낼 수 있다. 비공식적인 통로로는 전화, 쪽지 편지, 전자우편, 홈페이지의 게시판 등을 활용할 수 있다. 기관에서 부모에게 공지해야 할 사항이나 부모들이 기관에 건의할 사항이 있을 때 누구나 사용할 수 있도록 의사소통 통로를 준비한다.

3) 부모회의 활성화 전략

○ 부모가 참여할 수 있는 활동을 조사한 후, 반드시 참여하도록 기회를 제공한다.

대부분의 유아교육기관에서는 학기 초에 부모가 어떤 방식으로 영유아의 교육에 기여할 수 있는지를 조사한다. 예를 들면, 간단한 설문지를 작성하여 부모가 수업에 보조교사로 참여하거나 외국 도서의 번역, 역할놀이 옷 제작, 홈페이지 제작 지원, 부모 대상으로 한 강연 또는 공연 실시 등에 참여할 수 있을지를 조사한다. 외국어, 바느질, 컴퓨터, 예술 분야에 재능이 없는 대부분의 부모는 수업에 보조교사로 참여하는데 지원하는 경향이 있다. 다음의 예는 부모가 어떤 방식으로 영유아들의 교육에 기여하고 싶은지를 알아보는 설문지인데 가족의 참여라는 관점에서 재능을 기부하는 사람을 부모로 한정할 필요는 없다(예 삼촌의 축구 재능 기부/조부모의 텃밭 가꾸기 재능 기부).

예 7-1 부모 조력자 모집 설문지

○○○ 부모님께

본 원에서는 부모님의 참여 기회를 확장하면서 영유아에게 좀 더 다양한 경험을 제공해 줄 수 있도록 부모님께서 가지신 특별한 자원을 알아보고자 합니다. 할아버지, 할머니, 아버지, 어머니께서 취미나 특기로 지원해 주실 수 있는 경우, 아래에 표시하여 담임교사에게 보내주시면, 도움이 필요할 때 개별적으로 도움을 주십사 연락을 드리겠습니다.

○○○(기관명) 원장 ○○○(기관장명)

....

계속

| 예 7-1 | 계속

학급명:	영유아명:

※ 지원 가능한 분야에 표시(◯)하시거나 상세히 기술하여 주십시오. 영유아와의 관계는 부/모/조부/조모/이모/고모/삼촌 등으로 기입하여 주십시오.

지원 가능 분야	◯로 표시 또는 분야 기술	유아와의 관계
가구나 기자재의 간단한 수리		
간식 및 요리 준비		
꽃꽂이 및 실내 장식		
바느질 및 역할놀이 의상 제작		
강의	전문 분야:	
외국어 또는 번역	언어 분야:	
컴퓨터 관련(예 홈페이지 관리)		
글쓰기 또는 문학(예 학급 신문 제작, 부모회 편지 작성)		
전통 및 서양 무용/음악	분야:	
체육/운동	분야:	
미술	분야:	
진료(예 소아과/치과/이비인후과)	분야:	
교육 활동 지원(예 보조교사, 현장 학습, 행사 지원, 책 읽어주기, 미술 활동 지도 등)		
기타 1: 적어 주십시오.		
기타 2: 적어 주십시오.		
기타 3: 적어 주십시오.		

※ 위의 예는 [아이코리아부속새세대유치원]에서 사용한 것을 재구성한 것임

설문 조사 결과를 요약하여 다시 부모에게 통신문으로 내보내지만, 부모에게 설문에 표시한 것을 실천하게 하는 기회를 제공하는 일은 매우 드물다. 부모가 자녀의 교육에 적극 참여하게 하는 첫걸음은 부모가 자원한 일에 참여할 기회를 반드시 제공하는 것이다.

다음의 예는 민속놀이의 날 자원봉사자를 모집한 후, 자원한 부모에게 맡을 역할을 알리고, 다른 부모에게는 자원봉사를 하는 부모가 어떤 일을 하는지 알림으로써 인정하는 분위기를 조성하기 위한 편지이다.

예 7-2 민속의 날을 위한 자원봉사

○○○ 부모님께

지난주에 실시한 '민속놀이 날 자원봉사자 모집'에 많은 부모님이 자원해 주셨습니다. 자원해 주신 부모님과 관심을 보여주신 부모님께 감사드립니다.

- 아래의 표는 민속놀이 날 실시될 놀이와 담당자를 정리한 것입니다. 학부모 자원봉사자의 담당 놀이 외에 교사와 교생의 담당 놀이도 함께 기록하였으니 참고하시기 바랍니다.
- 관심은 있었지만 신청을 못 하신 부모님께서도 민속놀이 날 당일에 도움이 필요한 곳에서 도움을 주시면 감사하겠습니다.

<table>
<tr><th>놀이명</th><th>9:50~10:10</th><th>10:10~10:30</th><th>놀이명</th><th>9:50~10:10</th><th>10:10~10:30</th></tr>
<tr><td rowspan="2">윷놀이</td><td rowspan="2" colspan="2">○○○ 실습 교사</td><td rowspan="2">고무줄놀이</td><td>(개)
□□□ 어머니</td><td>(개)
□□□ 어머니</td></tr>
<tr><td colspan="2">○○○ 실습 교사</td></tr>
<tr><td>제기차기·치기</td><td colspan="2">○○○ 실습 교사</td><td>실뜨기</td><td colspan="2">○○○ 실습 교사</td></tr>
<tr><td rowspan="2">팽이치기·
돌리기</td><td>(토)
□□□ 어머니</td><td>(토)
□□□ 어머니</td><td rowspan="2">사방치기</td><td rowspan="2">(토)
□□□ 어머니</td><td rowspan="2">(토)
□□□ 어머니</td></tr>
<tr><td colspan="2">예술단 선생님</td></tr>
<tr><td>구슬치기</td><td>(다)
□□□ 어머니</td><td>(다)
□□□ 어머니</td><td>칠교놀이</td><td colspan="2">○○○ 실습 교사</td></tr>
<tr><td rowspan="2">많은
공기놀이</td><td rowspan="2">(다)
□□□ 어머니</td><td rowspan="2">(다)
□□□ 어머니</td><td rowspan="2">땅따먹기</td><td colspan="2">(진)
□□□ 어머니</td></tr>
<tr><td colspan="2">○○○ 실습 교사</td></tr>
<tr><td rowspan="2">비석치기</td><td>(토)
□□□ 어머니</td><td>(토)
□□□ 어머니</td><td rowspan="2">팔씨름</td><td rowspan="2">(진)
□□□ 어머니</td><td rowspan="2">(진)
□□□ 어머니</td></tr>
<tr><td colspan="2">○○○ 실습 교사</td></tr>
<tr><td rowspan="2">과녁 맞추기</td><td rowspan="2">(토)
□□□ 어머니</td><td rowspan="2">(다)
□□□ 어머니</td><td rowspan="2">닭싸움</td><td>(토)
□□□ 어머니</td><td>(토)
□□□ 어머니</td></tr>
<tr><td colspan="2">예술단 선생님</td></tr>
<tr><td rowspan="2">투호놀이</td><td>(다)
□□□ 어머니</td><td>(다)
□□□ 어머니</td><td rowspan="2">한 발 두 발
모아뛰기</td><td>(진)
□□□ 어머니</td><td>(진)
□□□ 어머니</td></tr>
<tr><td colspan="2">○○○ 실습 교사</td><td colspan="2">○○○ 실습 교사</td></tr>
</table>

계속

| 예 7-2 | 계속

<table>
<tr><th>놀이명</th><th>9:50~10:10</th><th>10:10~10:30</th><th>놀이명</th><th>9:50~10:10</th><th>10:10~10:30</th></tr>
<tr><td rowspan="2">씨름</td><td>(개)
□□□ 어머니</td><td>(개)
□□□ 어머니</td><td rowspan="2">여우야
여우야
무궁화꽃이~</td><td colspan="2" rowspan="2">○○○ 실습 교사</td></tr>
<tr><td colspan="2">예술단 선생님</td></tr>
<tr><td rowspan="2">널뛰기</td><td>(진)
□□□ 어머니</td><td>(진)
□□□ 어머니</td><td rowspan="2">어디까지
왔나?</td><td colspan="2" rowspan="2">○○○ 실습 교사</td></tr>
<tr><td colspan="2">예술단 선생님</td></tr>
<tr><td>긴 줄넘기</td><td>(개)
□□□ 어머니</td><td>(개)
□□□ 어머니</td><td>소라놀이</td><td colspan="2">○○○ 실습 교사</td></tr>
<tr><td rowspan="2">민속 악기
연주</td><td colspan="2" rowspan="2">예술단 선생님</td><td rowspan="2">엽전 모으기</td><td>(다)
□□□ 어머니</td><td>(다)
□□□ 어머니</td></tr>
<tr><td colspan="2">○○○ 실습 교사</td></tr>
<tr><td>대문놀이</td><td colspan="2">○○○ 실습 교사</td><td>가마타기</td><td colspan="2">○○○ 실습 교사</td></tr>
</table>

감사합니다.

○○○(기관명) 원장 ○○○(기관장명)

※ 위의 예는 [아이코리아부속새세대유치원]에서 사용한 것을 재구성한 것임
※ (진)과 같은 괄호 안의 글자는 학급명을 의미함

○ 부모님의 참여에 대해 공식적으로 감사드린다.

부모들은 자발적으로 참여하는 데서 보람과 기쁨을 느낀다. 그러나 부모의 참여에 대해 유치원이나 어린이집에서 보내는 공식적인 감사를 접한다면 보람과 기쁨은 배가 되고, 지속적으로 참여할 동기도 유발된다. 따라서 부모의 참여에 대해 다양한 방법으로 감사를 표시한다. 예를 들면, 활동의 성격에 따라 어린이들이 감사 카드를 보내거나, 기관장이나 교사가 개인적으로 전화를 드리거나 카드를 보내거나, 기관에서 모든 가정으로 보내는 통신문에 '감사드릴 부모'란을 신설하여 그 주 또는 그 달에 참여한 모든 부모의 이름과 참여한 활동을 적어서 보낼 수 있다. 만약 부모회에서 부모회 개최 편지를 작성하였다면, 누가 작성하였는지 알릴 수 있다(예 이번 달 부모회 편지는 ○○○반 ○○○ 어머니께서 작성해 주셨습니다. 깊이 감사드립니다). 중요한 것은 부모들의 참여가 모든 사람에게 인정받고 있다는 것을 부모들이 느끼게 하는 것이다.

○ 가능하면 부모회에 많은 권한을 부여한다.

앞서 언급한 바와 같이 현재의 부모는 능동적 방식보다는 소극적 방식으로 유아교

육기관의 활동에 참여하고 있다. 즉, 유치원이나 어린이집에서 부탁하는 활동에만 '손님격'으로 참여하고 있고, 이런 경향은 부모회가 없을 경우 더욱 심하다. 그러나 인간은 많은 권한과 책임이 부여될 때 더욱 적극적으로 참여하는 경향이 있다(Ginsberg & Woldkowski, 2010). 따라서 부모회에 가능하면 많은 권한과 책임을 부여한다. 예를 들면, 많은 유아교육기관에서 실시하는 바자회도 기관이 주도하고 부모회가 돕는 형식으로 진행하기보다는 부모회가 주관하여 모든 계획을 수립하고 진행하도록 격려한다. 또한, 부모회 모임을 알리는 편지도 기관에서 작성하고 부모회 대표의 명의로 보내기보다는, 편지 문안 작성부터 부모회에서 책임지게 할 수 있다. 다음의 예는 부모회를 알리는 통신문으로 부모회에서 작성한 실례이다. 부모들이 담당했을 경우, 부모의 입장에서 작성하기 때문에 다른 부모의 공감을 이끌어 낼 수 있고 작성자의 개성도 느낄 수 있다.

예 7-3 부모회에서 작성한 부모회 개최 알림 통신문

○○○ 부모님께

파아란 나뭇잎 사이사이로 우리 아이들의 재재거리는 목소리가 흘러나오는 유월입니다. 자연 속의 유치원 공간은 그들이 마음껏 뛰놀 수 있도록 한껏 배려해 주고 있습니다. 또한 교육이 무엇인가를 보여주시는 선생님들과 아이들을 보면 감동이 가슴에 와 닿곤 합니다.

아직은 어리고 여린 우리 아이들에게 맛있고 영양 있는 음식을 골고루 먹이고 싶은 것이 우리 부모들의 마음입니다. 어찌 먹을 것만을 주고 싶겠습니까? 입는 것, 보는 것, 듣는 것까지도 모두 모두 알차고 아름답게 베풀고 싶지는 않으신지요? 그래서 "교육"이라는 이름으로 이것저것 많은 것을 아이에게 전달하고 싶지는 않으셨습니까?

하지만 하루 빨리 훌륭한 어린이로 키워내고픈 마음이 혹여 네모난 틀이 되어, 각자마다 개성이 있어 더더욱 아름다운 우리 아이들을 가두고 있는 건 아닌지 살펴보고 반성해 보고 지혜를 모아 보는 시간이 필요한 때라고 사료됩니다.

이번 달에는 ○○○를 모시고 우리들을 되돌아보고 올바른 지혜를 나누는 시간을 갖고자 합니다. '우리 아이에게 맞는 조기 교육은 무엇인가?, 영유아기에 맞는 조기 교육은 무엇인가?, 바른 조기 교육을 하는 방법은 무엇인가?, 부모-자녀 관계를 좋게 하면서 가정에서 지도하는 방법은 무엇인가?'를 생각해 볼 시간을 가질 수 있습니다. 부디 참석하시어 우리 아이들을 위한 올바른 교육의 지침을 세워 가시기를 바랍니다.

(이하 강사 소개 및 일정 후략)

○○○(기관명) ○○○(기관장명)
○○○(기관명) 부모회장 ○○○(부모회장명)

※ 이번 달 부모회 편지는 ○○○반 ○○○ 어머니께서 작성해 주셨습니다. 깊이 감사드립니다.

※ 위의 예에 제시된 표는 [아이코리아부속새세대유치원]에서 사용한 것을 재구성한 것이다.

2. 유치원과 어린이집의 운영위원회

유치원과 어린이집 운영위원회의 특성을 간단히 살펴보고 비교하면 다음과 같다. 전통적인 의미의 부모회와 최근 도입된 운영위원회의 특성을 살펴보는 것은 유아교육기관과 부모와의 협력을 다각도로 모색하는 데 도움이 될 것이다.

유치원 운영위원회	
도입 배경	유치원 운영에 대한 학부모의 공식적 참여 통로로 유치원 운영의 민주성·합리성·투명성을 제고하고, 유치원의 자율성과 책무성을 강화하는 제도
성격	단위 유치원 차원의 교육 자치 기구
심의 및 자문 사항	• 유치원 예산 및 결산에 관한 사항 • 유치원 교육과정의 운영 방법에 관한 사항 • 아동학대 예방에 관한 사항 • 학부모가 부담하는 경비에 관한 사항(원복·졸업 앨범·체험활동 등) • 유치원 급식에 관한 사항 • 방과 후 과정 운영에 관한 사항 • 유치원 운영에 대한 제안 및 건의에 관한 사항 • 「교육공무원법」 제29조의3제8항에 따른 공모 원장의 공모 방법, 임용, 평가 등에 관한 사항(사립 유치원은 적용 제외) • 「교육공무원법」 제31조제2항에 따른 초빙교사의 추천에 관한 사항(사립 유치원은 적용 제외) • 그 밖에 대통령령 및 시·도의 조례로 정하는 사항 • 유아의 보건 및 안전관리에 관한 사항(유아교육법 시행령 제22조의6) • 유치원 인성교육 계획(인성교육진흥법 시행령 제11조제2항)
구성 및 비율	• 학부모 위원: 당해 유치원의 학부모를 대표하는 자(60~70%) • 교원 위원: 당해 유치원의 교원을 대표하는 자(30~40%) (유치원 운영위원회 구성에는 지역위원을 포함하지 않음)

어린이집 운영위원회

도입 배경

어린이집 운영의 자율성 및 투명성을 확보하고 어린이집과 지역 특성에 맞는 다양한 보육을 창의적으로 실시하기 위해 도입한 제도

성격

어린이집, 부모, 지역사회의 의견과 요구를 나눌 수 있는 공식적 통로

심의 및 자문 사항

- 어린이집 운영 규정의 제·개정에 관한 사항
- 어린이집 예산 및 결산의 보고에 관한 사항
- 어린이집과 지역사회의 협력에 관한 사항
- 보육 교직원의 근무 환경 개선에 관한 사항
- 영유아의 보육 환경 개선에 관한 사항
- 영유아의 건강, 영양, 안전 및 학대 예방에 관한 사항
- 보육 시간, 보육과정, 운영 방법 등 어린이집의 운영에 관한 사항
- 필요 경비를 받는 경우 제39조에 따른 범위에서 그 수납액 결정에 관한 사항
- 기타 부모 모니터링단의 모니터링 결과 등 어린이집 운영에 대한 제안 및 건의 사항

구성 및 비율

- 위원 정수는 5명~10명 이내의 범위에서 어린이집의 규모 등을 고려하여 정함

정원	시설 유형	지역사회 위원 포함 여부	위원 수
40인 미만	국·공립, 법인	지역사회 위원 포함	5명
	민간, 가정 외	의무사항 아니므로 선택 가능	4~5명
40인 이상 100인 미만	국·공립, 법인	지역사회 위원 포함	6~8명
	민간, 가정 외	지역사회 위원 포함	
100인 이상	국·공립, 법인	지역사회 위원 포함	8~10명
	민간, 가정 외	지역사회 위원 포함	

(법인이나 직장 어린이집은 법인체 담당자나 직장 담당자가 위원으로 포함된 경우 지역위원 불포함 가능)

사 례

사례 1

다음의 사례는 외국의 유치원과 초등학교의 부모회가 학교에서 하는 다양한 활동에 참여하는 것을 정리한 것이다. 우리나라의 실정에 맞지 않는 것도 많으나, 사례를 통해 얼마나 다양한 활동에 부모들이 참여하고 있는지 알 수 있다. 활동 중 일부는 부모회가 단독으로 주관하는 것이고, 일부는 학교가 진행하는 활동에 참여하는 것이고, 또 다른 일부는 부모회와 학교가 공동 주관하는 것이다.

활동	세부 내용
게시판 꾸미기	• 학교의 게시판 꾸미는 것에 참여(학교 주관 활동에 보조로 참여)
체스클럽	• 점심 시간에 체스에 관심 있는 학생들을 대상으로 체스 상대가 되어줌(부모회 주관 활동)
가족의 밤	• 1년에 한 번씩 '가족의 밤' 활동 계획 및 주관(부모회 주관 활동)
즐거운 달리기	• 학생들의 체력 증진을 위해 학교에서 실시하는 달리기 활동에서 학생들이 달린 거리나 시간을 측정하는 데 참여(학교 주관 활동에 보조로 참여)
즐거운 걷기	• 기금 조성을 위한 활동으로, 걷기 대회 전에 각 학생은 가족과 친지를 대상으로 30분 동안 400미터 운동장을 걸어서 몇 바퀴를 돌았는지 그 수에 따라 기부금을 약정 받음(예 한 바퀴마다 1,000원). 걷기 대회에서 각 학생이 걸어서 돈 바퀴 수 기록에 참여(학교 주관 활동에 보조로 참여)
도서관 보조	• 학교에서 운영하는 도서관에서 도서 대출과 반납, 정리 등에 참여(학교 주관 활동에 보조로 참여)
점심시간 보조	• 점심 후 실외놀이를 원하지 않는 학생을 대상으로 매주 화요일과 목요일에 실내에서 할 수 있는 다양한 활동(예 실뜨기, 구슬꿰기, 십자수 등)을 준비함(부모회 주관 활동)
학습 활동 보조	• 수업 시간, 점심 시간 또는 방과 후에 학습 내용을 이해 못 하는 학생이나 과제를 하는 데 도움이 필요한 학생에게 도움 제공(학교 주관 활동에 보조로 참여)
사무실 보조	• 아침 시간에 학교 사무실로 걸려오는 다양한 전화(예 결석 또는 지각 보고)를 받고 응답해 줌(학교 주관 활동에 보조로 참여)
학교 주소록 제작	• 학교에서 제작하는 주소록 작성에 참여(학교 주관 활동에 보조로 참여)
교사/직원과의 특별 점심	• 학기 중 1~2번씩 교사와 직원들에게 감사의 뜻을 전하기 위해 점심을 함께 함. 지역사회 식당에서 음식을 기증받거나 학년별로 돌아가며 점심을 준비함(부모회 주관 활동)

계속

| 사례 1 | 계속

활동	세부 내용
교사/직원 감사의 날	• 매달 교사나 직원에게 감사의 카드를 써서 전달함. 모든 교사와 직원이 적어도 1년에 한 번은 받을 수 있도록 함. 카드는 다양한 부모와 어린이가 적은 감사의 글로 구성됨(부모회 주관 활동)
영화의 밤	• 각 학년에 적절한 영화를 선정하여 1년에 한 번씩 학년별 '영화의 밤'을 운영(부모회 주관 활동)
도서 전시회	• 기금 조성을 위한 활동으로 다양한 출판사와 접촉하여 좋은 도서를 선정하고, 전시하고, 판매함(부모회 주관 활동)
국화 판매	• 기금 조성을 위한 활동으로 가을에 국화를 판매함(부모회 주관 활동)
시장 보는 날	• 기금 조성을 위한 활동으로 매달 다양한 냉동 또는 건조 음식을 주문 받아 단체로 구입하여 판매함(학교와 부모회 공동 주관 활동)
미술 특별 활동	• 기금 조성을 위한 활동으로 방과 후 활동 중 미술 활동반을 부모회에서 운영함. 교사의 채용과 수강생의 모집을 모두 부모회에서 담당함(부모회 주관 활동)
미술 축제	• 기금 조성을 위한 활동으로 학생들이 그린 그림 1점씩을 학교에 전시함. 전시의 기획과 운영을 부모회에서 담당함. 각 아동의 부모가 원할 경우, 전시된 자녀의 그림을 활용하여 컵, 냉장고에 붙이는 자석, 마우스 패드, 티셔츠 등으로 만들어 판매함(학교와 부모회 공동 주관 활동)
학급 행사	• 개학, 할로윈, 크리스마스 등 절기와 관련된 날 학생이 간단한 축하 행사를 하길 원할 경우 간식, 선물, 활동을 준비함(부모회 주관 활동)
편지 발송 보조	• 학기 시작할 때 교사가 학급 어린이들에게 개별적으로 보내는 환영 편지, 병으로 결석한 학생에게 보내는 편지, 특정 분야에서 우수하여 상을 받은 어린이에게 보내는 축하 편지, 전학 간 어린이에게 보내는 환송 편지 등을 작성하고 발송하는 데 보조 역할을 함(학교 주관 활동에 보조로 참여)

※ 기금 조성 : 조성된 기금은 대부분 학교에 기부되고, 일부는 부모회 운영 경비로 사용됨

사례 2

다음의 사례는 기관-가정 간의 협력을 강조하거나 신세대 부모의 감각이 반영된 부모회 명칭과 봉사의 의미가 강조된 부모회 임원의 명칭을 사용하는 예이다.

부모회 명칭의 예	• 마중물회(펌프질할 때 처음 한 바가지 넣는 물과 같이 도움이 되자는 의미) • 사랑공동체 • 어사또(어린이를 사랑하여 또 무엇을 하고 싶은 모임의 의미) • 두레회 • 너나우리회 • 함께회 • 어울림회 • 한울타리회 • 부유회(부모와 유아를 위한 회) • 기관을 상징하는 동식물이 있다면 그것을 넣어서 ○○회(예 소나무회)
부모회 역원 명칭의 예	• 섬김이(회장의 경우 으뜸 섬김이) • 이음이(이어주는 사람의 의미) • 나눔지기 또는 나눔이(시간과 노력을 나눈다는 의미) • 봉사단 • 일꾼단 • 수레단

참 고 열린 어린이집

2015년 1월 영유아보육법 제25조의3인 '보호자의 어린이집 참관'에 근거하여 아동학대 근절 대책의 한 가지 방안으로 어린이집 개방 및 부모 참여를 확대하기 위하여 '열린 어린이집' 제도를 도입하였다. '열린 어린이집'의 '열린'이라는 단어는 영유아 부모의 참여가 적극적으로 이루어질 수 있도록 어린이집의 개방성을 높인다는 것을 의미한다(보건복지부, 2015).

'열린 어린이집' 부모가 마음 편하게 어린이집의 운영 및 활동에 참여할 수 있도록 물리적 공간의 접근성을 보장하는 것뿐만 아니라 부모가 자발적인 의사로 참여 여부 등을 결정할 수 있도록 다양한 참여 기회를 준비하고 자발적 동기를 부여하기 위한 노력을 한다. 부모교육 등 특별한 행사와 일회성 참여를 지양하고 일상적 참여가 이루어질 수 있도록 하며 부모들의 다양한 상황을 고려하여 참여 수준을 다양하게 선택할 수 있도록 한다. 이를 위하여 부모교육과 같은 소극적 참여부터 운영위원회와 같은 적극적 수준까지 다양한 참여 기회와 수준을 마련하여 개별 상황에 맞추어 선택적 참여가 가능하도록 한다.

계속

참고 계속

열린 어린이집의 선정 기본 요건에서 볼 수 있듯이 부모에의 개방성, 부모 참여성, 부모 참여의 지속성, 부모 참여 방법의 다양성을 강조한다.

열린 어린이집 선정 기본 요건	
구분	내용
① 개방성	
가. 공간 개방성	• 공간 개방성(참관실, 창문, 투명 창 중 공간 개방성을 1개 이상 설치)을 확보하지 않는 경우 열린 어린이집으로 선정할 수 없음
나. 부모 공용 공간	
다. 정보 공개	
라. 온라인 소통 창구	
② 참여성	
가. 신입원아 부모 오리엔테이션	연 1회 이상
나. 부모 개별 상담	연 2회 이상
다. 어린이집 운영위원회	분기별 1회 이상
라. 부모교육	연 2회
마. 부모 참여 프로그램(열린 어린이집의 날 운영)	분기별 1회 이상
바. 부모 만족도 조사	연 1회
사. 부모 어린이집 참관	연중
③ 지속성	
가. 부모 참여 활동 주요 조사	연 1회
나. 부모 참여 활동 정기 안내 및 공지	분기별 1회 이상
④ 다양성	
가. 부모 참여 활동의 균형적 운영	
나. 지역사회와의 연계 및 협력 활동	연 2회 이상
⑤ 지자체 자체 선정 기준	

보건복지부(2020). 열린 어린이집 가이드라인. p. 7

요약

비록 부모회에 대한 부정적인 이미지가 우세해 왔지만, 부모회가 성공적으로 운영된다면 유아교육기관과 부모가 협력적 관계 속에서 영유아의 교육을 지원하는 체제의 역할을 할 수 있다. 부모회가 운영되지 않는 기관이라면, 부모회의 구성을 위해 다양한 준비를 해야 한다. 기관에서도 부모회에 대한 대략적인 운영 방침을 세워야 하지만, 부모들에게도 부모회를 어떻게 운영할 것인지 의견을 구해서 기관과 부모들의 입장을 조화시켜야 한다. 부모회를 구성할 때는 각 학급의 부모들이 친숙해질 수 있는 시간을 제공하고, 부모회에 대한 오리엔테이션을 실시한 후 부모회를 구성한다. 부모회가 구성되고 난 후에는 부모회의 회칙을 정해 운영 지침으로 삼는다. 부모회는 영유아의 수업, 행사, 교구 및 교재 제작, 환경 구성, 부모회 회원을 위한 활동 등 다양한 활동에 참여함으로써 영유아의 교육을 지원할 수 있다. 부모회와 유아교육기관의 긴밀한 협력을 위해 공식적/비공식적 또는 정기적/비정기적인 의사소통 통로를 확보하는 것이 중요하다. 부모회의 활동을 활성화하기 위해서는 부모들이 참여할 의사를 보이면 반드시 기회를 제공하고, 부모의 참여에 감사한 마음을 표현하고, 부모에게 가능하면 많은 권한을 부여한다. 또한 자율적인 부모회와 함께 유치원과 어린이집의 운영위원회 지침에 따라 학부모들과 운영위원회를 구성하여 유치원과 어린이집 운영 등의 과정에 부모를 참여시키는 등 많은 권한을 부여하여 부모와 협력적 관계를 유지하도록 한다. 이에 더하여 어린이집에서 시행 중인 열린 어린이집 제도를 통해 어린이집과 가정의 협력이 원활하게 이루어질 수 있도록 노력해야 한다.

교수-학습을 위한 제언

1. 기관장과 부모에게 부모회의 운영에 대한 찬반 의견을 구해 봅니다. 긍정적 시각과 부정적 시각 중 어떤 시각이 우세합니까? 특정 시각이 다른 시각보다 우세하다면 그 이유는 무엇이라고 생각하는지 토론해 봅시다.
2. 부모회라는 명칭 이외에, 신세대 부모의 감각에도 맞으면서 기관과 가정의 협력이 강조된 명칭을 찾아 봅시다.
3. 부모회를 구성하기 위해 부모의 의견을 조사한다고 가정합시다. 이를 위해 사용할 설문지를 작성하고 각 질문을 포함시킨 이유를 제시합니다.
4. 부모가 어떤 활동에 참여할 수 있는지 조사할 수 있는 설문지를 작성해 봅니다.
5. 부모가 유치원이나 어린이집의 활동에 참여하고 있는 현황을 조사한 후, 교과서에서 제시된 분류표를 기준으로 분류해 봅시다. 어떤 종류의 참여가 가장 많았습니까? 부모와 유아교육기관의 동등한 협력이라는 시각에서 볼 때 어떤 점이 개선되어야 한다고 생각하는지 토론해 봅시다.
6. 부모회를 활성화하기 위해서는 부모들을 '신나게' 해줘야 합니다. 부모를 신나게 하는 전략에는 어떤 것이 있을지 토론해 봅시다.
7. 유치원과 어린이집의 운영위원회의 특성을 비교하고 개선을 위한 시사점에 대해 토론해 봅시다.

참고문헌

교육과학기술부, 육아정책연구소(2012). 2012 유치원 운영위원회 길잡이. 저자.

교육부(2019). 2019 유치원 운영위원회 길잡이. 저자.

교육부(2021). 2021 유치원 운영위원회 학부모 지원자료. 저자.

권미경(2015). 부모 참여가 확대된 '열린 어린이집' 활성화를 위한 노력. 육아정책포럼, 45, 35-45.

배경희, 구수연(2021). 열린 어린이집 운영에 대한 원장과 교사의 인식. 어린이문학교육연구, 22(4), 129-152.

보건복지부(2010). 어린이집 운영위원회 매뉴얼. 저자.

보건복지부(2015). 열린 어린이집 가이드라인. 저자.

보건복지부(2020). 2020 열린 어린이집 가이드라인. 저자.

부산광역시교육청 홈페이지https://www.pen.go.kr에서 2023년 8월 24일 검색.

중앙육아종합지원센터(2016). 2016 어린이집 이해와 운영위원회 참여. 저자.

Berger, E., & Riojas-Cortez, R. (2011). *Parent as partners in education: Families and schools working together* (8th ed.). Merrill.

Ginsberg, M., & Woldkowski, R., (2010). Access and participation. In C. Kasworm, A. Rose. & J. Ross-Gordon (Eds.), *Handbook of adult and continuing education* (pp. 25-34). Sage.

Chapter 08

교직원의 준비와 훈련

학습목표

- 부모와 효과적으로 일하기 위해 교직원 훈련이 필요함을 인식한다.
- 교직원이 가져야 할 기본적인 신념, 소양 및 능력이 무엇인지 이해한다.
- 교직원 훈련에서 다루어져야 하는 주제가 무엇인지 이해한다.

부모와 유아교육기관이 상호 협력하고 지원하는 과정에서 부모와 기관 모두 적극적인 역할을 수행하여야 한다. 그러나 다양한 활동이 유아교육기관을 중심으로 이루어지기 때문에 기관과 교직원이 먼저 상호 협력과 지원의 장을 마련하여야 한다. 부모 스스로 제안하고 적극적으로 참여할 수 있게 되기까지는 시간이 걸리기 때문에 기관에서 먼저 다양한 배려와 준비를 한다.

이런 역할을 하기 위해서 유아교육기관에서 일하는 교직원은 부모교육과 지원, 협동을 위한 다양한 측면의 준비가 되어 있어야 한다. William(1992)은 설문에 응답한 교사의 86.9%, 교장의 92.1%가 교사가 부모와 성공적으로 협력하기 위해서는 훈련이 필요하다고 응답했다고 보고하였다. Harman과 Brim(1980)도 가족 지원 분야에서 일하는 직원들의 전공 분야가 간호학, 의학, 사회복지학, 정신분석학, 심리학, 아동발달학, 유아교육학, 상담학, 일반 교육학, 법학 등으로 다양하지만, 전공 분야의 전문성만 있을 뿐 부모와 상호작용하는 것을 배우지는 않았기 때문에 별도의 교육이 필요하다고 하였다. Jenkins와 Sullivan(2011)은 부모 참여에 대한 현직 훈련을 받은 경우, 교사들이 부모를 더욱 존중하고, 부모와의 의사소통이 활발해지고, 부모를 교육의 동반자로 여기는 경향이 증가했다고 보고하였다. 또한 다양한 연구(예 고영실, 권이정, 2024; 성은지, 송숙진, 2021; Gisewhite, Jeanfreau, & Holden, 2021; Nathans, Brown, Harris, & Jacobson, 2022)에서도 영유아 교사가 부모와의 협력 과정에서 어려움을 겪고 있으며 이를 해결하기 위해 부모 협력을 위한 교육 및 훈련에 대하여 높은 요구도가 있는 것으로 나타났다.

본 장에서는 교사에게 필요한 부모교육과 지원 또는 부모와의 협력에 대한 신념, 부모를 대하는 태도, 부모와 일할 때 필요한 능력 등을 알아보고, 이런 신념, 태도, 자질을 갖추기 위해서 어떤 훈련과 준비가 필요한지 알아보고자 한다.

1. 교직원이 가져야 할 기본적인 신념, 소양과 능력

부모를 교육하고 지원하며 협력하기 위해서는 교직원의 기본적인 소양과 능력이 필요하다. 훈련을 통해 이러한 소양과 능력을 향상시킬 수 있지만, 그에 앞서 부모와의 협력의 중요성과 필요성에 대한 소신과 믿음을 갖는 것이 가장 중요하다. 왜냐하면 소신과 믿음 없이는 부모와의 관계에서 적극적인 역할을 하려 하지 않을 것이고 교육을 통해 배운 지식과 기술도 효과적으로 활용할 수 없기 때문이다.

김희진(2005)과 Berger와 Riojas-Cortez(2011)도 부모와의 협력에 대한 자신의 신념을 점검하는 것이 중요하다고 강조하였다. 다음은 자신의 신념을 점검해 보기 위해 스스로 할 수 있는 질문이다.

- 부모는 도움이 되기보다 일거리만 제공한다고 생각하는가?
- 부모와 일하기보다 혼자 일하기를 선호하는가?
- 부모를 훌륭한 인적 자원으로 여기는가?
- 부모가 교실에 들어오면 긴장감을 느끼는가?
- 부모가 돌아가면 안도감을 느끼는가?
- 부모에게 위협을 느끼는가?
- 부모에 대한 편견이 있는가?
- 각 부모가 가지는 다양성(사회/경제적 수준, 출신 지역, 직업, 학력, 성품 등)을 인정하고 수용하는가?
- 부모와 사회적 거리를 두는 것이 바람직하다고 생각하는가?
- 부모와의 밀접한 관계는 최적의 영유아 발달에 필수 조건이라고 생각하는가?
- 부모와 일할 때는 즐거움이 사라지는가?
- 부모의 의견을 주의 깊게 듣고 반영하려고 하는가?
- 부모가 자신의 역할을 잘 하지 않는다고 생각하는가?
- 부모에게 언제나 방문할 것을 격려하는가?(기관의 정책이 허락한다면)
- 부모가 학급에 기여할 기회를 자주 제공하는가?
- 부모가 학급에 참여하는 데 도움이 되는 안내문을 만들 의향이 있는가?
- 부모와의 만남이나 면담이 부담스러운가?
- 부모와의 접촉을 가능하면 피하고 싶은가?

위의 질문에 대한 응답을 통해 부모와의 관계에 대한 자신의 신념을 점검한 후, 부정적인 신념을 가졌으면 그 원인을 분석하고 해결하여 긍정적인 신념을 갖도록 노력하는 것이 중요하다.

교직원은 부모와의 관계에 대한 긍정적인 신념을 바탕으로 성공적인 부모-기관 관계를 수립하는 데 필요한 다양한 소양과 능력을 갖춰야 한다. Stott와 Musick(1994)은 교직원에게는 참여자와 열심히 대화하려는 자세, 영유아와 부모 및 가족과 관계를 맺는 능력, 따뜻함과 공감 능력, 관심, 열정, 민감성, 다양한 삶의 방법과 가치에 대한 존중, 융통성, 직관력, 반성적으로 사고할 수 있는 능력, 정서적 강인함과 건강, 그리고 관련된 분야에 대한 지식과 기술도 필요하지만, 매순간 접하는 상황에 맞게 자신이 가진 능력을 적절히 사용하는 능력이 가장 필요하다고 강조하였다. Child Study Association(1954)도 자녀에 대한 부모의 걱정과 관심이 무엇인지 이해하는 능력, 인간에 대한 기본적 이해 능력, 부모의 감정을 이해할 능력, 타인의 걱정을 지원할 능력, 부모와 동일시할 능력, 차이점을 받아들일 능력, 교수 매체를 적절히 활용할 능력, 자신의 한계를 아는 능력, 토론을 이끌고 진행할 능력, 진행자로서 자신의 특성을 아는 능력, 집단의 특성이나 구조에 민감히 반응할 능력, 집단과 개인 부모를 보호할 능력 등을 강조하였다. Cataldo(1987)와 Berger와 Riojas-Cortez(2011)는 교직원이 가져야 할 소양과 능력을 다음과 같이 분리해서 제시하였다.

표 8-1 교직원이 가져야 할 기본적인 소양과 능력

구분	Cataldo(1987)	Berger와 Riojas-Cortez(2011)
기본 소양	• 친절하고 긍정적일 것 • 지지적이고 신뢰로울 것 • 모든 것을 파악하고 있을 것 • 조직적임과 동시에 융통적일 것 • 예의바를 것 • 상대의 생각과 기분에 민감하고 반응적일 것 • 객관적이고 전문가적으로 행동할 것 • 에너지와 열정이 넘칠 것	• 빨리 생각하고 행동할 것 • 타인과 잘 지낼 것 • 타인의 의견을 존중할 것 • 배경으로 남아 있을 것 • 앞에 나서지 않고 조용히 이끌어가는 것
기본 능력	• 현실적인 기대를 하는 능력 • 계획하는 능력 • 민주적인 리더십을 발휘하는 능력 • 부모에게 주의를 기울이는 능력 • 활동, 토의 능력 또는 과정을 촉진시키는 능력 • 보호적이고 반응적으로 행동하는 능력 • 긍정적인 역할 모델이 될 능력 • 일관성 있게 말하고 행동하는 능력 • 자신이 부모에게 영향을 미친다는 사실을 인식하고 행동하는 능력 • 조정 능력	• 특정 주제에 대한 전반적 지식 • 다양한 교수 학습 전략을 적절히 활용하는 지식과 기술 • 적절히 질문하는 기술

2. 교직원의 자기 계발과 훈련

앞서 언급된 기본적인 소양과 능력을 키우고, 부모와 일하면서 직면하게 되는 다양한 어려움을 해결할 수 있으려면 자기 계발과 훈련이 필요하다. 교직원에 대한 훈련은 직전 교육에서도 이루어지지만, 현직 교육에서도 지속되어야 한다.

Cataldo(1987)는 부모 및 가족 지원 프로그램에서 직원들을 대상으로 훈련해야 할 주제로 프로그램의 대상/목표/방법에 대한 이해, 프로그램의 내용에 관한 지식, 집단 또는 개인 상담 기술, 의사소통 기술, 사회/문화/민족적 다양성에 대한 이해, 관찰/기록/평가하는 기술 등을 제시하였다. Weiss, Lopez, Kreider와 Chatman-Nelson(2013)은 가족 참여에 대한 일반적 지식, 가족에 대한 일반적 지식, 가정-학교 의사소통에 대한 지식, 학습 활동에 가족을 참여시키는 방법에 대한 지식, 가족이 학교를 지원하게 하는 방법에 관련된 지식, 학교가 가족을 지원하게 하는 방법과 관련된 지식 등을 중심으로 현직 교육이 진행되어야 한다고 제안했다. 이들은 또한 현직 교육 외에 가족과 직접적인 경험을 할 기회가 제공되어야 하고, 학교가 정책적으로 가족을 지원하는 분위기가 조성되어야 하며, 성공적인 부모-학교 동반자 관계에 대한 사례를 교사 또는 학교 간에 나눌 수 있는 기회가 제공되어야 현직 교육 효과가 높아진다고 강조하였다.

Epstein, Larner와 Halpern(1995)과 Swick(2009)이 다양한 특성을 가진 부모 및 가족을 지원하고 효율적으로 일하기 위해 공통적으로 교육에 포함되어야 한다고 제시한 내용 중 유아교육기관에서 일하는 교직원에게 적용되는 것의 일부를 살펴보면 다음과 같다.

- 가정에서의 안전
- 영유아기 발달
- 자녀 양육 기술과 부모-자녀 상호작용
- 부모의 개인적 발달(예 교육, 취미 활동)을 위한 전략
- 프로그램 대상 부모의 특성
- 프로그램의 철학과 목표
- 프로그램의 내용
- 의사소통 기술
- 프로그램에서 일하는 다양한 직원의 역할과 책임

- 프로그램에서 일하는 다양한 직원 간의 협력 및 선의의 관계 맺기
- 서식 사용법, 기록과 제출 방법, 비밀 유지와 관련된 윤리적 이슈
- 다양한 특성을 가진 부모 및 가족과 관계 맺고 유지하기
- 대중을 상대하는 기술
- 집단 또는 개인 상담 기술
- 다른 지원 기관들과 관계 맺고 협력하기
- 지역사회 기관에 대한 지원 요청 절차

우리나라의 유아교육기관에서 일하는 교직원이 원내 장학, 원내/외 자율 장학, 원외 교사 연수, 학습공동체 활동 등을 통해 학습해야 할 내용은 다음과 같이 분류될 수 있다. 첫째, 부모에게 제공하는 정보와 관련된 내용 지식에 대한 학습이 필요하다. 여기서 내용 지식이란, 교직원이 직전 교육에서 전공으로 학습한 내용과 관련 있는 것으로 부모에게 제공되는 영유아 발달 및 교육과 관련된 정보를 총칭한다. 예를 들면, 영유아기 및 영유아기 교육의 중요성; 영유아 발달의 경향과 부모의 역할, 놀이, 영유아의 건강, 안전, 영양; 언어 또는 문학; 컴퓨터 교육; 성교육; 창의력과 부모의 역할; 수·과학 활동과 부모의 역할; 영유아의 조형적/음악적 경험과 부모의 역할; 형제 관계에서 부모의 역할; 올바른 자녀 훈육 방법; 자녀와의 의사소통; 자녀의 문제 행동과 부모의 역할에 관련된 내용이 내용 지식에 포함된다(제10장 부모교육과 지원의 내용의 '| 표 10-3 | 부모로서의 역할 수행과 개인으로서의 역할 수행에 관련된 내용', p. 182).

둘째, 부모를 위한 또는 부모와 함께하는 활동을 계획하고, 실행하며, 평가할 수 있도록 하는 것과 관련된 학습이 필요하다. 어떤 목적을 달성하기 위해 활동이나 프로그램(예 부모가 자원 인사로 수업에 참여하게 하거나, 의사소통을 주제로 하는 6주 프로그램 계획)이 필요하다고 판단되면 그것을 수행하는 데 필요한 절차와 방법을 알고 있어야 한다. 예를 들면, 어떤 목표를 가지고 활동하는지, 목표를 달성하기 위한 적절한 활동은 무엇인지, 어떤 준비가 필요한지, 언제, 어떻게, 어디서 실시할 것인지, 어떻게 평가할 것인지 등을 결정할 수 있는 능력을 교육을 통해 발달시켜야 한다.

셋째, 부모에게 효율적인 교수-학습 방법의 선정과 매체의 사용에 대한 학습이 필요하다. 부모를 대상으로 하는 다양한 활동을 실시하면서 강연, 워크숍, 토론, 브레인스토밍, 역할놀이, 관찰 등의 다양한 교수-학습 방법을 사용하고 비디오, 오디오, 사

진, 실물 등의 다양한 교수 매체를 사용하게 된다(제11장 부모교육과 지원의 방법 및 전략, pp. 189~224). 각 교수-학습 방법과 매체의 활용법을 익히는 것도 중요하지만, 더욱 중요한 것은 부모의 특성, 활동의 목적 및 내용에 적절한 교수-학습 방법과 매체를 선택할 수 있는 능력을 키우는 것이다.

넷째, 부모의 특성에 대한 이해를 바탕으로 이론을 실제에 적용할 수 있는 방법에 대한 학습이 필요하다. 부모의 특성(예 가족 형태, 문화적/지역적 배경, 사회/경제적 지위, 학력 등)과 경험, 그리고 그들이 가진 욕구는 매우 다양하다. 이런 부모의 특성을 이해하거나 고려하지 않고 획일적으로 정보를 전달하거나 활동을 실시한다면 실패할 확률이 높다. 따라서 부모의 특성과 욕구를 이해하는 방법, 부모의 특성과 수준에 맞게 실제 활동이나 프로그램에 적용하는 방법 등을 알아낸 후, 실제 프로그램에 적용하는 방법을 교육을 통해 학습해야 한다.

다섯째, 부모에게 활동이나 프로그램을 소개하고, 초청하며, 지속적으로 참여하게 하는 전략에 대한 학습이 필요하다. 부모를 교육하고 지원하며 협동하도록 하는 다양한 활동과 프로그램을 준비해도 부모가 적극적으로 참여하지 않는다면 아무 소용이 없다. 따라서 부모가 참여하고 협동하고 싶은 동기가 유발되도록 활동과 프로그램을 소개하고, 적극적으로 참여하여 주도적인 역할을 수행하게 하며, 지속적인 참여 및 참여한 부모에게 감사와 격려를 보낼 수 있는 전략에 대한 학습이 필요하다.

여섯째, 부모와 의사소통하고 대인 간의 문제를 해결하는 방법에 대한 학습이 필요하다. 교사는 다양한 방식으로 부모와 의사소통한다. 영유아에 대해 의견을 나누는 집단/개인 면담, 유아교육기관의 교육과정, 교육 방법, 의사결정 등에 관한 의견 교환, 부모와 관련된 활동이나 프로그램에 대한 안내, 영유아의 교육 활동과 관련된 공지 등을 목적으로 의사소통을 하게 된다. 의사소통의 방법도 면대면, 전화, 인터넷, 통신문, 뉴스레터 등 다양하다. 때로는 문제 해결을 위해서도 의사소통이 필요하다. 부모는 교육과정이나 활동, 자녀의 공정한 대우, 영유아 간의 갈등 처리에 관한 불만을 갖기도 한다. 이런 부모와의 문제를 해결하기 위해서도 의사소통 기술이 필요하다. 따라서 어떤 경우에 어떤 의사소통 방법을 선택하는지, 각 의사소통 수단의 장점과 단점은 무엇인지, 불만이 있는 부모와는 어떻게 의사소통을 하여야 하는지 등에 관해서 학습할 필요가 있다. 예를 들면, 부모의 기분과 관점을 이해하고 인정하기, 나-전달법 사용하기, 무승부법을 이용한 문제 해결하기 등을 학습할 수 있다.

사 례

사례 1

A 유아교육기관에서는 자녀를 영어 유치원으로 보내길 원하거나 영어 교육을 실시하길 원하는 부모들이 증가하였기 때문에 부모와 영유아기 영어 교육의 방향에 대해 토론회를 개최하기로 하였다. 각 학급에서 2~3명의 부모가 토론자로 참여하고 연령별 주임교사가 토론의 진행을 맡기로 하였다. 토론회 전 또는 후에 영유아기 영어 교육에 대한 전문가의 강의, 부모와 교사의 경험 발표의 시간도 가질 것이 결정되었다.

교사들은 토론을 진행한 경험이 없기 때문에 토론에 참여하는 사람들이 취하는 긍정적 또는 부정적 역할에 대한 연구물을 학습한 후, 역할놀이를 통해 어떻게 긍정적 역할을 하는 사람을 격려하고 부정적 역할을 하는 사람을 조절하는지 연습하였다. 다음은 원내 현직 교육 시간에 활용된 토론자의 역할에 관한 분류(Beal, Bohlen, & Raudabaugh, 1972; Benne & Sheets, 1948; King, 1962)이다.

[토론 참여자의 긍정적 역할]

긍정적 역할	역할에 대한 설명
initiator-leader 시작자-리더	• 토론을 시작함. 안내하지만 주도는 하지 않음. 토론이 진행되도록 아이디어나 제안을 함
information giver 정보 제공자	• 진행되고 있는 토론에 적합한 정보나 사실을 제공함
information seeker 정보 요구자	• 토론되는 주제에 대해 다른 정보를 요구하거나 이미 주어진 정보의 명료화를 위해 추가 정보를 원함
clarifier 명확히 하는 사람	• 토론되고 있는 내용이 모든 사람에게 명확해지도록 다시 말함
questioner 의문 제기자	• 이슈에 대해 질문하고, 명확히 해줄 것을 요구하며, 건설적인 비판을 함
asserter 주장자	• 긍정적인 방법으로 자신의 입장을 밝힘/타인과 의견이 다를 때도 공격하지 않고 의견을 말함
energizer 원기 주는 자	• 문제 해결을 위해 집단을 자극하고 촉진함
elaborator 정교히 하는 자	• 아이디어나 개념을 확장하고, 정교하게 하고, 요점을 말하고, 그냥 넘어간 대안을 제시함
orientator 방향 유지자	• 토론의 주제에서 벗어나지 않도록 집단을 안내함

계속

| 사례 1 | 계속

긍정적 역할	역할에 대한 설명
opinion giver 의견 제공자	• 진행되는 주제에 대한 자신의 의견을 제공함
opinion seeker 의견 요구자	• 다른 사람의 의견을 구함
summarizer 요약자	• 현재까지 나온 의견을 요약함
encourager 격려자	• 지원과 격려를 통해 다른 사람을 인정해 줌으로써 타인의 자아 개념을 높여줌
harmonizer 조화 증진자	• 오해나 갈등을 일으키는 의견을 명확히 해주고, 갈등을 줄이는 방식으로 토론에 기여함
compromiser 조정자	• 갈등하는 두 가지 견해를 조정하는 역할
listener 청중	• 진행되는 것에 조용히 관심을 표현하고 신체 언어나 눈빛으로 지원을 보냄
follower 추종자	• 아이디어와 제안을 받아들임으로써 의견을 모으는 데 기여함
tension breaker 긴장 완화자	• 유머 등으로 긴장을 줄이는 데 기여함

[토론 참여자의 부정적 역할]

부정적 역할	역할에 대한 설명
dominator 지배자	• 집단을 교묘히 다루고, 토론을 독점함
aggressor 공격자	• 타인의 아이디어를 비난하고, 공격함으로써 타인의 기여를 무시함
negativist 부정주의자	• 토론되는 주제의 부정적 측면만 강조하거나, 집단에서 나온 제안을 회의적으로 취급함
playboy 한량	• 다른 사람과 주제와 관계없는 말을 하고 냉소적으로 행동함
blocker 방해자	• 이미 거부되었던 대안을 다시 소개하면서 의사결정에 반대함
competitor 경쟁자	• 다른 사람의 아이디어에 도전하고 자신의 제안만 주장하면서 경쟁함
deserter 유기자	• 몸은 있지만 마음과 정신이 토론을 떠남/다른 곳을 둘러보며 흥미 없어 하고 무관심해 보임

사례 2

다음은 유치원 교사와 어린이집 교사를 대상으로 하는 2개의 기관에서 2025년 실시 예정인 부모교육 및 지원과 관련된 교사 연수의 몇 가지 사례이다.

주관기관	연수/교육 유형	대상	연수명/교과목명
서울특별시 유아교육진흥원*	교원 사이버 연수	유치원 교원 및 교육 전문직원	• 학부모와 동행하는 학급 운영: 우리 반 학부모를 사로잡는 0.1%의 비밀
	생애주기별 연수(초임기)		• 교육공동체 관계 역량 강화
	생애주기별 연수(성숙기)		• 기관 운영 및 리더십 개발 • 자기 이해 및 교육 공동체 관계 역량 강화
	생애주기별 연수(원숙기)		
한국 보육진흥원**	보육교사 2급 승급 교육과정	보육교사	• 부모 상담과 가정 연계
	보육교사 1급 승급 교육과정	보육교사	• 아동학대 예방과 긍정적 양육 • 부모 상담과 갈등 해결
	보육교사 일반직무 교육과정 (기본)	보육교사	• 다문화아동과 가족 지원 Ⅰ • 부모의 양육 지원 Ⅰ
	보육교사 일반직무 교육과정 (심화)	보육교사	• 다문화아동과 가족 지원 Ⅱ • 부모의 양육 지원 Ⅱ
	원장 사전직무 교육과정	원장	• 부모 참여와 부모 상담 • 어린이집의 지역사회 참여와 자원 활용
	원장 일반직무 교육과정 (기본)	원장	• 다양한 가족의 양육 지원 Ⅰ • 부모-교직원 관계 형성과 협력 Ⅰ
	원장 일반직무 교육과정 (심화)	원장	• 다양한 가족의 양육 지원 Ⅱ • 부모-교직원 관계 형성과 협력 Ⅱ
	특별직무 교육과정(영아보육)		• 영아 가족 지원
	특별직무 교육과정 (장애아보육)		• 장애영유아 가족 지원의 실천
	특별직무 교육과정 (방과후보육)		• 초등학생 부모와의 상담 및 연계 • 방과후 아동을 위한 지역사회 연계

* 서울특별시 유아교육진흥원. http://www.seoul-i.go.kr/에서 2025. 3. 10. 검색
** 한국보육진흥원(2023). 보수교육과정 매뉴얼. http://www.kcpi.or.kr/에서 2025. 3. 10. 검색

요 약

부모와 효과적으로 일하기 위해서는 교직원이 여러 측면에서 준비되어 있어야 한다. 먼저, 부모와 함께 일하고 협력하는 것에 대한 교사 자신의 신념을 점검해 볼 필요가 있다. 만약, 부정적인 신념을 가졌다면 원인을 분석하고 긍정적인 신념을 갖도록 노력해야 한다. 또한, 부모를 교육하고, 지원하고 협력하는 과정에서 교사는 기본적이고 긍정적인 소양과 능력을 가져야 한다. 이런 소양과 능력을 가지기 위해서는 현직 교육이 필요한데, 현직 교육을 통해 전공 분야에 대한 내용 지식, 프로그램 계획/운영/평가 방법, 효율적인 교수-학습 방법 및 매체 활용 방법, 부모의 특성과 욕구를 고려하여 이론을 실제에 적용시키는 방법, 부모를 초청하고 참여하게 하는 전략, 그리고 의사소통과 문제 해결 방법 등에 관해 학습할 필요가 있다.

교수-학습을 위한 제언

1. 교사와 인터뷰하여 부모에 대한 신념을 점검해 봅시다. 그 교사는 부모와 일하는 것에 대해 긍정적 신념을 가졌습니까? 아니면, 부정적 신념을 가졌습니까? 그 교사가 왜 그런 신념을 가지게 되었는지도 알아봅시다. 부모와 어떤 나쁜 또는 좋은 경험을 하였기 때문입니까?
2. 교직원이 가져야 할 기본적인 소양과 능력을 살펴보고, 자신(또는 교사)이 어느 정도 기본적인 소양과 능력을 가졌는지 생각해 봅시다. 만약, 특정 소양 또는 능력이 부족하다면 어떻게 발달시킬 수 있을지 생각해 봅시다.
3. 본 장에서는 교직원이 현직 교육을 통해 학습해야 할 분야를 여섯 분야로 분류하였습니다. 그중 한 분야를 선택하여 현직 교육에서 실시될 수 있는 구체적인 교육의 내용을 생각해 봅시다. 예를 들면, 의사소통과 문제 해결 기술의 향상을 위해서는 나-전달법 등을 교육 내용에 포함시킬 수 있습니다. 또한, 더 추가되어야 할 분야가 있는지 생각해 봅시다. 추가되어야 할 분야를 근거 또는 이유와 함께 제시합니다.
4. 유치원이나 어린이집에 근무하는 교사를 대상으로 다양한 현직 교육을 실시하는 기관의 홈페이지를 방문합니다. 부모교육과 지원을 하는 데 필요한 교사의 능력을 함양하는 것과 관련된 어떤 연수 또는 보수 교육이 있는지 찾아보거나 부모교육과 지원과 관련된 연수가 전체 연수에서 차지하는 비중이 어느 정도인지 살펴봅니다.
5. 부모교육과 지원과 관련된 교사의 능력을 함양하는 데 초점을 두고 15시간 또는 30시간 운영되는 교사 연수 또는 보수 교육 프로그램을 계획해 봅시다. 본 장에서 강조한 교사의 신념, 소양, 능력이 모두 함양되도록 프로그램을 계획합니다.

참고문헌

고영실, 권이정(2024). 영아교사의 부모교육 인식과 현황 및 요구도(만 2세 영아반 담임교사 대상으로). **한국어린이미디어학회 학술대회 자료집**, 284-290.

김희진(2005). **삼성 유아 프로그램 II: 포괄적 보육서비스-부모지원 프로그램 진행자 매뉴얼**. 다음세대.

서울특별시 유아교육진흥원. http://www.seoul-i.go.kr/에서 2025. 3. 10. 검색.

성은지, 송숙진(2021). 유아 문제 행동 지도를 위한 교사와 부모의 협력 과정 및 어려움과 요구: 고경력 공립유치원 교사의 인식을 중심으로. **유아교육학논집, 25**(4), 51-74.

한국보육진흥원(2023). **보수교육과정 매뉴얼**. 저자.

Beal, G., Bohlen, J., & Raudabaugh, J. (1972). *Leadership and dynamic group action*. Iowa State University Press.

Benne, L., & Sheets, P. (1948). Functional roles of group members. *Journal of Social Issues, 4*(2), 41-49.

Berger, E., & Riojas-Cortez, R. (2011). *Parent as partners in education: Families and schools working together* (8th ed.). Merrill.

Cataldo, C. (1987). The development of parent education programs. In C. Cataldo (Ed.), *Parent education for early childhood* (pp. 3-25). New York, NY: Teachers College Press.

Child Study Association (1954). *Parent education: Its ends and goals*. New York: Child Study Association of America.

Epstein, A., Larner, M., & Halpern, R. (1995). *A guide to developing community-based family support program*. Ypsilanti, Michigan: High/Scope.

Gisewhite, R. A., Jeanfreau, M. M., & Holden, C. L. (2021). A call for ecologically-based teacher-parent communication skills training in pre-service teacher education programmes. *Educational Review, 73*(5), 597-616.

Harman, D., & Brim, O. (1980). Selection and training of personnel. In D. Harman & O. Brim (Eds.), *Learning to be parents*. Beverly Hills, CA: Sage Publications.

Jenkins, L., & Sullivan, M. (2011). Professionals and families: Partners in care. In G. Ensher & D. Clark (Eds.). *Relationship-centered practices in early childhood* (pp. 185-210). Paul H. Brookes.

King, C. (1962). *The sociology of small groups*. Pageant Press.

Nathans, L., Brown, A., Harris, M., & Jacobson, A. (2022). Preservice teacher learning about parent involvement at four universities. *Educational Studies, 48*(4), 529-548.

Stott, F., & Musick, J. (1994). Supporting the family support worker. In S. Kagan & B. Weissbourd (Eds.), *Putting families first: America's family support movement and the challenge of change* (pp. 189-215). Jossey-Bass Publishers.

Swick, K. (2009). *Empowering parents, families, schools, and communities during early childhood years* (2nd ed.). Stipes Publishing.

Weiss, H., Lopez, M., Kreider, H., & Chatman-Nelson, C. (Eds.). (2013). *Preparing educators to involve families: From theory to practice* (3rd ed.). Sage.

William, D. (1992). Parental involvement and teacher preparation: Challenges to teacher education. In L. Kaplan (Ed.), *Education and the family*. Allyn & Bacon.

실행 및 평가하기

Chapter 09

부모 참여 방안

학습목표

- 유아교육기관에서 부모가 자녀의 교육에 참여하는 것의 중요성을 이해한다.
- 부모의 다양한 참여 방법을 이해하고 적용한다.
- 부모를 참여시킬 때 유의해야 할 사항이나 참여의 효율성을 높이는 전략을 이해하고 적용한다.

유아교육기관에서 부모는 다양한 방식으로 자녀의 교육에 참여하고 기관과 협력할 수 있다. 이런 목적을 달성하기 위해 기관에서는 다양한 종류의 프로그램을 마련하고, 부모는 다양한 수준과 방식으로 자녀의 교육을 위해 교사와 협력한다(김희진, 2002; Swap, 1987). 가장 소극적인 수준의 참여를 통한 협력에는 자녀의 수업을 관찰하거나, 기관에서 마련한 강연을 듣기만 하는 것이 있을 수 있고, 가장 적극적인 수준의 참여를 통한 협력에는 교사 대신 자녀의 수업을 하루 동안 담당하거나, 유아교육기관의 각종 의사결정에 참여하는 것을 들 수 있다. 여러 학자가 정리한 프로그램의 형태 또는 부모의 역할을 정리하면 다음과 같다.

표 9-1 학자별 부모교육 프로그램 형태 또는 부모의 역할

학자	프로그램 형태 또는 부모의 역할
Cataldo(1987)	① 일반적인 부모교육 ② 부모 훈련 ③ 부모 참여와 관찰 ④ 정책 결정 및 조언 ⑤ 가정-유아교육기관 연계 ⑥ 일반적인 부모 지원 프로그램 ⑦ 부모 상담
Berger와 Riojas-Cortez (2011)	① 자기 자녀의 교사로서 부모(parents as teachers of own children) ② 구경꾼으로서의 부모(parents as spectators) ③ 일시적인 자원봉사자로서의 부모(parents as temporary volunteers) ④ 자원봉사자로서의 부모(parents as volunteer resources) ⑤ 고용된 자원 인사로서의 부모(parents as employed resources) ⑥ 정책 결정자로서의 부모(parents as policy makers)
Epstein(1992)	① 가정 → 학교 의사소통 ② 학교 → 가정 의사소통 ③ 자원봉사자로서의 부모 ④ 학교 운영과 의사결정에 참여 ⑤ 긍정적인 가정 환경 제공 ⑥ 지역사회와의 협력과 연계
Epstein과 Dauber(1991)	① 자녀를 돕는 데 필요한 기술과 지식을 부모에게 제공하기 ② 다양한 방식으로 부모와 상호작용하기 ③ 다양한 학급 활동에 자원봉사자나 보조자로 참여하기 ④ 자신의 자녀를 교육할 수 있도록 부모를 안내하기 ⑤ 부모를 의사결정 역할에 참여하게 하기
Oranga, Matere 과 Nyakundi (2023)*	① 양육(Parenting) ② 의사소통(Communicating) ③ 자원봉사(Volunteering) ④ 가정에서의 학습(Learning at Home) ⑤ 의사결정 참여(Decision-Making) ⑥ 지역사회와의 협력(Collaborating with Community)

*Epstein(2003, 2010, 2011, 2017)이 제시한 부모 참여(Parental involvement) 유형을 재정리함

본 장에서는 다양한 수준과 방법으로 부모들이 참여함으로써 협력하는 방안을 살펴보고, 협력의 효과를 높이기 위한 전략에는 무엇이 있는지 알아보고자 한다.

1. 간접 경험(관찰)에의 참여를 통한 협력

간접 경험에의 참여를 통한 협력은 주로 '관찰'을 통해 이루어지는 경우가 많다. 부모들은 단순히 관찰하거나, 특별한 안내를 받아 관찰하게 되는데, 각각의 내용을 살펴보면 다음과 같다.

1) 단순 관찰

단순 관찰이란, 유아교육기관이나 교사로부터 관찰을 위한 특별한 안내나 사전 정보를 받지 않은 상태에서 관찰하는 것을 의미한다. 예를 들면,

- 자녀가 기관에서 지내는 모습을 보기 위해 등/하원 시 잠시 참관하는 경우,
- 생일 축하 시 함께 참여하며 지켜보는 경우,
- 정기 참관일에 참관에 대한 지침 없이 참관하는 경우,
- 영유아끼리 진행하는 행사(예 민속의 날)에 초대받아 참여하지 않고 참관만 하는 경우,
- 아버지 참여일 또는 조부모 참여일에 어머니가 함께 와서 참관만 하는 경우

등이 있다.

2) 안내에 의한 관찰

안내에 의한 관찰이란, 유아교육기관이나 교사로부터 관찰을 위한 특별한 안내를 받아 관찰하는 것을 의미한다(제11장 부모교육과 지원의 방법 및 전략 중 '5) 관찰 또는 현장 학습', pp. 209~214). 안내는 부모가 무엇을 볼 것인가에 대한 목표를 갖도록 지원하는 역할을 한다. 관찰에 대한 안내를 제공함으로써 부모는 무엇을, 어떻게, 왜, 어떤

것을 하면서 관찰해야 하는지를 알게 되기 때문에 그에 초점을 두고 관찰할 수 있게 되고, 유아교육기관에서의 교육과 자녀를 더 잘 이해하게 된다. 단순 관찰의 예로 제시된 관찰의 경우, 안내가 주어지면 안내에 의한 관찰이 될 수 있다. 예를 들면,

- 자녀가 기관에서 지내는 모습을 보려고 등·하원 시 잠시 참관하는 부모를 위해 일일 교육 계획안을 활동실 입구에 게시한 경우,
- 정기 참관일에 관찰 결과를 기록하고 해석하는 것에 대한 안내를 받아 부모가 참관하는 경우,
- 영유아 행사(예 민속의 날)의 목적, 진행 절차, 부모의 교육적 역할 등에 대한 안내를 부모가 받아 참관하는 경우

등이 있다.

3) 유의점 또는 협력의 효율성을 높이는 전략

○ 단순 관찰 기회 제공에 대한 유아교육기관의 정책을 정하고, 부모에게 알린다.

이론적으로 부모는 자녀가 다니는 기관을 언제든지 방문하여 살펴볼 수 있도록 개방하는 것이 바람직하지만, 현실적으로는 다양한 이유 때문에 부모에게 기관의 문을 항상 개방하지는 않는다. 만약, 부모에게 기관의 문을 항상 개방할 수 없다면, 개방할 수 있는 날짜, 시간, 관찰 시 유의할 점(예 집단 활동 중인 교사나 영유아에게 말을 걸지 않는다. 활동실에 들어갈 경우 영유아의 놀이가 방해되지 않는 위치에서 관찰한다.)을 미리 부모에게 알린다. 일하는 부모를 고려하여 다양한 시간대에 개방 일과 개방 시간을 결정한다. 또한, 부모가 기관에 방문했을 때 물리적 환경, 교사, 직원, 그리고 영유아로부터 환영받는다는 느낌을 가질 수 있도록 기관에서는 배려해야 한다.

○ 안내에 의한 관찰을 위해 자세한 안내를 제공한다.

부모의 관찰이 효과적이기 위해서는 관찰을 하게 하는 목적, 부모의 수준, 영유아와 교사가 하는 활동에 방해되는 정도 등을 고려하여 적절한 안내를 제공하여야 한다. 다음은 정기 참관일에 자녀의 자유놀이를 관찰하는 데 제공될 수 있는 안내의 예이다.

예 9-1 부모를 위한 자유놀이 관찰 지침

관찰할 내용	관찰한 내용 (해당하는 곳에 V, 판단할 수 없거나 관찰을 못 했을 때는 판단 불가능에 표시)
주로 놀이하는 장소	• *쌓기, 소꿉, 책, 그림, 과학, 퍼즐, 컴퓨터, 악기 영역
놀이의 다양성	• 한 장소에서 놀이함 / 여러 장소에서 놀이함 / 판단 불가능
놀이에의 집중 정도	• 집중함 / 보통임 / 산만함 / 판단 불가능
놀이 시 어려움 해결 방법	• 스스로 해결 / 포기 / 교사에게 도움 요청 / 친구에게 도움 요청 / 판단 불가능
놀이에서의 주도성	• 주도성 높음 / 보통 친구를 따라함 / 판단 불가능
놀이 시 기분	• 대체로 긍정적 / 보통 / 대체로 부정적 / 판단 불가능
놀이 친구의 다양성	• 대체로 다양한 친구 / 보통 / 대체로 한정된 친구 / 판단 불가능
친구와의 관계	• 대체로 긍정적 / 보통 / 대체로 부정적 / 판단 불가능
놀이 후 정리	• 대체로 잘 치움 / 보통 / 대체로 안 치움 / 판단 불가능
전반적으로 자녀의 놀이에 만족하십니까? 아니라면 어떤 점이 우려되십니까?	
그 밖의 다른 질문이 있으면 기록해 주십시오. 기관의 Q & A에 1주일 안으로 답변을 올리겠습니다. 질문:	

* 흥미 영역명을 학술적 명칭으로 표현하지 않은 것은 부모의 이해를 돕기 위해서임

2. 직접 경험에의 참여를 통한 협력

직접 경험에 의한 참여는 부모가 자녀의 다양한 교육 활동에 다양한 역할로 직접 참여하는 것을 의미한다. 지켜보기보다는 직접 참여하기 때문에 유아교육기관의 교육, 자녀, 그리고 자신에 대해 더 깊이 이해할 수 있다. Berger와 Riojas-Cortez(2011)는 초등학교에서 부모가 직접 자녀의 교육에 참여하는 다양한 활동을 다음의 세 가지로 분류하였다.

표 9-2 자녀 교육에의 부모 참여 방안

구분	내용	
가르치는 활동에의 참여	• 튜터(tutor) 역할 • 아동의 이야기 들어주기 • 학습에 문제 있는 아동 도와주기 • 타자 연습 도와주기 • 숙제 도와주기 • 책 읽어주기 • 신문 만들기 과정 감독하기 • 뜨개질 바느질 시범 보이기 • 학습과 관련된 자신의 경험 이야기 해주기(예 세계의 풍습과 문화)	• 학습 영역(learning centers) 담당하기 • 아동들과 게임하기 • 도서관 책 골라주기 • 발표 준비 연습 도와주기 • 장소 이동 시 데려가기(예 교실, 체육실) • 책 관리하기 • 아동과 취미 나누기 • 요리 시범 보이기
가르치지 않는 활동에의 참여	• 게임판 만들기 • 도구 수선하기 • 출석부 정리하기 • 과제 채점하고 고쳐주기 • 자원 센터(resource center)에 비치할 책과 자료 모으기	• 부모 게시판 준비하기 • 성적 기록하기 • 부모를 위한 워크숍 계획하고 준비하기 • 책 만들기 돕기
가정에서의 참여	• 비상 연락망 돌리기 • 간식 제공하기 • 앞치마 만들기 • 학급신문을 위한 기사 쓰기	• 재활용품 모으기 • 상상 놀이 의상 제공하기 • 다른 자원봉사자 부모의 자녀 돌봐주기 • 세탁하기

본 장에서는 부모가 어떤 역할을 하면서 참여하는가에 따라 직접 경험에 의한 참여를 다음의 네 종류로 세분화하였다.

1) 부모의 역할로 참여

어머니 참여일이나 아버지 참여일 같이 부모와 자녀의 상호작용을 촉진하기 위한 목적으로 실시되는 활동에 부모의 역할로 참여한다. 가족과 함께 하는 자연탐사 활동, 아빠와 함께 하는 체육대회, 아빠와 떠나는 기차여행, 엄마와 함께 하는 전통놀이, 가족과 함께 하는 종이공예, 엄마와 함께 하는 요리자랑을 예로 들 수 있다.

2) 돌보는 것이 주 목적인 보조교사의 역할로 참여

야외 학습이나 현장 학습의 도우미, 실내·외 자유놀이 중 보조교사처럼 같이 가르치기보다는 영유아의 안전과 보호를 위해 보조교사의 역할로 부모가 참여한다. 급·간식 지도 도우미, 실외 놀이터 안전 지킴이, 마트 견학 도우미 활동 등을 예로 들 수 있다.

3) 가르치는 것이 주 목적인 보조교사의 역할로 참여

부모가 자신의 전문성을 살려 교육 시간의 일부 또는 활동 영역의 일부를 담당하는 보조교사 역할로 참여하는 것을 의미한다. 교사가 작성한 교육 계획에 전적으로 의존하기도 하지만 교사와 함께 의논하여 교육 계획을 작성하기도 한다. 예를 들면, 직업이 치과 의사인 부모가 이야기 나누기 시간에 구강 위생에 대해 설명하고 질문에 답하는 것, 환경 운동에 관심이 있는 부모가 영유아 수준에서 할 수 있는 자연 및 자원 보호 활동을 설명하고 질문에 답하는 것, 김장을 할 때 배추 씻기, 양념 다듬기, 양념 썰기 등을 한 부분씩 맡아 소집단의 유아와 활동하는 것, 자유놀이 시간에 한 영역(예 조형 또는 언어 영역)을 맡는 것, 인테리어가 전공인 부모가 유아들과 건축에 대한 프로젝트를 함께 하는 것 등이 있다.

4) 주교사의 역할로 참여

부모의 전문성을 살려 하루 교육 시간의 전부를 담당하는 주교사 역할로 참여하는 것을 의미한다. 부모가 주교사로 참여할 때는, 교사가 도움을 제공하기는 하지만 부모가 주도적으로 교육 계획도 작성한다. 부모가 주교사로 참여하는 것은 매우 드물지만 스승의 날 일일교사의 역할을 수행하는 것을 예로 들 수 있다.

5) 유의점 또는 협력의 효율성을 높이는 전략

○ 부모의 역할로서 참여할 때 목적을 구체적으로 알려준다.

어머니 참여일, 아버지 참여일, 부모와 함께 하는 성탄 축하 행사 등에 부모가 참여할 때는 교사가 아닌 부모 자신의 역할로 참여한다. 부모가 참여하는 활동의 특성에 따라 자녀와 어떻게 상호작용하는지 또는 어떤 것을 유의해야 하는지 등을 미리 제안함으로써 더욱 즐겁고 효율적인 참여가 될 수 있도록 한다. 다음은 아버지 참여일에 부모에게 제공될 수 있는 안내의 예이다.

예 9-2 아버지 참여일에 제공될 수 있는 안내: 만 4세

시간	교육 내용	장소	부모의 역할에 대한 안내
3:00~3:10	• 담임교사와 인사 • 이름표 달기 • 교실 둘러보기 • 화분에 물 주기 • 컬러철사 구부리기 • 퍼즐 만들기	활동실	• 신발은 유치원 현관 신발장에 넣어 주세요. • 자녀 장 위에 있는 이름표를 가슴에 달아 주세요. • 자녀와 함께 교실을 둘러보면서 벽면에 게시된 자녀의 작품을 감상하세요. • 자녀가 직접 심은 화분에 물을 주세요. • 컬러철사를 구부려 움직이는 사람을 함께 만들어 주세요. • 재미있는 그림을 그려 퍼즐을 함께 만들어 주세요. • 모이기 전까지 책을 읽어 주시거나 퍼즐을 함께 맞춰 주세요.
3:10~3:25	• 인사하기 • 하루 일과 안내	활동실	• 자녀는 교사 앞에 모여 앉고 아버지는 자녀의 얼굴을 마주볼 수 있도록 의자에 앉아 주십시오.
3:25~4:10	• 방 안 놀이 • 간식	활동실	• 자녀가 하고 싶어 하는 놀이를 함께 해주세요. - 퍼즐을 함께 맞출 수 있습니다. - 컬러철사를 구부려 움직이는 사람을 만드실 수 있습니다. - 과학 책상에 있는 수경 재배한 것을 함께 그려 보실 수 있습니다. - 자녀가 원하는 책을 읽어 주실 수 있습니다. - 블록놀이와 소꿉놀이도 자녀와 함께 하실 수 있습니다.

계속

| 예 9-2 | 계속

시간	교육 내용	장소	부모의 역할에 대한 안내
3:25~4:10	• 방 안 놀이 • 간식	활동실	• 자녀가 직접 씨앗을 심은 화분에 물을 주실 수 있습니다. 화분은 베란다에 준비되어 있습니다. • 자녀와 함께 샌드위치를 만들어 간식으로 드세요 (4시 5분까지). - 식빵 안에 원하는 재료를 넣어 샌드위치를 만드신 후 우유와 함께 드시면 됩니다.
4:10~4:20	• 정리·정돈	활동실	• 놀았던 것을 자녀와 함께 정리해 주세요.
4:20~4:50	• 게임: 골대에 공 넣고 돌아오기	마당	• 자녀 손을 잡고 담임교사의 안내에 따라 마당으로 나와 주세요. • 준비된 의자에 앉아 주세요. (자녀는 카펫 위에 앉습니다.) • 교사의 설명을 듣고 난 후 자녀와 함께 즐겁게 릴레이 게임을 합니다.
4:50~5:00	• 귀가	마당 ↓ 활동실	• 귀가 시 가슴에 달았던 이름표를 준비된 바구니에 넣어 주세요. • 자녀와 함께 교실로 올라와 귀가하시면 됩니다. • 자녀와 함께 만드신 퍼즐, 컬러철사 구부리기를 집으로 가져가시면 됩니다.

※ 위의 예는 [아이코리아부속새세대유치원]에서 아버지 참여일에 제공하는 안내임

○ 보조교사 또는 주교사로 참여할 때 필요한 준비물, 소요되는 시간, 수행할 역할 또는 요구되는 능력이나 재능에 대해 자세히 안내한 후 모집한다.

부모가 보조교사 또는 주교사로 참여할 때 참여하는 활동의 성격에 따라 준비 모임의 유무, 당일 소요 시간, 부모가 수행하여야 하는 역할, 부모에게 요구되는 능력 또는 재능이 달라진다. 각 활동에 적합한 역할을 수행할 수 있는 부모가 신청하여야 효율적인 참여가 이루어지므로 위에 언급한 제반 사항에 대한 자세한 안내를 한다. 다음은 돌보는 것이 주 목적인 야외 학습에 참여할 부모를 모집하기 위한 안내와 가르치는 것이 주 목적인 김장하기에 참여할 부모를 모집하기 위한 안내의 예이다.

예 9-3 야외 학습에 돌보기가 주 목적인 보조교사로 참여할 부모를 위한 안내

부모님께

지난 3주 동안 ○○○반 어린이들은 동물에 대해 공부하였습니다. 동물에 대한 공부를 마치면서 어린이 동물원으로 현장 학습을 가려고 계획하고 있습니다.

아래의 안내를 참고하시어 현장 학습에 함께 가서 도와주실 수 있는 부모님은 담임교사에게 신청하여 주시기 바랍니다.

● 누가, 언제, 어디로, 어떻게?

- 누　　가 : 선착순 세 분
- 일　　시 : 20○○년 ○월 ○일
- 소요시간 : 8:30~12:00
- 장　　소 : ○○ 어린이 동물원
- 교 통 편 : 유아들과 함께 기관 버스 이용

● 어떤 부모님이?

- 현장 학습에서 유아를 돌보아 주길 원하는 분
- 유아와 함께 있기를 즐기는 분
- 현장 학습에서 교사와 유아가 어떻게 지내는지 궁금한 분
- 기관에서의 수업과 현장 학습이 어떻게 연결되는지 궁금한 분
- 유아와 함께 찍은 사진을 가지고 싶은 분
- 동물을 좋아하고, 동물원 방문을 즐기는 분

● 어떤 역할을?

- 유아가 안전하게 학습하도록 돕습니다.
- 유아가 질문하면 대답합니다.
- 유아가 화장실을 가야 하면 데리고 갑니다.
- 물론, 유아에게 아시는 것을 설명해 주실 수 있습니다.

● 언제까지 누구에게?

- 20○○년 ○월 ○일까지 담임교사에게 전화, 전자우편, 또는 문자 메시지로 신청
- 최종 선정되신 부모님께 20○○년 ○월 ○일까지 담임교사가 알려드립니다.

○○반 교사 ○○○(교사 성명) 올림

※ 위 예는 [아이코리아부속새세대유치원]에서 사용한 편지를 재구성한 것이다.

예 9-4 김장하기를 가르치는 것이 주 목적인 보조교사로 참여할 부모를 위한 안내

부모님께

겨울이 다가오고 있기 때문에, 유아는 사람과 동물이 어떻게 겨울 준비를 하는지에 대해 학습하고 있습니다. 본 학급에서는 학습의 일환으로 김장을 직접 경험하려고 합니다. 김장하기를 통해 유아는 우리나라의 전통적인 겨울 준비를 경험하고, 기관에서 했던 요리 활동과는 다른 경험(예 사용하는 재료가 다르고, 불을 사용하지 않고, 바로 먹지 않는 다른 점)을 할 수 있습니다.

유아는 부모님이 가정에서 김치를 담그는 것을 보아왔고 부모님이 잘 하실 수 있는 분야이기 때문에 유아의 학습에 기여하실 수 있습니다. 김장하기를 도와주실 분들은 다음의 사항을 읽고 신청해 주시기 바랍니다.

- 일 시 : ○월 ○일(○요일) 9:00~12:00
- 인 원 : 각 반 선착순 5명
- 신 청 : 담임교사에게 ○월 ○일(○요일)까지 전화로 신청
- 역 할 : 아래 역할 중 2개를 선택하여 V 표시
  ① 양념 다듬어 준비하기(마늘/파/생강)
  ② 배추 씻어 준비하기
  ③ 무채 썰어 준비하기
  ④ 각 책상에서 유아와 함께 김치 담그기
  ⑤ 전체 유아 앞에서 김치를 담는 시범 보이기
- 준비물 : 앞치마, 칼, 도마
- 기 타 : ① 자녀가 원하더라도 김치를 담그실 수 있는 분만 지원해 주시기 바랍니다.
  ② 역할이 정해지면 유아와 어떻게 상호작용을 하는 것(예 양념을 다듬으면서 어떤 것을 함께 보고 이야기 나누는지에 관한 것)이 바람직한지 추후에 안내해 드립니다.

감사합니다.

○○반 교사 ○○○(교사 성명) 올림

※ 위 예는 [아이코리아부속새세대유치원]에서 사용한 편지를 재구성한 것이다.

○ 필요하다면 보조교사 또는 주교사로 참여하는 부모를 위한 사전 모임 또는 안내 시간을 갖는다.

하경용(2003)은 학급 보조 자원봉사자로 일하는 부모님에게 당일 아침 수행할 역할에 대한 자세한 안내를 제공함으로써 부모 참여의 효과를 높였다고 보고하였다. 부모는

유아교육에 대한 전문적 지식이 없기 때문에 사전 안내가 없이는 유아를 적절히 도와주지 못하거나, 질문에 정확히 대답하지 못하거나, 특정 유아와만 상호작용을 하거나, 또는 아무것도 하지 않고 소극적으로 행동할 가능성이 있다. 따라서 당일 10~20분 정도의 시간을 내서 각 부모가 담당할 역할에 대해 간단한 사전 안내를 하는 것이 바람직하다. 다음의 예는 도서 영역에서 3세 학급 유아의 놀이를 지원하는 보조교사 역할을 수행하는 부모를 위한 안내이다.

예 9-5 3세 학급 도서 영역에서 보조교사 역할을 수행하는 부모를 위한 안내

부모님께

귀한 시간을 내어 주셔서 감사합니다. 다음의 사항을 염두에 두시면 유아와 교육적이고 즐거운 시간을 보내실 수 있습니다.

- 미리 도서 영역에 꽂힌 책을 읽어 내용을 파악하시면 나중에 책을 읽어주실 때 도움이 됩니다.
- 유아가 책을 골라 온 순서대로 읽어줍니다.
- 유아 수가 적고 무릎에 앉길 원하면 앉히고 읽어줍니다.
- 유아의 수가 많아지면 부모님을 마주 보고 앉게 합니다.
- 유아가 책을 볼 수 있게 책을 유아 쪽으로 향하여 읽어줍니다.
- 유아에게 어려운 어휘가 나오면 읽어준 후 쉬운 말로 풀어 줄 수 있습니다.
- 책을 쉬지 않고 끝까지 읽어주기보다는 유아의 얼굴을 보고 눈을 맞추며, 반응을 보면서 읽어줍니다.
- 얼굴 표정과 음성, 속도를 활용하여 책의 내용이 생생하게 전달되도록 합니다.
- 유아의 반응에 따라 가끔 줄거리, 등장인물의 의도, 어휘 등을 질문할 수 있습니다. 그러나 지나친 질문은 지양해 주시기 바랍니다.
- 읽기를 끝낸 책은 유아가 책꽂이에 다시 꽂도록 지도해 주시기 바랍니다.
- 부모님의 자녀 또는 일부 유아와만 상호작용을 하기보다는 전체 유아와 균등하게 상호작용을 해 주시기 바랍니다.

감사합니다.

○○반 교사 ○○○(교사 성명) 올림

※ 위 예는 [아이코리아부속새세대유치원]에서 사용한 편지를 재조직한 것이다.

예 9-6 민속의 날 보조교사 역할을 수행하는 부모를 위한 안내

각 부모님께서 맡으신 영역에서 진행되는 놀이와 놀이 방법, 그리고 도움 제공 방법입니다. 미리 숙지하시어 어린이가 즐겁게 배우면서 놀이할 수 있도록 도와주십시오.

놀이명	놀이 방법	도움주실 내용
씨름	1. 선수는 관중에게 인사한 후 선수끼리 인사한다. 2. 두 선수가 서로 상대방의 샅바를 잡는다. 3. 호루라기로 시작을 알린다. 4. 매트 밖으로 먼저 밀려 나가거나 매트에 신체의 한 부분이 먼저 닿는 유아가 진다. 5. 3회를 하여 2회를 이긴 유아가 이긴다.	• 유아의 체격을 고려하여 편을 나누고, 시작과 끝 인사를 할 수 있도록 도와주세요. • 관중석이 정돈되도록 도와주세요. • 샅바는 매주세요. • 호루라기로 시작을 알려주세요. • 유아가 다치지 않게 돌봐주세요.
긴 줄넘기	1. 돌려지는 줄 안으로 들어가 줄넘기를 한다. 2. 익숙해지면 '꼬마야 꼬마야' 노래에 맞추어 한다.	• 유아의 함께 노래 부르며 줄을 돌려주세요. • 유아의 뛰는 속도에 맞춰 줄을 돌려주세요. • 언제 뛸지 말로 이야기해 주세요.
고무줄 놀이	1. 두 명이 양다리에 고무줄을 걸고 고무줄이 팽팽하도록 떨어져 선다. 2. 카드 그림 중 한 가지를 선택하여 지시대로 고무줄을 뛰어넘거나, 밟고 뛰기를 한다.	• 고무줄은 팽팽하도록 해 주세요. • 유아가 넘기에 적당한 높이가 유지되도록 도와주세요.
땅따먹기	1. 자기 집을 결정한다. 2. 가위바위보로 순서를 정한다. 3. 자기 집에 말을 놓고 밖으로 튕겨 말이 도착한 곳까지 선으로 연결한다. 세 번 안에 다시 자기 집으로 돌아오면서 땅을 넓혀간다. 4. 땅을 따먹게 되면 자기 땅의 어디서나 말을 출발시킬 수 있다. 5. 땅을 제일 많이 차지한 사람이 이긴다.	• 놀이가 중간에 멈추지 않고 계속 될 수 있도록 도와주세요. • 놀이가 끝나면 지우개로 깨끗이 닦아 주세요. • 놀이는 2~4명이 함께 할 수 있습니다. • 유아의 수준에 따라 다섯 번 안에 돌아오도록 할 수 있습니다.

※ 위 예는 [아이코리아부속새세대유치원]에서 사용한 편지를 재조직한 것이다.

○ 필요하다면 주교사로 참여하는 부모를 위한 사전 교육을 실시한다.

주교사로 참여하는 부모는 보조교사로 참여하는 부모보다 더 많은 사전 준비를 해야 하고, 교사도 적극적으로 지원해야 한다. 담당하는 활동과 부모의 전문적 지식의 정도에 따라 지원의 정도가 달라지지만, 교육 활동의 계획부터 평가까지 단계적인 지원을 제공해야 한다. 다음의 예는 요리 활동에 주교사로 참여할 부모를 위해 부모와 교사가 협력한 과정이다.

부모는 요리에는 재능이 있지만, 유아와 상호작용을 하는 것에 대해서는 모르기 때문에 교사는 단계적으로 부모에게 필요한 도움을 제공하여 부모가 적극적으로 참여하게 할 수 있다.

예 9-7　부모의 적극적 참여를 촉진하기 위한 교사의 지원 과정

협력 분야	부모의 역할	교사의 역할
• 사전 경험	• 교사와 유아의 요리 활동 참관	• 교사와 유아의 요리 활동 실시
• 요리의 선정	• 부모가 선정	• 유아 수준에의 적절성 검토
• 요리의 영양적 가치 검토	• 부모가 검토	• 없음
• 요리에 사용되는 재료의 선정	• 부모가 선정	• 대부분의 유아가 먹을 수 있는 재료인지, 그 재료에 알레르기가 있는 유아가 있는지 검토
• 요리에 사용되는 도구	• 부모가 선정	• 유아가 안전하게 다룰 수 있는 도구인지 검토/위험한 도구일 경우 대안 제시
• 요리의 과정	• 부모가 제시. 특히, 유아가 참여할 과정에 대한 기본안 제시	• 유아가 참여할 수 있는 부분과 부모가 미리 준비해야 하는 부분에 대해 부모와 토론
• 교육 계획안의 작성	• 사전 경험을 토대로 교육 계획안의 기초 작성	• 부모와 함께 교육 계획안 완성
• 요리 활동의 실시	• 부모가 주교사로 참여	• 교사가 보조교사로 참여
• 사후 간담회	• 부모와 교사가 함께 평가 실시	

○ 학급의 규칙이나 일과에 대한 정보를 제공한다.

부모가 수행할 역할에 대한 자세한 안내 외에도 학급에서 유아가 지켜야 할 규칙, 하루 일과, 학급의 환경과 자원 등에 대한 정보를 제공한다. 부모들이 학급 운영에 대한 전반적인 정보를 갖고 있으면 유아가 싸우거나 규칙을 어기거나 질문할 때 적절히 상호작용을 할 수 있기 때문이다.

3. 학습에의 참여를 통한 협력

간접 경험과 직접 경험에의 참여를 통한 협력이 주로 영유아의 학습 활동에 참여하는 것이었음에 반해, 학습에의 참여를 통한 협력은 주로 부모를 대상으로 하는 활동에 참여하여 학습 경험을 얻는 것을 의미한다. '제11장 부모교육과 지원의 방법 및 전략'(☞ pp. 189~224)에 설명된 바와 같이 부모를 대상으로 하는 활동은 부모의 태도나 신념, 정보 및 지식, 기술 및 전략을 향상시키는 것을 목적으로 한다. 학습에의 참여를 통한 협력은 부모의 수동성 또는 적극성의 수준에 따라 다음의 두 종류로 분류할 수 있다.

1) 소극적 참여

소극적 참여는 부모가 학습 과정에서 수동적인 역할을 하는 것을 의미한다. 예를 들면, 강연회에 참석해서 듣는 것과 같이 부모가 일방적으로 정보를 받아들이는 경우는 소극적 참여에 해당한다. 현대의 부모-기관 관계에서는 부모의 참여가 소극적 참여에 국한되는 것은 지양하는 것이 바람직하다.

2) 적극적 참여

적극적 참여는 부모가 학습 과정에서 적극적인 역할을 하는 것을 의미한다. 가장 적극적인 형태로는 부모를 대상으로 하는 강연을 부모 스스로 준비해서 연사가 되거나 토론을 준비하고 이끌어 가는 역할을 하는 것이 있을 수 있고, 덜 적극적인 형태로는 워크숍, 토론, 역할놀이 등에 참여하여 자신의 의견을 제시하고, 질문하고, 질문에 답하는 것을 들 수 있다. 적극적인 참여를 할 때는 양방향적인 상호작용이 이루어지고 주도적 역할과 비주도적 역할의 순환이 구성원 사이에서 자연적으로 이루어지므로 더욱 역동적인 참여가 가능해진다. 현대의 부모-기관 관계에서는 적극적 참여의 기회를 늘리는 것이 바람직하다.

3) 유의점 또는 협력의 효율성을 높이는 전략

○ 가능하면 소극적 참여를 줄인다.

소극적 참여는 성인 학습자인 부모(☞ 제11장 부모교육과 지원의 방법 및 전략 중 '1. 성인 학습자로서의 부모의 특성', pp. 190~193)와 긴밀하게 협력하고 상호작용하는 데 적절하지 않으므로, 소극적으로 참여하는 활동(예 강연)을 실시할 때도 가능하면 부모가 적극적으로 참여할 수 있는 방안을 모색한다.

○ 적극적 참여를 위해 부모에게 필요한 도움을 제공한다.

부모와 교사, 그리고 기관장 모두 기관이 주도하고 부모가 소극적으로 참여하는 방식에 익숙하기 때문에 부모를 적극적으로 참여시키는 것은 모두에게 어려운 과정이다. 처음부터 부모에게 많은 역할과 책임을 부여하기보다는 단계를 거쳐 점차 많은 역할과 책임을 부여하고, 각 단계에서 필요한 도움을 워크숍을 통해 제공할 수 있다 (Wilson, 1998). 예를 들면, '제6장 부모교육과 지원의 담당자'의 | 사례 1 |(p. 109) 에서 제시된 바와 같이 부모들이 담당할 강연을 준비하는 모든 과정에서 기관이 도움을 제공할 수 있다. 토론에서도 처음에는 교사나 외부 지도자가 토론의 진행을 맡다가 점차 부모가 토론의 진행을 맡도록 권한을 이양할 수 있다. 또한, 부모의 역할놀이를 위해서도 역할놀이의 전문가를 초빙하여 강연을 듣고, 영상 자료를 통해 역할놀이하는 것을 관람한 후, 부모가 직접 역할놀이에 참여하게 하는 방식을 통해 부모가 점진적으로 적극적인 역할을 수행하도록 한다.

4. 의사소통에의 참여를 통한 협력

여기서의 의사소통은 정보의 교환이나 상담 또는 공동의 문제 해결을 의미한다. 의사소통은 일방향적 의사소통과 양방향적 의사소통의 두 종류로 분류할 수 있다.

1) 일방향적 의사소통

일방향적 의사소통이란 정보가 정보의 제공자에서 정보의 수혜자에게로 일방향적으로 전달됨을 의미한다. 통신문, 기관 안내를 위한 다양한 형태의 책자(브로슈어, 팸플릿, 포스터, 상세 정보를 담은 안내 책자), 유아교육기관 또는 각 학급의 뉴스레터나 신문, 부모 의견함, 학부모 게시판, 메모 편지 등을 예로 들 수 있다.

일방향적 의사소통에서는 정보의 제공자가 정보의 수혜자에게 필요할 것이라고 생각되는 정보를 제공한다. 부모의 정보에 대한 욕구를 조사하는 것을 통해 부모가 필요로 하는 정보를 제공하기는 하지만 정보를 제공한 후에는 부모의 질문이나 의견을 반영할 기회가 적기 때문에 일방향적 의사소통으로 분류된다.

최근에는 인터넷 홈페이지를 활용해서도 통신문 발송, 기관 안내, 뉴스레터나 신문, 부모 의견함, 게시판, 메모 편지함을 운영하고 있다. 홈페이지를 통해 질문에 대한 답변, 댓글 달기, 의견 올리기 등이 활성화된다면 양방향적 의사소통으로 분류될 수 있다.

본 장에서는 기관 안내를 위한 책자, 신문(뉴스레터), 학부모 게시판, 부모 의견함, 메모 편지에 대해 간단히 살펴보고자 한다. 의사소통의 대표적인 예인 통신문은 '제13장 통신문의 활용'에 별도로 기술되어 있다.

(1) 기관 안내 책자

기관 안내 책자는 해당 기관에 자녀를 보내기 위해 방문하는 부모나 외부 견학자에게 기관에 대한 전반적인 정보를 제공하려는 목적으로 제작된다. 기관 안내 책자를 제작할 때 고려할 사항은 다음과 같다.

○ 어떤 형식으로 제작할 것인지 결정한다.

안내 책자는 10여 장 내외의 작은 책자 형태인 브로슈어 또는 팸플릿 형태, 부채처럼 접는 형태의 리플렛, 한 장으로 만드는 포스터 형태, 그리고 상세한 정보가 담긴 30쪽 내외의 책자 등의 형태로 만들 수 있다.

○ 안내 책자를 사용할 대상을 정한다.

안내 책자는 자녀를 보내려는 기관을 탐색하는 부모, 외부에서 시설이나 교육과정을 참관하러 방문하는 견학자, 또는 이미 자녀를 기관에 보내고 있는 부모들을 대상으로 제작할 수 있다. 자녀를 보내기 위해 알아보는 부모와 외부 방문자를 위해서는 간단한 안내 책자를 만들고, 재원 중인 영유아의 부모를 위해서는 상세 정보가 담긴 안내 책자를 제작하는 것이 일반적이다.

○ 어떤 내용을 담을지 결정한다.

재원 중인 영유아의 부모를 위한 안내 책자에는 자녀를 보내면서 부모가 알아야 할 모든 정보(예 등록 시기, 방법 및 절차/상세 교육과정/각 연령별 학급의 특성 및 구성원/교직원 소개/기본 생활 지도 방침/결석이나 전염병에 관한 기관의 규칙/시설 안내/특별 프로그램 안내/의사결정 절차/면담 절차 등)를 수록한다.

유아교육기관 안내 책자의 예

외부 견학자를 위한 안내 책자는 시설이나 교육과정 면에서 잘 알려진 한정된 기관에서만 따로 필요로 하고, 대부분은 부모를 위한 간단한 안내 책자를 함께 사용하는 경향이 있다. 본 장에서는 처음 기관에 관심을 보이는 부모를 위한 간단한 안내 책자에 초점을 맞추고자 한다. 안내 책자를 제작할 때는 기관이 자부심을 가진 부분을 포함시키는 것도 중요하지만 부모들이 알고 싶어 하는 것이 무엇인지 욕구 조사를 해서 그 내용을 반드시 포함시키도록 한다. 기관장 인사말, 원훈, 원가, 다양한 운영 정보(예 학급 구성 및 교직원 현황, 운영시간, 교육시간, 교육비 등), 오는 길, 기관 연락처 및 홈페이지 주소 등 다양한 내용이 포함될 수 있다. 다음의 예는 부모용 안내 책자에 포함될 수 있는 공통적인 내용이므로 각 기관의 특성에 맞게 취사선택한다.

예 9-8 기관에 관심을 보이는 부모를 위한 안내 책자의 내용

내용	포함되어야 할 내용	고려 사항
표지	• 기관명 • 기관을 잘 나타내는 상징 또는 사진	• 대부분의 안내 책자 표지는 기관의 전경을 사진으로 사용한다. 현대의 부모는 시설보다는 교육과정을 중시하기 때문에 시설 사진보다는 기관의 분위기나 특성을 잘 나타내 주는 상징이나 사진을 사용한다.
연혁	• 설립 • 기관장들의 이·취임 • 학급 증설 • 기타: 이전, 명칭 변경	• 연혁이 짧거나 빈약할 경우, 연혁을 독립적으로 제시하는 것은 역효과를 유발할 가능성이 있으므로 다른 내용과 함께 표기한다.
교육(보육) 목표 또는 철학	• 교육(보육) 목표 또는 철학	• 가능하면 간단한 설명을 추가한다. • 없을 경우, 교육부에서 제시한 전반적인 교육(보육) 목표 또는 철학을 활용할 수 있다.
교육(보육) 과정	• 연간 교육(보육) 과정의 전체적인 틀 • 교육(보육) 과정의 전반적인 주제 • 교육(보육) 주제에 대한 간단한 설명	• 부모들은 기관에서 매년 같은 것을 학습하기 때문에 1년만 다니고 다른 곳으로 옮겨야 한다고 생각하는 경향이 있다. 다양한 연령의 학급이 있을 경우, 같은 교육(보육) 주제(예 계절)로 각 연령이 어떻게 다르게 학습하는지 보여주는 것도 좋은 전략이 될 수 있다.
교육(보육) 환경	• 전반적인 공용 시설 • 각 학급 교육(보육) 환경	• 공용 시설에는 시청각실, 소집단 활동실, 유희실, 체육실, 참관실, 실외놀이 시설, 수영장, 주방, 식당, 양호실 등을 포함할 수 있다. • 각 학급의 교육(보육) 환경으로 흥미 영역을 포함할 수 있다.
교육(보육) 활동	• 일상생활 • 실내/외 자유놀이 • 대/소집단 활동 • 야외 학습 또는 견학	• 각 활동의 교육적 효과를 제시하면 부모의 이해를 높일 수 있다.
하루 일과	• 시간대별 하루 일과	• 실내/외 자유놀이, 대/소집단 활동, 일상생활(간식 및 급식, 휴식 및 낮잠, 정리 정돈)이 시간대별로 어떻게 이루어지는지를 예로 제시할 수 있다. • 2개 이상의 예를 제시하여 다양성을 보여줄 수 있다.
부모 대상 활동	• 부모회 활동 • 부모 대상 활동	• 부모회가 주관해서 하는 활동이나 부모가 참여하는 활동(예 자원봉사, 보조교사, 강연회, 워크숍)이 포함된다. • 부모의 적극적인 참여를 강조한다.

계속

| 예 9-8 | 계속

내용	포함되어야 할 내용	고려 사항
행사	• 영유아 대상 행사 • 영유아+가족 대상 행사	• 소풍, 운동회, 민속의 날, 어머니 또는 아버지 참여일, 조부모 참여일 등이 포함된다. • 제목만 제시하기보다는 각 행사의 의의를 간략히 소개한다.
연구 및 수상	• 기관에서 발행한 도서 • 기관에서 실시한 연구 • 기관 또는 교사의 수상 경력	• 도서 종류, 연구 종류, 수상자별, 또는 연도별로 정리하여 제시할 수 있다.
기타	• 안내 책자를 사용할 대상이 성인이므로 유치하거나 귀엽게 제작하기보다는 세련되고 안정된 분위기가 나도록 제작한다. • 다른 기관과 유사하게 제작하기보다는 차별화되고 그 기관만의 특성이 잘 나타나도록 제작한다. • 부모가 이해하기 쉬운 용어로 설명한다. • 부모는 일반적으로 안내 책자의 글을 자세히 읽지 않으므로 모든 내용에 글과 사진을 함께 제시하여 이해를 돕는다. • 영유아가 포함된 사진(예 실외 놀이터에서 영유아가 노는 사진)과 영유아가 포함되지 않은 사진(예 방과 후의 실외 놀이터) 중 어떤 사진을 어떤 내용에 사용하는 것이 더 효과적인지 고려한다.	

(2) 기관 또는 학급 신문(뉴스레터)

신문은 일정 기간 동안 기관 또는 학급에서 일어난 소식을 전하는 수단이다. 신문은 홈페이지에 올리는 방법과 전통적인 방식대로 인쇄하는 방법의 두 가지 방식으로 출판할 수 있다. 특히 인쇄 방식은 홈페이지 이용이 익숙하지 않은 부모가 많은 기관이나, 신문의 제작을 교육적으로 활용하려는 목적이 있을 때 사용할 수 있다.

○ 발행 주체를 결정한다.

전체 기관의 신문을 제작할지, 연령별 신문을 제작할지, 또는 학급별 신문을 제작할지 결정한다. 발행 주체를 결정할 때는 새로운 소식의 발생 빈도, 기관의 규모, 각 연령별 학급의 수 등도 고려한다. 기관의 규모가 크거나, 각 연령별 학급 수가 많거나, 연령이 높은 유아가 많은 기관에서는 전체 기관 신문보다는 연령별 또는 학급별 신문을 제작하는 것이 바람직하다.

○ 발행 주기를 결정한다.

어느 정도의 기간마다 발행할지 결정한다. 기관 전체로 발행할 경우는 기사로 낼 소식과 제작할 인원이 많기 때문에 자주 발행할 수 있다.

○ 제작 주체를 결정한다.

교사, 부모, 유아 중 누가 주도적으로 제작할지 결정한다. 유아의 연령이 낮을수록 교사나 부모의 역할이 커지고, 유아의 연령이 높을수록 유아에게 많은 역할을 맡길 수 있다. 예를 들면, 5세 학급의 경우, 원하는 유아나 당번을 정하여 신문 기자 역할을 수행하게 할 수 있는데, 이들은 신문에 포함할 기사를 선정하고 교사나 부모의 도움을 받아 기사를 써볼 수 있다.

○ 내용을 결정한다.

신문의 내용은 발행 주체에 따라 달라질 수 있는데, 발행 주체의 단위가 작아질수록 개인적이고 구체적인 기사들이 더 많이 포함될 수 있다. 다음은 신문 발행 주체에 따른 내용의 예이다.

예 9-9 발행 주체에 따라 신문에 포함될 수 있는 내용

발행 주체	신문 내용
전체 기관	• 각 연령 또는 학급별 교육(보육) 계획 또는 활동 소개 • 전체 또는 각 연령별 공지 사항(예 겨울 여벌 옷 준비, 폐품 수집) • 전체, 각 연령, 또는 학급별 행사 일정 소개 및 활동 보고 • 외부 손님 방문 소개 • 출판 및 수상 • 설치 또는 수리한 시설 • 새로 구입한 교재/교구 • 부모회 및 운영위원회 활동 • 도움 주신 부모 소개
각 연령 또는 학급	• 학급 유아의 개인적 소식(예 생일, 주말 여행, 동생의 출생, 가족 모임, 전학 또는 새로 온 유아 등) • 학급에서 진행 중인 교육(보육) 주제와 진행 과정 • 진행 중인 교육(보육) 주제와 관련된 결과물 • 학급의 이슈(예 유아들이 새로 만든 규칙, 견학지 또는 가장 인기 있는 도서 등에 대한 투표 결과) • 학급에 일어난 변화(예 새로운 놀잇감, 환경 구성의 변화) • 학급에서 필요한 폐품이나 교육 자료 등의 모집 안내

신문의 내용은 또한 발행 주기에 의해서도 영향을 받는다. 발행 간격이 넓을수록 현재 진행되고 있는 교육 활동이나 행사에 대한 생생한 보도보다는 이미 실시한 내용에 대한 보도가 될 가능성이 높다.

○ 분량을 결정한다.

신문의 분량은 성인이 담당하거나 전체 기관에서 발행하는 것일수록 늘어나고, 유아가 담당하거나 각 학급별로 발행하는 것일수록 줄어든다. 또한, 사진과 그림이 많이 사용될수록 늘어나는데 컬러로 출판할 경우 비용을 고려하여야 한다.

(3) 게시판

대부분의 기관에서 현관에 부모용 게시판을 설치하고 매달 부모가 알아야 할 행사, 일시, 준비물을 기록하여 게시한다. 때로는 각 학급의 출입문 옆에 작은 게시판을 설치하고, 학급의 일일 계획안이나 부모에게 공지할 사항을 게시한다. 게시판을 운영할 때는 다음과 같은 사항을 고려한다.

○ 부모용 게시판이 필요한지 평가한다.

모든 기관에서 부모용 게시판을 운영해 왔기 때문에 게시판의 필요성과 효과에 대한 평가 없이 관습적으로 제작해 왔다. 그러나 통신문이나 홈페이지를 통해 그 달의 행사나 활동을 알리고 있고, 통학 버스를 운영하기 때문에 부모가 거의 기관을 방문하지 않는 상황이라면 부모용 게시판이 불필요하다. 이런 경우, 부모용 게시판보다는 영유아용 게시판을 운영하는 것이 바람직하다.

○ 어떤 내용으로 게시판을 구성할지 결정한다.

일반적으로는 그 달의 대표적인 기관 행사나 활동을 일시나 장소와 함께 게시하는 수준으로 구성하는데, 제공되는 정보의 양이 적기 때문에 부모에게 실질적인 도움을 제공하지 못할 가능성이 크다. 활동명, 일시, 장소 이외에 어떤 정보가 추가되어야 부모에게 도움이 되는지 고려한다. 이 과정에서 부모의 의견을 듣는 것도 좋은 방법이 될 수 있다.

○ 어떻게 게시판을 장식할지 결정한다.

유아교육기관에서 제작하는 많은 인쇄물은 모두 어린이들을 대상으로 하는 것처럼 제작하는 경향이 있다. 즉, 부모가 읽는 안내 책자, 신문, 게시판을 영유아가 선호하는 그림 등으로 귀엽게 장식하는 경향이 있다. 그러나 독자가 성인이라는 것을 고려하여 성인의 수준에 맞게 제작하는 것도 고려해야 한다. 게시판을 보고 "유치원답다." 또는 "어린이집답다."라는 반응보다는 "많은 정보가 충실하게 제시되어 있다."라는 반응이 나오도록 제작하는 것이 바람직하다.

(4) 부모 의견함

유아교육기관뿐만 아니라 관공서나 병원 등 다양한 기관에서 의견함을 운영하지만 활용도는 낮은 편이다. 그 이유는 의견이 없어서라기보다는 의견함에 의견을 넣거나 올려도 의견이 반영되는지에 대한 확신이 없기 때문일 것이다.

유아교육기관에서 온라인 의견함(예 홈페이지나 학급 카페의 의견함)이나 기관내 비치한 실제 의견함(예 전통적인 방식의 의견함)의 방식으로 부모 의견함을 운영하기로 결정했다면 의견함의 존재, 위치, 의견의 반영 여부 등을 부모에게 명확히 알려야 한다. 특히, 일정 기간마다 어떤 의견이 접수되었는지, 어떤 의견이 어떻게 반영되었는지, 반영되지 않았다면 이유가 무엇인지를 기관 홈페이지, 기관 또는 학급 신문이나 카페, 또는 통신문(모바일 알림장 포함)을 통해 부모에게 알려야 한다. 또한, 부모 의견함이 건전한 목적으로 활용되도록 하기 위해 무기명이 아닌 기명 의견을 제시하게 하거나, 비방이나 비난일 경우 의견으로 접수되지 않음을 규정으로 만들 필요가 있다.

2) 양방향적 의사소통

양방향적 의사소통이란 정보가 양방향으로 전달됨을 의미한다. 따라서 의사소통에 참여하는 모든 사람이 정보의 제공자와 수혜자의 역할을 동시에 수행한다. 정보는 폭넓은 의미로 사용되는데 사실적 정보와 개인적인 의견 모두를 포함한다. 양방향적 의사소통 수단으로는 집단 및 개인 면담, 전화, 전자우편, 메신저, 팩스, 홈페이지, 학급 카페 또는 블로그, SNS, 화상채팅 등이 활용된다.

현대사회에서는 통신 기기의 발달로 과거처럼 의사소통의 참여자가 면대면으로 만나지 않아도 양방향적 의사소통이 가능해졌고, 동시적 의사소통(예 면대면 의사소통, 메신저를 통한 채팅)뿐만 아니라 시차를 두고 이루어지는 의사소통(예 전자우편, 홈페이지의 게시판에 댓글 달기)도 가능하다(Bauch, 1997). 양방향적 의사소통의 대표적인 예인 집단 면담, 개인 면담, 다양한 통신 매체를 이용한 기타 면담에 대한 구체적인 내용은 '제14장 부모와의 면담(pp. 267~291)'에 별도로 기술되어 있다.

3) 유의점 또는 협력의 효율성을 높이는 전략

양방향적 의사소통과 관련된 유의점 또는 협력의 효율성을 높이는 전략은 '제14장 부모와의 면담(pp. 267~291)'에 제시되어 있다.

5. 자원과 재능 제공에의 참여를 통한 협력

1) 자원과 재능의 종류

부모는 영유아의 교육(보육)활동을 지원하기 위해 다양한 종류의 자원을 제공하고 자신이 가진 다양한 재능을 활용함으로써 기관과의 협력을 증진할 수 있다. 부모가 제공할 수 있는 자원과 재능은 다양하지만 대표적인 것을 예로 들면 다음과 같다.

예 9-10 부모가 제공할 수 있는 자원과 재능의 예

부모가 제공할 수 있는 자원의 예 및 활용 방법	부모가 제공할 수 있는 재능의 예 및 관련 활동
• 각종 폐품 • 자유놀이 시간에 각 흥미 영역에서 사용되는 도구, 재료 및 소품들(예 의상, 가정용품, 블록이나 블록 영역의 소품, 과학 영역을 위한 자연물, 조형 영역을 위한 꾸미기 재료, 음률 영역을 위한 소품 등) • 수업을 위한 이야기/글/기사/책 • 수업이나 환경 구성을 위한 그림/사진	• 가구, 기자재의 간단한 수리 • 음악이나 무용 같은 예술과 관련된 재능(예 어린이날에 하는 부모의 음악, 미술, 또는 무용 발표회) • 요리와 관련된 재능(예 영양사가 작성한 식단 점검, 간식 만들기, 유아와 요리하기) • 글쓰기나 문학과 관련된 재능(예 기관 또는 학급 신문의 제작 담당 또는 도우미, 유아의 문학 활동 도우미)

계속

| 예 9-10 | 계속

부모가 제공할 수 있는 자원의 예 및 활용 방법	부모가 제공할 수 있는 재능의 예 및 관련 활동
	• 미술과 관련된 재능(예 환경 및 학급 환경 구성, 그림 동화 제작) • 바느질과 관련된 재능(예 역할놀이용 의상 제작 및 수리, 간식 당번용 앞치마 제작) • 외국어와 관련된 재능(예 외국 도서의 번역, 기관 안내 책자의 외국어 번역) • 컴퓨터와 관련된 재능(예 홈페이지 제작 및 관리)

2) 유의점 또는 협력의 효율성을 높이는 전략

○ 부모가 어떤 자원과 재능을 제공할 의사가 있는지 조사한다.

부모의 자원과 재능을 효율적으로 관리하고 활용하기 위해서는 먼저, 부모가 어떤 자원과 재능을 가졌는지 조사해야 한다. 부모가 제공할 수 있는 자원은 설문지를 통해 미리 알아보기보다는 특정 자원이 필요할 때 통신문을 통해 지원을 부탁할 수 있다. 예를 들면, 지역사회 꾸미기를 위해 작은 상자가 필요할 때 지원을 부탁하거나, 세계 여러 나라 의상에 대해 알아볼 때 이와 관련된 사진이나 자료를 부탁할 수 있다.

부모가 가진 재능을 알아보거나 어떤 방식으로 참여하기를 희망하는지 알아보기 위해서 학기 초에 설문지를 작성하게 한다. 설문지의 예는 '제7장 부모회의 운영위원회의 구성과 운영' 중 '| 예 7-1 | 부모 조력자 모집 설문지(pp. 116~117)'를 참조할 수 있다.

○ 부모의 자원과 재능을 최대한 활용한다.

부모가 자신이 가진 자원과 재능을 활용할 의사를 밝힌 후 많은 부모에게 최대한 많은 기회를 제공한다. 학기 초 설문 조사 후 부모에게 기회를 제공하지 않으면, 부모는 점차 의례적인 절차로 생각하기 때문에 성실히 응답하지 않거나, 부모 참여를 중요하지 않게 생각하거나, 또는 동기 유발이 되지 않는다.

○ 활용한 후 꼭 감사를 표한다.

부모가 시간과 재능을 나눠 자녀의 교육에 참여한 후에는 다양한 방법으로 부모에게 감사의 마음을 표시한다. 다양한 방식(예 감사 카드, 전화, 통신문 발송 등)으로 감사를 표현할 수 있으며, 이때 중요한 것은 부모들의 참여가 모든 사람에게 인정받고 있다는 것을 부모들이 느끼게 하는 것이다.

6. 의사결정 과정에의 참여를 통한 협력

1) 의사결정 과정에의 참여

의사결정 과정에의 참여는 유아교육기관 운영 전반에의 참여, 교육(보육)의 목표 및 내용 결정에의 참여, 교육용 가구, 기자재, 교구 및 교재 구입에의 참여, 교사 또는 직원 채용에의 참여 등 다양한 분야에서 이루어질 수 있다. 재정이나 인사에 관련된 분야에 참여할수록 의사결정 과정에의 참여 수준이 높은 것이고, 일회성 활동과 관련된 결정 참여에 국한될수록 참여 수준이 낮은 것이다.

참여 수준이 가장 높은 것으로는 부모협동조합을 들 수 있다. 부모협동 유치원 또는 어린이집은 부모가 운영하는 교육기관이기 때문에 모든 내용과 모든 수준의 의사결정에 부모들이 주도적으로 참여한다. 미국에서는 1916년 University of Chicago 교수들의 부인 12명이 처음으로 부모협동조합 유치원을 만들었고(Berger & Riojas-Cortez, 2011), 1960년대 시작된 Head Start에서도 부모가 의사결정 과정에 참여할 기회를 제공할 것을 강력히 권고하였다. 우리나라에서는 부모협동 어린이집을 보육아동을 둔 보호자 또는 보호자와 보육교직원 11인 이상이 조합을 결성하여 설치·운영하는 어린이집으로 규정하고 있고, 보호자는 조합원이 되어 보육과정 및 의사결정에 최대한 참여할 수 있다(보건복지부, 2025).

우리나라에서도 의사결정 과정에 부모가 참여하는 것이 점차 의무화되고 활성화되고 있다. 어린이집은 어린이집 운영위원회를, 유치원은 유치원 운영위원회를 운영하도록 되어 있다. 보건복지부(2010)에서 발행한 '어린이집 운영위원회 매뉴얼'과 교육부(2021)에서 발행한 '2021 유치원 운영위원회 학부모 지원자료'를 살펴보면 운영위원회에는 다양한 인사가 참여하는데, 어린이집은 원장, 보육교사, 부모, 지역사회 인사가,

유치원은 학부모, 교원, 외부 전문가(소위원회 설치 시)가 참여하여 어린이집이나 유치원 운영 전반에 대한 권한(예 규칙 개정, 예·결산, 보육 또는 교육과정 운영, 건강/영양 및 안전, 급식 관련 권한 등)을 가지고 있다.

부모가 자녀의 교육과 관련된 의사결정 과정에 참여하는 것의 긍정적 효과를 고려할 때, 위에 언급한 범위 이외에도 다양한 방식으로 협력하여 영유아 교육의 질을 높이는 데 기여해야 한다. 예를 들면, '우리나라'에 대해 학습한 후 현장 학습을 갈 수 있는 다양한 장소를 부모와 기관이 알아보고 유아의 연령, 학습 내용과의 관련성, 소요 비용 및 거리 등을 고려하여 어떤 장소가 가장 바람직한지 함께 결정할 수 있다. 또는 교육적으로 생일 축하하는 방식에 대해 토론한 후 각 기관 또는 각 연령별로 어떻게 생일 축하하는 것이 바람직한지 함께 결정할 수 있다.

2) 유의점 또는 협력의 효율성을 높이는 전략

○ 어떤 분야와 수준에서 의사결정에 참여할지 결정한다.

앞서 언급한 바와 같이 부모가 의사결정에 참여할 수 있는 분야와 수준은 다양하다. 처음부터 모든 분야의 의사결정에 부모가 참여하는 것은 불가능하므로, 각 기관의 상황을 고려하여 부모와 기관 모두에게 부담이 적은 분야에서 참여하는 것으로 시작하고, 점차 참여 분야와 수준을 높여가는 것이 바람직하다.

○ 어떤 절차를 거쳐 공동의 의사결정을 할지 결정한다.

부모와 기관이 함께 의사결정에 참여할 때 의제의 발의부터 결정까지 다양한 단계를 거치게 된다. 각 사안마다 구체적인 단계는 달라지겠지만, 전형적인 의사결정 단계를 설정하면 신속하고 합리적인 의사결정이 이루어질 수 있다. 예를 들면, 어떤 사안을 상정할 수 있는가?, 누가 상정할 수 있는가?, 어떤 과정을 거쳐 상정할 수 있는가?, 의사결정 과정에는 누가 참여할 것인가?, 참여자는 항상 같은가? 또는 사안에 따라 달라질 수 있는가?, 어떤 과정을 거쳐 토론할 것인가?, 어떤 방식으로 의사결정할 것인가?, 투표할 것인가? 등 많은 것에 대한 절차를 미리 결정할 수 있다.

사례

사례 1

A 유아교육기관에서는 1달에 1회 기관 신문을 제작한다. 학부모 중에서 컴퓨터, 글쓰기, 편집하고 교정보기에 재능이 있는 부모가 신문 제작을 지원하고 있다. 부모는 그 달의 특집 기사(예 3세 학급 탐방 기사)를 마련하기도 하고, 각 학급별로 기사와 사진이 모아지면 전체적인 배치와 편집, 교정을 담당한다. 이 과정에서 5세 학급 기자 유아와 기사 및 사진의 내용에 대해 의논하기도 한다.

사례 2

B 유아교육기관에서는 부모가 자신의 재능이나 직업을 활용하여 다양한 방식으로 재능을 기부한다. 제빵업을 하는 부모는 기관 행사에 빵을 지원하고, 수제 액세서리를 제작하는 부모는 생일 축하 때 조화 대신 사용하도록 브로치를 만들어 지원하고, 디자인을 전공한 부모는 교사와 유아가 학급 상징을 만들 때 함께 참여하여 지원한다.

사례 3

다음의 사례는 유아의 생일 축하 방식에 대해 부모와 기관이 함께 의사결정한 과정으로, 어떤 내용이 어떤 방식으로 토론되어야 하는지를 보여준다.

어느 해 C 유아교육기관의 5세 학급에 신입원아가 많았다. 다른 기관에 자녀를 보냈던 부모는 기관에서의 생일 축하에 대해 다른 경험이 있기 때문에 생일 축하 방식에 대해 불만 또는 의문점을 가지기 시작했다. 기관장은 이 기관에서 채택해 온 생일 축하 방식을 설명할 필요와 부모의 의견을 반영하여 수정할 필요를 느꼈다. 다음은 의사결정 과정을 요약한 것이다.

[생일 축하 방식의 개선을 위한 의사결정 과정]

단계	핵심 내용
1	• 기관장이 생일 축하 방식에 대한 다양한 의견이 있음을 알리고, 함께 생일 축하 방식을 개선하는 과정에 참여할 것을 권유하는 통신문을 부모에게 보냄
2	• 생일 축하 방식 개선 위원회를 구성할 것을 제안하고, 각 학급에서 1~2명의 부모를 모집함. 기관에서는 기관장, 원감, 5세 주임 교사가 참여함

계속

| 사례 3 | 계속

<table>
<tr><th>단계</th><th>핵심 내용</th></tr>
<tr><td>3</td><td>• 위원회에 참여한 부모는 학급의 다른 부모의 의견을 수집함. 기관은 기관에서 실행해 온 방식의 교육적 의의를 설명할 준비를 함. 다음의 사안에 대한 의견과 경험이 부모로부터 다양하게 수집됨
<table>
<tr><td>시기</td><td>• 각 유아의 생일에 실시하거나, 일정 기간에 생일을 맞은 모든 유아를 모아 1주 1회, 2주 1회, 또는 1달 1회 생일 축하를 실시할 수 있음</td></tr>
<tr><td>단위</td><td>• 각 학급별 또는 각 연령별로 실시할 수 있음</td></tr>
<tr><td>환경 구성</td><td>• 특별한 장식을 하지 않거나, 생일 축하 현수막 또는 생일 맞은 유아의 이름을 적은 현수막 등을 설치할 수 있음</td></tr>
<tr><td>자리 배치</td><td>• 다른 유아와 같이 앉거나, 앞에 나와 앉거나, 단상 위에 앉을 수 있음</td></tr>
<tr><td>생일인 유아의 의상</td><td>• 평상시 좋아하는 자신의 옷을 입거나, 기관에서 제공한 특별한 의상(예 한복, 조끼)을 입거나, 모자를 쓸 수 있음</td></tr>
<tr><td>간식의 종류</td><td>• 음료수, 생일 떡 또는 케이크, 과일, 과자 등이 제공될 수 있음</td></tr>
<tr><td>간식의 준비</td><td>• 생일 맞은 유아(들)의 부모가 담당하거나, 기관에서 담당하거나, 함께 담당할 수 있음</td></tr>
<tr><td>선물</td><td>• 유아가 기관에서 만든 선물이나 집에서 가져온 선물을 생일 맞은 유아에게 줄 수 있음/생일 맞은 유아가 보답으로 작은 선물을 모든 유아에게 주거나, 기관에서 생일 맞은 유아에게 선물을 줄 수 있음</td></tr>
<tr><td>생일 축하</td><td>• 유아가 주도하여 축하하거나, 생일 축하 업체에서 파견된 사람의 사회로 축하할 수 있음</td></tr>
<tr><td>사진/비디오 촬영</td><td>• 부모가 촬영, 기관에서 촬영, 또는 전문 업체에서 촬영할 수 있음</td></tr>
</table>
</td></tr>
<tr><td>4</td><td>• 기관은 기관에서 실행해 온 방식의 교육적 의의를 설명함. 부모는 다양한 부모 의견의 장점과 단점을 토론함</td></tr>
<tr><td>5</td><td>• 결정 방법에 대한 토론을 실시함. 만 5세 전체 부모의 의견을 물어 가장 많이 찬성하는 방식으로 실시할 것으로 결정됨. 부모의 의사결정을 돕기 위해 위원회에 참여한 부모는 각 방식의 장점과 단점을 요약한 문서를 설문지와 함께 발송함</td></tr>
</table>

계속

| 사례 3 | 계속

<table>
<tr><th>단계</th><th colspan="2">핵심 내용</th></tr>
<tr><td rowspan="11">6</td><td colspan="2">• 다음과 같은 근거 하에 각 방식으로 결정됨</td></tr>
<tr><td>시기</td><td>• 만 5세는 이미 기관에서 개인별로 생일 축하한 경험이 있고, 만 5세의 학급당 원아 수가 많아 개인별로 생일 축하하면 다른 활동에 지장이 있으므로 매주 금요일에 그 주에 생일 맞은 유아를 함께 축하함</td></tr>
<tr><td>단위</td><td>• 학급별로 실시함</td></tr>
<tr><td>환경 구성</td><td>• 학급별로 실시하므로 특별한 장식은 하지 않음</td></tr>
<tr><td>자리 배치</td><td>• 생일인 유아는 교사와 함께 앞에 앉고, 다른 유아는 반원으로 마주 보고 앉음</td></tr>
<tr><td>생일인 유아의 의상</td><td>• 각 유아의 개성이 존중되도록 평상시 좋아하는 옷을 입음</td></tr>
<tr><td>간식의 종류</td><td>• 음료수 1종류, 떡 또는 빵 1종류, 제철 과일 1~2종류로 결정됨
• 영양을 고려하여 탄산음료나, 합성음료나, 달고 크림이 많은 케이크 종류는 제외하기로 결정함</td></tr>
<tr><td>간식의 준비</td><td>• 음료수는 기관에서 제공하고, 떡 또는 빵과 제철 과일은 부모가 준비함</td></tr>
<tr><td>선물</td><td>• 유아가 그리거나, 만들거나, 쓴 것으로 선물을 함. 생일 맞은 유아가 다른 유아에게 주는 선물은 가정에 부담이 될 수 있으므로 하지 않음. 선물을 하고 싶을 경우 좋아하는 책 1권을 선정하여 학급 문고로 기증할 수 있음. 책 표지 안쪽에 [유아의 사진과 함께 20○○년 ○월 ○일 ○○○의 만 5세 생일을 맞아 기증함]이라고 기록함. 기관에서는 교사의 생일 축하 카드와 책 1권을 제공함</td></tr>
<tr><td>생일 축하</td><td>• 교육적 의의를 고려하여 유아가 주도하여 실시함</td></tr>
<tr><td>사진/비디오 촬영</td><td>• 부모가 참여할 수 있으면 부모가 촬영함. 부모가 참여할 수 없으면 기관에서 5장 내외로 촬영하여 제공함. 전문 업체는 어떤 경우도 활용할 수 없음</td></tr>
</table>

요 약

부모는 다양한 방식과 수준으로 자녀의 교육과 부모 자신의 향상을 위한 활동에 참여할 수 있다. 부모가 참여할 수 있는 방법에는 간접 또는 직접 경험을 통한 참여, 교육과정에의 참여, 일방향적 또는 양방향적 의사소통에의 참여, 자원이나 재능의 제공을 통한 참여, 의사결정 과정에의 참여 등이 있다. 부모가 다양한 방식으로 참여하게 하고 부모의 참여가 자녀의 교육과 자신의 향상에 도움이 되게 하기 위해서는 부모와 기관의 협력과 상호 지원이 요구된다.

교수-학습을 위한 제언

1. 부모의 참여는 관점에 따라 다양한 방식으로 분류될 수 있습니다. Cataldo(1987), Berger와 Riojas-Cortez(2011), 그리고 이 책에서 분류한 방식을 참고로 하여 자신의 철학이나 관점에 따라 다른 방식으로 분류해 봅시다. 다른 사람 또는 다른 조와 함께 토론하며 왜 그렇게 분류하였는지 설득해 봅시다.
2. 간접 경험(관찰)에의 참여를 통한 협력 중에서, 단순 관찰이나 안내에 의한 관찰 사례를 수집해 봅시다. 단순 관찰 사례를 하나 선정하여 안내에 의한 관찰이 될 수 있도록 안내문을 제작해 봅시다.
3. 직접 경험에의 참여를 통한 협력 방안에는 부모로서 참여, 영유아를 돌보는 것이 주역할인 보조교사로서의 참여, 영유아를 가르치는 것이 주역할인 보조교사나 주교사로서의 참여가 있습니다. 참여 방안 중 1개를 선택하고, 구체적인 역할(예 실외 자유놀이 시, 종합놀이터에서의 보조교사)을 정한 후, 참여할 부모에게 제공할 안내문을 작성해 봅시다.
4. 부모의 적극적 참여를 격려하기 위해 토론회를 주도하여 개최하게 하려고 합니다. 토론 주제를 선택한 후, 어떤 도움을 제공해야 할지 구체적인 계획을 세워 봅시다.
5. 여러 기관의 안내 책자를 수집하여 비교하여 봅시다. 어떤 공통점과 차이점이 있습니까? 책자에 제시된 제작 방법에 대한 안내를 기준으로 사용하여 가장 잘 제작된 안내 책자를 뽑아 봅시다. 어떤 측면에서 우수하다고 생각합니까?
6. 일방향적 의사소통 수단인 기관 안내 책자, 기관 또는 학급 뉴스레터, 부모용 게시판 중 하나를 선택하여 시안을 작성해 봅시다. 시안에 포함한 내용이 왜 중요한지에 대한 근거를 제시해 봅시다.
7. 부모의 삶의 방식이나 통신 기기의 발달을 고려할 때 부모 게시판이나 부모 의견함이 필요하다고 생각합니까? 여전히 필요하다고 생각하는 이유를 제시하고, 활성화시킬 수 있는 전략을 제안해 봅시다.
8. 미술이나 장식에 재능이 있는 부모의 능력을 활용할 수 있는 분야에는 무엇이 있습니까? 예를 들면, 게시판 꾸미기, 그림동화 그리기 등 이외에 어떤 분야에 활용할 수 있습니까? 부모가 교육적으로 또는 영유아의 수준에 맞게 자신의 능력을 활용하게 하기 위해 어떤 도움이 필요합니까? 예를 들면, 영유아들의 수준에 맞는 감상용 그림을 선정하도록 부탁한다고 가정합시다. 영유아들의 수준에 맞는 그림을 선정할 수 있도록 어떤 안내를 할 수 있습니까?

9. 부모와 함께 의사결정할 수 있는 사안을 하나 생각해 봅시다. 그 사안에 대해 부모와 함께 의사결정하기 위해 어떤 단계를 거쳐야 하고, 각 단계마다 어떤 내용이 토론되거나 결정되어야 하는지 계획하여 봅시다(제9장 부모 참여 방안 중 | 사례 3 |, pp. 174~176).

참고문헌

교육부(2021). **2021 유치원 운영위원회 학부모 지원자료**. 저자.

김희진(2002). 유아교육기관에서의 부모교육에 관한 조사연구, **교육학 연구**, 40(6), 239-260.

보건복지부(2010). **어린이집 운영위원회 매뉴얼**. 저자.

보건복지부(2025). **2025 보육사업안내**. 저자.

하경용(2003). 유치원의 부모 학급보조자 사전 교육 프로그램 모형 개발. 이화여자대학교 교육대학원 석사학위논문.

Bauch, J. (1997). *The bridge project: Connecting parents and schools through voice messaging. A monograph of the Betty Phillips Center for parenthood education*. Pedbody College of Vanderbilt University.

Berger, E., & Riojas-Cortez, R. (2011). *Parent as partners in education: Families and schools working together* (8th ed.). Merrill.

Cataldo, C. (1987). The development of parent education programs. In C. Cataldo (Ed.), *Parent education for early childhood* (pp. 3-25). Teachers College Press.

Epstein, J. (1992). *School and family partnership*. Center for Families, Communities, Schools, and Children's Learning.

Epstein, J., & Dauber, S. (1991). School programs and teacher practices of parent involvement in inner-city elementary and middle schools. *The Elementary School Journal, 91*(3), 289-305.

Swap, S. (1987). *Enhancing parent involvement in schools*. Teachers College Press.

Wilson, G. (1998). *Activities for parent groups*. Humanics.

Chapter 10

부모교육과 지원의 내용

학습목표

- 부모교육과 지원에 포함될 수 있는 주제, 즉 내용에는 어떤 것이 있는지 이해한다.
- 부모교육과 지원의 내용을 선정할 때 유의해야 하는 사항을 이해한다.

1. 부모교육과 지원의 내용

'유아교육기관에서의 부모교육과 지원에는 어떤 내용이 포함되어야 하는가?'라는 질문에 '부모가 자녀를 양육하는 데 도움이 되는 내용'이라는 답이 가장 많을 것이 분명하다. 부모교육과 지원에 부모가 자녀를 양육하는 데 도움이 되는 내용이 포함되어야 하는 것은 분명하지만, 자녀를 양육하는 데 도움이 되는 내용만 포함되어야 하는 것인가?

Bronfenbrenner(1979, 1986)가 생태학적 이론에서 강조했듯이 현 시점의 인간은 그를 둘러싼 다양한 수준의 환경-미시체계(microsystem), 중간체계(mesosystem), 외체계(exosystem), 거시체계(macrosystem), 시체계(chronosystem)-이 상호작용한 결과이다. 이를 부모 역할에 적용시켜 보면, 현재 부모가 수행하는 부모 역할은 자녀 양육과 관련된 태도, 정보, 기술, 전략 이외의 다른 요인의 영향도 받는다는 것을 알 수 있다. 실제로 많은 연구는 부모가 부모의 역할을 잘하기 위해서는 자녀를 양육하는 데 필요한 태도, 정보, 기술 또는 전략 이외에도 다른 조건들이 충족되어야 한다고 보고하고 있다(Hurrelmann, 2011; Waanders, Mendez, & Downer, 2007). 예를 들면, 부모 또는 인간으로서의 자아개념, 부부 관계, 가족 관계, 또래 또는 친구 관계, 직장 또는 일에서의 성취, 기본적인 경제적 조건, 주변에서 제공되는 다양한 사회적 지원 또는 지지 등이 부모로서의 역할을 수행하는 데 영향을 미친다고 알려져 있다. 즉, 자녀 양육과 관련된 태도, 정보, 기술, 전략 등은 부모로서의 역할을 수행하는 데 직접적인 영향을 미치지만, 다른 조건들은 스트레스 같은 부정적 요인으로 작용하거나, 동기 유발 같은 긍정적인 요인으로 작용하여 부모로서의 역할 수행에 간접적인 영향을 미친다는 것이다. 이는 부모가 인간으로서 행복하거나 자신을 가치 있게 여기지 않으면 부모로서의 역할을 잘 수행할 수 없다는 것(Cochran, 1988)을 의미한다. 따라서 현대의 부모교육 및 지원에는 부모로서의 역할 수행에 도움이 되는 내용뿐만 아니라, 인간으로서의 행복에 도움이 되는 내용도 포함되는 경향이 증가하고 있다. 따라서 영유아기 자녀를 둔 부모를 위한 교육 및 지원에는 부모로서의 부모를 위한 내용과 개인으로서의 자신을 위한 내용이 균형 있게 포함되어야 한다(Epstein, 2011, 2017; Epstein, Larner, & Halpern, 1995).

표 10-1 부모로서의 부모를 위한 내용과 개인으로서의 자신을 위한 내용

부모로서의 부모를 위한 내용	개인으로서의 자신을 위한 내용
• 부모와 자녀 간에 건전한 애착 관계 형성을 도울 수 있는 내용 • 부모와 자녀 간의 건전한 상호작용 촉진을 도울 수 있는 내용 • 부모가 자녀의 발달 상황을 인식하고 지원하도록 도울 수 있는 내용 • 부모가 자녀를 안전하게 양육하도록 도울 수 있는 내용 • 부모-자녀 간 놀이의 중요성을 인식하도록 도울 수 있는 내용 • 부모가 자녀의 놀이를 확장하고 정교하게 하도록 도울 수 있는 내용 • 부모-자녀 간 언어적 상호작용의 중요성을 인식하고 실천하도록 도울 수 있는 내용 • 부모가 일상적인 집안일에 자녀를 참여시키는 것의 가치를 알고 실천하도록 도울 수 있는 내용 • 부모가 자녀의 행동 지도를 도울 수 있는 내용	〈개인적 발달과 관련된 내용〉 • 부모가 그들의 교육적 또는 직업적인 목표를 성취하도록 지원하는 내용 • 가족 계획을 지원하는 내용 • 부모의 자신감, 통제 능력, 자기 존중감을 향상시킬 수 있는 내용 • 부모가 자신의 장점과 강점을 인정하고 활용하도록 격려할 수 있는 내용 • 부모가 자신의 감정적인 문제들을 확인하고 지원을 요청할 수 있도록 하는 내용 • 부모가 가진 문제(예 폭력, 음주 등)를 인식하고 극복하도록 돕는 내용 〈대인 관계 발달과 관련된 내용〉 • 부모의 사회적 고립을 극복하는 내용 • 가족 구성원이 부모의 양육을 지지하도록 격려하는 내용 • 부모가 균형 있고, 상호적인 대인 관계를 확립하도록 돕는 내용 • 가족 간의 비형식적 지지망 발달을 촉진하는 내용

Cataldo(1987)도 부모교육 및 지원의 내용에는 자녀 양육과 직접 관련된 내용뿐만 아니라 개인으로서의 자기 발달과 관련된 내용도 모두 포함되어야 한다고 강조하였다.

표 10-2 자녀 양육에 관련된 내용과 개인으로서의 자기 발달에 관련된 내용

자녀 양육에 관련된 내용	개인으로서의 자기 발달에 관련된 내용
• 영유아의 발달에 관련된 내용 • 자녀의 학교에 참여하는 것을 촉진시키는 것에 관련된 내용 • 자녀 양육 기술에 관련된 내용 • 자녀의 문제를 예방하는 것과 관련된 내용 • 가족, 부모, 자녀의 문제를 해결하는 것과 관련된 내용 • 특수아를 가진 부모 지원과 관련된 내용	• 사회적 원조를 구하고, 사회적 지원망을 구성하는 것과 관련된 내용 • 부모가 자발적으로 시작한 자조 집단(self-help group) 또는 흥미 집단(예 비누공예, 산책 클럽)의 운영과 관련된 내용

다음의 | 표 10-3 |은 최근 우리나라에서 개발된 부모교육과 지원 관련 자료(예 교육과학기술부, 제주특별자치도 교육청, 2008; 교육과학기술부, 육아정책연구소, 2009, 2012; 서울특별시 유아교육진흥원, 2012; 한국교육개발원, 2013)에 제시된 내용을 부모로서의 역할 수행과 개인으로서의 역할 수행에 관련된 내용으로 재분류한 것이다. 현재 시행되고 있는 다양한 부모교육과 지원 활동을 상세히 살펴보면 이미 개인으로서의 역할 수행에 관련된 내용도 포함되어 있다는 것을 알 수 있을 것이다.

표 10-3 부모로서의 역할 수행과 개인으로서의 역할 수행에 관련된 내용

부모로서의 역할 수행에 관련된 내용	개인으로서의 역할 수행에 관련된 내용
• 영유아 교육기관 소개 및 하루 일과 • 현대 및 미래사회에서의 부모의 역할 • 영유아의 발달 특성 및 부모의 역할 • 영유아의 놀이와 부모의 역할 • 그림책과 부모의 역할 • 영유아의 언어 발달(듣기, 말하기, 읽기, 쓰기)과 부모의 역할 • 수·과학 활동과 부모의 역할 • 창의력과 부모의 역할 • 영유아의 조형적, 음악적 경험과 부모의 역할 • 자녀와 대화하기 • 자녀의 문제 행동과 부모의 역할 • 자녀의 도덕성 발달과 부모의 역할 • 정서적 안정과 부모의 역할 • 영유아기 스트레스와 부모의 역할 • 자녀의 또래 관계와 부모의 역할 • 유아기 성교육 • 영유아기 건강 및 식습관과 부모의 역할 • 한의학적으로 본 영유아의 건강 • 가정에서의 안전과 부모의 역할 • 손자녀 돌보기	• 자신의 성격 이해하기(예 MBTI, 애니어그램) • 자신의 장점과 특성 이해하기 • 부부 관계 개선 • 고부 관계 또는 친척 관계에 대한 이해 • 사회적 지지망 확장 견고히 하기 • 가족과의 의사소통(예 PET, STEP) • 지역사회 자원 활용하기 • 알아두면 유용한 생활 속의 예절 • 알아두면 유용한 이웃과의 교제법 • 부모의 미용 또는 건강과 관련된 내용(예 화장법, 마사지, 운동, 식생활 등) • 가족 또는 부모 자신의 문화 체험 – 자연(예 등산, 바다, 강, 식물원, 농장체험 등) – 민속(예 민속마을, 전통 놀이체험 등) – 문화(예 박물관, 미술관, 음악회, 도자기 굽기 등) – 놀이(예 각종 놀이공원, 동물원, 눈썰매장 등) • 취업에 도움이 되는 내용(예 미용, 옷 수선, 스포츠 마사지 등) • 부모의 취미와 관련된 내용(예 운동, 요리, 종이접기 등) • 부모의 친목 및 문화 체험과 관련된 내용(예 영화 및 연극 감상 등) • 부모의 경제 활동과 관련된 내용(예 증권 투자의 기초, 공인중개사 소개 등)

요약하면, 유아교육기관에서의 부모교육과 지원에 관련된 주제 또는 내용은 자녀를 양육하는 데 도움이 되는 내용이 반드시 포함되어야 하지만, 부모 자신이 인간으로서 자부심을 갖고 행복해지는 데 도움이 되는 내용도 포함될 수 있다. 이는 현대 부모

교육과 지원의 경향과도 부합하는 것으로 부모가 부모의 역할을 수행하는 데 직접 또는 간접적으로 영향을 미치는 다양한 요인을 고려한 결과이다.

2. 부모교육과 지원의 내용 구성 시 유의점

1) 부모로서의 부모와 인간으로서의 자신과 관련된 내용 간의 균형

부모교육과 지원을 목적으로 프로그램의 내용을 구성할 때, 부모 역할과 관련된 내용과 부모 개인과 관련된 내용을 모두 포함한다면 어떤 비율로 구성해야 하는가? 정해진 규칙이 있는 것은 아니나 두 가지 내용 간에 어느 정도의 균형은 필요하다. 그러나 부모교육과 지원을 위한 다양한 많은 활동이 꾸준히 시행되지 않는 유아교육기관의 현실을 고려할 때 부모로서의 부모와 관련된 내용이 인간으로서의 자신과 관련된 내용보다 많도록 구성할 필요는 있다.

2) 부모의 욕구와 프로그램 진행자의 신념 간의 균형

어느 시기에 어떤 내용 또는 주제로 프로그램을 진행할 것인가는 부모의 욕구와 프로그램 진행자의 신념을 기초로 균형 잡히게 결정해야 한다. 바람직한 내용인가 아닌가에 대한 판단 없이 부모가 요구하는 모든 내용을 포함하는 것은 바람직하지 않다. 그렇다고 프로그램 진행자인 기관장이나 교사가 '우리 기관에 자녀를 보내는 부모에게는 이런저런 내용의 프로그램이 필요하다.'라고 판단하여 일방적으로 결정하는 것도 바람직하지 않다. 기관에서 진행되는 교육 프로그램, 과거에 실시되었던 부모교육 및 지원 프로그램, 부모의 욕구, 기관장이나 담당교사의 관점을 모두 종합하여 프로그램 내용을 최종적으로 결정해야 한다.

3) 태도, 정보, 기술에 관련된 내용 간의 균형

부모교육과 지원을 위해 특정 내용으로 프로그램을 진행할 경우, 그 내용은 부모의 태도나 신념을 변화시키는 것과 관련된 내용, 부모에게 정보나 지식을 제공하는 것과 관련된 내용, 또는 부모에게 기술이나 전략을 가르치는 것과 관련된 내용으로 구성될 수 있다. 예를 들면, '현대사회에서의 바람직한 부모 역할'은 부모의 태도나 신념을 변화시키는 것에 초점을 맞추는 내용이고, '영유아기 자녀에게 적절한 도서'는 정보나 지식을 알리는 것에 초점을 맞추는 내용이고, '영유아기 자녀의 행동 지도 전략'은 부모에게 기술이나 전략을 알리는 것에 초점을 맞추는 내용이다. 일 년 동안 진행되는 프로그램의 내용 전체를 볼 때, 부모가 바람직한 자녀 양육 태도를 갖게 하고, 유용한 정보를 습득하게 하며, 바람직한 기술을 익히게 하는 것도 중요하지만, 1회에 진행되는 내용 안에서도 태도, 정보, 기술이 모두 포함되게 구성하는 것이 중요하다. 예를 들면, '유아기 성교육'에 관한 내용에 유아기 성교육에 대한 부모의 태도를 점검하고, 유아기 성교육에 포함되어야 할 핵심 정보를 제공하며, 자녀가 성교육과 관련된 질문이나 행동을 했을 때 바람직하게 반응할 수 있는 전략이 포함되도록 하는 것이 바람직하다.

4) 과거에 실시했던 내용과의 연계성

기관의 성격에 따라 입학한 영유아가 수료할 때까지 다니는 기간은 1년에서 5년으로 매우 다양하다. 자녀를 입학시킨 첫해에 진행되는 부모교육과 지원의 모든 내용이 부모에게 새롭기 때문에 부모가 관심을 보이고 적극적으로 참여하는 경향이 있다.

유아교육기관에서는 일반적으로 신입부모 오리엔테이션, 집단 및 개인 면담, 학부모 참여일을 제외하면 1년에 1~2회의 강연으로 부모교육 및 지원 프로그램의 내용을 구성하고 있다. 보통, 매년 같은 패턴으로 내용이 반복되기 때문에 둘째 해부터는 '작년에 해보았었던 것', '작년에 들었던 것'이란 생각이 들어서 부모의 관심도 줄어들고, 참여율도 현저히 떨어지게 된다.

최근 취원 연령이 하향화됨에 따라 재원 기간도 길어지는 경향이 있기 때문에 한 해 이상 자녀를 보내는 부모가 지속적으로 부모교육 및 지원에 참여하도록 내용을 구성하는 노력이 필요하다. 부모가 프로그램에 대한 관심을 유지하게 하는 전략 두 가지를 소개하면 다음과 같다.

첫째는 매년 다른 내용으로 프로그램을 구성하는 방법이다. 즉, 부모의 욕구, 영유아를 위한 교육 프로그램의 특성, 또는 기관의 교육 방침 등을 모두 고려하여 그 해의 특별 주제를 선정한 후 1년 동안 그 주제와 관련 있는 내용으로 프로그램을 구성하는 것이다. 예를 들면, 유아기 영어 교육에 대한 주제가 선정되었다면 1년 동안 유아기 언어 학습의 특성, 유아기 모국어 학습의 중요성, 유아기 외국어 학습의 장점과 단점, 외국어 학습을 위한 적절한 연령, 바람직한 외국어 학습 방법, 성공 또는 실패 사례 등의 폭넓은 내용을 다룰 수 있다. 이런 방식으로 프로그램을 구성할 경우, 매년 새로운 주제를 다루기 때문에 부모가 지속적인 관심을 보일 가능성이 높고, 부모에게 심도 있는 정보와 전략을 제공할 수 있기 때문에 부모가 바람직한 자녀 양육 철학과 자녀 양육 방법을 확립할 가능성이 높아진다. 단점으로는 모든 부모가 그 해의 주제에 관심을 보이는 것은 불가능하기 때문에 관심 없는 부모의 참여율이 낮아질 수 있다는 것을 들 수 있다. 이런 단점을 보완하기 위해 한 가지 주제로 한정하기보다는 두 가지 주제를 선정하여 동시에 진행하거나, 한 가지 주제를 6개월 정도 진행하여 1년에 2가지 주제를 소화하는 방법을 사용할 수 있다.

둘째는 같은 내용으로 진행하더라도 연령에 따라 집단을 구성하여 영유아의 연령이 증가함에 따라 부모가 알아야 할 내용을 중심으로 매년 신선도를 유지시키는 방법이다. 부모는 같은 내용을 반복해서 접할 경우 이미 아는 내용이라고 생각하여 관심도 보이지 않고 주의도 기울이지 않게 된다. 따라서 매년 새로운 내용이라는 생각을 갖게 하는 것이 중요한데, 예를 들면, 언어 교육에 대한 주제를 매년 다루더라도 자녀 연령별로 부모 집단을 구성하여 그 연령에 맞는 언어 발달(말하기, 듣기, 읽기, 쓰기)의 특성과 부모의 역할로 내용을 국한할 수 있다. 이 방법은 부모의 다양한 욕구를 수용할 수 있다는 장점이 있는 반면, 연령별로 차별화하기 어려운 내용일 경우 프로그램을 구성하기 어렵다는 단점이 있다. 이 경우는 매년 유사한 주제를 반복하기보다는 자녀의 발달적 특성이나 부모의 역할이 중요해지는 시기(예 만 2세, 만 5세)에 그 주제를 선정하여 프로그램을 실시하는 방법을 선택할 수 있다.

사례

다음의 두 가지 사례는 인간으로서의 부모를 인정하는 것이 얼마나 중요한지와 한 프로그램 내용에 부모를 위한 태도, 정보, 기술을 모두 포함시켜 구성하는 것이 어떻게 가능한지를 보여준다.

사례 1

A 유아교육기관에서는 저소득층 가정의 어머니를 대상으로 프로그램을 실시하면서 첫 모임을 기관 근처의 레스토랑에서 실시하였다. 프로그램 진행자는 어머니들이 생활에 지쳐있기 때문에 활력을 불어 넣는 것이 프로그램에 대한 태도 형성에 긍정적 영향을 미칠 것이라고 예상하였다. 어머니들은 레스토랑에 온 것이 얼마만인지 모른다며 결혼 전 시절로 돌아간 것 같다고 즐거워하였다. 어머니들은 오늘은 기분이 좋아서 아이들한테도 잘 해 줄 것 같다고 했고, 프로그램에도 계속 참석하겠다고 하였다.

사례 2

B 유아교육기관에서는 자녀의 공격성을 걱정하는 부모를 소집단으로 모집하여 프로그램을 진행하면서 부모에게 자녀의 공격성에 관한 태도와 신념, 유아기 공격성에 대한 정보와 지식, 자녀의 공격성을 줄이는 실제적인 기술과 전략을 모두 포함시켰다.

항목	자세한 내용
태도 및 신념과 관련된 내용	• 자녀 양육 태도 점검 • 공격성에 대한 부모의 신념 및 대응 태도 점검 • 자녀 공격성의 심각성 및 도움을 주어야 할 필요성 점검
정보 및 지식과 관련된 내용	• 영유아기 공격성의 원인 이해하기 • 공격적 행동이 자녀의 현재/미래에 미치는 영향 이해하기 • 유아교육기관에서 자녀의 공격적 행동의 빈도, 발생 상황 등의 현상 이해하기
기술 및 전략에 관련된 내용	• 자녀의 공격적 행동 감소에 도움을 주는 문제 해결 전략을 배우고 실습하기 • 부모 또는 자녀의 감정 조절법 배우고 실습하기 • 가족의 협력을 유도하는 전략 배우고 실습하기

요약

유아교육기관에서의 부모교육과 지원에 관련된 주제 또는 내용에는 자녀를 양육하는 데 도움이 되는 내용과 부모 자신이 인간으로서 자부심을 갖고 행복해지는 데 도움이 되는 내용이 모두 포함될 수 있다. 내용을 구성할 때는 부모로서의 부모와 인간으로서의 부모에 관련된 내용 간의 균형, 부모의 욕구와 프로그램 진행자의 신념 간의 균형, 그리고 태도, 정보, 기술에 관련된 내용 간의 균형, 과거에 실시했던 내용 간의 연계성이 유지되도록 한다.

교수-학습을 위한 제언

1. 부모교육과 지원에는 교과서에 제시된 내용 이외에 어떤 내용이 포함될 수 있는지 토론해 봅시다.
2. 부모로서의 부모를 위한 교육과 지원에 포함될 수 있는 내용은 무엇인지 토론해 봅시다.
3. 인간으로서의 부모를 위한 교육과 지원에 포함될 수 있는 내용은 무엇인지 토론해 봅시다.
4. 부모에게 어떤 내용의 교육과 지원을 필요로 하는지 인터뷰한 후, 부모로서의 부모와 인간으로서의 자신을 위한 내용으로 분류해 봅시다.
5. '| 표 10-3 | 부모로서의 역할 수행과 개인으로서의 역할 수행에 관련된 내용(p. 182)'에 제시된 것을 부모의 태도(신념), 지식(정보), 기술(전략)과 관련된 내용으로 재분류해 봅시다.
6. 부모로서의 부모와 인간으로서의 부모를 위한 교육 내용을 구성한 후, 평가해 봅시다.
7. 한 가지 주제로 1년 동안 부모교육 및 지원 프로그램을 운영한다고 가정해 봅시다. 한 가지 주제를 임의로 선택한 후 1년 동안 진행될 내용을 구성하여 봅시다. 같은 주제로 두 집단 이상이 내용을 구성한 후 비교하여 봅시다. 어떤 공통점과 차이점이 있습니까?
8. 자녀의 연령이 다른 부모 집단(예 만 3세와 만 5세 자녀를 가진 부모 집단)을 대상으로 같은 주제의 프로그램을 운영한다고 가정해 봅시다. 한 가지 주제를 선택한 후, 자녀의 연령대가 다른 두 개의 부모 집단을 대상으로 내용을 구성하여 봅시다. 어떤 차이점이 있습니까?

참고문헌

교육과학기술부, 육아정책연구소(2009). 취약계층 가정 부모교육 프로그램(저소득 가정 방문용/탈북 가정 방문용/집단 프로그램). 저자.

교육과학기술부, 육아정책연구소(2012). 유아 인성교육을 위한 부모 훈련 프로그램 및 연수 자료집. 저자.

교육과학기술부, 제주특별자치도 교육청(2008). 자녀양육역량 강화를 위한 부모교육 프로그램. 저자.

서울특별시 유아교육진흥원(2012). 유아·부모·교사를 위한 유치원 부모교육프로그램. 저자.

한국교육개발원(2013). 탈북 영유아 부모를 위한 양육 안내서. 저자.

Bronfenbrenner, U. (1979). *The ecology of human development: Experiments by nature and design*. Cambridge, MA: Harvard University Press.

Bronfenbrenner, U. (1986). Ecology of the family as a context for human development: Research perspectives. *Developmental Psychology, 22*, 723-742.

Cataldo, C. (1987). The development of parent education programs. In C. Cataldo (Ed.) *Parent education for early childhood* (pp. 3-25). New York, NY: Teachers College Press.

Cochran, M. (1988). Parental empowerment in family matters: Lessons learned from a research program. In D. Powell, (Ed.), *Parent education as early childhood intervention* (pp. 23-41). Norwood NJ: Ablex.

Epstein, J. L. (2011) *School, family, and community partnerships: Preparing educators and improving schools*(2nd ed). Westview Press, Boulder.

Epstein, J. L. (2017) *Teachers involve parents in schoolwork (TIPS): Manual for teachers in the middle grades*. Johns Hopkins University Center on School, Family, and Community Partnerships, Baltimore.

Epstein, A., Larner, M., & Halpern, R. (1995). *A guide to developing community-based family support program*. Ypsilanti, Michigan: High/Scope.

Hurrelmann, K. (2011). *Social networks and social support in childhood and adolescence*. Walter de Gruyter.

Waanders, C., Mendez, J., & Downer, J. (2007). Parent characteristics, economic stress and neighborhood context as predictors of parent involvement in preschool children's education. *Journal of School Psychology, 45*, 619-636.

Chapter 11

부모교육과 지원의 방법 및 전략

학습목표

- 성인 학습자의 특성을 이해한다.
- 성인 학습자인 부모의 특성에 적합한 교수-학습 전략을 이해하고 적용한다.
- 성인 학습자인 부모의 특성에 적합한 교수-학습 매체를 이해하고 적용한다.
- 교수-학습 전략과 매체를 사용하는 데 있어서의 유의점을 이해하고 적용한다.

성인 학습자인 부모를 대상으로 효율적인 부모교육 및 지원 프로그램을 진행하기 위해서는 성인 학습자인 부모에게 적합한 교수-학습 전략과 교수-학습 매체를 사용해야 한다. 교수-학습 전략이란, 학습을 효율적으로 하기 위해 사용하는 다양한 전략이고, 교수-학습 매체란, 다양한 교수-학습 전략을 적용할 때 사용하는 도구로써 학습자가 다양한 경로(예 시각적 정보와 청각적 정보)를 통해 정보를 받아들이도록 하기 때문에 학습의 효율성을 높이는 데 핵심적인 역할을 한다(Danielson, 2007; Masnawati et al., 2022).

본 장에서는 먼저 성인 학습자의 특성에 대해 알아보고, 성인 학습자인 부모를 대상으로 하는 프로그램에서 사용할 수 있는 교수-학습 전략과 교수-학습 매체의 특성 및 유의점에 대해 알아보고자 한다.

1. 성인 학습자로서의 부모의 특성

성인을 대상으로 하는 교육의 효율성을 높이기 위해서는 성인들이 어떤 상황에서 긍정적으로 변화하는지 알아야 하기 때문에 성인들의 학습 효과에 영향을 미치는 요인들에 대해 연구해 왔다. Caffarella(2013)는 많은 연구들이 공통적으로 자발적 동기유발 및 참여, 민주적이고 평등한 관계, 필요한 서비스의 제공, 자신의 능력에 대한 자신감, 긍정적인 자아개념의 형성과 같은 조건이 갖추어져야 성인이 변화한다고 지적하고 있다고 하였다. Berger와 Riojas-Cortez(2011)도 부모들이 학습 과정에 적극적으로 참여하고 발전하게 하는 조건으로 다음을 제시하였다.

- 긍정적인 분위기가 조성될 때
- 위험(risk)이 제거될 때
- 부모에게 적절한 주제일 때
- 교육과정이 부모의 관심과 흥미를 반영할 때
- 부모가 스스로 변해야겠다고 느낄 때
- 실제 부모가 경험하는 것을 기초로 이론을 설명할 때
- 부모를 기여할 수 있는 사람으로 인식해 줄 때

- 존중과 격려가 있을 때
- 긍정적인 반응이 주어질 때
- 다양한 교수 전략이 사용될 때
- 다양한 감각, 즉 오감각을 활용할 수 있게 교육이 실시될 때
- 부모가 교수-학습 팀의 일원으로 받아들여질 때(즉, 부모가 배우는 위치에만 있지 않고 자신이 가진 것을 나눌 수 있는 분위기가 형성될 때)

따라서 성인인 부모를 대상으로 하는 부모교육 및 지원 프로그램을 계획하는 데 있어서도 성인 학습자의 특성을 특히 고려하여야 한다. Daloz(2012), Rothwell(2008), Wlodkowski(2008), Caffarella와 Merriam(2000), 그리고 Bergman(2020)은 성인 학습자의 특성을 아래 표의 왼쪽과 같이 묘사하고 있다. 성인 학습자의 특성이 부모를 대상으로 하는 부모교육 및 지원 프로그램에 시사하는 바를 정리하면 다음 표의 오른쪽과 같다.

표 11-1 성인 학습자의 특성과 부모교육 및 지원 프로그램에의 시사점

성인 학습자의 특성	부모교육 및 지원 프로그램에의 시사점
• 성인은 풍부한 지식과 경험을 가지고 있기 때문에 그들의 지식과 경험이 존중되고, 이미 있는 지식과 경험에 기초하여 새로운 지식이 제공되어야 학습 효과가 있다.	• 부모가 영유아 교육과 자녀 양육에 대해 아는 것이 없다고 가정하고 교육하려 하기보다는 부모들이 알고 있는 것, 모르고 있는 것, 잘못 알고 있는 것이 무엇인지 알아본 후 그것에 기초하여 새로운 정보를 제공하는 전략을 수립한다.
• 성인은 내부와 외부의 복합적이고 다양한 요인의 상호작용에 의해 배우고자 하는 동기가 유발된다.	• 부모는 기관에서 오라고 하기 때문에 오기보다는 자신의 교육관, 자녀 교육에의 어려움 정도, 새로운 정보를 얻으려는 동기, 다른 부모나 그 자녀의 행동, 가족의 격려 등 다양한 이유로 참석하거나 참석을 거부하기도 한다. 따라서 부모의 동기나 욕구가 무엇인지 파악하고, 그것들이 충족되도록 동기 유발하며 프로그램을 구성한다.
• 모든 성인은 정보를 처리하는 방식이 다르다.	• 한 가지 방식의 교수 학습 전략이나 교수 매체를 활용하기보다는 다양한 전략과 매체를 활용한다.
• 성인은 학습이 자신의 삶에 의미 있다고 생각하지 않으면 적극적으로 참여하지 않거나, 참여하기를 꺼린다.	• 프로그램이 부모의 삶 또는 자녀 양육에 어떤 중요한 의미를 가지는지 강조하는 전략을 사용한다.

계속

| 표 11-1 | 계속

성인 학습자의 특성	부모교육 및 지원 프로그램에의 시사점
• 대부분의 경우, 성인은 실용적이기 때문에 현재의 상황에 적용할 수 있는 것을 배우기 원한다.	• 영유아 교육이나 자녀 양육에 대한 바람직한 개념, 또는 태도 형성에 도움이 되는 내용뿐만 아니라 실제 자녀 양육에 적용할 수 있는 전략이나 기술도 프로그램에 포함시킨다.
• 성인은 학습 상황에 올 때 프로그램 제공자가 세워 놓은 목적과는 다른 개인의 목적을 가지고 올 수 있다.	• 기관에서는 자녀 양육에 도움을 주고자 프로그램을 계획하지만 부모는 다양한 이유(예 또래 부모와의 만남, 가사나 가족과 관련된 일에서의 해방, 자기 과시, 미래의 직업 또는 부업과 관련된 정보 수집)에서 참석한다. 따라서 부모의 개인적인 목적이 무엇인지 파악하고 그것들이 충족되도록 동기 유발하거나 프로그램을 구성한다.
• 성인은 수동적으로 지식을 받아들이기보다는 적극적으로 학습 과정에 참여하기를 원한다.	• 수동적으로 정보를 받아들이는 강연보다는 직접 참여할 수 있는 교수-학습 전략(예 토론, 역할놀이, 발표 등)을 적극적으로 활용한다.
• 성인은 서로 의존하고, 연결되고, 협동하는 방법뿐만 아니라 독립적이고 스스로 해결하는 방식으로도 잘 배운다.	• 개인적인 활동뿐만 아니라 다른 부모와의 협동이나 상호작용이 필요한 교수-학습 전략을 수립한다.
• 성인은 심리적, 신체적으로 편안한 상황에서 더 잘 배운다.	• 부모가 심리적, 신체적으로 편안함을 느끼도록 환경을 구성한다.
• 성인들이 배우는 방식, 배우는 내용, 편안해 하는 장소는 성인으로서 행하는 많은 역할(예 부모, 친구, 배우자 등), 학습자로서의 개인적 맥락(예 성, 연령, 인종, 사회적 계층, 신념) 등의 영향을 받는다.	• 부모가 행하는 다양한 역할과 개인적 특성이 어떤 것인지 조사하여 그에 적절한 내용을 선정하고 교수-학습 전략 및 매체를 준비한다.

위에 제시된 시사점을 정리하면 다음과 같다. 첫째, 참여 부모의 욕구와 의견을 파악하고 최대한 존중해야 한다. 부모의 욕구와 의견을 파악하고 반영하는 것은 프로그램의 계획, 진행, 평가의 모든 과정에서 중요하지만, 프로그램의 내용 구성에서는 세부적인 방향이 정해지는 것이므로 특히 중요하다고 할 수 있다. 둘째, 성인 학습자는 자신의 삶과 상황에서 배운 것을 적용하기를 원하므로, 학습된 내용이 적용되는 상황/맥락에 대해 잘 알고 있어야 한다. 셋째, 교수 전략을 세울 때, 학습자가 알고 있는 경험과 지식에 기초하여 내용을 조직해야 하고, 학습자가 적극적으로 참여하며, 새로 배운 기술과 지식을 적용해 볼 수 있게 한다. 넷째, 학습자가 학습에 스스로 책임감을 가지고 참여하며, 독립적일 뿐만 아니라 협동적으로 학습할 기회를 제공한다. 다섯째,

학습자가 존경받고 수용되며 지지받는다는 느낌이 들도록 물리적, 심리적 환경을 조성한다.

2. 부모교육 및 지원에서의 교수 – 학습 전략

성인을 대상으로 하는 교육에서는 다양한 교수–학습 전략이 사용된다. | 그림 11-1 |에 제시된 전략은 성인을 대상으로 하는 교육에서 일반적으로 사용되는 전략(Wlodkowski, 2008)이다. 그림에서 왼쪽에 배치된 전략일수록 형식적인 전략이고, 오른쪽으로 배치된 전략일수록 비형식적인 교수–학습 전략이다.

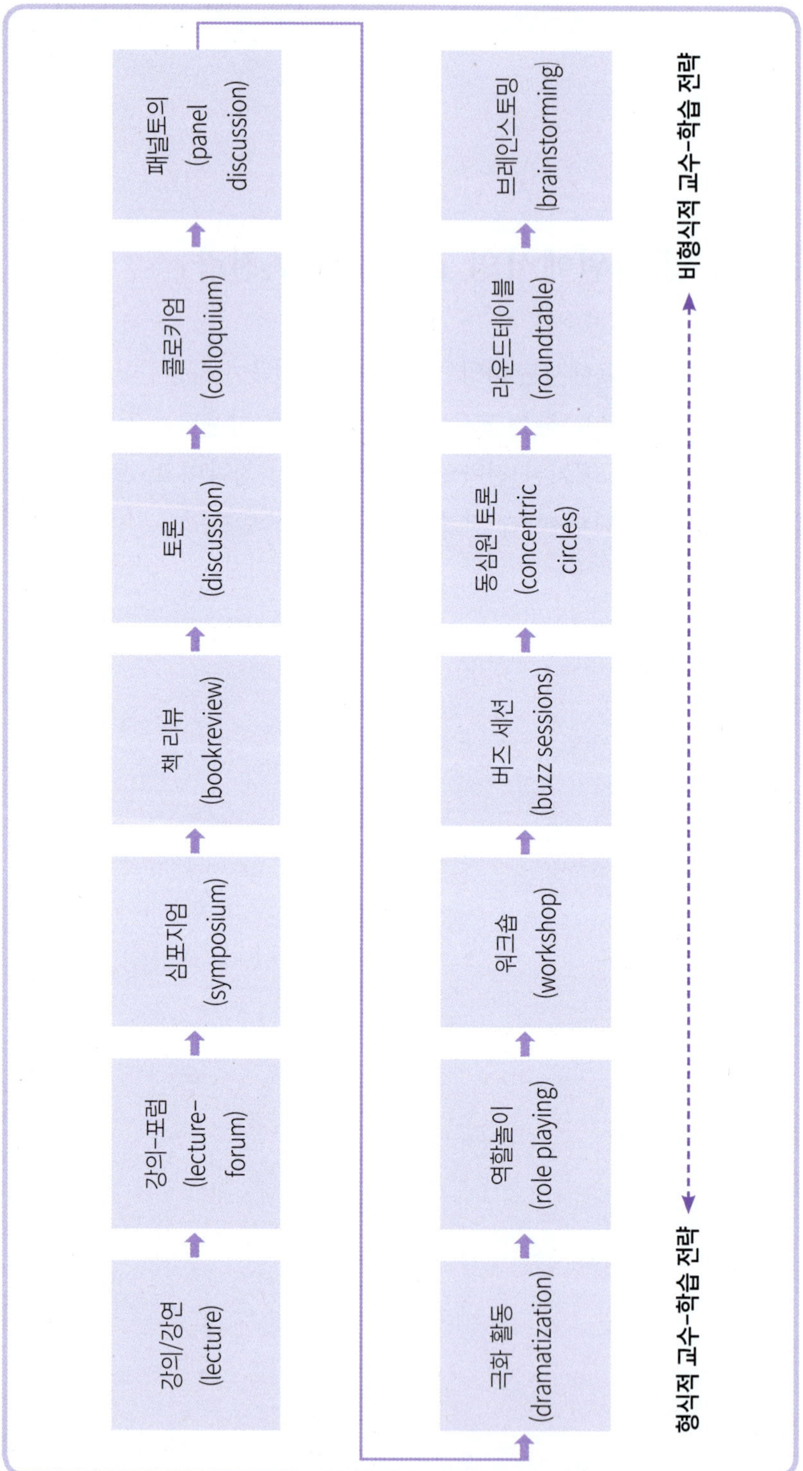

그림 11-1 교수-학습 형식적 전략과 비형식적 전략

본 절에서는 부모교육 및 지원 프로그램에서 대집단 또는 소집단으로 활용할 수 있는 교수-학습 전략(Orlich, Harder, Callahan, Trevisan, Brown, & Miller, 2012; Stigler & Hiebert, 2009)을 집중적으로 살펴보고자 한다. 대부분의 유아교육기관에서는 소집단보다 대집단으로 운영되는 전략을 사용하는 경우가 많고, 사용하는 전략의 수도 한두 가지로 국한되는 경우가 많다. 소집단으로 운영되는 전략을 포함시키기에는 시간, 공간, 인력적인 제한이 있기는 하나, 가능하면 다양한 크기의 집단으로 다양한 교수-학습 전략을 활용하도록 노력해야 한다.

1) 강연

강연은 일반적으로 대집단의 부모를 대상으로 한 가지 주제에 대해 강연자가 일정 시간 동안 연설하는 것을 일컫는다. 강연은 특정한 주제에 대해 정보를 제공하는 효과적인 전략이다. 강연과 유사한 것으로는 포럼, 콜로키엄과 심포지엄, 패널 토의가 있다. 포럼은 강연 뒤에 질문을 하거나 의견을 교환할 수 있는 기회를 제공하는 것을 의미한다. 콜로키엄은 특정한 주제에 대해 여러 명의 전문가가 발표를 하고 청중인 부모가 질문을 하거나 의견을 묻는 방식으로 진행되는 것을 의미하고, 심포지엄은 다양한 주제에 대해 여러 명의 전문가가 발표하고 청중인 부모가 질문을 하거나 의견을 묻는 방식으로 진행되는 것을 의미한다. 패널 토의는 4~6명의 사람이 한 가지 주제에 대해 자신들끼리 발표하고 토론하는 방식을 의미한다. 강연, 포럼, 콜로키엄, 심포지엄, 패널 토의 간에는 공통점과 차이점이 있는데, 강의와 포럼에서는 한 명의 연사에 의해 정보가 주어지는 반면 콜로키엄, 심포지엄, 패널 토의는 여러 명의 연사에 의해 정보가 주어진다. 또한 강의, 포럼, 콜로키엄, 패널 토의가 한 가지 주제로 진행되는 반면 심포지엄은 여러 가지 주제로 진행된다는 공통점과 차이점이 있다.

강연은 유아교육기관에서 가장 흔히 사용되는 교수-학습 전략의 형태로 부모교육 및 지원 프로그램에 중점을 두지 않는 기관이라도 1년에 1~2회 부모를 대상으로 강연을 실시하는 것으로 보고된다(김희진, 2002). 그러나 강연이 한 번에 많은 수의 부모를 대상으로 교육 또는 지원할 수 있다는 장점이 있으나, 신중하게 계획하고 준비하지 않으면 기대하는 효과가 나타나지 않을 수 있기 때문에 다음의 사항에 유의하여야 한다.

◦ 강연 주제를 먼저 선정한 후 그 주제에 대해 잘 아는 강사를 선정한다.

강연을 위한 강사를 초빙할 때는 유명 강사를 초빙하여야 부모의 출석률이 높아진다고 생각하기 때문에 유명 강사를 먼저 선정하는 경우가 있다. 강사를 먼저 선정한 경우라도 특정 주제에 대해 강연해 주도록 부탁할 수 있는 경우는 큰 문제가 없으나, 강사에게 주제를 선정하도록 하는 경우는 구체적인 주제보다는 일반적인 주제에 대해 강연(제11장 부모교육과 지원의 방법 및 전략 중 | 사례 1 |, p. 220)할 가능성이 높아지기 때문에 강연 주제가 반복될 가능성이 있다. 따라서 강사가 유명하다는 이유로 선정하기보다는 부모들이 원하는 주제에 대해 가장 잘 아는 강사를 선정하도록 한다.

◦ 강연자에게 강의 대상 부모의 특성, 관심, 욕구 등에 대한 사전 정보를 제공한다.

강연을 할 강사는 강연 대상 부모의 사회, 경제, 교육적 수준, 그동안 들었던 부모교육 강연의 내용, 특별히 관심을 보이는 주제 등에 대한 정보를 가지고 있을 때 효과적으로 강연을 준비할 수 있다. 따라서 초빙된 강사에게 부모의 특성에 대한 간단한 정보를 제공한다.

◦ 강연 주제 선정에 유의한다.

강연을 위한 주제를 선정할 때는 부모가 관심 있어 하는 주제를 선정하는 것이 원칙이다. 대부분의 기관에서는 이 원칙을 준수하기 때문에 부모의 관심 분야를 묻는 설문지를 배부하고 결과를 분석하여 가장 많은 부모가 관심을 보이는 주제를 선정한다. 그러나 주제 선정이 효과적이기 위해서는 한 가지 주제 안의 세부 주제 중 어떤 주제에 관심을 보이는지 자세히 조사할 필요가 있다. 예를 들면, "영유아기 책 읽기의 중요성"이라는 주제 안에서도 '도서의 중요성', '도서 선정 방법', '책을 스스로 읽게 하는 전략', '성인이 책 읽어 주는 방법', '책 읽은 후의 활동', '책을 통한 교육 방법' 등 다양한 세부 주제를 선택할 수 있다. 1시간 내외의 강연 시간 동안 위와 같은 광범위한 내용을 모두 다루는 것은 불가능하므로 부모들이 특히 어떤 주제에 관심을 가지고 있는지 미리 조사하여야 한다.

또한 강연 주제를 선정할 때는 부모의 관심뿐만 아니라 다른 요인도 고려해야 한다. 예를 들면, 영유아를 위한 교육 주제와의 관련성, 시기 또는 계절적 적절성, 기관 행사와의 관련성 등도 고려하여 강연 주제의 순서나 범위를 조정할 필요가 있다.

○ 강사 선정에 유의한다.

강연 주제에 대해 전문성이 있는 강사를 선정해야 하기 때문에 강연을 위한 강사 선정은 강연 주제 선정과 밀접한 관련이 있다. 앞서 언급한 바와 같이 유명 강사를 선정하는 것보다 강연할 주제에 관해 전문성이 있는 강사를 선정하는 것이 더 중요하기 때문에 누구를 강사로 선정할지 신중하게 생각해야 한다. 기관장이나 자녀를 담당하는 교사의 경우, 특정 주제(예 영유아기 책읽기의 중요성)가 유아교육기관의 교육 활동에서 어떻게 실행되는지와 자녀들이 활동한 실례를 보여줄 수 있기 때문에 적절한 강사가 될 수 있다(▭ 제6장 부모교육과 지원의 담당자, pp. 101~111). 자녀를 이미 키워본 부모도 실패와 성공의 경험담을 들려줄 수 있기 때문에 좋은 강사가 될 수 있다. 즉, 유명 강사뿐만 아니라 대상 부모의 자녀를 잘 아는 사람들도 강사가 될 수 있으므로, 이런 모든 사람이 팀이 되어 강연을 하도록 계획할 수도 있다.

○ 강연 이외의 다양한 활동이 포함되도록 한다.

학교를 졸업한 지 오래된 부모들이 1시간 이상을 앉아서 듣기만 하는 것은 매우 어려운 일이다. 따라서 강연 외에도 다양한 활동을 포함시켜 성인 학습자인 부모의 관심이 유지되도록 해야 한다. 예를 들면, 간단한 퀴즈 맞히기, 강연 내용과 관련 있는 사진이나 영상 보여 주기, 파워 포인트를 이용한 시청각 자료 제시하기, 질의 응답하기 같은 다양한 전략을 함께 사용하는 것이 바람직하다.

Curran(2007)은 부모를 대상으로 효과적인 강연을 하기 위해서는 다음의 전략을 활용하여야 한다고 제안하기도 하였다.

- 부모의 흥미를 끄는 방법으로 시작한다. 부모의 흥미를 고조시키는 전략으로는 인용하기, 농담하기, 개인적 경험 이야기하기, 통계 수치 제시하기, 질문하기, 신문 기사 소개하기 등이 있다.
- 강의가 주제에서 벗어나지 않게 한다.
- 많은 예와 일화를 소개한다.
- 중요하지만 지루한 내용은 강의 중간에 적절히 배치하여 분산시킨다.
- 질문하거나 적극적으로 반응하도록 청중(부모)을 격려한다.
- 부모가 나중에 찾아보거나 활용할 수 있도록 구체적인 책이나 활동을 소개한다.
- 질문에는 가능한 간결하게 답한다.

우리나라에서 부모교육 및 지원을 목적으로 최근 개발된 자료도 대·소집단으로 강의하면서 다양한 활동을 하도록 제안하고 있다. 다음 | 예 11-1 |은 교육과학기술부, 육아정책연구소(2012)가 개발한 '유아 인성교육을 위한 부모 훈련 프로그램'의 한 주제인 '소통하는 세상을 위한 인성: 공감'에 포함된 다양한 활동이다.

예 11-1 강의 주제 '소통하는 세상을 위한 인성: 공감'에 포함된 다양한 활동

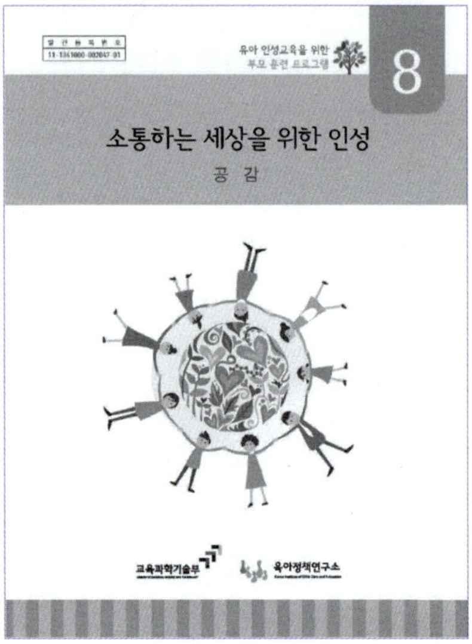

부모용 소책자 표지

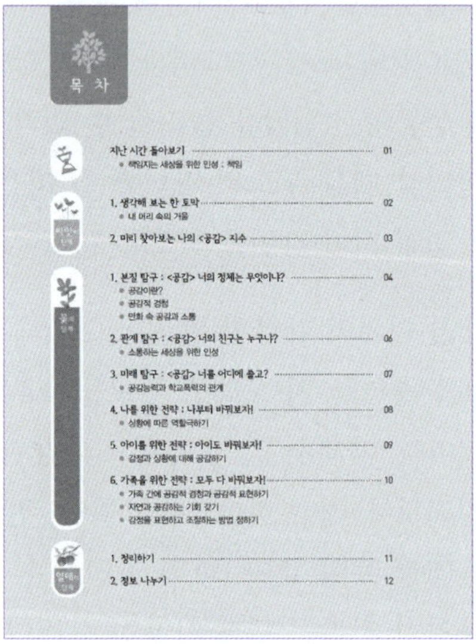
목 차

목차

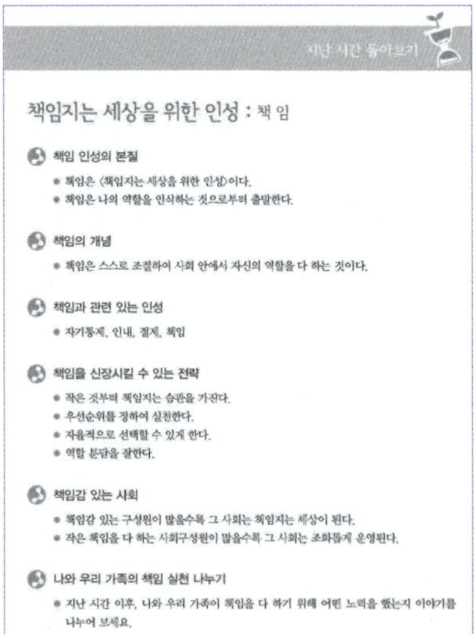
지난 시간 돌아보기

책임지는 세상을 위한 인성 : 책 임

책임 인성의 본질
- 책임은 〈책임지는 세상을 위한 인성〉이다.
- 책임은 나의 역할을 인식하는 것으로부터 출발한다.

책임의 개념
- 책임은 스스로 조절하여 사회 안에서 자신의 역할을 다 하는 것이다.

책임과 관련 있는 인성
- 자기통제, 인내, 절제, 책임

책임을 신장시킬 수 있는 전략
- 작은 것부터 책임지는 습관을 가진다.
- 우선순위를 정하여 실천한다.
- 자율적으로 선택할 수 있게 한다.
- 역할 분담을 잘한다.

책임감 있는 사회
- 책임감 있는 구성원이 많을수록 그 사회는 책임지는 세상이 된다.
- 작은 책임을 다 하는 사회구성원이 많을수록 그 사회는 조화롭게 운영된다.

나와 우리 가족의 책임 실천 나누기
- 지난 시간 이후, 나와 우리 가족이 책임을 다 하기 위해 어떤 노력을 했는지 이야기를 나누어 보세요.

강의: 정보 제공

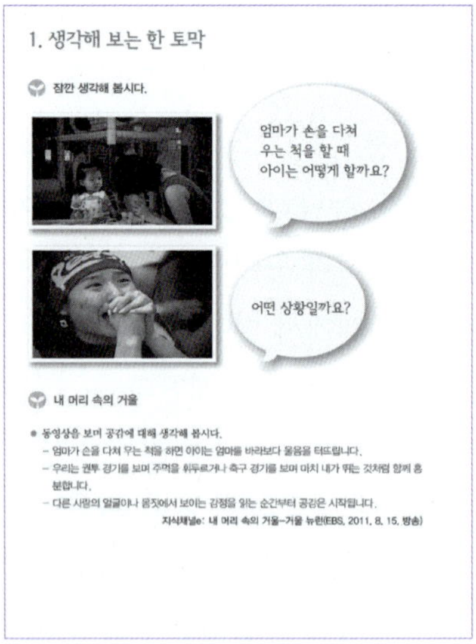
1. 생각해 보는 한 토막

잠깐 생각해 봅시다.

엄마가 손을 다쳐 우는 척을 할 때 아이는 어떻게 할까요?

어떤 상황일까요?

내 머리 속의 거울

- 동영상을 보며 공감에 대해 생각해 봅시다.
  - 엄마가 손을 다쳐 우는 척을 하면 아이는 엄마를 바라보다 울음을 터뜨립니다.
  - 우리는 권투 경기를 보며 주먹을 휘두르거나 축구 경기를 보며 마치 내가 뛰는 것처럼 함께 흥분합니다.
  - 다른 사람의 얼굴이나 몸짓에서 보이는 감정을 읽는 순간부터 공감은 시작됩니다.

지식채널e: 내 머리 속의 거울–거울 뉴런(EBS, 2011. 8. 15. 방송)

동영상 보기

계속

| 예 11-1 | 계속

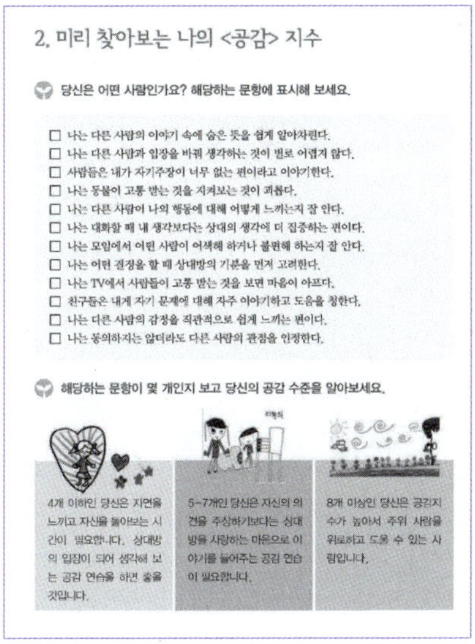

2. 미리 찾아보는 나의 <공감> 지수

당신은 어떤 사람인가요? 해당하는 문항에 표시해 보세요.

- ☐ 나는 다른 사람의 이야기 속에 숨은 뜻을 쉽게 알아차린다.
- ☐ 나는 다른 사람과 입장을 바꿔 생각하는 것이 별로 어렵지 않다.
- ☐ 사람들은 내가 자기주장이 너무 없는 편이라고 이야기한다.
- ☐ 나는 동물이 고통 받는 것을 지켜보는 것이 괴롭다.
- ☐ 나는 다른 사람이 나의 행동에 대해 어떻게 느끼는지 잘 안다.
- ☐ 나는 대화할 때 내 생각보다는 상대의 생각에 더 집중하는 편이다.
- ☐ 나는 모임에서 어떤 사람이 어색해 하거나 불편해 하는지 잘 안다.
- ☐ 나는 어떤 결정을 할 때 상대방의 기분을 먼저 고려한다.
- ☐ 나는 TV에서 사람들이 고통 받는 것을 보면 마음이 아프다.
- ☐ 친구들은 내게 자기 문제에 대해 자주 이야기하고 도움을 청한다.
- ☐ 나는 다른 사람의 감정을 직관적으로 쉽게 느끼는 편이다.
- ☐ 나는 동의하지는 않더라도 다른 사람의 관점을 인정한다.

해당하는 문항이 몇 개인지 보고 당신의 공감 수준을 알아보세요.

4개 이하인 당신은 자연을 느끼고 자신을 돌아보는 시간이 필요합니다. 상대방의 입장이 되어 생각해 보는 공감 연습을 하면 좋을 것입니다.	5~7개인 당신은 자신의 의견을 주장하기보다는 상대방을 사랑하는 마음으로 이야기를 들어주는 공감 연습이 필요합니다.	8개 이상인 당신은 공감지수가 높아서 주위 사람을 위로하고 도울 수 있는 사람입니다.

체크리스트를 통한 자신의 상태 확인

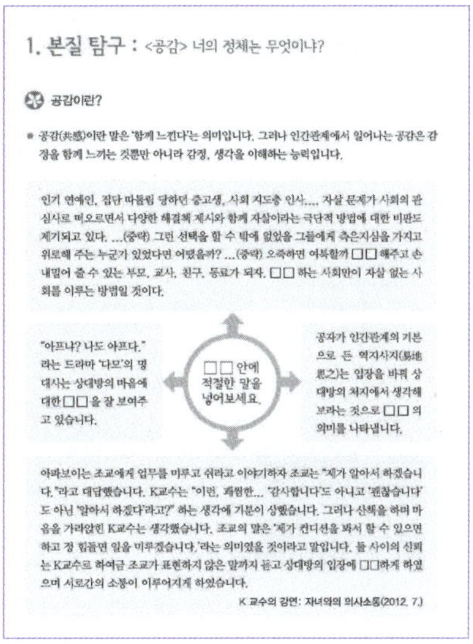

1. 본질 탐구 : <공감> 너의 정체는 무엇이냐?

공감이란?

- 공감(共感)이란 말은 '함께 느낀다'는 의미입니다. 그러나 인간관계에서 일어나는 공감은 감정을 함께 느끼는 것뿐만 아니라 감정, 생각을 이해하는 능력입니다.

인기 연예인, 집단 따돌림 당하던 중고생, 사회 지도층 인사.... 자살 문제가 사회의 관심사로 떠오르면서 다양한 해결책 제시와 함께 자살이라는 극단적 방법에 대한 비판도 제기되고 있다. ...(중략) 그런 선택을 할 수 밖에 없었을 그들에게 측은지심을 가지고 위로해 주는 누군가 있었다면 어땠을까? ...(중략) 오죽하면 어쩌했까 □□ 해주고 손 내밀어 줄 수 있는 부모, 교사, 친구, 동료가 되자. □□ 하는 사회만이 자살 없는 사회를 이루는 방법일 것이다.

"아프냐? 나도 아프다." 라는 드라마 '다모'의 명대사는 상대방의 마음에 대한 □□을 잘 보여주고 있습니다.

□□ 안에 적절한 말을 넣어보세요.

공자가 인간관계의 기본으로 든 역지사지(易地思之)는 입장을 바꿔 상대방의 처지에서 생각해 보라는 것으로 □□의 의미를 나타냅니다.

아파보이는 조교에게 업무를 미루고 쉬라고 이야기하자 조교는 "제가 알아서 하겠습니다."라고 대답했습니다. K교수는 "이런, 괘씸한... '감사합니다'도 아니고 '괜찮습니다'도 아닌 '알아서 하겠다'라고?" 하는 생각에 기분이 상했습니다. 그러나 산책을 하며 마음을 가라앉힌 K교수는 생각했습니다. 조교의 말은 '제가 컨디션을 봐서 할 수 있으면 하고 정 힘들면 일을 미루겠습니다.'라는 의미였을 것이라고 말입니다. 둘 사이의 신뢰는 K교수로 하여금 조교가 표현하지 않은 말까지 듣고 상대방의 입장에 □□하게 하였으며 서로간의 소통이 이루어지게 하였습니다.

K 교수의 강연: 자녀와의 의사소통(2012. 7.)

흥미있는 다양한 사례(드라마, 기사, 공자 말씀)
\+ 문제풀이 활동

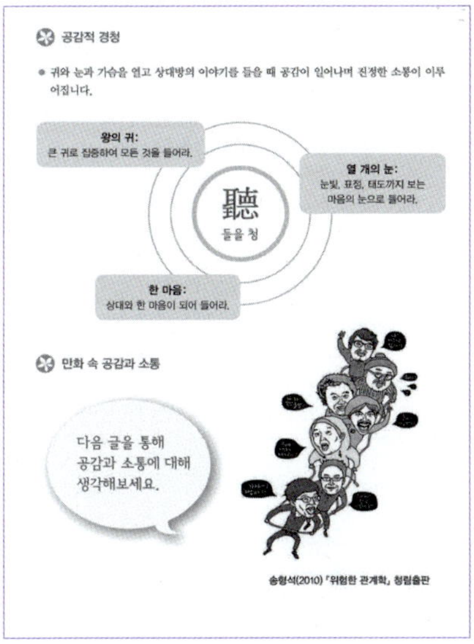

공감적 경청

- 귀와 눈과 가슴을 열고 상대방의 이야기를 들을 때 공감이 일어나며 진정한 소통이 이루어집니다.

만화 속 공감과 소통

송형석(2010) 『위험한 관계학』 청림출판

강의: 정보 제공(만화 활용)

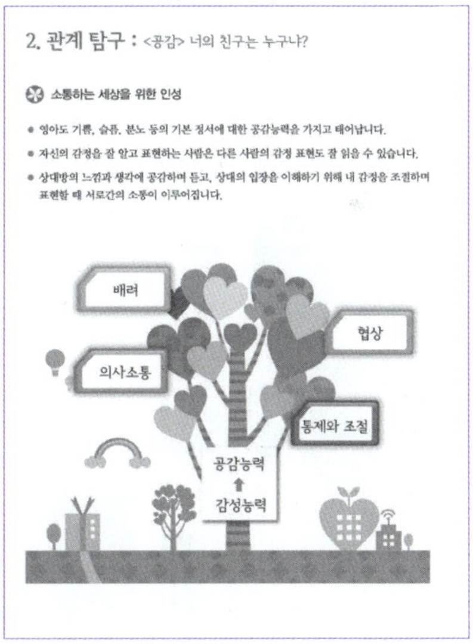

2. 관계 탐구 : <공감> 너의 친구는 누구냐?

소통하는 세상을 위한 인성

- 영아도 기쁨, 슬픔, 분노 등의 기본 정서에 대한 공감능력을 가지고 태어납니다.
- 자신의 감정을 잘 알고 표현하는 사람은 다른 사람의 감정 표현도 잘 읽을 수 있습니다.
- 상대방의 느낌과 생각에 공감하며 듣고, 상대의 입장을 이해하기 위해 내 감정을 조절하며 표현할 때 서로간의 소통이 이루어집니다.

강의: 정보 제공

계속

| 예 11-1 | 계속

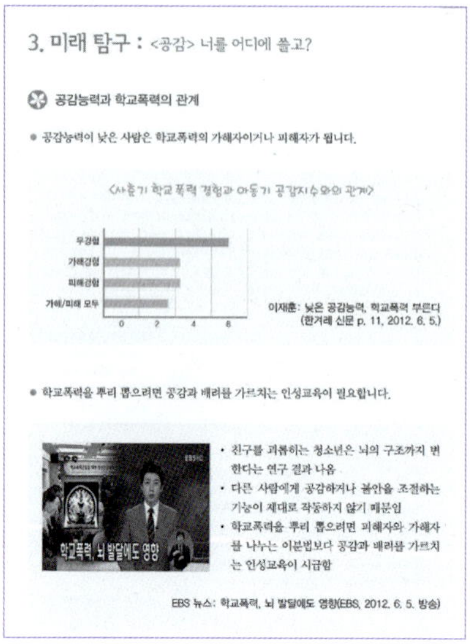

강의: 정보 제공(신문기사와 동영상 활용)

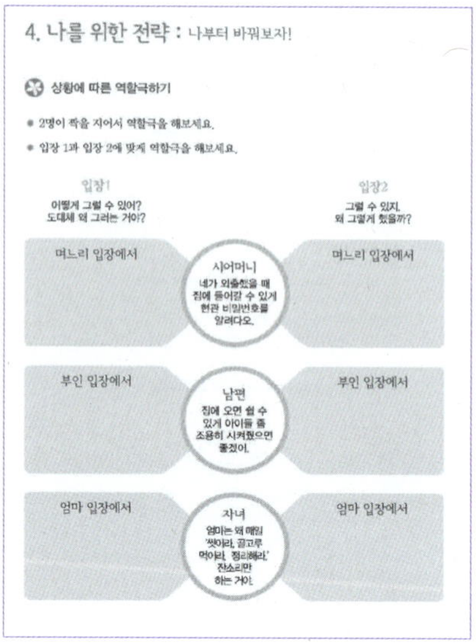

역할극

자녀와 할 수 있는 활동 소개

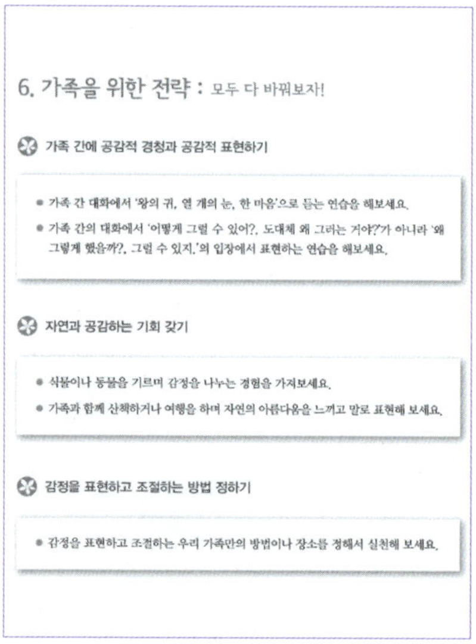

가족과 할 수 있는 활동 소개

계속

| 예 11-1 | 계속

1. 정리하기

핵심어 확인하기

- 공감이란 무엇인가요?
- 공감과 관련 있는 인성의 요소는 무엇인가요?

의미 확인하기

- 김건모의 '핑계'를 함께 불러 봅시다.
  가사 중에 공감의 의미를 나타내는 말은 무엇일까요.

공감능력을 높이기 위한 전략은 무엇일까요?

나를 위한 전략은?	아이를 위한 전략은?	가족을 위한 전략은?

정리: 학습자가 정리

2. 정보 나누기 : 공감 관련 도서 안내

유아용 그림책

- 출렁출렁 기쁨과 슬픔 (허은실/아이세움)
- 기분을 말해봐요 (디디에 레비/책그릇)
- 잘가, 나의 비밀친구 (그웬 스트라우스 글, 앤서니 브라운 그림/웅진 주니어)
- 쏘피가 화나면 정말 정말 화나면 (몰리 뱅/ 케이유니버스)
- 화가 나는 건 당연해 (미셸리느 먼디/ 비룡소)
- 나랑 같이 놀자 (마리 홀 에츠/ 시공주니어)
- 찬성 (미야니시 타츠야/ 시공주니어)

부모용 도서

- 공감의 뿌리 (메리 고든/샨티)
- 공감 (박성희/이너북스)
- 수용 (박성희/이너북스)

도움이 되는 유아 및 부모용 도서 소개

2) 워크숍

워크숍은 일반적으로 소집단을 대상으로 한 가지 주제에 대해 깊이 있게 다루면서도 다양한 실제 활동을 체험하게 하는 것을 일컫는다. 예를 들면, 교사를 대상으로 유아 전통놀이에 대한 워크숍을 실시할 때는 대집단으로 이론과 실연을 포함한 강의를 실시한 후 소집단으로 유아 전통놀이를 경험해 보는 시간을 구성하는 것이 일반적이다.

우리나라 유아교육기관에서는 이론에 대한 강의의 유무보다는 무엇인가를 제작하는 과정이 포함된 활동(한국어린이육영회, 1996)을 특히 워크숍이라고 칭하는 경우가 많다. 예를 들면, 성탄절에 사용할 선물 양말 만들기, 가정에서 온 가족이 함께 사용할 수 있는 퍼즐이나 판 게임 같은 놀잇감 만들기, 유아교육기관에서 영유아가 사용할 수 있는 역할놀이용 의상 만들기, 가정에서 조리 가능한 영양 간식 만들기 등의 워크숍이 실시되고 있다.

워크숍은 부모가 소집단으로 직접 체험하는 활동이기 때문에 참여율이 높고, 즐거운 경험이 될 수 있으며, 결과물을 가정으로 가지고 가거나 기관에 기부할 수 있기 때문에 효과적인 교수-학습 방법이 될 수 있다. 그러나 단순히 무엇인가를 만드는 것에만 초점을 둔다면 부모교육과 지원이라는 목표를 달성할 수 없기 때문에 다음의 사항을 유의하여야 한다.

◦ 워크숍의 목적을 미리 설정하고 그 목적이 달성되도록 계획한다.

워크숍은 무엇인가를 제작하는 것이 주가 되기 때문에 워크숍의 목적을 달성하도록 의도적으로 노력을 기울이지 않는다면 단순히 제작하는 것으로 끝날 수 있다. 성탄 선물을 담을 양말을 만드는 것은 본이 있고 간단한 바느질만 할 수 있으면 워크숍을 하지 않아도 가정에서 부모가 만들 수 있다. 퍼즐이나 판 게임도 제작하는 것보다 시중에 나와 있는 것을 구입하는 것이 시간과 비용 측면에서 더욱 경제적이다. 영유아의 영양 간식 만드는 법도 요리책에 나와 있는 것을 여러 가지 소개해 주는 것이 다 함께 한 가지를 만드는 것보다 효과적일 수 있다.

워크숍을 실시하기 위해서는 부모를 소집단으로 구성하고 자료를 미리 준비해야 하므로 많은 사전 준비가 필요하다. 그럼에도 불구하고 워크숍을 실시하는 것은 워크숍을 통해서 효과적으로 달성할 수 있는 목표가 있기 때문이다. 다음 | 예 11-2 |는 워크숍에서 실시할 수 있는 활동과 이를 통해 달성할 수 있는 목표의 예이다.

예 11-2 워크숍에서 실시할 수 있는 활동과 설정할 수 있는 목표의 예

활동의 예	설정할 수 있는 목표의 예
성탄 양말 제작하기	• 자녀에게 부모의 사랑을 느끼게 한다. • 가정에서 성탄절을 즐기는 방법을 알게 한다.
놀잇감 제작하기	• 자녀에게 부모의 사랑을 느끼게 한다. • 학습매체로서의 놀잇감의 역할 및 중요성에 대한 이해를 증진시킨다. • 가정에서 자녀와 놀이하는 방법에 대한 이해를 증진시킨다.
교구·교재 제작하기	• 영유아 교육에서의 교구·교재의 역할 및 중요성에 대한 이해를 증진시킨다. • 교사의 역할에 대한 이해를 증진시킨다.
활동실 환경 구성하기	• 교육 환경의 중요성에 대한 이해를 증진시킨다. • 교사 업무의 과중함을 이해하고 감사하는 마음을 갖게 한다.
영양 간식 만들기	• 영유아기 영양과 간식의 중요성에 대한 이해를 증진시킨다. • 자녀에게 부모의 사랑을 느끼게 한다.

그러나 위와 같은 목표를 설정하고 워크숍을 실시했다고 해서 목표가 저절로 달성되는 것은 아니다. 성탄 양말을 제작해서 자녀에게 주었다고 해서 자녀가 부모의 사랑을 느끼거나 성탄절을 즐기는 방법을 저절로 알게 되는 것은 아니다. 또한 교구·교재를 제작해 보았다고 해서 교구·교재의 역할과 중요성, 교사가 영유아의 수준과 실시되는 활동에 적합한 교구·교재를 선정하기 위해 어떤 노력이 필요한지 저절로 알게 되는 것은 아니다.

따라서 목표를 달성하기 위해서는 의도적인 노력이 필요하다. 예를 들면, 성탄 양말 제작하기 활동을 한 후, 자녀에게 어떤 방법으로 줄 수 있는지, 자녀에게 어떤 말을 할 수 있는지, 자녀와 어떻게 사랑하는 마음을 주고받을 수 있는지, 성탄절 때 어떻게 활용할 수 있는지 등을 알 수 있게 추가적인 활동이 필요하다. 활동실 환경 구성하기에 관한 워크숍을 할 때도 환경 구성의 중요성, 각 영역의 특징 및 교육적 의의, 각 영역에 적합한 교구·교재의 특성, 영역 간의 관계 등을 이해할 수 있는 활동이 필요하고 환경 구성을 한 후 토론을 통해 느낀 점을 나누는 활동이 필요하다.

○ 워크숍에 필요한 자료를 준비하는 것이 합리적인 수준의 작업 분량인지 판단한다(☞ 제11장 부모교육과 지원의 방법 및 전략 중 | 사례 2 |, p. 220).

워크숍을 실시하기 위해서는 많은 자료의 준비가 필요하다. 더구나 워크숍은 소집단으로 실시되기 때문에 참여하는 부모의 수만큼 같은 자료를 준비해야 한다. 때로는 교사가 직접 만드는 것이 부모에게 만들도록 하는 것보다 훨씬 매력적이고, 정확하며, 시간과 비용이 적게 들기도 한다. 따라서 아무리 좋은 목적을 가진 워크숍(예 부모에게 교구·교재의 중요성 이해시키기)이라도 부작용이 많다면 다른 방법(예 만들기 워크숍보다는 기관에서 보유한 교구·교재를 보여주고 설명하는 워크숍으로 활용해 보기)으로 그 목적을 달성할 수는 없는지 고려해 보아야 한다.

○ 만들어진 자료의 사용에 대한 사후 활동을 통해 만든 자료를 적극적으로 활용하도록 격려한다.

워크숍을 통해 만들어진 자료는 부모가 집으로 가져가 사용하거나 기관에서 모든 영유아들이 함께 사용하게 된다. 집으로 보낸 놀잇감이나 교구·교재는 가족끼리 활동하는 사진을 찍거나 그림으로 그리고 활동 내용을 적어서 기관으로 다시 보내도록 할 수 있다. 가장 재미있게 활동한 가정을 선정하여 시상하거나 모든 가정의 활동 모습을 전시하는 등의 방법을 통해 활용을 격려할 수 있다. 워크숍에서 만든 자료를 기관에서 영유아가 사용하는 경우에는 교구/교재의 사진을 찍어 기관 소식지나 홈페이지에 올리거나 유아가 쓴 감사의 편지를 통해 부모에게 감사의 마음을 전달할 수 있다.

3) 토론

토론은 특별한 주제에 대해 의견을 나누는 것을 통해 서로의 관점을 이해하고 성장하는 교수-학습 방법을 일컫는다. 토론과 유사한 교수-학습 방법에는 라운드테이블, 동심원 토론, 버즈 세션, 브레인스토밍 등이 있다. 토론을 실시할 때 유의할 점을 알아보기 전에 각각의 특성을 간단히 살펴보면 다음과 같다(Glanes & Adams, 2012).

라운드테이블(roundtable)은 원형으로 자리를 배치한 후 소수의 사람이 모여 개방적인 방식으로 토론하는 것을 의미한다. 라운드테이블 방식은 다른 교수-학습 활동(예 심포지엄, 역할놀이, 버즈 세션)을 실시한 후 정리하거나, 같은 의견을 가진 사람끼리 모여 다시 토론하거나, 문제 해결을 위해 사용되는 경우가 많다.

동심원 토론(concentric circle)은 라운드테이블의 일종으로 안쪽과 바깥쪽 두 개의 원(즉, ◎)으로 앉아 실시된다. 먼저 토론 주제에 대해 관심이나 발표할 거리가 많은 사람이 안쪽의 원에 앉아 일정 시간(예 15분) 토론한 후 바깥쪽 원에 앉은 사람도 모두 토론에 참여한다. 때로는 안쪽 원에 앉은 사람과 바깥쪽 원에 앉은 사람이 자리를 바꾸어 토론할 수도 있다.

버즈 세션(buzz session)은 모임 초기에 참여자의 관심사를 알고 싶거나, 목록을 만들거나, 아이디어를 모으려는 목적으로 사용되며, 모든 사람의 참여를 이끌어 내기를 원할 때 쓰는 방법이다. 토론을 활발히 하기 위해 참여인원은 최대 6~8명을 넘지 않도록 하는 것이 좋다.

브레인스토밍(brainstorming)은 버즈 세션과 마찬가지로 목록을 만들거나 아이디어를 모으려는 목적으로 사용된다. 버즈 세션처럼 모든 사람이 의견을 말하도록 하는 것을 목표로 하지는 않지만 일단 제안된 의견은 모두 받아들여 기록한다. 토론에서 자신의 의견이 어떻게 평가받을지 걱정되어 발표를 못 하는 사람도 모든 의견이 비판 없이 받아들여지기 때문에 편안하게 발표할 수 있다. 다양한 의견, 유사한 의견, 모순된 의견이 모두 기록되기 때문에 나중에 유사한 의견끼리 모으거나, 상반된 의견을 정리하는 등의 절차가 필요하다.

토론을 실시하는 방법에는 특정 주제에 대해 특정인이 발표하고 그에 대한 의견을 말하는 방법, 특정 주제에 대해 다른 생각을 가진 사람을 집단으로 나눈 뒤 집단 간 토론을 하는 방법, 그리고 특정한 주제 없이 떠오르는 관심사에 대해 의견을 나누는 방법 등 다양한 방법이 있다. 토론을 진행하는 방법에도 공식적인 리더를 두는 방법, 비공식적인 리더를 두는 방법, 그리고 리더 없이 자연스럽게 진행하는 방법 등 다양한 방법이 있다.

유아교육기관에서 부모를 대상으로 실시되는 토론은 공식적 방법보다는 비공식적 방법으로 진행되는 경우가 많다. 특정 주제에 대해 다른 의견을 가진 부모 집단으로 나누어 이야기하거나, 집단을 나누지 않고 자연스럽게 의견을 나누는 방법이 선호된다. 예를 들면, 도덕성과 관련된 사례를 읽은 후 자신의 경험, 생각, 느낌 등에 대해 자연스럽게 이야기를 나누도록 할 수 있다(교육부, 1994).

토론은 소집단으로 구성된 인원이 토론을 통해 자신과 타인의 생각을 비교하고 되돌아보며 정리함으로써 함께 성장한다는 것을 기본 가정으로 하고 있지만, 모든 토론이 구성원의 성장을 보장하는 것은 아니다. 부모들 간의 토론을 통해 긍정적인 결과를 얻기 위해서는 다음의 사항에 유의하여야 한다.

○ 토론의 주제에 대해 기본적인 정보를 제공한다.

전문적인 주제에 대해 학계나 특정 단체에서 토론할 때는 주제 발표를 한 후에 실시하거나 그 주제에 대해 기본적인 지식이나 관심을 가진 사람이 모여 실시한다. 그러나 부모교육 및 지원을 위한 목적으로 토론이 이루어질 때는 주제(예 영유아기 예능 교육)에 대해 부모들이 기초적 또는 전문적인 지식이 없는 상태일 경우가 많다. 기본적인 정보가 없는 상태에서 토론이 이루어지면 참여가 활발해지지 않거나 근거 없는 주장이나 반박을 하게 될 가능성이 높아진다. 따라서 토론을 실시하기 전에, 특정 이슈가 사회현상으로 나타나는 현황, 문제점, 부모 또는 자녀와의 관련성, 자녀 양육과의 관련성 등에 대한 기본적인 정보를 제공하는 것이 바람직하다.

○ 토론할 수 있는 이슈의 목록을 부모와 함께 만들거나 제공한다.

기본적인 정보를 제공하고 토론을 시작하도록 하면 토론에 익숙하지 않은 부모는 무엇부터 이야기해야 할지 몰라 당황하기도 한다. 이런 경우를 위해 토론이 원활하게 이루어질 수 있도록 토론할 내용의 이슈를 만들어 제공할 수 있다. 토론할 내용의 목록을 작성할 때는 각 목록을 토론하는 것을 통해 부모가 어떤 측면(예 지식, 정보, 태도, 기술 등)에서 발전할 수 있는지 염두에 둔다. 다음의 예는 "초등학교에 가기 전에 읽기 쓰기와 셈하기를 할 수 있어야 하나?"라는 주제로 토론할 때 제공할 수 있는 이슈 목록이다.

- 초등학교에 가기 전에 읽고, 쓰고, 셈하기를 해야 한다고 생각하는가? 그렇다면 또는 그렇지 않다면 그 이유는 무엇인가?
- 누구를 위해 읽고, 쓰고, 셈하기를 해야 한다고 생각하는가? 자녀 자신인가? 또는 부모 자신인가? 자녀 또는 부모 자신이라고 생각한다면 그렇게 확신하는 이유는 무엇인가?
- 초등학교에 미리 배워가는 것의 장점 또는 단점은 무엇인가?
- 읽고, 쓰고, 셈하기를 할 수 있다고 할 때, 어떤 수준의 읽기, 쓰기, 셈하기를 의미하는가?
- 읽고, 쓰고, 셈하기를 해야 한다면 언제부터 준비시켜야 한다고 생각하는가? 어떤 근거에서 그런 판단을 하였는가?
- 읽고, 쓰고, 셈하기를 해야 한다면 어떤 방법으로 준비시켜야 한다고 생각하는가? 어떤 근거에서 그런 판단을 하였는가? 다른 대안은 없는가?
- 나는 자녀가 초등학교에 가서 읽고, 쓰고, 셈하기를 배우도록 할 용기는 있는가? 있다면 또는 없다면 그 이유는 무엇인가?
- 미리 배워야 한다면 가장 바람직한 방법은 무엇이라고 생각하는가?

○ 모든 사람이 참여할 기회를 제공한다.

부모는 발표에 익숙하지 않기 때문에 타인 앞에서 자기 의견을 발표하는 것을 꺼려하는 반면, 어떤 부모는 발표 시간을 독점하기도 한다. 특정 부모가 발표를 독점할 경우 다른 부모는 흥미를 잃을 수 있기 때문에 모든 참여자가 균등하게 발표할 수 있도록 격려한다.

○ 토론을 이끌어 갈 수 있는 리더를 정한다.

전문적인 주제에 대해 학계나 단체에서 토론을 할 때는 사회자를 두어 각 토론자가 토론하는 시간을 제한하거나, 토론의 주제에서 벗어나지 않도록 하거나, 논쟁이 일어나면 조정하거나, 토론의 내용을 정리하거나, 불분명한 발언 내용을 명확히 하는 등의 역할을 하게 한다.

부모 간의 토론에서는 공식적인 리더가 있을 경우 분위기가 굳어질 수 있기 때문에 공식적인 리더를 지정하지 않는 경우가 많다. 때로는 토론을 진행하는 과정에서 자연스럽게 리더가 떠오르기도 한다. 리더가 전혀 없을 경우, 발표 기회를 독점하거나, 같은 주장을 되풀이하거나, 감정싸움으로 번지거나, 정리 없는 발표의 나열에 그쳐 참석자가 좌절하고 수확 없이 돌아갈 수 있다. 따라서 리더를 정하는 것이 바람직한데 초기에는 그 분야의 전문가, 기관장, 교사 등이 리더 역할을 하다가 부모가 점차 토론에 익숙해지면 부모에게 리더의 역할을 하도록 부탁할 수 있다. 토론 집단의 크기가 클수록 공식적인 리더가 필요하지만 부모 간의 토론 집단에서는 비공식적인 리더, 즉 자연스럽게 정리하고 조정하는 역할을 하는 리더가 더 바람직하다.

o 토론이 원활히 이루어질 수 있는 물리적/심리적 환경을 구성한다.

우리나라는 토론이 일상화되지 않은 문화권이다. 타인 앞에서 질문하거나 자신의 의견을 발표하는 것에 익숙하지 않기 때문에 부모 간 토론도 활발히 이루어지지 않을 가능성이 높다. 토론이 일상화된 외국에서도 저소득 가정의 부모나 심한 스트레스를 경험하고 있는 부모는 특히 토론의 초기에는 적극적으로 참여하지 않았다는 보고가 있다(Powell & Eisenstadt, 1988). 따라서 부모가 편안하게 자신의 의견을 발표하고 타인의 의견을 경청하고 반성적 사고를 할 수 있는 물리적·심리적 환경을 조성하여 지원하여야 한다. 일반적으로는 원형 또는 타원형으로 책상을 배치하고, 성인의 신체 크기에 적절한 의자를 사용하며, 토론이 이루어지는 장소의 중앙보다는 구석에 책상과 의자를 배치하는 것이 바람직하다고 알려져 있다. 토론의 진행 과정에서도 일어서서 이야기하는 것보다 앉아서 이야기하는 것, 공식적으로 발표된 내용을 기록하는 것보다 리더의 역할을 하는 사람이 비공식적으로 기록하는 것이 부모에게 더 편안한 환경이 될 수 있다.

그러나 어떤 환경이 물리적·심리적으로 편안한 환경인가 하는 것은 부모 집단의 특성에 따라 다를 수 있으므로 각 부모 집단의 특성을 고려하는 것이 중요하다. 예를 들면, 좌식 생활에 더 익숙한 환경(예 농촌, 저소득 가정)에서 생활하는 부모는 책상을 두고 의자에 앉도록 하는 것보다는 바닥에 방석을 두고 앉는 것을 더 선호한다는 보고가 있다(김희진, 2001). 또한 부모 집단의 특성에 따라 전문가가 함께 토론에 참여하는 것을 선호하기도 하고, 부모끼리만 토론하는 것을 더 선호하기도 한다.

○ 효율적으로 토론할 수 있는 전략과 태도에 대한 안내를 제공한다.

우리나라는 토론에 익숙하지 않은 문화권이기 때문에 효율적인 토론을 위한 전략을 모르는 부모가 많다. 특히, 자신의 의견에 대해 다른 사람이 동의하지 않을 때 상처받고 방어적으로 행동할 가능성이 높아진다. 다음과 같은 내용의 안내문을 부모에게 제공함으로써 효율적으로 토론이 이루어지도록 지원할 수 있다.

예 11-3 토론을 위한 안내문

부모님께

다음은 효율적인 토론을 위해 지켜져야 할 사항입니다. 토론에 참여하기 전에 읽어 보시면 도움이 될 것입니다.

- 토론할 주제에 대한 자신의 의견이 무엇인지 미리 생각합니다.
- 자신의 의견을 말하고, 타인의 의견을 듣고, 질문하고, 이견을 조정할 마음의 준비를 하고 참석합니다.
- 의견을 발표한 후, 방어하려고 노력하지 않습니다. 왜냐하면, 일단 발표하고 나면 그 의견은 집단이 함께 토론하고 고려할 대상이 되기 때문입니다. 다른 사람이 잘 이해하지 못한 듯 하면 명확히 해줄 수는 있지만, 제안했다고 해서 그 아이디어에 책임감을 느낄 필요는 없습니다.
- 자유롭게 말하고 감정을 나누십시오. 다른 사람의 감정을 고려하면서 들으시면 더 잘 이해될 것입니다.
- 아이디어를 주고받는 과정에서 다른 사람의 의견을 수용하려고 노력하십시오. 의견이 다르다고 무시하거나 거부하지 마십시오.
- 다른 사람의 의견에 동의하지 않더라도 우호적으로 표현하십시오. 의견이 다르다는 것은 다양한 해결책을 시도할 수 있다는 의미도 됩니다.
- 상호 존중하는 분위기에서 의사소통하십시오.
- 다른 사람을 비난하거나 거부하지 말고 차이점과 개성을 존중하십시오.
- 항상 주제에서 벗어나지 않도록 조심하십시오.
- 의견을 발표만 하기보다는 정리하려고 노력하십시오.

토론을 통해 많은 것을 얻으실 수 있길 희망합니다.

○○○(기관명) ○○○(기관장 명)

4) 역할놀이

성인을 대상으로 하는 역할놀이는 심리 또는 정신 치료 분야에서 널리 사용되는 교수-학습 또는 치료 전략이다. 역할놀이는 자신이 아닌 다른 사람의 역할을 수행하는 동안 그 사람의 입장이 되어 볼 수 있기 때문에 특히 가치관이나 태도의 변화를 목적으로 하는 프로그램에서 빈번히 사용된다(김영주, 2022; Danielson, 2007). 또한 다른 사람이 아닌 자신의 역할을 수행할 때도 자신을 배우처럼 인식하고 참여하기 때문에 자신의 감정과 태도를 자유롭게 표현할 수 있고 따라서 갈등이 해소되기도 한다.

부모교육 및 지원 프로그램에서는 자녀의 역할이나 자녀 양육과 관련되어 갈등을 겪고 있는 상대(예 조부모, 배우자, 다른 자녀의 부모)의 역할을 해봄으로써 상대를 이해하게 되고 좋은 관계를 맺을 수 있게 되기 때문에 빈번히 사용된다. 교육부(1994)의 「도덕성 함양을 위한 부모교육 프로그램」, STEP(Dinkmeyer, McKay, Dinkmeyer, Dinkmeyer, & McKay, 1997), 또는 PET(Gordon, 2000)에서도 자신의 입장에서 문제를 정의하기보다는 상대의 입장에서 문제를 정의하는 것이 부모-자녀 관계 또는 대인 관계 개선에 핵심적인 요소로 강조되고 있다. 역할놀이도 토론과 마찬가지로 유일한 교수-학습 전략으로 사용되기보다는 다른 전략과의 조화 속에서 사용되는 것이 더욱 효과적이다. 앞서 소개한 '소통하는 세상을 위한 인성: 공감(| 예 11-1 |, pp. 198~201)'에도 역할놀이가 포함되어 있다.

5) 관찰 또는 현장 학습

영유아와 마찬가지로 부모도 직접 보고 경험함으로써 신념과 태도가 바뀌고, 지식과 기술을 효과적으로 습득할 수 있다. 유아교육기관에서 교수-학습 전략으로 사용되는 관찰은 주로 자녀 관찰, 교사 관찰, 환경 관찰 등에 초점이 맞추어진다. 예를 들면, 부모가 자유놀이나 (대·소집단) 활동 시간에 자녀의 행동 관찰, 교사의 교수 행동 관찰, 또는 교육 환경의 관찰을 통한 유아교육에서의 교수-학습 방법, 영유아기 어린이의 발달 또는 행동 특성, 교사의 행동 지도 전략, 학습 내용, 교육적 환경의 특성 등에 대한 이해를 높일 수 있다. 부모가 자녀, 교사, 교육 활동이나 환경을 바라보는 시각은 교사가 부모를 이해하는 데에도 도움이 되기 때문에 부모와의 개인 면담 자료로도 활용할 수 있다(제14장 부모와의 면담 중 '4) 효율적인 개인 면담을 위한 전략', pp. 276~283).

현장 학습은 인적, 금전적, 그리고 물리적 측면에서 많은 준비가 필요하기 때문에 빈번히 실시되는 교수-학습 전략은 아니지만 교육 및 지원 효과가 크기 때문에 실시할 가치가 있다. 유아교육기관에서 영유아가 학습하는 주제나 내용과 관련된 장소에 부모도 현장 학습을 감으로써 자녀의 학습을 지원하고 관심과 흥미를 공유하도록 하는 데 그 목적을 둘 수 있다. 예를 들면, 동물에 대해 관심 있는 자녀가 있는 부모들이 동물원으로 현장 학습을 가서 동물들을 어떻게 먹이고, 보호하고, 훈련하고, 치료하는지 등을 배움으로써 자녀와의 교육적 상호작용을 효과적으로 이끌 수 있다. 또, 기관에서 봄의 식물에 대한 주제로 학습할 때, 화원을 함께 방문하여 봄에 피는 꽃, 꽃에 물을 주거나 비료를 주는 방법, 꽃을 치료하는 방법 등을 배우게 할 수 있다.

관찰과 현장 학습은 부모가 함께 가기는 하지만 개별적으로 관찰하거나 개별적으로 살펴보는 특성이 강한 교수-학습 방법이므로 미리 준비하고 안내하지 않으면 단순히 보거나 다녀오는 것으로 그칠 수 있다. 관찰과 현장 학습을 통해 긍정적인 결과를 얻기 위해서는 다음의 사항에 유의하여야 한다.

○ 무엇을 볼 것인지 미리 알려준다.

그 분야의 전문가가 아닌 일반인이 관찰할 때는 '관찰'하기보다는 '보는' 경향이 높다. 관찰 후 무엇을 느꼈는지 질문하면 '재미있었다.', '신기했다.', '잘 놀더라.', '아이가 참 잘 그렸다.' 또는 '교사가 너무 잘 가르친다.'와 같은 일반적인 평을 한다. 관찰이나 현장 학습이 의미 있기 위해서는 무엇을 관찰하거나 무엇에 초점을 두고 경험을 해야 하는지 미리 안내해야 한다. 부모를 위한 안내는 부모가 이해할 수 있는 평이한 용어를 사용하는 것이 바람직하다. 예를 들면, 전문적 지식이 없는 부모에게는 '영역'이라는 용어보다 '놀이 장소'라는 용어가, '정서가 긍정적'이라는 용어보다 '기분이 좋은 경향'이라는 용어가, '역할놀이 영역'이라는 용어보다 '소꿉 영역'이라는 용어가, '조형 영역'이라는 용어보다 '미술 영역'이라는 용어가 이해하기 쉽다.

안내는 관찰이나 현장 학습의 주제에 따라 매번 달라질 수도 있고, 학기마다 반복하게 해서 1학기와 2학기의 발전 상황을 비교(예 1학기에 신체 발달을 관찰하게 한 후 2학기에도 신체 발달을 관찰하게 함)하게 할 수도 있다. 관찰 지침은 관찰할 내용과 소감을 쓰게 하는 비형식적인 서식으로 제공될 수도 있고 부모의 평가가 반영되도록 하는 다소 형식적인 서식으로 제공될 수도 있다. 다음의 예는 자유놀이 시간에 자녀의 행동을 관찰하도록 할 때 주어질 수 있는 안내이다.

예 11-4 부모를 위한 자유놀이 관찰 지침(비형식적 서식)

관찰할 내용	관찰한 내용(간단히 소감 기록)
• 자녀가 어떤 장소에서 주로 놀이합니까?	
• 자녀가 한 장소에서만 주로 놀이합니까? 아니면 다양한 장소에서 놀이합니까?	
• 자녀가 놀이할 때 집중하는 듯합니까? 아니면 다른 친구를 보거나 돌아다니거나 아무것도 안 하고 있습니까?	
• 자녀가 놀이하다 어려움을 겪으면 어떻게 합니까?	
• 혼자 해결하려고 합니까? 포기합니까? 교사나 친구의 도움을 청합니까?	
• 자녀가 놀이를 주도하는 편입니까? 아니면 친구의 놀이를 따라하는 편입니까?	
• 자녀가 놀이할 때 기분은 어떻습니까? 대체로 좋습니까? 무표정합니까? 자주 화를 냅니까?	
• 자녀가 어떤 친구와 놀이합니까? 특정한 친구들과만 놀이합니까? 아니면 여러 친구들과 놀이합니까?	
• 자녀가 친구들과 사이좋게 놀이합니까? 아니면 자주 싸웁니까?	
• 전반적으로 자녀의 놀이에 만족하십니까? 아니라면 어떤 점이 우려되십니까?	

예 11-5 부모를 위한 자녀의 신체운동·건강 영역 관찰 지침(형식적 지침)

신체운동·건강 영역(만 3세)						
항 목	1학기			2학기		
	예	아니오	관찰 못 함	예	아니오	관찰 못 함
1. 자세가 바른 편이다.	___	___	___	___	___	___
2. 행동이 민첩한 편이다.	___	___	___	___	___	___
3. 양발을 바꾸어가며 계단을 오르내린다.	___	___	___	___	___	___
4. 공을 던지고 받을 수 있다.	___	___	___	___	___	___
5. 가위질을 할 수 있다.	___	___	___	___	___	___

○ 필요한 경우 사전 정보를 제공하거나 사전 활동을 실시한다.

영유아도 관찰이나 현장 학습을 실시하기 전에 사전 활동을 실시한다. 사전 활동의 목적은 관찰하거나 경험할 내용에 대해 미리 알아봄으로써 실제 관찰과 현장 학습의 효율성을 높이는 데 있다. 예를 들면, 다양한 가게로 견학을 갈 때는 가게란 무엇인지, 어떤 종류의 가게가 있는지, 우리 동네의 가게는 어디에 있는지, 가게에서 알아보고 싶은 것이 무엇인지 미리 알아보는 사전 활동을 할 수 있다.

부모도 적절한 사전 정보가 제공될 때 관찰과 현장 학습을 더욱 효율적으로 할 수 있다. 부모는 관찰해야 할 내용을 잘 이해하지 못하거나 특정한 것만 관찰하거나 관찰 못 했다고 우려하는 경향이 있기 때문에, 관찰을 위해서는 용어를 설명(예 영역, 신체, 언어, 인지, 사회성, 정서 발달의 의미)하거나 관찰한 결과를 이해하는 방법(예 여러 친구와 함께 노는 것이 모든 연령에서 다 관찰되는 것은 아니고, 2~3세 영유아는 혼자 놀거나 친구 옆에 앉아서 노는 것이 더 자주 관찰될 것임; 다양한 영역에서 놀이하는 것 또는 한 영역에서 집중해서 놀이하는 것 중에서 어느 것이 좋다고 판단할 수 없으므로 놀이하는 방법과 일정 기간 동안의 경향을 동시에 고려해야 함)에 대해 사전 설명을 할 수 있다. 다음의 예는 유아교육기관의 환경을 관찰하도록 할 때 부모에게 제공될 수 있는 사전 정보의 내용이다.

예 11-6 유아교육기관 환경 관찰을 위해 제공될 수 있는 사전 정보의 예

- 현재 진행되고 있는 놀이 주제
- 각 영역별 명칭과 전형적으로 이루어지는 놀이
- 각 영역에 배치되는 교재·교구 또는 놀잇감의 종류
- 각 영역 배치 원리
- 적절한 교재·교구의 수와 질
- 영유아가 활동한 결과물 전시의 교육적 의의 및 원칙
- 교사 vs. 영유아 주도로 이루어진 전시

현장 학습을 위해서도 현장 학습할 장소의 특성 및 위치, 하루의 일정, 현장 학습에서 경험할 내용, 유의점, 자녀 교육과의 관련성 등에 대한 사전 정보를 제공하는 것이 바람직하다. 예를 들면, 유아가 들짐승의 특성에 대해 관심을 갖고 있을 경우, 유아가 다루는 들짐승의 범위와 특성 또는 유아가 궁금해 하는 사항 등을 미리 알려주어 부모가 그것을 염두하여 현장 학습을 하게 할 수 있다.

○ 필요한 경우 사후 활동을 실시한다.

사후 활동은 일반적으로 두 가지 방식으로 전개할 수 있다. 첫째는 관찰이나 현장 학습을 하면서 생긴 의문점이나 질문에 대한 답을 찾아보는 방식으로 전개하는 것이다. 때로는 사전 활동에서 정보를 주지 않고 사후 활동에서 정보를 주는 방식으로 의문점이나 질문에 대한 답을 찾아보게 할 수 있다. 예를 들면, 자녀를 관찰한 후 한 가지 놀잇감만 가지고 노는 것이 바람직한 것인지에 대한 의문을 가진 부모에게 그 연령 아동의 발달 특성과 놀이 양상을 설명해 주어 판단하게 하거나 같은 의문을 가진 부모끼리 소집단 토론을 통해 해결하게 할 수 있다.

둘째는 관찰이나 현장 학습에서 경험한 것을 토대로 자녀와 후속 활동을 할 수 있게 안내하는 방식으로 전개하는 것이다. 예를 들면, 한 가지 놀잇감만 가지고 노는 자녀에게 다양한 놀잇감을 소개하는 전략을 부모가 소개받은 후 자녀와 함께 놀이하면서 전략을 실천해 보게 하거나 동물원 현장 학습에서 배운 것을 자녀와의 상호작용을 통해 소개해 보게 할 수 있다.

정리하면, 앞에서 제시된 교수-학습 전략 중 강연은 주로 대집단으로 실시되고, 그 외의 전략은 소집단 또는 개별적으로 실시될 때 더욱 효과적이다. 그런데 유아교육기

관에서는 시간, 장소, 인력 등의 제약으로 소집단보다는 대집단으로 실시할 수 있는 교수-학습 전략이 선호될 수밖에 없다. 강의와 워크숍은 독자적인 교수-학습 전략으로 사용될 수 있는 반면, 토론, 역할놀이, 관찰 및 현장 학습은 다른 교수-학습 전략과 함께 사용되는 경우가 더 많으므로, 시간, 장소, 인력 등의 한계 내에서 다양한 교수-학습 전략을 실천할 수 있는 방안이 모색되어야 한다(제11장 부모교육과 지원의 방법 및 전략 중 '교수-학습을 위한 제언 7', p. 222).

6) 기타

다음은 앞서 소개한 교육과학기술부, 육아정책연구소(2012)가 개발한 '유아 인성교육을 위한 부모 훈련 프로그램'에 포함된 다양한 주제를 다룰 때 사용하도록 한 교수-학습 활동의 몇 가지 예이다. 강의, 워크숍, 토론, 역할놀이, 관찰/현장 학습을 중심으로 하는 일정을 진행하면서 함께 활용할 수 있다.

예 11-7 '유아 인성교육을 위한 부모 훈련 프로그램'에 반영된 다양한 교수-학습 활동

우리 아이가 살아가는 세상 : 집단 따돌림

- 우리 아이가 살아가는 이 세상이 항상 밝고 건강한 사회라면 얼마나 좋을까요? 하지만 그렇지 않은 경우도 있어 때론 불안하고 안타까워지기도 합니다. 요즘 많이 발생되는 집단 따돌림에 관한 동영상을 보고 함께 이야기를 나누어 봅시다.

지식채널-e: 오늘은 내가 죽는 날입니다(EBS, 2012. 6. 12. 방송)

- 학교뿐만 아니라 사회 전체에서 집단 따돌림이 커다란 문제로 대두되게 된 원인이 무엇일까요? 이에 대한 해결책은 무엇이라고 생각하나요? 옆 사람과 이야기를 나누어 보세요.

프로그램 소개: 토론하기

〈가로세로 문제풀이 정답〉

1. 전	인	발	달			7. 병	
두					2. 유	아	기
엽			3. 정	서		리	
		4. 인	지				
5. 사	회	성		9. 친	사	회	8. 적
		교		구			기
		6. 육	아				

인성이 바탕이 되는 유아기 발달: 가로세로 문제풀이 정답

계속

| 예 11-7 | 계속

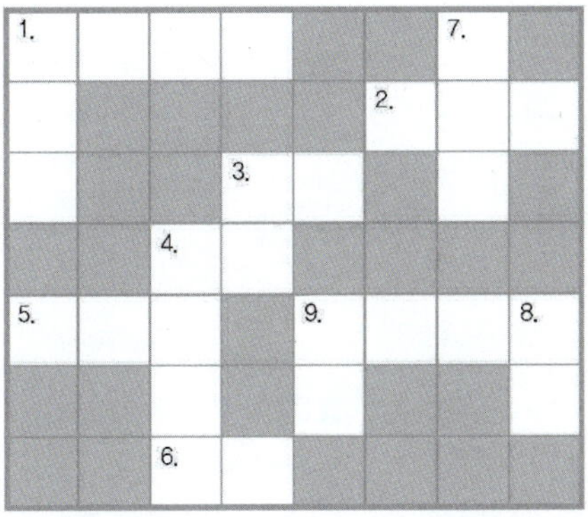

가로힌트

1. 모든 영역의 발달이 고르게 이루어지는 전인적 발달
2. 지금 자녀들에게 해당하는 시기, 인성의 기초에 매우 중요한 시기
3. 우리 마음에 일어나는 여러 가지 감정
4. 정보를 인식하고 이해할 수 있는 지적 능력
5. 사회에 적응하는 개인의 소질이나 능력
6. 아이를 기르는 것
9. 사회적으로 긍정적인 결과를 가져오게 하는 행동, ○○○○ 행동

세로힌트

1. 뇌의 부위 중 인성을 담당하는 영역으로 유아기에 특히 발달함
3. 멈춤, 일단 ○○
4. 인성에 대한 교육을 실시하는 것
7. 줄탁동시는 ○○○와 어미 닭이 동시에 쪼는 것을 의미함
8. 적절한 시기, 줄탁동시는 ○○교육의 중요성을 강조함
9. 가깝게 사귀는 벗, 동무

인성이 바탕이 되는 유아기 발달: 가로세로 문제풀이 정답

● 생각해 봅시다.

열 살 된 민성이는 엄마와 백화점에서 장을 보는 중에 갑자기 아이 우는 소리가 들렸다. 길을 잃은 모양이었다.
그날 저녁, 민성이는 슬픈 얼굴로 말했다.
"엄마가 보이지 않아서 그 아이가 얼마나 무서웠을까요?"
이 이야기를 들은 엄마는 민성이에게 남을 보호하고 배려하는 능력이 있다는 것을 알려 줄 기회라고 생각했다.
"민성아, 너는 길 잃은 아이가 정말 걱정이 되나 보구나."
"네, 계속 그 아이의 서럽게 우는 표정이 생각나요."
"그 아이의 마음을 진심으로 이해하고 동정하기 때문이야. 그 아이의 두려움을 네 자신이 같이 느끼고 있는 것 같아."
"엄마, 난 내가 그렇게 특별한 아이라고 생각해 본 적 없는데요."

하임 G. 기너트(2003) 『부모와 아이 사이』 양철북

– 위 사례에서 민성이의 엄마는 어떤 대화의 기술을 사용했나요?

속마음 알아차리기	설교/비판	감정에 대응하기	감정이입 하기	죄의식/불안 덜어주기	스스로 이해하도록 돕기

부모-자녀 관계: 문제풀이

● 생활 속에서 실천하고 있는 일을 찾아보세요.

나에게 도움을 준 사람에게 고마움을 표현한다.	TV에서 불우이웃돕기를 하면 나도 모르게 전화기 버튼을 누른다.	엘리베이터 기다려 주기와 같은 소소한 친절 행동을 한다.
이웃에게 급한 일이 있다면 그 집 아이를 돌보아준다.	사용하지 않는 새 물건을 다른 사람에게 준 적이 있다.	정기적으로 후원하는 곳이 있다.
봉사활동 모임에 가입해서 활동하고 있다.	바자회에 아끼는 물건을 기부한 적이 있다.	맛있는 음식을 이웃과 나누어 먹기도 한다.

● 이 중에서 몇 가지를 실천하고 있나요?

1–3 개	4–6 개	7–9 개
나눔이 부족합니다	나눔을 잘하고 있습니다.	모두에게 모범이 됩니다.

나눔: 자기 평가

다음을 읽고 정의로운 세상을 위해 필요한 인성 중 무엇을 설명하는 것인지 줄로 이어보세요.

정의 •	• ① 마음에 거짓이나 꾸밈이 없이 바르고 곧음
질서 •	• ② 인간이 지켜야 할 도리나 바람직한 행동 규범
양심 •	• ③ 사회나 공동체를 위한 옳고 바른 도리
공정성 •	• ④ 하나의 사회에서 지켜야 할 도리로 간주되는 차례나 절차
도덕 •	• ⑤ 어떤 일의 가치, 선악, 우열, 시비 등을 판단할 때 한쪽으로 치우치지 않는 공평하고 올바른 성질
정직 •	• ⑥ 사물의 가치를 변별하고 자신의 행위에 대해 옳고 그름, 선과 악의 판단을 내리는 도덕적 의식

양심: 줄긋기

● 존중하는 세상을 위해서 우리에게 어떤 인성 덕목이 필요할까요?

덕목	의미
예절	인간관계에 있어서 사회적 지위에 따라 행동을 규제하는 규칙과 관습, 인사와 같은 예절은 상대를 □□ 한다는 것에 대한 표현
존중	□□ 을 먼저 생각하고 배려하는 마음
효	부모에 대한 공경을 바탕으로 부모의 마음을 편안하게 해 드리는 □□ 의 행위
겸손	남을 □□ 하고 자기를 내세우지 않는 태도, 자신의 모자란 점을 자각하고 앞으로의 발전을 기대하면서 스스로 몸을 낮춤

예절: 빈 칸 채우기

계속

| 예 11-7 | 계속

설명	단어
스스로의 감정을 인식하고 조절하며 강요된 것이 아니라도 적절히 행동하는 것	힌트: ㅈㄱㅈㅈ ➡
괴로움이나 힘든 것을 참고 견딤	힌트: ㅇ ㄴ ➡
정도에 넘지 아니하도록 알맞게 조절하여 제한함	힌트: ㅈ ㅈ ➡
맡아서 해야 할 임무나 의무	힌트: ㅊ ㅇ ➡

책임: 설명에 적합한 단어 적어 보기

● 2명이 짝을 지어서 역할극을 해보세요.

● 입장 1과 입장 2에 맞게 역할극을 해보세요.

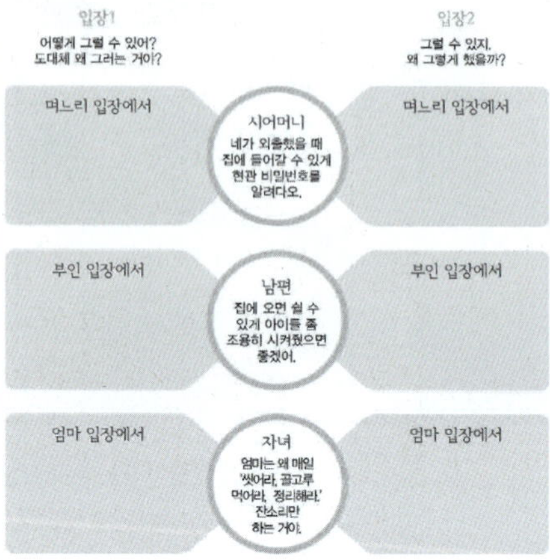

공감: 상황에 따른 역할극 하기

● 3요소와 내용을 찾아 연결해 보세요.

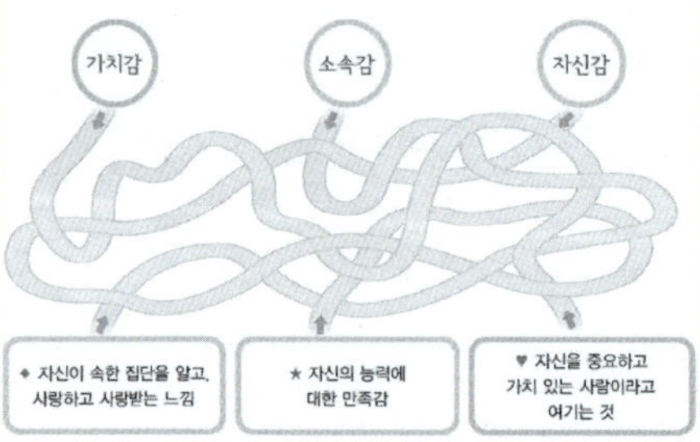

자존감: 자존감 형성하는 3요소 미로 찾기

● O/X로 정리해 봅시다.

- 자존감이란 자신을 사랑받을 만한 가치가 있는 소중한 존재로 느끼는 마음이다. ( )
- 자존감이란 자신이 어떤 성과를 이루어 낼 만한 유능한 사람이라고 믿는 것이다. ( )
- 어린 시절 형성된 자존감은 성인이 되어서도 영향을 미친다. ( )
- 자존감과 또래관계는 서로 관련이 없다. ( )
- 나의 부모로부터 받은 자존감은 내 아이에게 대물림될 수 없다. ( )

자존감: O, X 퀴즈

3. 부모교육 및 지원에서의 교수-학습 매체

최근 기술의 발달로 인해 다양한 교수 매체가 개발됨에 따라 전통적으로 사용되던 방식(예를 들면, 교수자가 계속 강의를 하고 학습자가 앉아서 듣기 또는 교재를 중심으로 읽고 설명하기)보다는 다양한 교수 매체를 사용하는 방식이 추천되고 있다. 다양한 교수 매체의 사용이 격려되는 이유는 학습자마다 선호하는 정보 습득 통로, 즉 감각이 다르기 때문에 학습자의 특성을 고려한 교수-학습 전략을 선택할 수 있고, 일반적으로 시각 또는 청각 등의 한 가지 감각보다는 다양한 감각을 통해 정보를 받아들일 경우 학습의 효과가 높아지기 때문이다(Wenglinsky, 2005; Wlodkowski, 2008).

특히, 성인 학습자로서의 부모는 학교를 졸업한 지 오래된 경우가 많기 때문에 학습 효과를 높이기 위해서는 다양한 교수-학습 매체를 사용하여 부모가 외부에서 제공되는 정보에 관심을 보이고 쉽게 받아들이도록 지원해야 한다(Constantino, 2003).

교수-학습 매체는 기술의 발달과 함께 다양해지고 발전되어 왔다. 과거에는 교재에 삽입되었거나 투시물 환등기 또는 슬라이드를 통해 보여주는 그림, 사진 또는 삽화를 통해 추가적인 시각적 정보를 제공하거나, 라디오나 카세트테이프를 활용하여 청각적 정보를 제공하여 학습 효과를 높였다. 최근에는 시각적 정보와 청각적 자극을 동시에 제공하는 매체들을 많이 사용하고 있다. 예를 들면, 비디오 클립, 파워 포인트에 움직임과 소리뿐만 아니라 동영상을 추가하여 제작한 자료, 인터넷을 활용한 자료 제공을 통해 학습의 효과를 높이고 있다. 또한 실물(예 유아의 다양한 작품)을 활용함으로써 부모의 관심을 유지하고 학습 효과를 높일 수도 있다. 최근 빈번히 사용되고 있는 디지털 기반 부모교육 매체의 예는 다음과 같다.

인스타툰 카드뉴스 영상
소책자 리플렛 체크리스트
워크시트 포스터 숏폼 스레드

e-book　굿즈(노트, 달력 등)　PPT

4. 교수-학습 전략과 교수-학습 매체 선정 및 사용에서의 유의점

다양한 교수-학습 전략과 매체의 사용은 학습의 효율성에 많은 영향을 미친다(Masnawati et al., 2022; Wenglinsky, 2005). 그러나 교수-학습 전략과 매체의 무분별 또는 부적절한 사용은 오히려 학습을 저해하는 요인이 되므로 성인 학습자인 부모를 대상으로 교육과 지원 프로그램을 실행할 때 다음의 사항을 유의한다.

- **첨단 교수-학습 매체의 무조건적 사용보다는 학습 내용, 학습자의 특성, 학습이 이루어지는 물리적 환경의 특성 등을 고려하여 적절한 교수 매체를 사용한다(Orlich et al., 2012).**

새로운 교수-학습 매체가 과거의 매체가 제공하지 못하던 것을 제공하는 것은 사실이지만 첨단 매체가 모든 경우에 있어 효율적인 것은 아니다. 예를 들면, 파워 포인트나 인터넷을 활용하기 위해서는 주변을 어둡게 해야 하기 때문에 진행자가 부모의 반응을 살피기 어렵고, 얼굴을 보거나 눈을 맞추며 상호작용하기도 어렵다. 때로는 장소가 어둡기 때문에 잠이 들게 되는 경우도 있다. 비디오를 사용하면 설명을 위해 중단하기 어렵기 때문에 부모의 이해 정도나 반응에 따라 적절한 부연 설명을 하기 어렵다. 첨단 매체들은 준비하는 데 시간이 소요되므로 적은 분량의 내용(예 3~4장으로 구성된 파워 포인트)을 보여주기 위해 매체를 사용하는 것은 비효율적이다. 프로그램이 진행되는 장소의 물리적 환경도 매체의 선택에 영향을 미친다. 예를 들면, 세로로 긴 장소나 음향 시설이 적절하지 않은 장소, 어둡게 할 커튼이나 블라인드가 설치되어 있지 않은 장소에서는 동영상이나 파워 포인트, 인터넷 등을 활용하기 어렵다. 따라서 학습자의 특성, 학습 내용, 학습이 이루어지는 물리적 환경 등을 고려하여 적절한 매체를 선정하려는 노력이 필요하다.

○ 학습자가 관심과 주의를 지속적으로 기울이도록 다양한 교수-학습 전략과 매체를 적절히 사용한다.

아무리 효율적인 교수-학습 전략 또는 매체라 할지라도 그것만 계속 사용할 경우 효율성이 저하된다. 따라서 프로그램의 주제와 내용을 고려하여 다양한 전략과 매체를 함께 사용하려는 시도가 필요하다. 예를 들면, 강의만 지속적으로 하기보다는 학습자의 참여를 촉진할 수 있도록 간단한 퀴즈를 내서 맞히게 하거나, 시청각 자료를 보여주거나 소집단을 구성하여 5분 정도 토론하게 할 수 있다.

○ 한 가지 이상의 감각을 통해 정보를 제공하는 교수 매체를 사용한다.

영유아와 마찬가지로 성인도 오감각을 통해 정보를 받아들일 때 더욱 효과적으로 받아들인다. 물론 성인은 집중력과 자기 통제력이 영유아보다 높아서 스스로 읽거나 타인이 하는 말을 듣기만 해도 학습이 가능하지만, 오감각을 활용할 때 더욱 효과적으로 학습할 수 있다(Ponticorvo et al., 2019; Wlodkowski, 2008). 따라서 가능하면 다양한 감각을 동시에 활용할 수 있는 교수 매체를 사용하는 것이 바람직하다.

○ 교수 매체에 사용되는 사례나 실례로 대상 부모의 자녀를 활용한다(제11장 부모교육과 지원의 방법 및 전략 중 | 사례 3 |, p. 221).

부모는 자녀에게 정서적으로 몰입(Heath, 2012)되어 있기 때문에 일반적인 영유아의 실례보다는 자신의 자녀가 한 말, 행동, 제작한 작품 등이 실례로 활용될 때 더욱 관심을 보이는 경향이 있다. 학습에서의 동기 유발과 관심이 학습의 효율성을 좌우하는 한 요인이라는 것을 고려할 때(Caffarella, 2013), 대상 부모의 자녀에 대한 사례나 실례를 다양한 교수 매체를 통해 제공하는 것이 바람직하다.

사례

사례 1

다음의 사례는 부모회 강연을 한 경험이 있는 강사의 사례로 강연 주제를 기관에서 정하지 않고 강사가 정하도록 할 경우 나타날 수 있는 부작용이 잘 나타나 있다.

A 교수는 유아교육기관의 부모회에서 강연하도록 요청받고 난감할 때가 많다. 강의할 주제가 무엇인지 물어보면 "교수님이 말씀하시는 것은 무엇이나 부모님에게 도움이 될 테니 아무것이나 해주세요. 와 주시는 것만으로도 감사하지요."라는 응답을 들을 때가 있다. 이 경우 부모의 관심사를 모르기 때문에 특정한 주제보다는 일반적인 주제, 예를 들면, 현대 또는 미래사회에서의 부모의 역할, 영유아기 부모 역할의 중요성 같은 주제로 강연할 가능성이 높아진다. 특히 학기 초가 아닐 때 이런 주제로 강의하면 시기가 부적절하다는 느낌을 받을 때가 많으나 부모의 관심사를 모르기 때문에 특정 주제에 대해 강의하기도 어렵다. 어떤 때는 1학기 강연에서도 다른 강사가 유사한 주제로 강연한 것을 발견하기도 한다.

사례 2

이 사례는 워크숍을 하기 위해 너무나 많은 준비가 필요했고 부모가 할 수 있는 범위를 넘어서는 교구 및 교재를 제작했기 때문에 실패한 사례를 보여준다.

B 유아교육기관에서는 유아에게 풍부한 양의 교구/교재를 제공하고, 교구 및 교재의 역할에 대한 부모의 이해를 높이기 위해 교구/교재 제작 워크숍을 실시하였다. 부모가 쉽게 제작할 수 있을 것으로 생각되는 게임판과 수와 언어에 관련된 교구(예 숫자와 그림의 일대일 대응, 모래 종이 글씨)를 제작하기로 하였다. 워크숍을 준비하기 위해 교사는 숫자와 다양한 그림을 도안책에서 복사하고 교구를 만들 종이를 일정한 크기로 잘라놓고, 색지를 준비하느라 많은 시간을 할애하였다. 그러나 부모는 똑바로 자르고 붙이기, 매력적으로 색칠하기, 정확한 위치에 붙이기 등에 익숙하지 않았기 때문에 제작된 교구 및 교재가 매력적이지 않았고, 교육적으로 적합하지도 않았기 때문에 사용할 수 없었다.

사례 3

이 사례는 참여 부모 자녀의 작품을 교수 매체로 활용한 것의 효율성을 보여준다.

C 유아교육기관에서는 어떤 주제로 프로그램을 진행하든 가능하면 재원 중인 영유아들이 한 말, 행동, 작품을 예로 사용한다. 즉, 먼저 일반적인 경향이나 정보를 제공한 후 그 예로써 대상 부모의 자녀를 활용하는 것이다. 특히, 실물은 부모가 오감을 활용하여 정보를 받아들이게 하기 때문에 효과적이다. 비록 교수 자료를 매년 다시 제작하여야 하는 번거로움이 있지만 부모의 호응도를 고려하면 가치 있는 노력으로 판단된다.

요 약

성인 학습자인 부모를 대상으로 효율적인 부모교육 및 지원 프로그램을 진행하기 위해서는 성인 학습자인 부모의 특성을 이해하고 그들에게 적절한 교수-학습 전략과 매체를 사용하여야 한다. 성인 학습자에게는 강의, 워크숍, 토론, 역할놀이, 관찰 및 현장 학습 등의 교수-학습 전략이 적절하고, 교수-학습 매체로는 다양한 감각을 통해 정보를 제공할 수 있는 매체가 적절하다. 그러나 중요한 것은 부모의 특성, 프로그램의 내용, 각각의 물리적 환경에 가장 적합한 교수-학습 전략과 매체를 선정하는 것이다.

교수-학습을 위한 제언

1. 성인 학습자로서의 자신을 생각해 봅시다. 본 장에서 제시된 특성 이외에 어떤 특성을 가지고 있다고 생각하십니까?
2. | 표 11-1 |에 제시된 '성인 학습자의 특성과 부모교육 및 지원 프로그램에의 시사점(pp. 191~192)'을 살펴보십시오. 시사점 중 1~2개를 선택하여 어떻게 실현할지 구체적인 아이디어를 제시해 보십시오. 예를 들면, 물리적, 심리적으로 편안한 환경을 조성하기 위해서 어떤 노력을 기울일 수 있습니까?
3. 한 가지 주제를 선정한 후, 강연회를 계획해 봅시다. 어떤 특성(예 전문성 측면)을 가진 강사를 선정할 계획입니까? 그 이유는 무엇입니까? 강연을 흥미롭게 하기 위해 어떤 전략을 사용할 계획입니까? 같은 주제의 강연에 대해 두 집단이 계획해 봅시다. 두 집단 간의 공통점과 차이점은 무엇입니까?
4. 워크숍을 계획해 봅시다. 워크숍을 통해 달성하고자 하는 목표를 설정한 후 그 목표를 달성하기 위해 구체적으로 어떤 활동이 포함되어야 하는지 계획해 봅시다.

5. 토론을 계획해 봅시다. 부모들이 토론하기에 적절한 주제를 선정하여 봅시다. 부모의 토론을 촉진시키기 위해 어떤 토론 이슈를 제시할 수 있습니까? 토론의 이슈를 선정하고 그 이슈를 토론함으로써 부모가 어떻게 발전할 수 있다고 생각합니까?
6. 어떤 물리적 또는 심리적 환경이 조성되면 부모가 편하게 토론할 수 있다고 생각하십니까? 자신의 경우에 비추어 어떤 환경을 구성하면 좋은지에 대한 안을 만들어 봅시다.
7. 다양한 교수-학습 전략을 사용하여 부모교육과 지원 프로그램을 계획하여 봅시다. 주제(예 영유아기의 적절한 예능 교육)를 선정한 후, 어떤 교수-학습 전략을 사용하여 프로그램을 운영할지 계획해 봅니다. 실현 가능한 계획을 수립하되, 가능하면 다양한 교수-학습 전략을 활용할 수 있도록 합니다.
8. 부모가 관찰하거나 현장 학습을 갈 때 사용할 수 있는 안내 또는 지침을 만들어 봅시다. 관찰 주제(예 교사의 교수 행동, 유아교육기관의 환경, 동물원 견학)를 선정한 후 무엇을 관찰해야 좋은지에 대한 관찰 서식을 만듭니다. 서식은 형식적 또는 비형식적 서식으로 제작할 수 있으며, 부모가 이해하기 쉬운 평이한 용어를 사용하는 원칙을 준수합니다.
9. 부모교육과 지원 프로그램에서 사용될 교수-학습 매체를 선정하여 프로그램을 계획하여 봅시다. 주제(예 영유아기의 적절한 창의성 교육)를 선정한 후, 어떤 교수-학습 매체를 사용하여 프로그램을 운영할지 계획해 봅니다.

참고문헌

교육과학기술부, 육아정책연구소(2012). 유아 인성교육을 위한 부모 훈련 프로그램 및 연수 자료집. 저자.

교육과학기술부, 제주특별자치도 교육청(2008). 자녀양육역량 강화를 위한 부모교육 프로그램. 저자.

교육부(1994). 도덕성 함양을 위한 부모교육 프로그램. 교육부.

교육부(2001). 유아를 위한 부모교육 자료: 유능하고 행복한 자녀로 키우기. 저자.

교육부(2001). 유아와 부모가 함께 하는 교육활동 자료. 저자.

교육부(2003). 유아 안전을 위한 부모교육자료. 저자.

김희진(2001). 삼성 포괄적 보육서비스: 부모지원프로그램의 개발과 적용. 삼성어린이개발센터 2001 연구보고서.

김희진(2002). 유아교육기관에서의 부모교육에 관한 조사연구, 교육학 연구, 40(6), 239-260.

서울특별시 유아교육진흥원(2012). 유아·부모·교사를 위한 유치원 부모교육프로그램. 저자.

여성가족부(2017). 부모교육 매뉴얼 총론. 저자.

육아정책연구소(2011). 취약계층(저소득 및 탈북) 가정 부모교육 프로그램(개별 가정용). 저자.

육아정책연구소(2011). 취약계층(저소득 및 탈북) 가정 부모교육 프로그램(소집단용). 저자.

한국교육개발원(2013). 탈북 영유아 부모를 위한 양육 안내서. 저자.

한국어린이육영회(1996). 부모교육용 소책자 및 강의 지침서.

Berger, E., & Riojas-Cortez, R. (2011). *Parent as partners in education: Families and schools working together* (8th ed.). Merrill.

Bergman, M. (2020). *Adult learners in higher education*. Stylus Publishing.

Caffarella, R. (2013). *Planning program for adult learners: A practical guide for educators, trainers, and staff developers* (2nd ed.). Jossey-bass.

Caffarella, R., & Merriam, S. (2000). Linking the individual learner to the context of adult learning. In A. L. Wilson & E. R. Hayes (Eds.), *Handbook of adult and continuing education*. Jossey-Bass.

Constantino, S. (2003). *Engaging all families: Creating a positive school culture by putting research into practice*. Scarecrow Education.

Curran, D. (2007). *Working with parents*. American Guidance Services.

Daloz, L. (2012). *Mentor: Guiding the journey of adult learner*. Jossey-Bass.

Danielson, C. (2007). *Enhancing professional practice: A framework for teaching.* Association for Supervision and Curriculum an Development.

Dinkmeyer, D., McKay, G., Dinkmeyer, J., Dinkmeyer, D., & McKay, J. (1997). *Systematic Training for Effective Parenting of children under six*. American Guidance Services, Circle Pines, MN.

Glanes, G., & Adams, K. (2012). *Effective group discussion: Theory and practice* (14th ed.). McGraw-Hill.

Gordon, T. (2000). *Parent Effectiveness Training: The proven programs for raising responsible children*. Three Rivers Press.

Heath, P. (2012). *Parent-child relations: History, theory, research, and context*. Prentice Hall and Merrill.

Masnawati, E., Aliyah, N. D., Djazilan, M. S., Darmawan, D., & Kurniawan, Y. (2022). Dynamics of intellectual and creative development in elementary school children: The roles of environment, parents, teachers, and learning media. *International Journal of Service Science, Management, Engineering, and Technology, 1*(1), 33-37.

Orlich, D., Harder, R., Callahan, R., Trevisan, M., Brown, A., & Miller, D. (2012). *Teaching strategies: A guide to effective instruction* (10th ed.). Wadsworth Cengage Learning.

Ponticorvo, M., Di Fuccio, R., Ferrara, F., Rega, A., & Miglino, O. (2019). Multisensory educational materials: Five senses to learn. *In Methodologies and intelligent systems for technology enhanced learning*, 8th international conference 8 (pp. 45-52). Springer International Publishing.

Powell, D., & Eisenstadt, J. (1988). Informal and formal conversation in parent discussion groups: An observational study. *Family Relations, 37*, 166–170.

Rothwell, W. (2008). *Adult learning basic*. ADST Press.

Stigler, J., & Hiebert, J. (2009). *The teaching gap: Best ideas from the world's teachers of upcoming education in classroom*. The Free Press.

Wenglinsky, H. (2005). *Using technology wisely: The key to success in schools*. Teachers College Press.

Wlodkowski, R. (2008). *Enhancing adult motivation to learn: A comprehensive guide for teaching all adults* (2nd ed.). Jossey-Bass.

Chapter 12

프로그램 안내와 참여의 촉진

학습목표

- 부모의 출석, 지각, 결석에 영향을 미치는 요인을 이해한다.
- 부모의 참석률을 높일 수 있는 전략을 이해하고 적용한다.
- 부모의 지각률을 낮출 수 있는 전략을 이해하고 적용한다.
- 부모 간의 긍정적인 분위기를 형성하는 데 도움이 되는 전략을 이해하고 적용한다.
- 부모의 결석률을 낮출 수 있는 전략을 이해하고 적용한다.

부모교육 및 지원 프로그램에서 부모를 참여하게 하고 지각이나 결석을 하지 않게 유도하는 것은 매우 어려운 과업이다. Reichman과 McLanahan(2001)은 낮은 참여율과 높은 중간 탈락률을 대부분의 부모 및 가족 지원 프로그램이 직면하는 고질적인 문제로 지적하였다. NEA(1996)에서는 참여하지 않는 부모를 참여시키는 방법으로 자녀 돌보아 주기, 교통 수단 제공하기, 모임이 유익할 뿐 아니라 즐겁도록 간식이나 상품을 제공하고 오락 실시하기, 참여한 부모에게 식사권 등의 선물을 주어 격려하기, 전화나 짧은 편지로 참여 격려하기 등의 전략을 제안하기도 하였다. 본 장에서는 부모의 참여에 영향을 미치는 요인을 살펴보고 참여율을 높이는 전략을 알아보고자 한다.

1. 부모의 참여에 영향을 미치는 요인

유아교육기관에서 실시되는 부모교육 및 지원 프로그램에 대한 연구 결과는 아니지만, 다양한 특성을 가진 부모와 가족을 대상으로 광범위하게 실시되는 포괄적 부모 및 가족 지원 프로그램의 연구 결과를 기초로 유아교육기관에서 실시되는 프로그램에 대한 시사점을 추출할 수 있다. Epstein과 Larner와 Halpern(1995), Reichman과 McLanahan(2001)은 다음의 요인들이 부모와 가족의 프로그램 참여와 탈락에 영향을 준다고 제안하였다. 첫째는 상황적 맥락으로서, 부모기의 단계, 자녀의 발달적 요구, 주변에 도움이나 사회적 지원을 청하는 패턴, 사회적 지원을 제공하는 기관의 유무와 근접성 등이 포함된다. 부모와 가족이 살아가고 있는 상황적 맥락은 부모의 참여와 탈락에 많은 영향을 주므로 고려하여야 한다. 예를 들면, 부모기의 단계 중 모든 종류의 전이기(예 결혼, 임신, 출산, 취업, 자녀의 첫 입학 등의 전이기)에 있는 부모는 모든 종류의 서비스와 프로그램에 대한 호응도가 높다고 알려져 있다. 자녀의 발달적 요구도 부모의 참여와 탈락에 영향을 미치는데, 신생아기 자녀를 가진 부모는 부모가 된 기쁨과 흥분을 공유하기를 원하고 신생아의 건강, 영양, 안전에 대한 정보와 실제적인 기술을 배우는 것에 대해 개방적이고, 자녀를 처음 기관에 보내는 부모들은 자녀가 기관에 잘 적응하는지, 친구 관계는 원만한지, 또는 교육 프로그램은 어떻게 운영되는지 관심을 보인다고 한다. 주변에 사회적 지원을 청하는 패턴은 지역사회의 특성(예 고립된 지역, 시골, 대도시)에 따라 달라져 일반적으로 고립된 지역의 부모는 프로그램에 가장 덜 개방적으로 반응한다. 주변에 사회적 지원을 제공하는 유사한 기관이 근접해 있을 경우, 유아교육기관에서 제공하는 프로그램에 덜 호응적일 가능성이 높아진다.

둘째는 문화적 맥락으로서, 자녀 양육과 관련된 신념이나 행동이 포함된다. 문화적 맥락에는 출산과 양육이나 건강과 영양 같은 자녀를 양육하는 방식뿐만 아니라 타인을 집에 들어오게 하거나 시간 약속을 정하는 것 등과 같은 일반적인 삶의 방식이 포함된다. 예를 들면, 특정 문화권이나 사회 계층에서 강조하는 출산 및 양육 방식과 프로그램의 내용에서 강조하는 방식(예 체벌하는 것, 성인에게 자신의 요구를 표현하거나 질문하는 것)이 다를 때는 프로그램에 거부감을 느껴 중도에 그만둘 확률이 높아진다. 이유식 시작 시기 및 종류, 건강을 위한 예방주사 접종이나 청결과 관련된 습관, 체벌의 사용과 체벌 방법과 같은 실제적인 자녀 양육 행동과 프로그램에서 제공하는 내용의 차이는 부모를 좌절시키기 쉬우므로 부모가 어떤 사고와 행동의 틀에 의해 자녀를 양육하는지 고려해야 한다.

셋째는 부모의 개인적 특성으로 프로그램이나 진행자에 대한 신뢰도, 새로운 것을 배우고 적용하려는 태도, 자신이 필요한 것이 무엇인지를 정확히 표현하는 능력, 새로운 부모를 사귀는 성향, 프로그램에 대한 개방성 등이 포함된다. 소극적이고 비사교적인 부모는 적극적이고 사회적인 부모보다 프로그램에 적응하는 데 시간도 많이 걸리고 중도에 포기할 확률도 높다. 초기의 지켜보거나 경계하는 단계를 거쳐 점차 믿는 단계로 발전하기까지 부모의 욕구와 특성을 파악하고 부모가 적응할 때까지 참을성 있게 기다리고 민감하게 반응할 수 있어야 한다.

따라서 프로그램을 계획하고 진행하는 매 단계에서 부모의 욕구와 프로그램이 서로 조화를 이루는지도 살펴보아야 한다. 왜냐하면 부모가 기대한 것을 프로그램에서 얻지 못하거나 기대한 변화와 진전이 없을 때 좌절하여 포기하기 쉽기 때문이다. 다음에서는 부모의 참여율을 높이고, 지각과 결석률을 낮추는 구체적인 전략을 살펴보고자 한다.

2. 부모의 참여율을 높이는 전략

부모의 참여율을 높이기 위해서는 단순히 부모 모임을 알리는 것 이외에 다양한 전략을 활용하여야 한다. 아래에 제시된 전략은 모든 기관에서 항상 사용할 수 있는 것은 아니다. 각 기관의 실정에 맞는 다양한 전략을 선택하여 번갈아 사용하는 것이 바람직하다.

○ 부모에게 개인적으로 초청되는 느낌이 전해지는 통신문을 보낸다.

유아교육기관에서는 부모 모임이 있을 때마다 통신문을 보내 부모에게 알린다. 이때 전체 부모에게 보내는 통신문이기 때문에 "부모님께"로 시작되는 편지를 보내는 것이 일반적이다. 그러나 자녀 이름 또는 부모 자신의 이름으로 시작되는 편지를 받는다면 자신을 위해 특별히 준비된 편지를 받는다는 느낌을 받을 수 있기 때문에 참석하고자 하는 동기가 유발될 수 있다. "○○○(영유아 이름/또는 부모 이름) 부모님께"로 시작되는 통신문을 보내기 위해서 각 영유아나 부모의 이름을 쓰는 것은 번거로운 일이다. 한글 프로그램의 메일머지 기능을 이용하면 쉽게 각 영유아나 부모의 이름이 프린트되게 할 수 있다. 편지 한 장을 작성해서 부모 수만큼 복사하는 것이 아니라 모든 편지를 프린트해야 하기 때문에 비용이 조금 더 드는 단점이 있기는 하지만 시도할 가치가 있는 전략이다.

○ 통신문의 형식만 사용하기보다 때로는 다양한 형식의 초청장을 활용한다.

부모의 참여 동기를 높이는 전략 중의 하나로 다양한 형식의 초청장을 가끔 활용할 수 있다. 초청장은 일반적인 통신문보다 개인적으로 초청하는 느낌을 주기 때문에 초청에 응해야 한다는 생각을 들게 한다. 아버지 참여일이나 성탄 축하 행사에 자녀가 직접 그림을 그리고 글을 써서 보낸 초청장의 효과가 높은 이유도 자녀가 자신을 위해 개인적으로 만든 초청장이기 때문이다. 따라서 일반적인 통신문 형식이 아닌 초청장 형식으로 부모 모임을 알릴 수 있다. 초청장을 장식할 때는 3~4가지 방식으로 제작하여 각 부모가 다른 초청장을 받게 하는 방법, 한 가지 형식으로 제작한 후 각 유아가 간단히 장식하게 하는 방법, 한 가지 형식으로 제작한 후 각 유아가 "엄마! 꼭 오세요." 같은 문구를 써 넣게 하는 방법 등 다양한 방법을 활용할 수 있다.

예 12-1 다양한 형식의 초청장

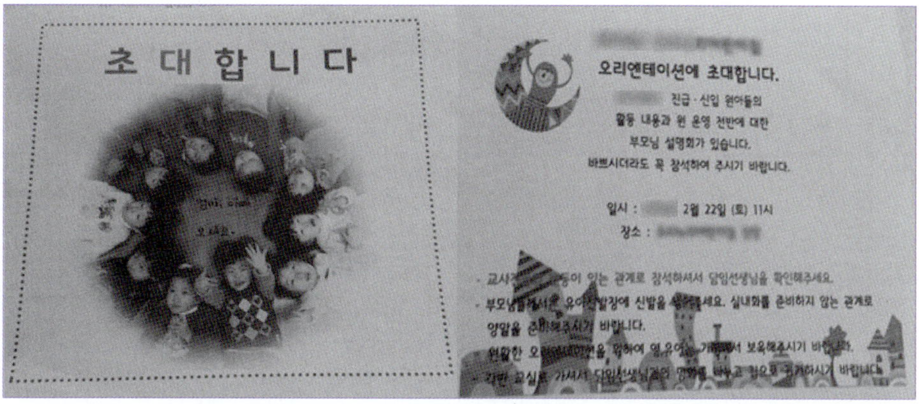

교사가 제작한 초청장

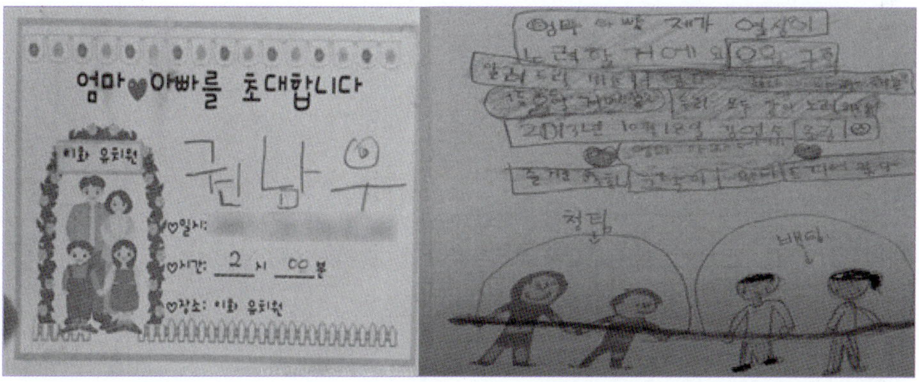

교사와 유아가 함께 제작한 초청장

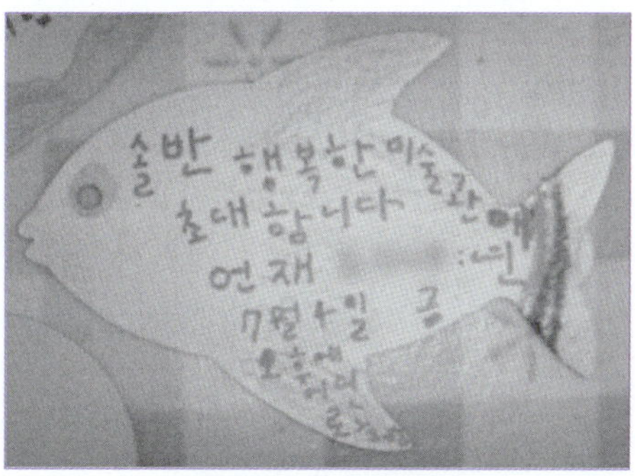

유아가 제작한 초청장

유아가 작성한 초정 문구

또한 최근 다양한 분야에서 사용되고 있는 QR 코드를 이용한 초청장도 활용할 수 있다. 다음은 네이버의 QR 코드 만들기 기능(http://qr.naver.com/)을 이용해 모바일 초청장을 제작하는 방법의 예이다.

예 12-2 QR 코드를 이용한 모바일 초청장 제작 방법

① 코드 제목에 간단한 초대 문구를 작성한다.

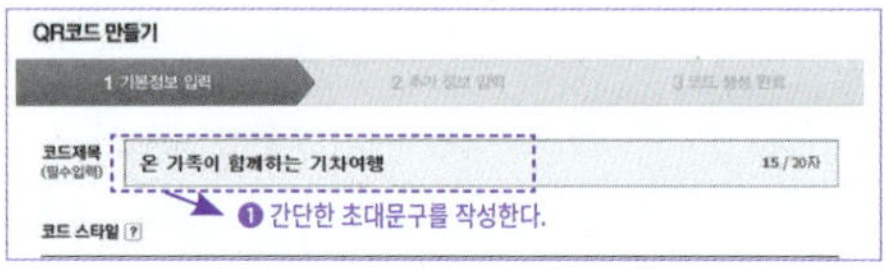

② 순서변경을 클릭 한 뒤 링크 및 동영상 체크를 해제하고 확인을 클릭한다(함께 제공할 동영상이 있으면 동영상도 체크한다).

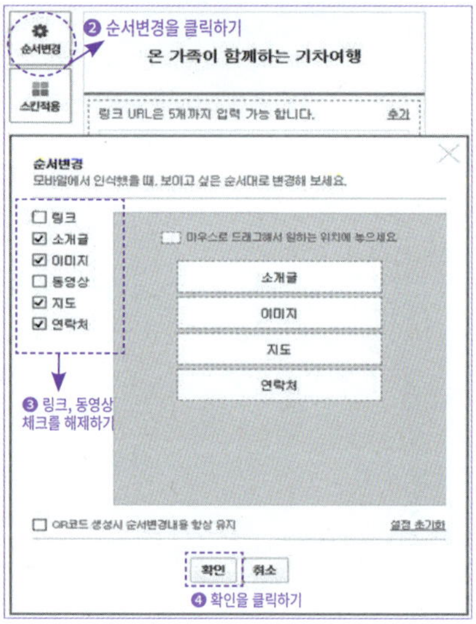

③ 스킨적용 클릭 후 색을 선택하고 닫기를 누른다.

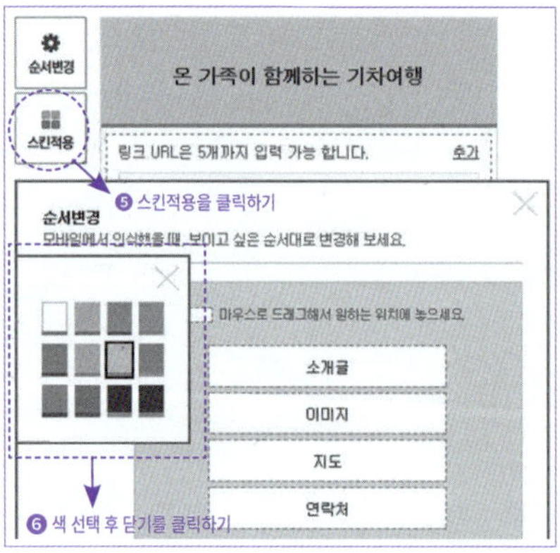

④ 초대의 글과 행사정보를 입력한 후 이미지 창을 클릭해서 사진을 불러온다.

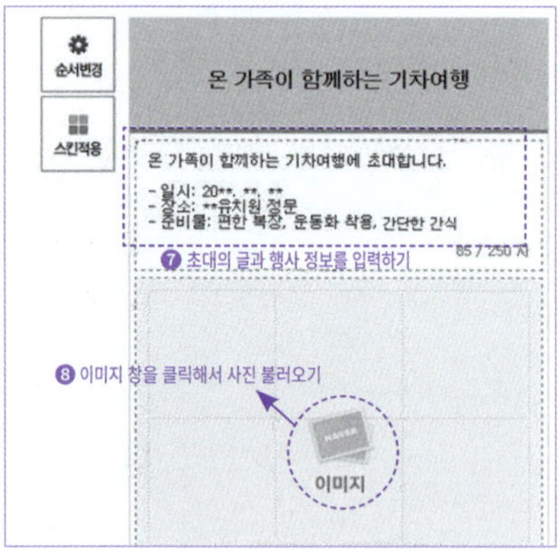

⑤ 사진을 추가한 후 올리기를 클릭한다.

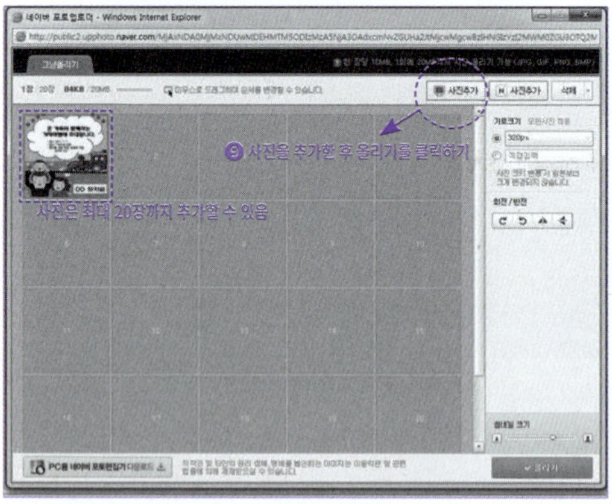

계속

| 예 12-2 | 계속

⑥ 지도창을 클릭한 후 행사장 주소를 넣고 장소를 선택한 뒤 확인을 클릭한다.

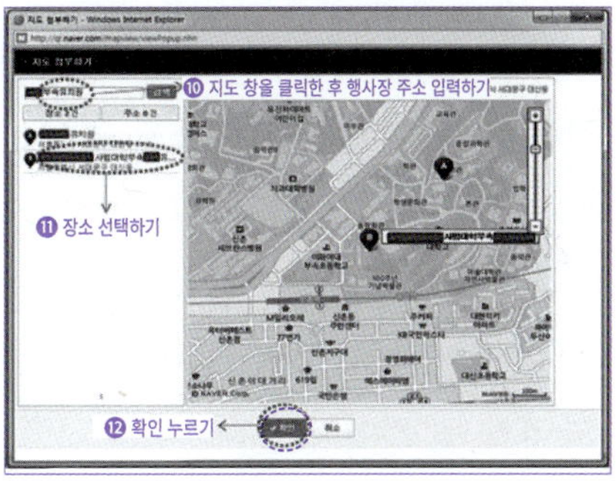

⑦ 완성된 QR 코드를 '코드 내보내기'를 눌러 유치원 홈페이지나 부모의 휴대폰으로 전송한다.

⑧ 완성된 모바일 초청장 형태

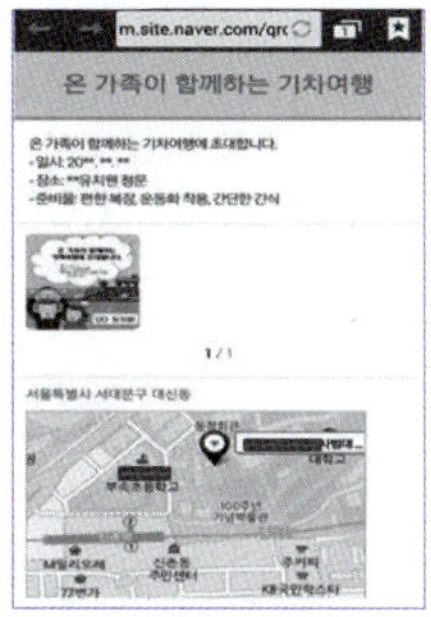

○ 영유아의 하원 시간에 맞춰 부모 모임이 끝나도록 시간을 조정하고, 부모와 함께 유아교육기관 차량으로 귀가하게 한다.

부모 모임이 자녀의 하원 시간에 맞춰 종료되도록 한다. 모임에 참석한 부모의 자녀는 부모와 함께 버스를 타고 귀가할 수 있기 때문에 자녀에게는 즐거운 경험이 된다. 버스의 한정된 좌석에 부모가 함께 타고 가야 하기 때문에 각 차량에 타는 반별로 하원 시간과 부모 모임 시간을 조정하여 평일보다 조금 일찍 또는 조금 늦게 하원하도록 한다.

○ 영유아의 하원 시간에 맞춰 부모 모임이 끝나도록 시간을 조정하고, 부모와 함께 따로 귀가하게 한다.

부모 모임이 끝난 후, 유아교육기관 차량을 이용하지 않고 따로 귀가하는 것에 동의하는 부모가 있다면 자녀의 손을 잡고 둘만의 시간을 즐기며 귀가하는 것을 격려한다. 영유아는 다른 형제자매 없이 부모와 둘만의 시간을 보내는 것을 좋아한다. 특히, 최근 동생을 본 영유아나 손위형제와 부모의 사랑 때문에 사소한 갈등이 많은 영유아의 부모에게 유아교육기관 차량을 이용하지 않고 따로 귀가하도록 적극 권유한다. 유아교육기관에서는 따로 귀가하는 부모에게 귀가하는 도중 자녀와 나눌 수 있는 이야기나 길에서 볼 수 있는 것에 대해 어떤 이야기를 나눌 수 있는지에 관한 아이디어를 제공하면 더욱 효과적이다.

○ 한 학기 또는 일 년을 단위로 가장 참여도가 높은 학급 또는 가장 참여도가 높은 부모에게 시상한다(☞ 제12장 프로그램 안내와 참여의 촉진 중 | 사례 1 |, p. 242).

학기 초 실시되는 오리엔테이션 같이 유아교육기관에 관한 정보를 제공하는 시간을 통해 부모교육과 지원의 중요성을 강조하고, 참여도가 높은 학급 또는 학부모에게 시상할 계획임을 알린다. 각 학급별로 시상하는 것은 많은 부모의 참여도를 높이는 데 도움이 된다. 상장과 함께 간단한 부상(예 유아들이 사용할 수 있는 문구류 또는 어머니가 사용할 수 있는 고무장갑)을 제공할 수 있다면 부모의 참여를 격려하는 데 도움이 될 수 있다. 5세 학급의 경우, 수료식에서 부모 모임에의 참여도가 높은 학급 전체나 개별 부모에게 시상한다면 유아나 부모 모두에게 뜻깊은 자리가 될 것이다.

○ 부모가 자신이 다니는 기관에 와서 자신이 활동하는 것을 보는 것이 자녀에게 얼마나 큰 기쁨을 주는지 부모에게 알린다(☞ 제12장 프로그램 안내와 참여의 촉진 중 | 사례 2 |, p. 242).

영유아는 부모가 자신이 선생님과 친구와 놀고 활동하는 것을 봐주면 자신을 사랑하고 관심을 보인다고 생각해서 매우 좋아한다. 부모에게 영유아가 부모의 방문을 얼마나 좋아하는지를 알리는 것도 부모 모임의 참여율을 높이는 방법이 될 수 있다. 부모가 참석한 영유아가 부모님께 감사 편지를 드리게 하거나, 집에 가서 오늘 와 주셔서 감사하다고 말씀드리면서 안고 뽀뽀해 드리게 할 수도 있다.

○ 영유아를 대상으로 한 행사가 있는 날에 부모 모임을 함께 실시한다.

영유아를 위한 행사가 있는 날은 부모들이 참관하러 오는 경향이 높다. 영유아를 위한 행사가 있을 때는 교사가 분주하기 때문에 부모 모임에 참여하기 어렵지만, 외부 강사를 초청한다면 1시간 내외의 강연은 실시할 수 있다. 일반적으로 영유아를 위한 행사는 등원 직후보다는 일정 시간 뒤에 실시하는 경향이 높으므로 부모님과 함께 등원하여, 부모는 부모교육 및 지원 활동에 참여하고 영유아는 행사를 위한 준비에 참여하도록 할 수 있다.

○ 부모 모임에 참여한 결과물을 가정에 가져갈 수 있게 한다.

부모 모임에 참여하여 강연을 듣거나 토론을 하거나 워크숍을 한 후 무엇인가를 가정으로 가져가 활용할 수 있다면 부모의 참여율이 높아질 수 있다. 예를 들면, "자녀를 위한 영양 간식"이라는 주제로 영양사의 강연을 들은 후, 자녀와 함께 간식을 만들어 먹고 일부는 집으로 가져가게 할 수 있다. 또, '가정에서 자녀와 함께 할 수 있는 놀이'에 관한 워크숍을 한 후 놀이에 필요한 도구를 만들어 집으로 가져가게 할 수 있다.

예 12-3 결과물을 가정으로 가지고 갈 수 있는 활동

팝업북 만들기

머핀 만들기

○ 온 가족이 순차적으로 참석해야 완성되는 프로젝트를 부모 모임 때마다 만들게 한다.

온 가족의 참여를 격려하기 위해 온 가족이 협력해야 완성되는 간단한 프로젝트를 부모 모임마다 실시한다. 예를 들면, 유아가 가족 그림을 그린 후, 아버지 참여일에 아버지와 유아가 지점토 틀을 만들고, 부모 모임에서 어머니가 유아의 그림 옆에 글을 써 넣거나 지점토 틀을 장식하게 할 수 있다. 온 가족이 함께하는 프로젝트를 통해 가족의 참여를 격려함과 동시에 참여할 수 없는 아버지나 어머니를 위해 집에서 완성할 수 있도록 배려함을 잊지 않아야 한다.

○ 주변의 문화 관련 기관(예 미술관, 구민회관, 출판사, 음악 관련 단체 등)과 연계하여 부모 모임을 실시한다.

최근 문화에 관한 관심이 높아지면서 문화 관련 강좌를 개설하는 단체가 증가하고 있다. 유아교육기관을 벗어나 주변의 문화 단체에서 모임을 갖는 것도 부모 모임에 대한 관심을 고조시키는 방법이 될 수 있다. 부모의 문화적 소양을 높이는 주제도 의미가 있지만, 미술관이나 음악회에서 자녀의 미술 또는 음악 감상을 도와주는 방법을 배운 후 부모와 자녀가 함께 미술관을 방문하여 부모가 설명해 주거나 자녀와 함께 음악회에 참여할 기회를 갖게 한다면 더욱 효과적일 것이다.

○ 첨단 통신 매체를 활용하여 흥미로운 방법으로 부모 모임을 상기시킨다.

과거에는 통신문으로 부모 모임을 주로 알렸다. 부모들이 모임일을 잘 기록해 놓지 않아서 부모 모임 자체를 잊는 경우도 많았고, 한 번 권유하는 것으로는 참석 동기가 유발되지 않는 경우도 많았다. 최근 전자우편이나 핸드폰 문자 메시지, SNS 같은 통신 수단의 사용이 일상화되어 있으므로 이런 매체를 활용하여 부모들의 참석 동기를 유발시킬 수 있다. 예를 들면, 하루 전날이나 당일에 전자우편이나 문자 메시지를 보내 부모 모임을 상기시킬 수 있다. 이 경우 형식적인 문구보다는 웃음을 자아낼 수 있는 가벼운 문구(예 "내일 어디에 가셔야 하는지 아시죠?", "이제 출발하시려고 하고 계시지요?", "5분 전입니다. 뛰세요!")를 활용할 수도 있다. 때로는 아버지가 참석을 권유하도록 할 수도 있다. 아버지에게 전자우편을 보내거나 문자 메시지를 보내 부모 모임이 있음을 알리고 어머니에게 참석을 권유하도록 부탁할 수 있다. 항상 같은 방법을 활용하면 부모가 느끼는 신선도가 저하되므로 상황에 맞게 적절히 활용하는 것이 중요하다.

○ 출석률이 가장 낮은 학급의 부모가 부모 모임에서 봉사하는 규칙을 만들어 활용한다.

매번 출석률이 가장 낮은 학급의 부모가 부모 모임이 끝난 후 모임이 이루어진 장소를 정리(예 의자 정리, 다과 후 식기 정리)하거나 다음 부모 모임의 다과를 준비하고 제공하는 역할을 하도록 할 수 있다. 이런 규칙은 유아교육기관에서 일방적으로 정해서 실시하기보다는 부모 모임에서 제안하고, 동의를 얻은 후 실시해야 부작용이 없다.

○ 자녀가 학습한 것을 관찰할 기회를 제공한다.

부모는 자녀의 작품이나 발표에 많은 관심을 보인다. ○○전시회, ○○발표회, ○○잔치 같은 명칭으로 진행되는 행사에 부모의 참석률이 높은 것도 그 이유 때문이다. 그러나 영유아의 수준이나 흥미에 맞지 않거나 교육적으로 무의미한 내용으로 꾸며진 행사를 준비하느라 부작용을 일으키는 경우가 많다.

거창한 행사를 별도로 실시하기보다는 부모 모임이 있는 날에 학급별로 돌아가며 발표할 기회를 갖는 것도 부모의 참여율을 높이는 데 도움이 된다. 예를 들면, 모임이 시작되기 전의 기다리는 시간, 한 활동이 끝난 후 다른 활동으로 전이하는 시간, 또는 모임의 마지막 시간에 한두 학급의 영유아가 그동안 즐겼던 노래나 율동을 5분 정도 공연하는 시간을 마련할 수 있다. 또, 영유아의 미술작품이나 프로젝트 결과물을 모아서 간단한 전시회를 열 수 있다. 이런 방식으로 공연하거나 전시회를 준비하면 별도의 연습이나 준비가 필요 없기 때문에 영유아와 교사가 무리하게 연습하고 작품을 만들어 내느라 교육 활동이 침해받는 부작용도 없어지고, 부모도 자녀가 무엇을 배웠는지 볼 수 있게 된다.

○ 부모의 참여를 저해하는 요인이 무엇인지 파악하고 지원한다.

부모가 부모 모임에 참여할 수 없는 이유를 조사한 연구들(김은설, 장혜진, 김문정, Walker, 2011; 최형윤, 2007)에 의하면, 부모는 시간대가 맞지 않아서, 관심 있는 주제가 아니어서, 시댁이나 친정일 때문에, 형이나 동생의 일정과 맞지 않아서, 프로그램의 형태가 맞지 않아서 등의 이유로 참석하지 못한다. 이런 이유 중에는 유아교육기관에서 해결할 수 있는 이유(예 시간대, 주제)도 있지만 해결할 수 없는 이유(예 부모의 개인적인 이유로 인한 불참)도 있다. 유아교육기관에서는 해결할 수 있는 저해 요인은 최대한 해결하려는 노력이 필요하므로 부모가 원하는 시간대나 주제를 선정하려는 측면에서 노력하고 있다.

많은 부모에게 참여를 저해하는 요인이 되지만 유아교육기관에서 특별히 배려하지 못하는 요인 중 하나는 동생 돌보아 주기이다. 유아교육기관에서 준비만 적절히 한다면 부모가 부모 모임에 참석할 동안 부모와 떨어질 수 있는 동생을 돌보아 줄 수 있다. 첫째는 동생들만 따로 모아서 돌보아 주는 방법이다. 이 방법은 기관에 별도의 활동실이 있고, 동생들을 돌보아 줄 별도의 교사나 보조교사가 있고, 별도의 프로그램을 준비할 수 있는 경우에만 실천할 수 있다. 그러나 현실적으로 별도의 활동실이나 여분의 교사가 있기 어렵고 부모나 동생들도 불안해 할 수 있기 때문에 바람직한 방법은 아니다. 두 번째는 손위형제의 학급에서 함께 지내게 하는 방법이다. 그 날의 수업이 평상시처럼 이루어지기 어렵다는 단점이 있으나 단점을 상쇄하는 다음과 같은 다양한 장점이 있다.

표 12-1 부모 모임 동안 손위형제의 학급에서 동생을 돌보아 주는 방법의 장점

- 동생은 부모가 없더라도 손위형제가 있기 때문에 불안해 하지 않고 잘 지낼 수 있다.
- 가정에서는 동생을 잘 돌보거나 같이 놀아주지 않던 손위형제도 가정 밖에서는 잘 돌보는 경향이 있기 때문에 동생을 돌보는 경험을 통해 이타심과 배려하는 마음을 길러줄 수 있다.
- 유아교육기관에 입원할 때까지 1년 정도 남은 동생이 있다면, 유아교육기관에 대한 사전 경험을 하는 기회가 될 수 있다.
- 손위형제와 동생 모두 다양한 연령대의 또래와 상호작용하는 기회를 가질 수 있다.

동생들이 손위형제와 한 학급에서 지낼 때는 일상적인 교육 활동을 계획하기보다는 자유놀이를 길게 하고 동생이 함께 할 수 있는 활동을 많이 계획하는 것이 좋다. 예를 들면, 조형 영역에서는 동생과 함께 할 수 있는 종이 찢어 붙이기 활동이나 종이를 구겨 공을 만든 후 던지고 받기 활동을 계획할 수 있다. 쌓기놀이 영역에는 어린 연령의 영아에게 적절한 끼워 맞추기 교구나 블록을 추가할 수 있다.

부모와 떨어지지 못하는 영아가 많은 경우에는 조용한 분위기를 유지해야 하는 강연회보다는 소집단 워크숍이나 토론회를 계획할 수 있다. 소집단 워크숍이나 토론회는 영아가 약간 소음을 내거나 돌아다녀도 큰 방해가 되지 않을 수 있고, 부모가 모임을 갖는 장소 옆에 놀잇감을 준비해 두면 부모들이 모임에 참여하는 데 도움이 될 수 있다.

3. 부모의 지각률을 낮추는 전략

많은 모임에서 참석자의 지각은 일반적인 현상이지만, 없애야 할 관습이다. 부모 모임에서도 지각하는 부모가 많은데, 지각은 제시간에 맞춰온 부모, 행사를 주최하는 기관뿐만 아니라 지각하는 부모에게도 문제를 초래할 수 있다. 따라서 유아교육기관에서도 부모 모임에 지각하는 부모의 수를 줄이기 위해 다양한 전략을 사용하는데, 일부를 소개하면 다음과 같다.

◦ 제시간에 시작하는 전통을 만들어 간다.

일반적으로 참석자가 적으면 기다리는 관습이 있다. 5~10분 정도 기다리는 것이 관례가 되면 부모는 그 관례를 알기 때문에 더욱 늦게 오게 된다. 따라서 참석자의 수가 적더라도 제시간에 시작하고 끝내는 전통을 만들면 참석할 의사가 있는 부모들은 제시간에 올 가능성이 점차 높아진다.

◦ 조금 일찍 온 부모를 위한 활동을 계획한다.

제시간보다 일찍 온 부모를 격려하기 위해 일찍 온 부모만 참여할 수 있는 활동을 준비한다. 교사와 개별적으로 이야기 또는 상담할 기회를 갖거나 자녀가 활동하는 모습을 담은 사진, 작품, 또는 영상을 관람하거나 부모와 자녀가 포토존에서 함께 사진 찍는 기회를 가질 수 있다.

○ 제시간에 온 부모만을 위한 활동을 계획한다.

지각하지 않고 제시간에 온 부모를 격려하기 위해 제시간에 온 부모만 참여하는 게임이나 활동을 준비한다. 부모들의 흥미를 고조시키기 위해 적은 비용으로 할 수 있는 게임(예 제철 야채의 무게나 개수 맞히기 게임, 음식의 칼로리 맞히기 게임, 물건 값 맞히기 게임)을 실시하는 기관이 많이 있다. 이런 게임을 모든 부모를 대상으로 하기보다는 지각하지 않은 부모만 대상으로 실시한다면 지각하는 부모의 수를 줄일 수 있다.

○ 한 학기 또는 일 년 단위로 한 번도 지각하지 않는 부모를 대상으로 시상할 수 있다.

앞서 참여율이 높은 부모 개인 또는 학급의 부모에게 시상하는 전략을 소개하였는데, 지각에 대해서도 마찬가지 방법으로 시상하는 제도를 마련할 수 있다. 한 번 출석한 부모가 제시간에 와서 지각률 0%로 수상하는 것은 문제가 있기 때문에, 제시간에 온 부모나 학급에 대한 시상을 할 때는 출석률도 고려하는 것이 바람직하다.

○ 부모가 가장 높은 관심을 보이는 활동을 시작 직후에 하도록 계획한다.

하루에 계획된 활동이 한 가지 이상 된다면, 부모의 관심이 높을 것이라고 예상되는 활동을 먼저 실시하도록 계획한다. 예를 들면, 부모가 자신의 자녀가 기관에서 실시한 교육 활동의 과정을 파워 포인트로 제작하여 보여주는 것에 관심을 보인다면 그 활동으로 부모 모임을 시작할 수 있다.

○ 지각하는 부모가 눈에 띄는 환경을 조성한다.

일반적으로 늦게 오는 부모를 위해 제시간에 온 부모를 앞자리부터 앉게 하거나 뒤쪽 출입문을 열어 놓아 조용히 들어올 수 있게 한다. 때로는 강사나 제시간에 온 부모들에게 양해를 구하고, 늦게 들어오는 것을 모든 부모가 볼 수 있게 앞쪽 출입문을 열어 놓거나 문에 작은 종을 달아 놓을 수도 있다. 바람직한 전략은 아닐 수 있지만, 늦게 들어올 때 모든 부모가 자신을 쳐다보는 것을 느끼면 지각하지 않으려는 동기 유발이 될 수 있다.

4. 부모들 간의 긍정적 분위기를 형성하게 하는 전략

부모교육 및 지원 프로그램을 시작하는 학기 초에는 부모가 서로 친숙하지 않고, 프로그램에 대해서도 경험이 없기 때문에 어색한 분위기가 조성되기 쉽다. 프로그램의 성패는 초기에 부모가 다른 부모와 프로그램에 대해 갖는 이미지에 의해서도 영향을 받으므로 긍정적인 분위기를 조성하는 것이 중요하다. 성인을 대상으로 하는 많은 프로그램에서도 같은 이유로 프로그램을 시작하기 전에 간단한 게임을 하기도 한다. 다음에 제시된 활동은 긍정적인 분위기를 조성하고 부모들이 서로 친숙해지는 데 도움이 되는 전략의 예이다. 부모 집단의 크기(예 대집단 vs. 소집단)나 부모 집단의 친숙도(예 서로 아는 집단 vs. 모르는 집단)에 따라 적절한 활동을 선택하는 지혜가 필요하다.

○ 서명 받아오기

모임을 시작하기 전에 특정한 특성을 가진 부모를 찾아 서명을 받아올 수 있는 서식을 준비하여 나눠준다. 약 10분 정도의 시간을 주고 시간 내에 가능하면 많은 서명을 받는 부모가 이기는 활동이다. 사용할 수 있는 질문의 예는 다음과 같다.

예 12-4 서명 받기 게임

성명: ____________________ 자녀의 이름 및 학급명: ____________________

다음의 특성을 가진 부모를 찾아서 서명을 받으세요.

1. 같은 색의 옷을 입은 부모: ____________________
2. 자녀의 수가 같은 부모: ____________________
3. 자녀의 성비가 같은 부모: ____________________
4. 전공이 같은 부모: ____________________
5. 배우자의 성이 같은 부모: ____________________
6. 노래를 잘한다고 생각하는 부모: ____________________
7. 같은 TV 드라마를 좋아하는 부모: ____________________
8. 자신과 나이차가 5살 이상인 부모: ____________________
9. 핸드폰 컬러링이 같은 부모: ____________________
10. 아침에 같은 반찬을 2가지 이상 먹은 부모: ____________________

◦ 빙고판에 서명 받기

위에 제시된 서명 받아오기와 같은 내용을 빙고판 형식으로 만들어 모든 질문에 서명을 먼저 받은 부모가 이기는 활동이다. '서명 받아오기' 활동이 많은 수의 서명을 받은 부모가 이기는 게임인 것에 반해, 이 활동은 모든 칸에 서명을 받은 부모가 이기는 게임이다.

예 12-5 빙고판에 서명 받기

성명: ______________	자녀의 이름 및 학급명: ______________	
같은 색의 옷을 입은 부모	자녀의 수가 같은 부모	자녀의 성비가 같은 부모
전공이 같은 부모	배우자의 성이 같은 부모	노래를 잘한다고 스스로 생각하는 부모
같은 TV 드라마를 좋아하는 부모	자신과 나이차가 5살 이상인 부모	핸드폰 컬러링이 같은 부모

◦ 나는 누구일까요? (1)

모임 장소에 들어서는 부모의 등에 유명한 인물, 동물, 사건, 날짜 등을 적은 종이를 붙여준다. 부모는 다른 부모에게 등을 보여주고 질문을 통해 등에 붙은 내용이 무엇인지 맞히는 게임이다. 다른 부모는 "예" 또는 "아니오"로만 대답할 수 있다. 예를 들면, 공룡이라는 글씨를 등에 붙인 부모는 다른 부모들에게 "살아 있는 것인가요?"라고 질문하면 "아니오"라고 대답할 수 있다. 활동이 지루해지지 않게 하려면 그날에 맞혀야 하는 사물의 종류(예 동물, 어류, 과일, 인물, 또는 사건)가 무엇인지 미리 알려 준다. 가장 먼저 맞힌 부모에게 상을 줄 수 있다.

◦ 나는 누구일까요? (2)

영유아의 사진이나 젊었을 때의 부모 사진을 차례로 파워 포인트로 보여주고 사진

속 영유아의 부모를 찾거나 사진 속 부모를 찾는 사람에게 상을 주는 게임이다. 호명된 부모는 일어나서 자녀와 자신을 간단히 소개하는 시간을 갖는다. 이 게임은 자녀나 자신을 소개하는 활동이 포함되므로 학급 단위의 행사에서 사용하기 적절하다.

○ 짝끼리 소개하기

약 10분의 시간을 준 후, 서로에게 자신을 소개한다. 모든 참석자 앞에서 서로를 소개하여 가장 재미있게 소개한 팀에게 상을 줄 수 있다. 가족의 수나 취미 같은 평범한 소개뿐만 아니라 자신의 개성이나 개인사를 잘 나타낼 수 있는 내용(예 비상금을 숨겨놓는 장소와 액수, 어린 시절에 좋아했던 남자 또는 여자 친구의 이름과 이유, 첫사랑을 다시 만난다면 하고 싶은 일, 다이어트 목표 등)도 포함시키도록 격려한다.

○ 순서대로!

사회자가 요구하는 것(예 키 순서대로 서기, 일정한 크기의 종이 위에 올라서기 등)을 가장 빨리 하는 팀이 이기는 활동적인 게임으로 참가자 간의 친밀도를 높이는 데 효율적이다. 팀은 같은 연령대 부모, 같은 학급 부모, 같은 색 옷을 입은 부모끼리 등 다양한 방법으로 구성할 수 있다.

○ 비밀은요…

타인에게 소개해도 좋을 자신의 비밀을 하나씩 적어 상자에 넣는다. 리더가 상자에서 비밀을 적은 종이를 꺼내 읽으면 나머지 사람들은 그 사람이 누군지 찾는 게임이다. 이 게임은 구성원들이 서로에게 친숙해진 뒤에 하는 것이 더욱 바람직하다.

5. 부모의 결석률을 낮추는 전략

부모들이 부모 모임에 결석한 경우 아무런 후속 조치 없이 지나가는 경우가 대부분이다. 그러나 결석한 부모에게 적절한 관심과 반응을 보인다면 결석한 부모를 다음 부모 모임에 참석하게 할 수 있다. 특히, 부모가 중간에 프로그램을 떠나는 경우 그 이유를 묻는 것이 현재 진행하는 프로그램의 개선이나 추후 진행할 프로그램을 다시 계획하는 데 도움이 된다(Bruner, 2006)고 알려져 있다. 대부분의 경우 프로그램 자체가 마음에 들지 않아서라기보다는 개인적인 문제(예 가정의 일, 다른 어린 자녀의 양육, 직장 근무 시간 등) 때문에 결석하는 경우가 많다. 이런 부모는 개인적인 문제가 어느 정도 해결되면 다시 프로그램에 참여할 가능성이 높으므로 결석해도 계속 접촉을 해서 프로그램 진행 사항을 알려주거나(예 교재로 사용되는 책자를 우송해 줌), 프로그램이 어떻게 진행되었는지 알려주어야 한다. 즉, 결석하는 부모에게도 출석하는 부모에게만큼 반응적이고 민감하게 대처해야 하는데, 다음에 소개된 전략은 결석한 부모에게 취할 수 있는 조치 중 일부이다.

○ 어떤 활동이 진행되었는지 알린다.

통신문이나 전자우편을 통해 부모 모임에서 어떤 활동이 어떤 내용으로 진행되었는지 요약한 문서를 발송한다. 때로는 참여한 부모가 소감을 이야기하는 것을 동영상으로 찍어 홈페이지에 올릴 수도 있다. 활동을 요약한 문서를 작성하거나 동영상을 촬영할 때는 모임의 내용을 일반적으로 정리하기보다는 '정말 좋은 기회였는데 놓쳤구나!', '참석했으면 좋았을 텐데!' 하는 마음이 들도록 작성하여야 한다. 참석한 부모의 긍정적인 평을 삽입하거나, 가정에서 자녀를 양육하는 데 적용할 수 있는 실제적인 제안 등을 추가하거나, 활동이 실시된 장소의 분위기를 사진이나 만화로 표현하는 방법 등을 통해 부모가 결석한 것을 안타깝게 느끼도록 하는 것이 효과적이다.

○ 개인적으로 결석한 이유를 묻고 다음번에 해결할 수 있을 때는 알려준다.

불참한 부모들에게 개인적으로 연락하여 불참한 이유를 묻고, 유아교육기관에서 해결할 수 있는 문제일 때는 다음번 부모 모임 전에 다시 개인적으로 연락하여 그 문제를 지원할 방법이 있음을 알려준다. 부모들은 개인적인 관심을 받고, 자신을 위해 기관에서 많은 노력을 한다는 것을 알게 되면 참석하고자 하는 동기가 생길 수 있다.

사 례

사례 1

A 유아교육기관은 성당에서 운영하는데, 매년 인가받은 원아 수보다 많은 유아가 입학을 원한다. 원장 수녀님은 부모교육을 매우 중요하게 생각하기 때문에 입학할 때 부모에게 서약서를 받는다. 서약서의 내용은 부모로서 부모교육에 충실히 참석할 것이고, 3회 이상 부모교육에 결석할 때에는 퇴원 조치를 해도 좋다는 내용이다. 입학을 원하는 유아가 많은 상황에서만 실시할 수 있는 정책이지만, 기관장이 부모교육과 지원을 중시할 때 부모들에게 이를 강조하는 전략으로 사용할 수 있다. 즉, 퇴원에 관한 언급 없이 부모교육에 충실히 참석할 것을 권유하는 내용의 서약서로 활용할 수 있을 것이다.

사례 2

B 유아교육기관에서는 저소득 가정의 부모를 대상으로 매주 한 번 하원 시간 이후에 1시간 30분씩 부모교육과 지원을 실시하였다. 유아는 부모의 모임이 끝날 때까지 기다려야 했기 때문에 다른 유아보다 늦게 하원하였다. 처음에는 늦게까지 남아 있어야 하는 것을 쑥스러워 하던 유아들이 부모교육과 지원이 시작된 몇 주 후부터는 먼저 귀가하는 다른 유아에게 자부심에 가득한 얼굴로 다음과 같은 자랑을 하였다. "너 오늘 왜 내가 늦게 가는지 아니? 우리 엄마가 어린이집에 와서 공부를 하시거든. 나를 위해서 공부를 하시는 거야. 우리를 잘 키우는 방법을 배우시는 거래!"

요 약

부모교육 및 지원 프로그램에 참여한 부모들이 프로그램을 통해 발전하기 위해서는 매번 참여해야 하고 지각과 결석률도 낮아야 한다. 그러나 부모들은 다양한 동기에서 참석하고 개인적 상황에 따라 참여할지를 결정하기 때문에 참여율을 높이는 것은 매우 어려운 일이다. 그러나 부모가 프로그램에 참석하는 이유, 결석하는 이유, 불참을 결정하는 이유를 알면 상황을 개선시키는 데 도움이 된다. 부모는 부모기의 단계, 자녀의 발달적 요구, 사회적 지원을 청하는 패턴, 사회적 지원을 제공하는 기관의 유무 및 근접성과 같은 상황적 맥락, 자녀를 양육하는 방식 같은 문화적 맥락, 그리고 부모의 개인적 특성에 영향을 받아 프로그램을 중도에 그만두기도 하고 끝까지 남아 있기도 한다. 이런 정보를 통해 출석률을 높이고 지각률과 결석률을 낮추는 전략을 개발할 수 있다.

교수-학습을 위한 제언

1. 부모의 참여, 지각, 결석에 영향을 주는 요인 중 하나를 선택합니다. 그 요인이 부각되도록 프로그램 홍보물을 만들거나 프로그램 내용을 계획해 봅시다. 예를 들면, "부모기의 단계"가 미치는 영향에 대한 연구 결과, 결혼, 임신, 출산, 취업, 자녀의 첫 입학 등의 전이기에 있는 부모는 모든 종류의 서비스와 프로그램에 대한 호응도가 높다고 합니다. 홍보물을 만들 때 어떻게 하면 전이기에 있는 부모를 위한 프로그램임을 강조할 수 있습니까? 프로그램 내용은 어떻게 구성하여야 특정한 전이기(예 둘째의 출산)에 있는 부모에게 도움이 된다고 생각합니까? 프로그램 내용을 계획하고 홍보물을 만들어 봅시다.
2. 통신문 형식과 초청장 형식으로 부모 모임을 알리는 안내문을 제작해 봅니다. 두 가지 형식을 비교한 후, 각각의 장점과 단점에 대해 토론해 봅시다.
3. 부모 모임 동안 손위형제의 학급에서 동생을 돌보아 준다면, 어떤 활동이 적절한지 생각해 봅시다.
4. 부모 모임에서 지각을 줄일 수 있는 다양한 전략을 생각해 봅시다. 어떤 게임 또는 활동을 할 수 있습니까?
5. 부모 모임의 분위기를 부드럽게 하고 서로를 잘 알게 할 수 있는 활동에는 어떤 것이 있는지 생각해 봅시다. 어떤 게임 또는 활동을 할 수 있습니까?
6. 결석한 부모에게 전자우편을 통해 부모 모임의 내용을 요약해서 발송한다고 가정합시다. 부모 모임의 주제나 내용은 임의로 정한 후, 부모들이 '참석할 걸!'하는 마음이 들도록 부모 모임을 요약하는 편지를 작성해 보십시오.

참고문헌

김은설, 장혜진, 김문정, & Waker, S.(2011). **영유아기 자녀 부모 특성별 부모교육 강화방안(연구보고 2011-16)**. 육아정책연구소.

최형윤(2007). 유아교육기관의 부모교육·부모 참여에 대한 맞벌이 부모의 인식 및 요구. 이화여자대학교 대학원 석사학위논문.

Bruner, C. (2006). Developing an outcome evaluation framework for use by family support programs. In P. Dolan, J. Canavan, & Pinkerton, J. (Eds.), *Family support as reflective practice* (pp. 237-249). Jessica Kingsley Publishers.

Epstein, A., Larner, M., & Halpern, R. (1995). *A guide to developing community-based family support program*. Ypsilanti, Michigan: High/Scope.

NEA-National Education Association of the United States (1996). *Building parent partnerships*. NEA Professional Library.

Reichman, N., & McLanahan, S. (2001). Self-sufficiency programs and parenting interventions: Lessons from New Chance and the Teenage Parent Demonstration. *Social Policy Report, 16*(2), 3-13. SRCD.

Chapter 13

통신문의 활용

학습목표

- 통신문의 역할에 대해 이해한다.
- 통신문의 종류에 대해 이해하고 작성할 수 있다.
- 통신문 활용 시의 유의점을 준수하여 통신문을 작성할 수 있다.
- 모바일 알림장(통신문)의 특징과 유의점을 이해하고 활용할 수 있다.

영유아 교육의 효율성을 높이기 위해 유아교육기관과 가정의 긴밀한 협력이 요구됨에도 불구하고 취업모의 증가와 등·하원 버스를 운영하는 기관의 증가라는 요인 때문에 기관과 가정의 의사소통이 활발히 이루어지지 않고 있다. 과거에는 자녀를 등·하원시키면서 교사를 매일 만났기 때문에 부모-교사 관계도 친밀해지고 의사소통도 자연스럽게 이루어졌다. 그러나 최근에는 부모와 교사가 자연스럽게 만날 기회도 적어지고, 형식적으로 마련한 프로그램에 부모가 잘 참여하지 않기 때문에 의사소통의 기회가 줄어들고 있다.

물론, 부모와 교사가 영유아의 성장과 발달 및 교육과 관련된 문제를 의논하기 위해 다양한 경로를 통해 면담(☞ 제14장 부모와의 면담, pp. 267~291)을 실시하고, 자녀 양육과 관련된 태도/신념, 지식/정보, 기술/전략을 향상시키기 위해 다양한 교수-학습 방법을 활용하여 프로그램을 실시(☞ 제11장 부모교육과 지원의 방법 및 전략, pp. 189~224)하기도 한다.

면담은 대부분의 유아교육기관에서 실시하고 있고 참석률도 높은 반면, 부모교육 및 지원을 위한 프로그램은 기관의 의욕 부족, 예산 부족, 부모의 욕구를 만족시키는 프로그램 부족, 부모의 관심 부족 등 다양한 이유로 인해 활발히 실시되지 않고 있다.

유아교육기관에서 실시하는 부모교육 프로그램에 대한 연구 결과(김희진, 2002; 장민선, 2011) 많은 기관에서 통신문을 부모교육 및 지원의 수단으로 활용하고 있는 것으로 나타나고 있다. 본 장에서는 부모교육 및 지원을 위한 통신문의 바람직한 역할, 통신문의 종류, 그리고 통신문을 활용할 때의 유의 사항을 살펴보도록 한다.

1. 통신문의 역할

유아교육기관에서 발송하는 통신문을 분석해 보면 크게 두 가지 종류로 나눌 수 있다. 첫 번째 종류는 부모의 태도, 지식, 기술을 바람직한 것으로 변화시키기 위해 사용되는 것이다. 이런 목적의 통신문은 다른 통신문의 일부로 보내지기도 하고 독자적인 통신문으로 보내지기도 한다. 예를 들면, 다른 목적으로 발송되는 통신문(예 주간 교육계획안 또는 견학 안내 편지)의 아래 부분에 "생각해 봅시다.", "이런 것은 어떨까요?", "이럴 때는 이렇게…", "궁금하세요?", "요즘은…" 등의 제목하에 좋은 글, 새로운 지식, 효율적인 전략을 알려주는 짧은 글을 싣기도 한다. 반면, 1~2주에 한 번씩 통신문 전체를 할애하여 좋은 글, 새로운 지식, 효율적인 전략을 싣기도 한다. 때로는 통신문에서 제시한 전략대로 해보고 그 결과를 매일 기록(예 아침마다 부모와 자녀가 안아주고 인사하기)하여 기관으로 보내게 하기도 한다.

두 번째 종류는 부모를 변화시키려는 목적보다는 부모에게 유아교육기관에서 행해지는 교육에 관한 정보, 부모교육과 지원 프로그램에 관한 정보, 부모가 참여하는 행사에 관한 정보를 제공하고 필요한 경우 협조를 요청하기 위해 발송되는 통신문이다. 예를 들면, 주간 교육 계획안을 통해 한 주 동안의 영유아 교육 내용을 알리거나 지역사회 자원 인사가 필요할 때 협조를 구하거나 민속의 날 행사 시 부모의 역할을 안내하기 위해 통신문을 발송하기도 한다.

통신문의 효율성 측면에서 고려할 때, 통신문을 통한 부모의 변화 유도는 효율적인 전략이 아니다. 비록 유아교육기관에서는 시간과 비용의 문제, 프로그램 계획과 진행의 어려움, 낮은 부모의 참석률, 분주한 현대사회의 특성에의 적합성 등의 이유로 통신문을 활용해 부모교육 및 지원 프로그램을 실시하지만, 성인 학습자인 부모를 통신문을 통해 변화시키는 것은 다음의 세 가지 이유에서 거의 불가능한 것으로 보인다.

첫째, 부모가 자녀 양육에 관해 가지고 있는 신념과 태도는 많은 요인의 영향을 받은 것이고 오랜 시간에 걸쳐 형성된 것이기 때문에 한두 장의 통신문(예 민주적 부모-자녀 관계의 중요성)에 쓰인 내용을 읽는다고 쉽게 변화되지 않는다. 영유아의 발달 특성이나 행동 특성에 관한 지식도 통신문을 통해 읽는다고 이해되는 것은 아니다. 자녀를 지도하는 효율적인 전략이나 대화 방법도 통신문에서 제시한 대로 쉽게 적용하거나 실천할 수 있는 것은 아니다.

둘째, 통신문을 통해 제공되는 내용은 맥락이나 설명 없이 개조식으로 요약된 내용일 가능성이 높고, 각 부모의 이해 수준에 맞게 난이도나 설명의 깊이를 조정할 수 있는 것이 아니기 때문에 효율성이 떨어진다. 부모의 태도, 지식, 기술을 변화시키기 위해서는 부모의 흥미를 유발하고, 맥락이나 상황을 고려하고 다양한 교수-학습 방법과 매체를 활용하여 지속적인 상호작용을 하여야 한다. 또한 부모의 반응을 고려하여 설명의 난이도를 조정하거나 다른 전략을 사용하여 상호작용할 수 있어야 한다. 그러나 통신문은 간단히 요약한 내용을 일방향적으로 제공한 것이기 때문에 위에서 언급한 요소가 고려될 수 없어 효율성이 떨어진다.

셋째, 유아교육기관에서는 가정으로 보내는 통신문을 부모가 읽고 실천한다고 가정하지만, 통신문을 읽고 실천하는 부모의 수는 매우 적다. 읽어보지도 않는 부모도 많을 것이고, 읽는다 해도 좋은 내용이라고 생각만 할 뿐 자신이 변화해야 한다고 느끼고 실천하는 부모의 수는 더욱 적을 것이기 때문에 효율성이 떨어진다.

따라서 유아교육기관에서 활용되는 통신문은 부모를 변화시키고 가르치려는 목적보다는 부모에게 정보를 제공하고 협조를 구하는 본연의 목적으로 활용하는 것이 더 바람직하다.

2. 통신문의 종류

앞서 언급한 바와 같이 통신문의 역할은 부모의 변화를 유도하기 위한 것과 부모에게 정보를 제공하고 협조를 요청하기 위한 것, 두 가지로 나누어 볼 수 있다. 통신문의 역할에 따른 종류를 살펴보면 다음과 같다. 다음은 부모의 태도/신념, 지식/정보, 기술/전략을 향상시키기 위해 발송되는 통신문 제목의 예이다.

예 13-1 부모의 태도/신념, 지식/정보, 기술/전략을 향상시키기 위한 목적의 통신문의 제목

태도와 신념	지식과 정보	기술과 전략
• 좋은 부모란 • 미래의 자녀를 위한 부모는 • 민주적인 부모란 • 현대사회에서의 부모 • 좋은 부모 나쁜 부모 • 자녀와의 바람직한 관계	• 좋은 도서 목록 • 문화 행사/박물관 정보 • 특정 연령 영유아의 발달 및 행동 특성 • 영유아기 언어 발달 특성 • 놀이의 중요성 • 부모 사회 지원망의 중요성과 역할	• 책 읽어 주는 방법 • 연령에 적합한 박물관 활용 방법 • 발달 및 긍정적 행동을 지원하는 전략 • 언어 발달 지원 전략 • 편식을 줄이는 전략 • 퇴행해서 오줌 쌀 때의 지도

다음은 교육과 관련된 정보를 제공하려는 목적으로 발송되는 통신문 제목의 예이다. 이런 통신문들은 교육이나 행사에 관한 정보만 제공하기도 하지만 많은 경우 교육이나 행사에 관한 협조를 요청하기도 한다.

예13-2 부모에게 정보를 제공하려는 목적의 통신문의 제목

자녀의 교육 관련 정보	부모교육 및 지원 관련 정보	부모 참여 행사 관련 정보
• 주간 또는 월간 교육 계획안 • 가정 연계 보고서 • 연간 행사 계획안 • 좋은 도서 목록 • 문화 행사/박물관 정보 • 견학 관련 안내문 • 방학 및 개학 안내 편지	• 부모회 안내 • 신입부모 오리엔테이션 안내 • 집단 및 개인 면담 안내 • 외부(예 교육청)에서 실시되는 부모교육 안내 • 도서 대여 프로그램 안내	• 아버지 또는 어머니 참여일 • 조부모 참여일 • 민속의 날 참관 • 운동회 참관 • 성탄 축하 행사

또한 통신문으로 정보를 제공하면서 필요한 경우 부모의 협조를 요청하기도 하는데, 협조를 요청하는 내용의 예를 살펴보면 다음과 같다.

예13-3 부모에게 정보를 제공할 때 요청할 수 있는 협조

- 유아들이 진행하는 프로젝트에 필요한 자료 또는 재활용품 수집 요청
- 문화 행사 안내 및 부모의 역할 안내
- 아버지 참여일 일과 계획표와 일과 안내
- 민속의 날 순서지와 부모의 역할 안내
- 김장을 위한 준비물 안내
- 생일 축하 행사 안내 및 협조 요청
- 치과 검진 안내 및 협조 요청

3. 통신문 활용 시의 유의 사항

정보 제공과 협조 요청이라는 통신문의 목적을 효율적으로 달성하기 위해서 통신문을 작성할 때 다음의 사항을 유의한다.

◦ 전달하고자 하는 정보와 협조 요청의 내용이 모두 포함되게 작성한다.

통신문을 작성할 때는 통신문을 읽는 부모의 입장에서 어떤 정보를 필요로 하는지 생각해 본 후 내용을 작성한다. 예를 들면, 박물관에 대한 정보를 제공할 때는 박물관 명칭, 전시하는 자료의 종류, 관람에 적절한 연령, 박물관이 열리고 닫히는 시간, 휴무일, 위치한 장소와 교통편(예 지하철 또는 버스 노선) 등에 관한 정보를 제공해야 부모에게 실제적으로 도움이 될 것이다. 운동회 같은 행사에 대한 정보를 제공할 때는 운동회의 일정뿐만 아니라 행사가 개최되는 날짜, 시간, 장소, 시작 시간과 끝나는 시간, 유아의 복장, 부모가 함께 참여하는 게임, 간식이나 점심 관련 사항 등이 포함되어야 한다. 다음의 | 예 13-4 |와 | 예 13-5 |는 도서 대여 프로그램에 대한 안내를 위한 통신문이다.

◦ 부모에게 정보가 쉽게 전달될 수 있는 방식으로 제작한다.

부모에게 정보를 제작할 때는 제공하려는 정보가 부모에게 효과적으로 제공되도록 통신문을 제작해야 한다. 이를 위해서는 첫째, 통신문에 사용되는 글씨체, 글씨 크기, 내용의 조직, 사용된 삽화 등이 적절해야 하고, 둘째, 통신문에 사용된 문장이나 용어의 난이도가 부모에게 적합해야 한다. 다음의 | 예 13-5 |는 | 예 13-4 |에 제시된 통신문과 같은 내용이지만 다른 방식으로 구성된 통신문이다. | 예 13-5 |는 | 예 13-4 |보다 정보가 한눈에 들어오지 않고 프로그램의 목적 등에 대한 정보가 충분하지 않다는 단점이 있으나 설명식으로 되어 있어 부모에게 친숙하게 느껴질 수 있다는 장점이 있다.

예 13-4 도서 대여 프로그램 안내 통신문 1

도서 대여 프로그램 안내

(유아명) 부모님께

안녕하십니까?
본 기관에서는 부모님께는 자녀 양육 및 교육에 대한 정보를 드리고, 유아에게는 책을 가까이 하는 습관을 갖게 하고자 도서 대여 프로그램을 실시하고 있습니다. 부모용 도서와 유아용 도서 대여 프로그램의 운영 방식에 대해 다음과 같이 안내해 드리오니 많은 이용 있으시기 바랍니다.

구분	부모용 도서	유아용 도서
대여 시작일	20○○년 ○월 ○일 (○요일)	20○○년 ○월 ○일 (○요일)
대여 권수	1권	2권
대여와 반납 요일 및 시간	매주 화/목요일 11:50~12:30	매주 화/금요일 • 만 5세반: 09:00~09:20 • 만 4세반: 12:20~12:30 • 만 3세반: 11:50~12:00
대여 담당자	부모회/1일 한 분	부모회/각 연령별 1일 두 분
대여 장소	서무실	현관 유아용 도서 있는 곳
대여 방법	원하는 책을 목록에서 선택 → 부모 자원봉사자가 책 찾음 → 대출대장에 도서 번호, 도서명, 대출자 자녀의 이름과 학급명 기록	유아들이 책꽂이에서 원하는 책 직접 찾음 → 부모 자원봉사자가 대출대장에 도서 번호, 도서명, 대출자 유아 이름과 학급명 기록 → 귀가 시까지 유아 개인 장에 보관
대여 기간 및 연장	1주일/1회 연장 가능	1주일/기간 연장 불가
반납 방법	자원봉사 부모가 대출대장에 기록	각 학급별로 모은 것을 자원봉사 부모가 대출대장에 기록
기타 • 대여 담당자로 일하실 자원봉사자 모집에 관한 편지는 3월 28일 발송 예정입니다. • 프로그램의 원활한 운영을 위하여 대출 기일을 준수해 주십시오.		

○○○○○(기관명) ○○○(기관장명)

※ 위의 통신문은 [아이코리아부속새세대유치원]에서 발송하는 도서 대여 프로그램 안내 편지를 재조직한 것임

예 13-5 도서 대여 프로그램 안내 통신문 2

도서 대여 프로그램 안내

● 부모용 도서 대여에 대하여

1. 20○○학년도에는 ○월 ○일(○요일)부터 시작합니다.
2. 대여 요일과 시간은 매주 화, 목요일 11시 50분에서 12시 30분입니다.
3. 도서 대여 시 도움은 부모회에서 제공합니다. (1일 도움자 1명)
4. 대여 장소(도움 주시는 분은 서무실, 빌리시는 분은 서무실 창문 밖)의 창문 블라인드를 위로 올리고 잠금 장치를 열어 놓습니다.
5. 대여할 때는 각 부모님이 원하시는 책을 안내 책자에서 선택합니다. 부모님이 책의 번호와 제목을 이야기하면 자원봉사 부모가 책꽂이에서 꺼내어 대출 대장에 번호, 책명, 빌리는 부모님의 자녀 이름과 반명을 기록합니다.
6. 도서 반납은 화, 목요일에 합니다. 반납하는 경우에는 책을 받고 대장에 반납 날짜를 기록한 뒤 제자리에 꽂아 놓습니다.

● 유아용 도서 대여에 대하여

1. 20○○학년도에는 ○월 ○일(○요일)부터 시작합니다.
2. 대여 요일은 매주 화, 금요일입니다.
3. 대여 시간은
   5세 학급은 09:00~09:20
   4세 학급은 12:20~12:30
   3세 학급은 11:50~12:00입니다.
4. 도서 대여 시 도움은 부모회에서 제공합니다. (1일 도움자 각 연령별 1~2명)
5. 대여 장소: 유치원 현관 유아용 도서 있는 곳
6. 대여 방법은 각 유아가 원하는 책을 직접 선택합니다.
   도움 주시는 부모님 앞에 와서 직접 책을 제시합니다.
   부모님은 각 반별 도서 대여 대장에 번호, 책명, 빌리는 유아명을 기록합니다.
   각 유아는 자신의 개인 장에 놓아둡니다.
7. 도서 반납은 화, 금요일(08:50~09:00)에 합니다. 각 반에서 선생님 또는 도움 주시는 부모님이 책을 모아 대여 대장에 반납 표시를 합니다. 반납된 책을 가져다 정리합니다.

○○○○○(기관명) ○○○(기관장명)

※ 위의 통신문은 [아이코리아부속새세대유치원]에서 발송하는 도서 대여 프로그램 안내 편지를 재조직한 것임

다음의 | 예 13-6 |은 부모에게 어려운 용어와 쉬운 용어를 사용한 통신문으로, 부모의 특성을 고려하여 적절한 통신문을 활용해야 한다.

예 13-6 어려운 용어와 쉬운 용어를 사용한 통신문

어려운 용어를 사용한 통신문	쉬운 용어를 사용한 통신문
부모님께 ○○교육청에서는 유치원 학급 자원봉사자 교육을 실시하고 있습니다. 유치원 학급 자원봉사자 교육을 통해 유아교육에 대한 부모의 이해를 함양하고, 학급에서의 교육을 지원하는 능력을 기르고자 합니다. 교육 내용으로는 유아교육과정, 흥미 영역 구성, 교수-학습 방법, 자유선택 및 대/소집단 활동이 포함될 예정입니다. 수강을 원하는 부모님께서는 다음과 같이 신청하여 주십시오. 1. 신청 시기: ○월 ○일, 오후 2시까지 2. 신청 방법: 원감 선생님께 전화/직접 신청 3. 수강 가능 인원: 2명 선착순 4. 연수 일시: 20○○년 ○월 ○일~○일 오전 9:30~12:30 (3일간) 5. 연수 장소: ○○교육청 4층 강당 6. 준비물: 필기도구 ○○○○○(기관명) ○○○(기관장명)	부모님께 ○○교육청에서는 부모님께서 유치원에서 자원봉사자로 일하기 원하실 때를 대비하여 유치원 교육이 어떤 것인지 알려 드리는 교육, 즉 유치원 학급 자원봉사자 교육을 실시하고자 합니다. 이 교육을 통해 유아교육에 대한 전반적인 이해와 학급에서 효율적으로 도움을 주실 수 있는 능력이 함양될 것으로 기대합니다. 교육 내용으로는 유치원에서 어떤 것을 가르치는지, 유아들이 학습하는 환경은 어떻게 구성되는지, 어떤 놀이 및 학습 영역이 있는지, 어떤 방법으로 배우는지, 자유선택놀이와 교사와의 대/소집단 활동은 어떻게 이루어지는지가 포함될 예정입니다. 수강을 원하는 부모님께서는 다음과 같이 신청하여 주십시오. 1. 신청 시기: ○월 ○일, 오후 2시까지 2. 신청 방법: 원감 선생님께 전화/직접 신청 3. 수강 가능 인원: 2명 선착순 4. 연수 일시: 20○○년 ○월 ○일~○일 오전 9:30~12:30 (3일간) 5. 연수 장소: ○○교육청 4층 강당 6. 준비물: 필기도구 ○○○(기관명) ○○○(기관장명)

※ 위의 통신문은 [아이코리아부속새세대유치원]에서 발송하는 도서 대여 프로그램 안내 편지를 재조직한 것임

○ 통신문을 통해 협조를 요청할 때는 협조의 목적과 교육적 의의 또는 당위성을 설득력 있게 제시한다.

통신문을 통해 기관에서 이루어지는 교육 활동을 위한 자료 제공(예 재활용품, 사진, 실물) 또는 제작(예 운동회를 위한 팥주머니 만들기) 요청, 자원봉사자 모집(예 견학 시 보조교사 또는 어린이날 행사 시 공연), 행사 시 협조 요청(예 소풍 시 유의점, 민속놀이 시 부모 협조 사항) 등을 할 수 있다. 협조를 요청할 때는 무엇이 필요한가뿐만 아니라 왜 필요한가를 부모가 이해할 수 있게 제시하여야 한다. 왜냐하면 부모는 자신의 도움이 왜 필요한지와 자신의 자녀에게 어떤 도움이 되는지, 즉 교육적인 의의가 무엇인지 이해하여야 도움을 줄 동기도 유발되고 정확히 도울 수 있기 때문이다.

본 장의 사례에 소개된 세 가지 예(pp. 258~260)는 각각 교육 활동을 위한 자료 수집 요청, 자원봉사자(학급 자원 인사) 모집, 행사 시 협조 요청을 위해 작성된 예이다. 각각의 예에서 왼쪽의 통신문은 협조의 목적과 당위성이 분명히 드러난 것이고, 오른쪽의 통신문은 분명히 드러나지 않은 것이다.

○ 부모에게 사전에 통신문을 보여주고 이해하기 어려운 점이 없는지 검토를 받는 절차를 마련한다.

학기 초에 통신문을 검토해 줄 수 있는 학부모 자원 인사 2~3명을 모집한다. 통신문을 가정으로 발송하기 전에 해당 자원 인사에게 모호하거나 이해하기 어렵거나 빠진 내용은 없는지 검토하도록 부탁할 수 있다.

4. 모바일 알림장

알림장은 주로 어린이집에서 영유아가 먹고, 자는 등의 일상생활과 누구와 어떤 놀이를 하고 어떤 활동에 참여했는지와 같은 교육 활동에 대한 기록을 가정으로 전달하는 성격을 가지고 있었다(김민정, 김갑순, 2012). 초창기 알림장은 수첩과 같은 형식으로 교사가 수기로 작성하여 영유아의 가방에 넣어 매일 기관과 가정 사이에서 영유아 정보를 교류하는 메신저의 역할을 하였다. 이러한 수첩형 알림장은 멀티미디어의 발달과 통신기기의 보급 등으로 인한 시대 변화에 발맞추어 스마트 알림장이라고 불리는 모바일 기기용 알림장 사용으로 전환되었다. 특히 유아교육기관과 가정과의 의사소통이 기관에서 가정으로 전달되던 가정통신문처럼 일방향적인 의사소통을 벗어나 양방향적인 의사소통에 대한 기관과 가정의 요구가 높아짐에 따라 어린이집뿐만 아니라 유치원에서도 일상적으로 사용되는 의사소통 수단으로 자리잡기 시작하였다.

유아교육기관에서 키즈노트, 클래스팅 등 다양한 모바일 알림장을 사용하여 부모교육자료 발송, 기관-가정 의사소통, 일상적 상담, 영유아 일일 활동 알림 등을 하고 있다. 현재는 모바일 알림장은 유치원과 어린이집 모두에서 유아교육기관과 가정 사이의 정보 교환을 위해 가장 많이 활용되는 의사소통의 방법이자 다양한 정보를 주고받는 문서로서 소통과 교류의 장으로서 역할을 한다(강정원, 김승옥, 2015). 영유아교육에서 많이 사용되는 모바일 알림장으로는 e 알리미, 하이클래스, 키즈노트, 클래스팅, 학교종이 등이 있다.

예 13-7 모바일 알림장의 예

e 알리미 하이클래스 키즈노트 클래스팅

모바일 알림장은 기존 가정으로 전달하던 가정 통신문을 온라인 상에서 배부하는 데 활용한다. 또한 영유아의 사진과 생활 알림 및 일상 상담, 각종 설문 등에도 활용한다. 알림장을 통한 가정통신문 배부는 통신문을 이미지로 업로드하기도 하고 직접 글로 작성하기도 한다. 업로드한 가정통신문은 기관 차원에서 부모가 통신문을 열람하였는지 실시간으로 확인 가능하다는 장점이 있다. 기관에서 작성한 게시글(가정통신문 등)에는 기관 차원에서 댓글의 허용 여부를 결정할 수 있으며, 댓글을 허용할 경우 학부모와 쌍방향 의사소통이 가능하다. 또한 모바일 알림장을 통하여 부모교육이나 면담의 참여 여부 등의 설문조사 기능도 활용할 수 있는데, 부모 설문에 대한 결과를 전체 통계와 개별 응답으로 구분하여 확인이 가능하기에 통계 작업이 편리하다. 특히 면담 시 학부모의 일정 조정을 위해 활용할 경우 이전 다른 부모가 선택한 시간은 중복

선택이 되지 않도록 하여 일정을 원활하게 결정할 수 있다는 장점이 있다. 모바일 알림장은 부모와 온라인 상에서 실시간으로 양방향적 소통을 할 수 있을 뿐만 아니라 일부 모바일 알림장은 음성 통화 기능도 제공하여 부모에게 교사의 개인 전화번호를 노출하지 않고 음성 통화를 통한 상담에 활용하기도 한다.

예 13-8 모바일 알림장의 일부 기능

기관 전체 공지(가정통신문, 부모교육 자료 등)

영아의 개별 상태 알림

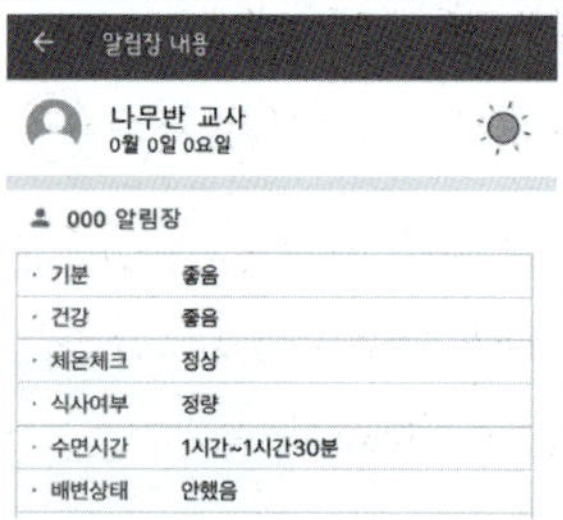

투약 의뢰서 및 투약 보고서

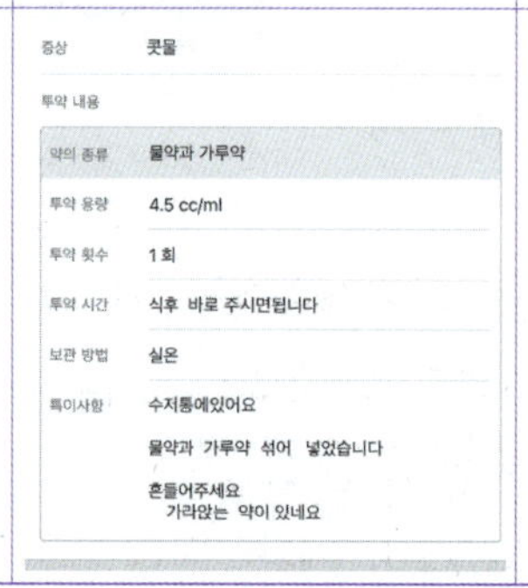

부모 동의서, 신청서 안내 및 취합

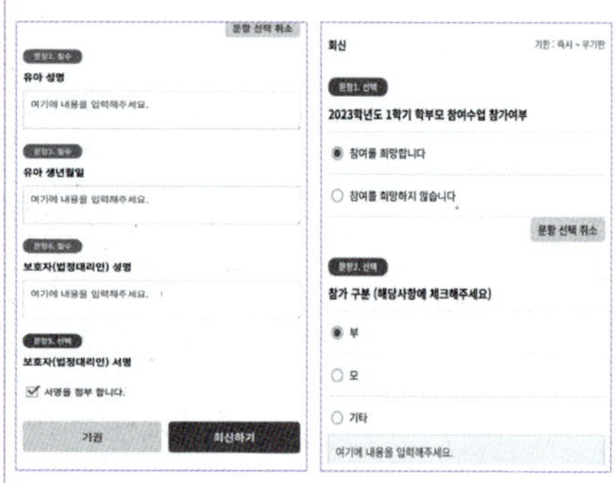

부모 면담일 조정

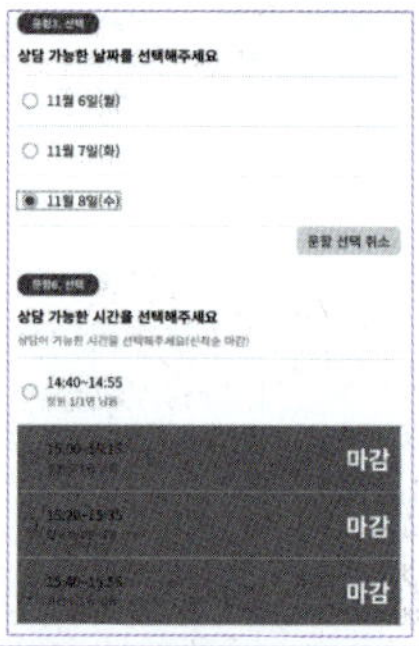

모바일 알림장은 기관과 가정의 양방향적인 의사소통을 가능하게 하므로 단순히 영유아에 대한 일상을 전달하던 알림 기능을 넘어서 다양한 가정 연계 자료로 활용되기도 하고, 투약의뢰서 등 기관에서 구비해야 하는 서류들을 수집 및 보관하는 데 활용되기도 하는 등 다양한 기능을 제공하고 있다. 모바일 알림장은 부모 입장에서도 기관과의 의사소통이 원활하게 이루어지는 데 도움을 준다. 임주희(2016)는 부모들이 모

바일 알림장을 통하여 기관의 행사와 같은 소식과 준비물 등의 확인이 편리하고 자녀의 기관 생활을 확인하는 것이 가능하여 자녀의 기관 적응에 대한 걱정을 줄여주었다고 하였다. 강정원과 김승옥(2017)은 모바일 알림장은 부모가 자녀에 대해 많은 정보를 얻을 수 있는 부모교육과 육아지원의 장이자 신뢰를 쌓는 방편이 되는 등 순기능이 있으나 알림장을 통해 부모가 무리한 요구를 하거나 온라인 소통의 한계로 오해가 발생하는 등의 역기능도 있다고 지적하였다. 시대의 흐름을 반영하여 부모교육과 지원을 위한 수단으로 활용되고 있지만, 모바일 접근성이 떨어지거나 기기 활용에 익숙하지 않은 조부모 가정 등 일부 가정에서는 사용에 어려움이 있을 수 있다. 기관에서 가정으로 전달해야 하는 중요 문서 등은 모바일을 통해 공지하는 것뿐만 아니라 지면 통신문 등으로 배부하는 것을 병행하는 것이 필요하다.

사 례

사례 1 교육 활동을 위한 자료 수집 요청

목적이 분명히 드러난 통신문	목적이 분명히 드러나지 않은 통신문
부모님께 지난 한 달 동안 5세 학급 어린이들은 세계 여러 나라의 문화에 대해 학습했습니다. 특히, ○○○반은 세계의 음식 중 국수에 관심을 보여 집중적으로 알아보고 있습니다. 어린이들의 학습을 촉진하기 위해 세계 여러 나라의 국수로 만든 음식 사진을 수집하고 있습니다. 사진을 통해 어린이들은 국수로 만든 세계 여러 나라 음식의 공통점과 차이점을 구체적으로 이해할 수 있으리라 생각됩니다. 국수로 만든 음식 사진이 있으시면 다음의 사항을 염두에 두시고 ○월 ○일까지 자녀 편에 보내주십시오. 보내주신 사진은 프로젝트가 끝난 후 돌려 드리겠습니다. 가능하면, • 국수의 모양, 색, 또는 굵기가 다양한 사진 • 세계 여러 대륙의 국수 음식 사진 • 공통점이 있는 다른 나라의 국수 음식 사진 • 차이점이 분명한 다른 나라의 국수 음식 사진 • 조리법(예 국물 있는 국수 vs. 국물 없는 국수)이 다양한 국수 음식 사진을 주시면 도움이 됩니다. 또한, • 조리법을 아신다면, 유아가 이해할 수 있게 간단히 적어 주시면 감사하겠습니다. 감사합니다. ○○반(학급명) 교사 ○○○(교사명)	부모님께 지난 한 달 동안 5세 학급의 어린이들은 세계 여러 나라의 문화에 대해 학습했습니다. 특히, ○○○반은 세계의 음식 중 국수에 관심을 보여 집중적으로 알아보고 있습니다. 어린이들의 학습을 촉진하기 위해 세계 여러 나라의 국수로 만든 음식 사진을 수집하고 있습니다. 가정에 국수 사진이 있으시면 ○월 ○일까지 자녀 편에 보내주십시오. 보내주신 사진은 프로젝트가 끝난 후 돌려드리겠습니다. 감사합니다. ○○반(학급명) 교사 ○○○(교사명)

사례 2 김장하기 활동을 위한 학급 자원 인사 모집

목적이 분명히 드러난 통신문	목적이 분명히 드러나지 않은 통신문
부모님께 겨울이 다가오고 있기 때문에, 어린이들은 사람과 동물이 어떻게 겨울 준비를 하는지에 대해 학습하고 있습니다. 학습의 일환으로 김장하기를 직접 경험하려고 합니다. 김장하기 활동을 통해 유아는 우리나라의 전통적인 겨울 준비를 경험하고, 기관에서 했던 요리 활동과는 다른 경험(예 사용하는 재료가 다르고, 불을 사용하지 않고, 바로 먹지 않는다.)을 할 수 있습니다. 유아는 부모님이 가정에서 김치를 담그는 것을 보아왔고, 부모님이 잘 하실 수 있는 분야이기 때문에 유아의 학습에 기여하실 수 있다고 생각됩니다. 김장하기 활동을 도와주실 분은 다음 사항을 읽으시고 신청해 주시기 바랍니다. • 일 시: 20○○년 ○월 ○일(○요일) 9:00~12:00 • 인 원: 각 반 선착순 5명 • 신 청: 담임교사에게 ○월 ○일(○요일)까지 전화로 신청 • 역 할: 아래 역할 중 2개 선택하여 V 표시 ① 양념 다듬어 준비하기(마늘/파/생강) ② 배추 씻어 준비하기 ③ 무 채썰어 준비하기 ④ 각 책상에서 유아와 함께 김치 담그기 ⑤ 전체 유아 앞에서 김치를 담는 시범 보이기 • 준비물: 앞치마, 칼, 도마 • 기 타: ① 자녀가 원하더라도 김치를 담그실 수 있는 분만 지원해 주시기 바랍니다. ② 역할이 정해지면 유아와 어떻게 상호작용을 하는 것(예 양념을 다듬으면서 어떤 것을 함께 보고 이야기 나누는지에 관한 것)이 바람직한지 추후에 안내드립니다. 감사합니다. ○○반(학급명) 교사 ○○○(교사명)	부모님께 겨울이 다가오고 있기 때문에, 어린이들은 사람과 동물이 어떻게 겨울 준비를 하는지에 대해 학습하고 있습니다. 학습의 일환으로 김장을 직접 경험하려고 합니다. 김장하기를 도와주실 수 있는 부모님들은 다음의 사항을 읽으시고 신청해 주시기 바랍니다. • 일 시: ○월 ○일(○요일) 9:00~12:00 • 인 원: 각 반 선착순 5명 • 신 청: 담임교사에게 ○월 ○일(○요일)까지 전화로 신청 • 준비물: 앞치마, 칼, 도마 • 기 타: 자녀가 원하더라도 김치를 담그실 수 있는 분만 지원해 주시기 바랍니다. ○○반(학급명) 교사 ○○○(교사명)

사례 3 민속의 날 일정 안내 편지

부모님께 알립니다.

유아들은 지난 3주 동안 우리나라를 나타내는 상징과 고유의 풍습, 놀이 등을 알아보는 기회를 가졌습니다. 유아들이 알아본 것을 종합 정리하는 의미에서 '민속놀이의 날' 행사를 ○월 ○일(○요일)에 가지려고 합니다.

시간이 허락하시는 부모님은 참석하셔서 자녀를 격려해 주시고 즐거운 시간을 함께 보내시길 바랍니다. 행사의 교육적 효과를 높이고 어린이가 즐거운 시간을 갖게 하기 위해 다음의 사항을 부탁드립니다.

1. 가능하면 한복을 입혀 보내주십시오. 꼭 한복을 입어야 하는 것은 아니나, 예년의 경우 안 입고 온 유아가 마음을 상한 일이 있었습니다.

2. 순서지를 보내드리오니 '민속놀이의 날' 당일에 지참하시어 참고하시기 바랍니다.
   - 9:50~10:30에 진행되는 '민속놀이' 시간은 부모님과 자녀가 함께 참여하시는 시간입니다. 오신 부모님께서는 자녀와 친구들이 원하는 놀이에 잘 참여할 수 있도록 도와주시면 감사하겠습니다. 이 시간에 부모님이 함께 참석하시지 못하는 종일반 어린이들은 담임교사와 함께 놀이에 참여하게 됩니다.
   - 10:30~10:55으로 예정된 간식 시간에는 유치원과 부모회에서 마련한 간식을 유아와 함께 드실 수 있습니다.
   - 10:55~12:20에 진행되는 '춤마당' 시간은 유아의 활동을 관람하시는 시간입니다만, 자녀와 함께 참여하시는 시간도 마련되어 있습니다.
   - 12:20~12:30에 진행되는 '학급별 사진 촬영' 시간에는 학급별로 유아끼리 사진 촬영한 후 부모님들과도 함께 사진 촬영을 할 계획입니다.

3. 행사 당일 도움 주실 수 있는 부모님(각 반당 10분 정도)께서는 담임 선생님께 ○월 ○일까지 전화로 말씀해 주시면 감사하겠습니다(도움 주실 내용: '민속놀이' 시간 중 일부 시간에 각 민속놀이 영역에서 놀이의 원활한 진행을 위한 도움을 주는 역할).

4. 우천 시에는 일정을 연기하여 ○월 ○일(○요일)에 진행하겠습니다.

20○○년 ○월 ○일

○○○(기관명) 원장 ○○○(기관장명)

※ 위의 편지는 [아이코리아부속새세대유치원]에서 민속의 날 발송하는 통신문을 재조직한 것이다.

사례 4 가정 연계 보고서

2019 개정 누리과정 실시 이후 교육 계획안보다는 유아와 놀이, 일상생활, 활동을 진행한 후 어떤 동기에서 시작되고 진행되었으며 그 과정에서 교사가 어떻게 지원했는지를 알리는 보고서를 작성해서 보낸다. 다음의 사례는 5세 학급에서 10월 2주~4주까지 진행된 교육에 대한 가정 연계 보고서를 'OO반 생활이야기'라는 제목으로 작성한 것이다. 초록색은 유아의 흥미를, 하늘색은 교사의 교육적 판단을 의미한다.

10월 2주~10월 4주
OO반 생활이야기

: 유아의 흥미
: 교육적 판단

놀이 — 끼우기 블록으로 팽이 만들기

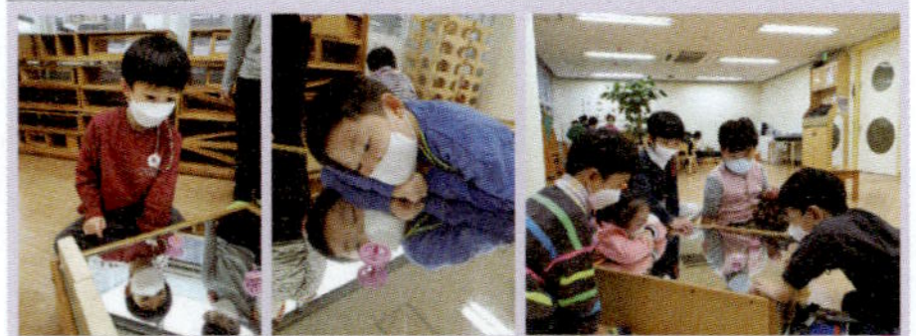

소수의 어린이가 '버그토이'라는 끼우기 블록으로 팽이를 만들며 놀이하였습니다. 이 놀이는 유행처럼 번져 점차 많은 어린이가 팽이를 만들고 돌리기 시작했습니다.

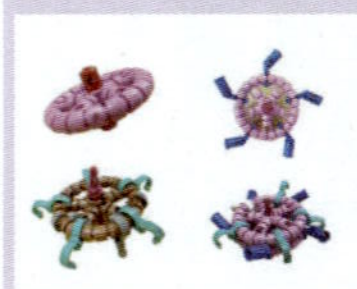

다소 단순했던 팽이의 형태는 다양한 변화의 과정을 거쳤습니다. 어린이들은 원 형태의 블록 중앙에 심지를 세우듯 막대 형태의 블록을 끼워 넣어 팽이를 만들었습니다.

이후, 여러 종류의 막대를 바꿔 끼우며 가장 잘 돌아가는 막대를 모색해 나갔습니다. 원 형태의 블록을 2단으로 쌓아보거나 여러 가지 갈고리 블록을 끼워 모양과 패턴을 추가해 나갔습니다. 반복적인 실험 끝에 '무게가 있어도 잘 돌아갈 수 있다', '아래는 뾰족할수록 좋다', '팽이 심이 너무 길면 쉽게 쓰러진다'는 원리를 알아냈습니다.

레고블록으로 팽이를 만들 때도 '아래쪽이 뾰족해야 잘 돌아간다'는 원리를 잘 적용하는 모습이었습니다. 색깔이 한정적인 버그토이에 비해 다채로운 색깔이 있는 레고블록은 시각적으로 화려한 팽이를 만드는 데 유용합니다. 여러 가지 색이 있는 팽이가 돌 때, '색의 혼합'을 발견하기도 하였습니다.

대소집단 활동 ① — 짝과 함께 징검다리 건너기

2인 1조를 이루어 한 어린이는 징검다리 판을 바닥에 놓고 다른 어린이는 징검다리를 건너가는 게임을 해보았습니다. 서로의 호흡이 중요한 게임인만큼 승패 없이 반환점을 돌아 끝까지 완주하는 것을 목표로 진행하였습니다. 어린이들은 출발과 동시에 짝이 건너기에 적절한 거리를 고려하여 징검다리를 빠른 속도로 놓았습니다. "조금 가까이 놔줄래?", "더 멀리 놔도 돼. 나는 점프할 수 있거든."이라고 말하며 간격에 대해 서로 협의하기도 하였습니다. 친구와 협동하여 게임에 참여함으로써 사회적 기술(배려와 협력)을 자연스레 증진시킬 수 있습니다. 게임 내내 짝과 호흡을 맞춰가는 모습이 인상적이었습니다.

10월 2주 팽이 만들기 I

- 대소집단 활동
- 대소집단 활동
- 놀이
- 일상생활 지도
- 가정 연계
- 다음 주 식단

함께해주세요!

☺ 가정에 팽이와 관련된 그림책이 있다면 기관에 가지고 올 수 있도록 지원해주세요. 교사/또래 앞에서 소개하는 시간을 갖도록 하겠습니다.

☺ 다음 주 추수감사예배를 드릴 예정입니다. 잘 익은 햇과일을 하나씩 보내주시면 예배 예물로 드리고, 어린이들과 함께 나누어 먹도록 하겠습니다.

대소집단 활동 ② — 추수감사 성경말씀 만들기

다음 주 추수감사예배를 드릴 예정입니다. 추수감사와 관련된 성경말씀을 묵상한 후 글과 그림으로 표현해보았습니다. ○○반 어린이들은 성경말씀을 함께 낭독하고 뜻을 곰곰이 헤아리며 말씀을 써나갔습니다. 이전보다 작은 글자 크기로 또박또박 글자를 적어 내려가는 예솔반 어린이의 모습이 돋보였습니다.

일상생활 지도

- [옷 입고 벗기] 스스로 외투를 옷걸이에 걸어놓는다. 옷걸이에 걸린 옷이 흘러내리지 않도록 하는 여러 가지 전략을 발휘한다.
- [정리·정돈] 팽이를 어떻게 전시하고 정리하는 것이 효율적인지 방법을 생각해 본다. 기존에는 블록 구성물을 만들면, 금요일까지 전시를 할 수 있고 주말 맞이 대청소 전 모두 정리하는 것이 교실 내 정리 규칙입니다. 팽이도 이와 동일한 규칙을 그대로 적용할 경우, 부품이 모자를 수 있고, 오히려 새로운 팽이를 창안하는 시도가 줄어들 수 있으므로 유아와 매일 정리해 보기로 하였습니다. 다음 주 다시 이야기를 나누어볼 예정입니다.

10월 3주 식단

16(월)	17(화)	18(수)	19(목)	20(금)
시리얼 우유	잣죽	오이/당근 치즈, 우유	사과	브로콜리 스프
쌀밥 쑥갓어묵국 버섯불고기 상추/쌈장 김치 사과	기장밥 콩나물국 가자미구이 과일샐러드 김치	쌀밥 근대된장국 쇠고기우엉 조림 호두멸치볶음 김치	흑미밥 된장찌개 돈육김치불고기 시금치나물 깍두기 김구이	쌀밥 소고기미역국 야채닭조림 숙주나물 김치
닭강정 주스	슈크림빵 우유	잔치국수	롤케이크 우유	찐감자 요구르트

놀이 — 다양한 방법으로 팽이 만들기

소수의 남아들은 돌고 있는 또래의 팽이 위로 자신의 팽이를 내리치듯 던져 멈추게 하며 '공격'이라는 용어를 자주 사용하였습니다. 팽이 놀이의 양상이 '공격'에 치우치지 않고, 정정당당한 '대결'의 양상으로 전개될 수 있도록 지원할 방법을 고민하였습니다. 교사는 초시계를 제공하여 팽이가 돌아가는 시간을 재어 기록할 수 있도록 하였습니다. 어린이들은 기록을 경신하며 큰 성취감을 느꼈고, 더 튼튼한 팽이를 만들기 위해 노력하는 모습을 보였습니다. 초를 재며 자연스레 수와 측정의 개념을 익혀보았습니다.

종이접기 책에서 팽이 접기 방법을 찾아 접어보기도 하였습니다. 세 장의 색종이로 각각 '밑판', '몸체', '손잡이'를 만들어 합체시키는 방식입니다. 완성된 색종이 팽이는 어린이들의 예상보다도 빠르고 오래 돌아갔습니다. 많은 어린이들이 색종이로 만든 팽이를 반복해서 접고 돌리며 즐겁게 놀이를 이어갔습니다.

반복된 실험 끝에 버그토이의 특정 부품을 팽이심으로 활용하면 가장 튼튼한 팽이가 만들어진다는 사실을 깨닫게 되자, 해당 부품을 선점하기 위한 경쟁이 여러 날 동안 벌어졌습니다. 교사는 팽이가 꼭 가장 빨리 돌지 않더라도 충분히 멋질 수 있다는 점을 알려주고 싶었습니다. 다 똑같은 형태로만 만드는 것이 아니라 다양한 변형을 시도해보며 창의성을 발휘할 수 있도록 격려하는 방법을 고민하다 교사는 '팽이 책' 만들기를 제안하였습니다. 다수의 유아가 흥미를 보여 금세 책 구성이 짜여졌습니다. 어린이들은 '○○반 팽이 도감'이라는 제목을 붙여주었습니다. 팽이 도감에는 강철팽이, 불꽃바람개비팽이, 주먹팽이, 문어팽이, 비즈팽이 등 어린이들이 만든 다양한 팽이의 특징이 실려 있습니다. 또래와 즐겁게 놀이를 공유하는 가운데, 다양한 인지적 자극을 주고받을 수 있도록 지원하고 있습니다.

10월 3주 팽이 만들기 II

놀이 / 대소집단 활동 / 대소집단 활동 / 일상생활 지도 / 가정 연계 / 다음 주 식단

대소집단 활동 ① — 새노래 및 율동 '팽이'

팽이놀이를 할 때 교사는 배경음악으로 김진영 선생님의 '팽이'라는 동요를 자주 틀어주곤 하였습니다. 유아들은 놀이 중 자연스럽게 노래를 따라부르기도 하고 평소에 흥얼거리기도 하며 새 노래를 익혔습니다. 짧고 쉬운 노래라 금방 익힐 수 있었습니다. 유아들과 한삼춤을 배워보았습니다. 한삼을 착용하고 진지한 태도로 율동에 참여했습니다.

율동이 끝나고 어린이들은 "진짜 팽이가 된 거 같았어요!", "저는 이렇게 팔을 어깨에 걸고 목을 움직이는 게 진짜 비틀비틀거리는 거 같아서 재미있었어요!"라고 즐겁게 소감을 공유했습니다.

대소집단 활동②③ — 동화 '팽이팽이 돌아라', '책의 아이'

동화 '팽이팽이 돌아라' 여러 가지 블록과 종이 등을 활용해 팽이를 구성하여 놀이하는 것이 지속되고 있습니다. 이에 대집단으로 팽이를 주제로 한 동화를 함께 감상하였습니다. 동화를 매개로 교실 내 팽이 놀이를 경험을 회상해 보았습니다.

동화 '책의 아이' 책을 통해 넓고 무한한 상상의 세계로 나아갈 수 있음을 알려주는 동화 『책의 아이』를 OHP 동화로 감상해 보았습니다. 책 속 드넓은 세계를 탐구해 나갈 두 주인공을 소개하자 전원의 어린이가 큰 관심을 보였습니다. 이어서 동화를 함께 감상해 보았습니다. 짧은 길이의 동화였지만 생각할 거리가 많아 감상이 풍부하게 이루어졌습니다. 동화를 읽고 나서 "책 속 그림이 다 글자로 이루어져 있어서 재미있었어요.", "처음부터 끝까지 다 재미있었지만 저는 특히 괴물이 나오는 장면이 재밌었어요. 책을 많이 읽으면 괴물을 더 잘 생각할 수 있잖아요."라고 말하며 활발하게 감상을 나누었습니다.

일상생활 지도

- [옷 입고 벗기] 교사의 도움 없이 스스로 옷을 입고 벗을 수 있다. 낮잠 잘 때 옷을 바로 개어놓을 수 있다.
- [정리·정돈] 팽이를 어떻게 전시하고 정리하는 것이 효율적인지 방법을 생각해 본다.

지난 주 설정한 팽이 정리 관련 규칙을 점검해본 결과, 팽이는 매일 정리하는 것을 유지하는 것이 좋다는 의견이 다수였습니다. 유아의 손끝에서 새로운 팽이가 매일 탄생하고 있어요!

함께해주세요!

☺ 가을의 색이 짙어지는 계절입니다. 미세먼지 수치가 좋은 날에는 자주 산책을 나가 계절을 풍부하게 느껴볼 예정이니, 편한 옷차림과 운동화로 등원할 수 있도록 지원해주세요! 모자를 챙기는 것이 좋을지, 어떤 신발이 긴 산책에 적절할지 등에 관해 유아와 이야기 나누는 과정은 날씨나 상황에 따라 적절한 옷차림이 있음에 대한 이해를 형성하는데 도움이 됩니다.

☺ 유아와 함께 배운 새노래 음원 영상에 접근할 수 있는 QR코드를 알려드립니다. 유아와 함께 가정에서도 노래를 감상해보세요!

10월 4주 식단

23(월)	24(화)	25(수)	26(목)	27(금)
치즈샌드위치 우유	생새우야채 죽	토마토 검은콩우유	찐단호박 우유	배
찰옥수수밥 맑은감자국 코다리강정 콩나물 김치	쌀밥 소고기무국 두부조림 파프리카 어묵볶음 석박지	쇠고기비빔밥 나박김치 계란후라이 망고푸딩	쌀밥 된장찌개 삼겹살구이 상추/쌈장 김치 사과	팥밥 미소국 메추리알조림 오징어야채 볶음 김치
찐옥수수 요구르트	꿀떡 감잎차	감자버터구이 우유	짜장면	단팥호빵 우유

10월 4주 팽이 경기장

놀이 ① 팽이 경기장 만들기

어린이들이 바닥에 구부정한 자세로 한참을 앉아 팽이를 돌릴 때마다, 교사는 어깨를 펴고 책상 위나 다른 공간에서 놀이해 볼 것을 제안하였습니다. 어린이들은 주로 제기용 쟁반 위에서 팽이를 돌렸고, 친구들이 몰려들면 작은 쟁반 앞에서 실랑이가 벌어지곤 하였습니다. 넓은 공간에서 놀이를 이어나갈 방안을 모색하게 되었고, 교실 한쪽에 '팽이 경기장'을 만들기로 결정하였습니다. 팽이 놀이터를 구성하기에 알맞은 자료를 함께 찾아보았습니다. 그동안의 놀이 경험을 바탕으로 어린이들은 (마찰력이 적은) 매끈한 표면을 지닌 판을 찾았습니다.
폐품 상자를 활용해 '토끼굴 경기장'을 만들기도 하였습니다. 구멍에 팽이가 빠지면 -1점, 당근 위에서 멈추면 +1점 등의 규칙을 설정해나갔습니다. 이외에도 구멍이 뚫린 나무벤치에서 놀이하거나 화이트보드 위에 여러 미션을 적고 팽이가 멈춘 자리에 해당하는 미션(예 엉덩이 춤추기)을 수행하거나 OHP 기계 위에서 팽이를 돌리는 등 여러 놀이 요소를 즐겁게 추가해 나가며, 놀이를 풍부하게 이어나가는 모습입니다.

경기장 꾸밀 자료 찾기

예솔반 팽이 경기장

토끼굴 경기장

나무벤치에서 놀이하기

화이트보드에서 놀이하기

놀이 ② 거북선 만들어 놀이하기

한 유아가 공간적목과 유니트 블록을 활용하여 거북선을 만들어 놀이하였고, 다른 또래도 이에 관심을 보였습니다. 점심을 먹고 난 이후 별관도서관에 잠깐 들러 이순신 장군의 그림책을 가지고 교실로 돌아왔습니다. 이후 거북선의 구조를 더욱 더 세세하게 표현하는 모습을 보였고, 파란색 천으로 한산도 앞바다를 표상하거나 유니트 블록을 활용해 학익진 기법을 구현하기도 하며 또래와 긴 시간 협력하여 놀이하는 모습을 보였습니다.

대소집단 활동 미술 '펜듈럼 아트'

과학 원리에 대해 알 수 있는 정보그림책과 학습 만화책을 탐독하는 어린이들이 있습니다. 팽이놀이를 즐기는 친구들에게 회전운동에 대해 언급해도 다른 또래들은 별다른 반응을 보이지 않았습니다. 아틀리에에 '스핀아트' 놀잇감이 있어 시도해 보았지만 보관상태가 좋지 않아 회전력이 발휘되는 그림이 잘 그려지지는 않았습니다.

과학적 원리를 경험해 볼 수 있는 미술 활동 '펜듈럼 아트(구멍이 뚫린 물감통을 회전시켜 우연한 그림이 그려지게 하는 미술기법)'를 시도해 보기로 하였습니다. 원하는 유아에 한하여 소그룹으로 아틀리에에서 모여 펜듈럼 아트를 시도해 보았습니다. 어린이들과 함께 아틀리에에서 필요한 재료를 찾아보았고, 천장에 물감 통을 매다는 것을 망설이는 교사에게 옷걸이에 달면 된다고 아이디어를 주었습니다. 모든 어린이가 재료를 준비하는 과정과 재료를 한데 섞어보는 과정 그리고 물감이 든 통을 크게 돌리는 과정에 적극 참여하며 아트를 시도해 보았습니다. 전원이 매우 큰 흥미를 가지고 물감의 자취를 살펴보았습니다. 과학의 원리를 경험해 보며, 색다른 미술 활동을 시도해 볼 수 있어 즐거운 시간이었습니다.

일상생활 지도

- [소지품 챙기기] 집으로 가기 전 개인 바구니와 신발장을 점검하며, 놓고 가는 물건이 없는지 확인한다.

초등학교 진학 전 자신의 소지품을 스스로 챙기는 것은 중요한 연습입니다. 어린이가 자신의 외투와 방한용품(머플러 등), 도서 가방 등을 스스로 잘 챙길 수 있도록 지속적으로 지도해주시기를 바랍니다.

함께해주세요!

☺ QR코드에 접근하면 유아들의 펜듈럼 아트와 팽이 놀이 모습이 담긴 짧은 영상을 확인하실 수 있습니다. 어린이와 함께 영상을 보며 놀이에 대해 이야기를 나누어보세요!
어린이들의 놀이에 부모님께서 관심을 가지고 상호작용해주시는 것은 유아가 기관 생활에 성취감을 느낄 수 있도록 도와주며, 더 활발하게 세상을 탐구해나가는 데 있어 큰 힘이 됩니다.

11월 1주 식단

30(월)	1(화)	2(수)	3(목)	4(금)
시리얼 우유	당근크림- 스프	치즈토스트 우유	누룽지죽 백김치	바나나
쌀밥 계란부추국 함박스테이크 가지나물 오이지무침	수수밥 오징어무국 닭강정 숙주나물 김치	쌀밥 콩비지찌개 임연수구이 구운 김 김치	서리태밥 된장찌개 돈육장조림 옥수수샐러드 김치	쌀밥 쑥갓어묵국 오리불고기 상추/쌈장 김치
찐만두 결명자차	소보로빵 우유	떡볶이 석류차	멸치주먹밥 보리차	찐감자 우유

요 약

유아교육기관과 가정 간의 협력을 증진하는 방안으로 통신문이 활발히 이용되고 있다. 그러나 통신문은 부모의 태도, 지식, 기술을 증진시키려는 목적보다는 정보를 제공하거나 협력을 요청하는 목적으로 활용하는 것이 더욱 효율적이다. 통신문을 효율적으로 사용하기 위해서는 전달하고자 하는 정보와 협조 요청의 내용이 모두 포함되게 작성하고, 부모가 정보와 내용을 쉽게 이해할 수 있는 방식으로 작성하고, 특히, 협조를 요청할 때는 협조의 목적과 교육적 의의 또는 당위성을 설득력 있게 제시하여야 한다.

교수-학습을 위한 제언

1. 유아교육기관에서 1년 동안 발송되는 통신문이나 통신문의 제목을 구할 수 있다면 부모를 변화시키기 위한 통신문과 부모에게 정보를 제공하기 위한 통신문으로 나누어 보십시오. 어떤 목적으로 사용되는 통신문이 더 많습니까?
2. 본 장에서는 통신문의 종류를 두 가지로 나누었습니다. 통신문을 통해 부모의 생각을 바꾸는 목적으로 사용되는 것과 유아교육기관에서의 교육에 관한 정보를 제공하고 협조를 구하는 목적으로 사용되는 것이 있습니다. 본 장에서는 첫 번째 목적의 통신문의 효율성이 부정적으로 기술되어 있습니다. 여러분의 생각은 어떤지 토론해 보십시오. 만약, '제11장 부모교육과 지원의 방법 및 전략(pp. 189~224)'에 제시된 방법으로 부모를 교육하고 지원하는 것이 불가능하다면, 통신문이라도 활용해야 한다고 생각하십니까? 그렇다면 통신문을 효율적으로 활용하기 위한 전략에는 어떤 것이 있을까요? 조원들끼리 의견을 나누어 보십시오.
3. 유아교육기관에서 사용되는 통신문을 수집하여 분석해 봅시다. 부모들이 이해하기 쉽게 제작되었습니까? 필요한 정보가 모두 제공되어 있습니까? 통신문의 글씨체 및 크기, 내용의 배치, 삽화의 사용 등이 매력적입니까? 다양한 측면에서 분석해 보고 수정해 봅시다.
4. 부모에게 정보를 제공하는 통신문을 작성해 봅시다. 어떤 내용에 대한 통신문(예 학부모 참관일 또는 견학)을 보낼지 정한 후 어떤 정보가 포함되어야 하는지 생각해 봅시다. 다른 조원들과 불필요한 정보는 없는지 또는 추가되어야 할 정보는 없는지 함께 논의해 봅시다.
5. 부모에게 협조를 요청하는 통신문을 개선해 봅시다. '| 사례 1 |'과 '| 사례 2 |'에 제시된 통신문을 개선해 봅시다. 어떤 내용이 추가되면 부모들이 지원을 제공하도록 더욱 동기 유발할 수 있습니까? 다른 조원들과 함께 논의해 봅시다.
6. 모바일 알림장의 장점과 단점에 대해 토론하고, 단점을 개선할 수 있는 대안을 모색해 봅시다.

참고문헌

강정원, 김승옥(2015). 알림장 작성 가이드. 황금사자.

강정원, 김승옥(2017). 어린이집 알림장의 구성요소, 내용, 오류 분석 및 기능의 고찰. 유아교육학논집, 21(5), 303-324.

김민정, 김갑순(2012). 어린이집에서의 알림장 이용 현황 및 이에 대한 부모와 교사의 인식 및 요구. 유아교육학논집, 16(2), 61-84.

김효주(2020). 모바일 알림장을 활용한 교사-학부모 간 의사소통을 통해 유아교사가 인식한 어려움과 개선점. 중앙대학교 교육대학원 석사학위논문.

김희진(2002). 유아교육기관에서의 부모교육에 관한 조사연구, 교육학 연구, 40(6), 239-260.

임주희(2016). 모바일 알림장을 활용한 교사와 부모의 의미 탐구. 한국유아교육연구, 18(2), 21-41.

장민선(2011). 유아교육기관의 가정통신문 운영실태 및 교사와 학부모의 인식. 덕성여자대학교 교육대학원 석사학위논문.

Chapter 14

부모와의 면담

학습목표

- 유아교육기관에서의 면담을 통한 의사소통의 목적을 이해한다.
- 각 면담의 종류에 따른 목적, 준비, 전략 등을 이해한다.
- 실제 면담을 실시할 능력을 기른다.

부모와 교사 간에 이루어지는 면담은 영유아에 대한 교육이 최대의 효과를 거둘 수 있도록 협력하는 과정이다(Moles, 1996). 면담이 성공적이기 위해서는 양방향적인 의사소통이 이루어져야 하며 참여하는 부모와 교사 모두 준비가 필요하다. 부모와 교사 간에 이루어지는 면담은 그 형식과 실시 시기 면에서 다양하지만 다음과 같은 일반적이고 공통적인 목표가 있다(Berger & Riojas-Cortez, 2011; Decker & Decker, 2003).

- 영유아의 교육에 부모를 팀원으로 참여시키기 위한 목표
- 부모에게 영유아의 발전 과정을 알리기 위한 목표
- 영유아의 성장 및 발전과 관련시켜 교육 프로그램을 설명하기 위한 목표
- 영유아의 가정 환경에 대해 배우기 위한 목표
- 부모가 자신의 감정, 질문, 걱정거리를 표현하게 하기 위한 목표
- 부모가 자녀에 대해 가지고 있는 기대를 알아보기 위한 목표
- 부모, 교사, 영유아 간의 의사소통망을 세우기 위한 목표
- 영유아의 교육을 위한 공동 목표를 설정하기 위한 목표

유아교육기관에서 실시되는 면담을 크게 집단 면담, 개인 면담, 기타 면담으로 나눠 살펴보고 면담 시 유의할 점(Berger & Riojas-Cortez, 2011; Decker & Decker, 2003; Lawrence & Hunter, 1978)을 살펴보면 다음과 같다.

1. 집단 면담을 통한 의사소통

1) 정의와 목적

유아교육기관에서의 집단 면담이란 교사와 다수의 부모가 함께 모여 자녀에 관한 의견을 나누는 활동을 의미한다. 집단 면담은 1학기가 시작된 후 1~2주 이내에 실시되는 것이 일반적이다. 한 학급의 학부모 전체가 참여하기도 하지만, 영유아의 인원에 따라 두 집단으로 나눠 실시하기도 한다. 집단 면담의 목적은 다양하지만 다음의 네 가지로 요약할 수 있다.

○ 부모로부터 영유아에 관한 정보를 얻는 목적

입원 원서나 영유아 개인 조사 기록표에 영유아에 대한 다양한 정보가 기록되어 있지만, 집단 면담을 통해 부모가 중요하게 여기는 정보가 무엇인지 알 수 있다. 특히 최근에 발생한 변화(예 이사, 가족의 출생 등), 과거부터 있었던 건강 및 행동 문제(예 알레르기, 공격성 또는 수줍음), 그리고 부모가 영유아에 대해 가지고 있는 기대나 걱정을 파악함으로써 부모와 영유아의 행동을 이해하고 영유아를 지도하는 데 도움이 된다.

○ 부모로부터 유아교육기관에 대한 기대를 듣는 목적

부모가 자녀를 기관에 보내면서 하는 기대를 파악할 수 있다. 자녀에 대해서 어떤 단점을 고치고 어떤 장점을 길러주길 원하는지를 파악할 수 있고, 유아교육기관에 대해서는 어떤 교육이 실시되기를 기대하는지 알 수 있다. 자녀와 기관에 대한 부모의 기대가 비현실적(예 3세 자녀가 한글을 쓸 수 있게 되기를 희망함)이거나 비교육적(예 부적절한 특기 교육의 실시나 낮잠 재우지 않기)일수록 기관의 교육에 만족하지 못할 가능성이 높으므로 부모의 생각을 이해하는 것이 중요하다. 부모의 기대가 비현실적이거나 비교육적이라면 다양한 기회(예 강연회, 수업 참관, 면담)를 활용해 부모가 적절한 기대를 하도록 지원해야 한다.

○ 부모 간의 관심사를 공유하는 목적

유사한 연령의 자녀를 가진 부모는 유사한 관심사를 공유한다. 서로의 관심사를 공유하는 것을 통해 부모가 걱정하고 있는 자녀의 문제가 대부분의 또래 영유아가 보이는 일반적인 행동 특성이라는 것을 알게 되기도 한다. 또한 먼저 손위형제를 양육해 본 부모의 경험을 통해 현재 심각하게 느껴지는 문제가 시간이 지나면 자연스럽게 해결되기도 한다는 것도 이해할 수 있다. 부모끼리 관심사와 경험을 공유하는 것을 통해 집단 상담의 효과를 얻을 수 있다.

○ 영유아가 속한 학급의 일반적인 정보와 교사의 교육 철학을 부모에게 알리는 목적

교사는 학급을 구성하고 있는 영유아의 일반적인 특성(예 남녀 영유아 간의 성비, 출생월의 분포, 지역적 분포)과 그런 특성이 학급의 특성에 미칠 수 있는 영향(예 12~2월생 영유아가 많을 경우의 특성, 남아 또는 여아가 많을 경우의 특성, 학원에 다닌 경험이 있는 영유아가 많을 경우의 특성, 초등학교에 다니는 손위형제가 많을 경우의 특성, 최근 동생을 본 영유아가 많을 경우의 특성)을 설명함으로써 각 학급의 특성을 부모가 이해하도록 도울 수 있다. 또한 교사로서의 교육 철학이나 기본적인 학급 운영 방침을 소개함으로써 부모가 교사의 교육 의도를 이해하도록 돕는다.

2) 환경 구성

여러 명의 부모와 교사가 모여 의견을 주고받는 집단 면담을 위해서는 의사소통이 촉진되는 환경 구성이 필요하다.

- 의자는 성인용 의자를 사용하는 것이 바람직하나 기관이 모든 학급에서 동시에 실시된다면 유아용 의자를 사용할 수밖에 없다. 유아용 의자를 사용할 때는 성인 신체 크기를 고려하여 충분한 간격을 두고 배치한다.
- 의자는 원 또는 타원형으로 배치하여 의사소통을 촉진한다.
- 집단 면담을 효과적으로 진행하기 위해 지켜져야 할 내용(예 포함되어야 할 내용, 1인당 주어지는 시간)을 유인물로 작성하여 배포할 수 있다.
- 부모가 편안한 분위기를 느낄 수 있도록 실내 음악이나 간식을 준비할 수 있다.
- 부모가 작성해야 할 설문지나 서식이 있다면 준비한다.
- 부모에게 배포할 통신문이 있다면 준비한다.
- 방명록이나 이름표를 준비하여 출석을 표시하고 이름표를 부착하게 한다.

3) 진행 순서

집단 면담의 진행은 그 기관의 전통이나 교사의 신념에 따라 다양한 순서로 진행될 수 있다. 어떤 순서로 진행되든지 간에 다음의 내용이 포함되도록 한다. 다음에 제시된 것 이외에 다양한 내용이 포함될 수 있으나 꼭 포함되어야 할 내용은 아래와 같다.

- 집단 면담의 목적: 앞에 서술된 집단 면담의 네 가지 목적을 간단히 언급하고, 부모와 교육기관이 협력하여 집단 면담의 목적을 이루기 위해 노력할 것임을 알린다.
- 집단 면담의 진행 방식에 대한 간단한 안내: 집단 면담의 진행 순서(예 교사의 인사 및 집단 면담의 목적 소개 → 각 부모의 발표 및 부모 간 의견 교환 → 교사의 요약 및 교육 방침 안내 → 기타 광고), 한 부모에게 주어지는 시간, 발표 순서, 같은 기관의 다른 학급에 형제자매가 있을 경우 다른 학급으로의 이동, 발표에 꼭 포함되어야 하는 내

용 등에 대한 안내를 할 수 있다.

- 집단 면담의 실시: 각 부모가 정해진 시간 내에 발표를 하게 하고, 다른 부모와 교사가 부모의 발표에 적절히 반응하는 방식으로 진행한다.
- 교사의 요약 및 교육 방침 안내: 각 부모가 발표한 내용 간에 어떤 공통점이 있는지, 다른 해와 비교할 때 어떤 공통점과 차이점이 있는지 요약한 후, 각 부모가 언급한 걱정과 희망이 교육적으로 반영되도록 노력할 것임을 알린다. 또한 학급의 특성(예 성비, 출생 순위, 출생 월)이 학급의 역동성에 미치는 영향과 교사로서의 교육관(예 전인 교육에 중점을 두면서 또래끼리 협력하는 분위기 형성에 주력할 것임)을 설명하고 부모의 관심과 협조를 구할 수 있다.

4) 효율적인 집단 면담을 위한 전략

집단 면담은 교사보다는 부모가 이야기하는 시간이기 때문에 교사가 큰 부담을 느끼지 않는 경향이 있다. 그러나 교사가 진행자의 역할을 효율적으로 하지 못하면 부모들이 집단 면담의 취지에 어긋나는 이야기를 하거나, 너무 오랫동안 이야기하거나, 바람직하지 않은 방향으로 조언을 하거나, 유아교육기관에 대해 부적절한 요구를 하기도 한다. 따라서 교사는 다음의 전략을 활용하여 집단 면담의 목적을 이룰 수 있도록 하여야 한다.

○ 부모의 질문에 단정적인 답변을 피하고 말을 아낀다.

학기 초는 영유아가 자신을 완전히 드러내지 않는 시기이기 때문에 교사가 영유아를 정확히 파악하기 어렵다. 영유아의 성격, 행동, 능력에 대한 교사의 이해가 충분하지 않은 시기이므로 문제의 원인이나 해결 방법을 단정적으로 제시하는 것은 피한다. 원인이나 가장 적절한 지원이 무엇인지에 대해 부모의 의견을 다시 묻거나, 비슷한 경험을 가진 다른 부모의 의견을 구하거나, 일반적인 영유아에 대한 교사의 경험에 비추어 대답하는 것이 좋다.

○ 각 영유아에 대한 정보를 미리 살펴보고 주목할 만한 사항을 기록하여 부모가 발표할 때 적절히 언급한다.

교사가 영유아에 대해 완전히 파악하지 못하는 시기이더라도 아무런 준비 없이 집단 면담에 임해도 되는 것은 아니다. 부모의 시각에서 본 영유아의 특성을 개인 조사서를 통해 파악하고, 짧은 기간 동안이지만 교사가 관찰한 영유아의 특성에 대해 기록하고 준비하여야 한다. 부모가 의견을 피력할 때 교사가 적절히 반응하는 것을 통해 부모-교사 간의 신뢰가 형성된다. 예를 들면, 부모가 최근 동생이 생겨 영유아가 퇴행했다고 할 때 교사가 "아! ○개월 된 동생 ○○(동생 이름)가 있지요?"라고 간단히 반응하거나 조부모와 함께 살아 자녀 양육에 일관성을 가지기 힘들다고 할 때 교사가 "네… 할머님과 함께 살고 계시죠."라고 간단히 언급할 수 있다. 이런 간단한 반응을 통해 부모는 교사가 자신의 자녀에게 관심을 가지고 있다고 생각하여 신뢰를 형성하게 된다.

◦ 부모가 말하는 내용을 교사가 중요하게 여기고 교육에 반영할 것이라는 것을 부모가 느끼게 한다.

부모가 발표할 때 "네… 걱정이 되시겠어요."라고 말하거나, 받아 적거나 눈을 맞추거나 고개를 끄덕이는 등의 언어적/비언어적 행동을 통해 부모의 말을 교사가 중요하게 생각하고 교육에 반영할 것이라는 것을 전달할 수 있다. 실제로도 교사는 부모가 학기 초에 말한 것을 1년 동안 영유아를 교육하는 데 반영하도록 노력해야 한다.

◦ 한 부모가 발표하는 시간이 균등하게 되도록 조절한다.

5세 학급의 원아가 22명 있다고 가정할 때, 한 부모가 3분씩만 이야기해도 1시간 이상이 소요된다. 부모 간에 조언하는 시간과 교사가 반응하는 시간을 포함하면 2시간 가까이 소요된다. 집단 면담은 유아용 의자에 부모가 앉아 실시되는 경우가 많은데, 성인이 유아용 의자에 2시간 이상 앉아 이야기를 나누는 것은 효율적이지 않다. 또한 한 부모가 많은 시간을 독점하는 것은 다른 부모에게 공평하지 않으므로 발표 시간을 잘 조절해야 한다. 이를 위해 1인당 사용할 수 있는 시간을 미리 공지하고, 시간을 정확히 지킨 부모에게 박수쳐 주거나, 주어진 시간을 넘긴 부모에게 표시(예 "시간이 다 되어 갑니다. 마무리해 주십시오.")를 보여주는 등의 전략을 사용할 수 있다.

◦ 좋은 모범을 보일 수 있는 부모에게 먼저 발표하도록 부탁한다.

과거에 손위형제인 자녀를 기관에 보내 집단 면담의 경험이 있는 부모 중에서 발표 시간, 내용, 방식 등의 측면에서 다른 부모의 본보기가 될 수 있는 부모에게 먼저 발표를 부탁할 수 있다. 이럴 경우, 미리 해당 부모에게 먼저 발표를 부탁할 것임을 알리는 것이 좋다. 모범을 보일 수 있는 부모가 2~3명 발표한 후에는 무작위보다는 앉은 순서

대로 발표하게 하는 것이 나중에 누가 발표했는지에 대한 혼돈이 적어서 효율적이다.

○ 부모의 질문에 대한 다른 부모의 조언이 바람직한 것이 되도록 조정한다.

자녀를 키워본 경험이 있는 부모의 조언은 첫 자녀를 키우는 부모에게 많은 도움이 된다. 집단 면담에서 부모가 걱정하는 것에 대해 교사가 대답하기보다는 다른 부모가 대답하도록 격려하는 것도 이 때문이다. 그러나 때로는 바람직하지 못한 양육 방식(예 잘못했을 때마다 회초리로 발바닥 세게 때리기, 무시해서 제풀에 꺾이게 하기, 어렸을 때부터 무엇이든 많이 배우게 하기)을 제시하거나 시간을 독점하는 부모도 있다. 이런 경우 교사는 "각 영유아나 부모마다 개인차가 있죠.", "예전에는 그런 방법을 많이 쓰셨다고 들었어요. 요즘에는 같은 사안에 대하여 다른 의견도 있는 것 같아요.", "앞으로의 부모 활동에 참여하시면 더 자세히 알게 되실 것입니다.", "다른 의견을 가진 부모님은 안 계시는지요?"라고 말함으로써 그 부모의 주장과 다른 의견이 있음을 알린다.

○ 부모가 자녀에 대해 가진 걱정이 유아교육기관의 교육과정에 반영되는 것이라면 어떻게 반영되는지 알린다.

부모들은 자녀에 대해 많은 걱정과 기대를 한다. 유아교육기관에서 이런 걱정과 기대에 부응하기를 희망하기 때문에 집단 면담에서 이에 관한 이야기를 많이 하는 경향이 있다. 교사는 부모의 관심이 어떻게 교육적으로 반영되는지 알려줌으로써 부모의 이해와 협조를 구할 수 있다. 편식을 걱정하는 부모에게는 유아교육기관에서의 급식이 편식의 개선에 어떤 역할을 하는지, 교사는 편식을 줄이기 위해 어떤 노력을 하는지 알려줄 수 있다.

2. 개인 면담을 통한 의사소통

1) 정의와 목적

유아교육기관에서의 개인 면담이란 교사와 부모가 1:1로 만나 자녀에 관한 의견을 깊이 있게 나누는 활동을 의미한다. 개인적으로 만나 실시되는 모든 면담을 개인 면담이라고 칭할 수 있으나, 일반적으로는 1학기 말 또는 2학기 말에 교사가 영유아를 일정 기간 관찰한 것을 정리하여 15~20분간 실시하는 공식적인 면담을 개인 면담이라고 칭한다(황현주, 2003). Gestwicki(2012)는 개인 면담을 통해 영유아의 발달을 점검하고, 부모와의 개인적인 시간을 갖고, 상호 이해를 증진하고, 공동의 목적을 설정할 수 있다고 하였다. 부모의 개인 면담의 목적은 다양하지만 다음의 3가지로 요약할 수 있다.

○ 교사가 부모에게 영유아에 관한 정보를 제공하는 목적

학기 초에 실시되는 집단 면담에서는 주로 부모가 정보를 제공하지만, 학기 말에 실시되는 개인 면담에서는 주로 교사가 정보를 제공한다. 교사는 한 학기 또는 일 년 동안 영유아를 교육하면서 관찰한 것을 토대로 영유아의 능력, 가능성, 장점과 발전이 필요한 부분 같은 교육의 성과에 대해 이야기를 나눈다.

○ 부모가 자녀와 기관에 대해 생각을 나누는 목적

부모가 반년 또는 일 년 동안 자녀를 기관에 보내면서 자녀와 기관에 대해 느낀 것을 교사와 나눔으로써 다음 학기 또는 다음 해를 위한 계획을 수립할 수 있다.

○ 교사와 부모가 영유아의 성장과 발전을 위한 장·단기 계획을 수립하는 목적

영유아의 능력과 가능성, 장점과 보완이 필요한 부분에 대한 합의에 기초하여 장·단기 계획을 세운다. 이를 통해 가정과 기관에서 일관성을 가지고 영유아를 양육하고 교육하게 된다.

2) 환경 구성 및 준비물

한 명의 부모와 교사가 깊이 있는 의견을 나누는 개인 면담을 위해서는 교사가 영유아에 대한 관찰 결과를 잘 정리해야 하고, 비밀이 보장되고 의사소통이 촉진되는 환경을 구성해야 한다.

(1) 환경 구성

- 아늑한 분위기를 조성하기 위해 블라인드나 커튼을 내리고 자연 조명보다는 인공 조명을 사용하고 의자와 책상은 활동실의 중앙보다는 벽면 쪽에 배치한다.

• 집중할 수 있는 분위기를 조성하기 위해 부모가 실외가 보이는 방향이나 작품이 많이 전시된 벽을 바라보는 방향으로 앉지 않도록 의자를 배치한다. 실외 풍경, 영유아의 작품 등은 부모의 시선을 분산시킬 수 있다.
• 비밀이 보장되는 분위기를 조성하기 위해 참관실이 있다면 참관실 문을 잠가 다른 사람이 들어갈 수 없도록 하고, 내선 전화 스위치를 내리고, 활동실 문에 개인 면담 도중 안을 들여다보지 않도록 안내를 붙인다.
• 의사소통을 촉진하는 분위기를 조성하기 위해 성인용 책상과 의자를 사용하고, 다음의 그림과 같이 부모용 의자를 2개 배치할 수 있다. 상담 심리 원리에 의하면 개인의 특성에 따라 마주 앉는 것을 선호하기도 하고 비껴 앉는 것을 선호하기도 한다(Lawrence & Hunter, 1978). 선호하는 방식으로 앉을 때 의사소통이 촉진되기 때문에 부모용 의자를 2개 두고 선호하는 곳에 앉게 배려한다.

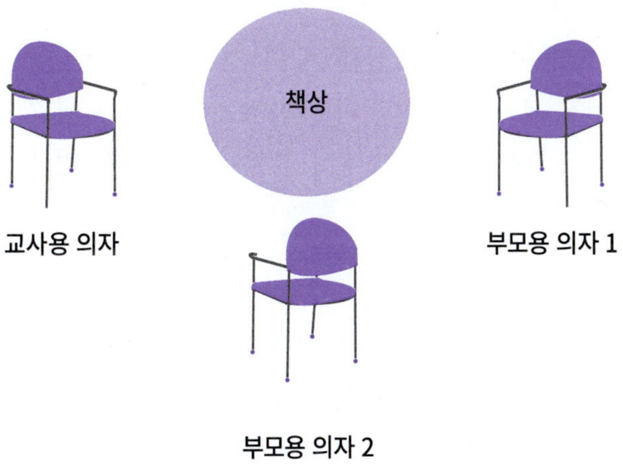

그림 14-1 부모와의 면담을 위한 의자 배치

• 활동실 밖에는 부모가 편안히 기다릴 수 있도록 의자와 다과 또는 음료를 준비하고 개인 면담 시간표를 게시하여 둔다. 의자는 활동실의 대화가 들리지 않고 활동실이 들여다 보이지 않는 곳에 배치한다.

(2) 교사의 준비물

• 반년 또는 일 년 동안 영유아를 다양한 방식으로 관찰한 결과를 종합적으로 정리한 자료와 사진, 실제 작품 등의 증거 자료를 준비한다.

3) 진행 순서

개인 면담은 한 부모와 교사 간에 이루어지는 것이므로 특별한 진행 순서가 있기보다는 그 때의 상황에 따라 이루어지는 경향이 있다. 일반적으로는 교사가 관찰하여 정리한 결과를 부모에게 이야기하고, 부모가 질문하고, 함께 의논하는 순서로 진행된다.

4) 효율적인 개인 면담을 위한 전략

개인 면담은 오랜 기간 교사가 영유아를 관찰하고 지도하면서 축적한 정보를 바탕으로 부모와 이야기를 나누는 시간이므로 부모는 교사에게 많은 것을 기대한다. 부모는 교사가 자신의 자녀를 정확히 파악하고 있기를 기대하고, 자녀의 장점과 단점을 정확히 짚어주길 원한다. 교사가 부모의 기대에 부응하지 못할 때 개인 면담의 목적을 이루기 어렵다. 따라서 교사는 다음의 전략을 활용하여 개인 면담의 목적을 이룰 수 있도록 하여야 한다.

o 누가 면담에 참여할지 결정한다.

일반적으로는 학급당 한 명의 교사가 영유아를 지도하지만, 연령이 어린 학급의 경우 두 명 이상의 교사가 함께 담임을 하는 경우가 있다. 또한, 특수 아동의 경우, 특수교사가 교육에 참여하기도 한다. 한 명 이상의 교사가 영유아를 교육하는 경우 누가 면담에 참여할지 미리 결정하여야 한다. 영유아를 담당하는 모든 교사가 참여하는 것이 바람직하지만, 그렇지 못할 경우 면담 전에 교사끼리 모여 각 영유아에 대한 시각을 나누고 의견을 조율한다.

o 면담의 목적을 설정한다.

개인 면담의 목적은 교사가 반년 또는 일 년 동안 영유아에게 나타난 긍정적 또는 부정적 변화를 부모에게 일방적으로 알리는 데만 있는 것은 아니다. 개인 면담은 교사와 부모가 함께 영유아의 성장과 발전을 살펴보고 미래를 위한 발전적 계획을 세우는 데 그 목적이 있다. 따라서 부모에게 면담의 목적을 설명하고 부모가 자신의 의견과 감정을 표현하는 것이 중요함을 알린다.

◦ 관계 또는 분위기를 설정하는 것으로 면담을 시작한다.

개인 면담을 시작하기 전에 부모가 자녀와 유아교육기관에 대해 어떤 생각을 갖고 있는지 파악하는 것이 중요하다. 부모는 자녀가 1년 동안 많이 발전하지 않았다고 생각하고 있는데, 교사가 많이 발전했다고 말하면 부모는 받아들이기 힘들고 교사의 말을 신뢰하지 않게 된다. 따라서 "일 년 동안 ○○가 기관에 다니면서 많이 자랐다고 생각하세요?", "어떤 점이 가장 많이 또는 적게 성장했다고 생각하세요?" 등의 질문을 통해 부모의 시각을 파악하는 것이 바람직하다.

◦ 출발점을 회상하는 것으로 면담을 시작한다.

면담을 시작할 때, 학기 초 또는 학년 초를 회상하는 것은 부모가 일 년을 돌아보게 하고 현재의 발전을 더 실감나게 느낄 수 있게 한다. 특히, 영유아 개인 조서에 부모가 기록한 사항이나 집단 면담에서 부모가 희망한 사항을 언급하는 것은 부모로 하여금 자신이 강조한 것을 교사가 일 년 동안 염두에 두고 교육했다는 것을 느끼게 하므로 좋은 분위기를 조성하는 데도 도움이 된다. 예를 들면, "개인 조서에 ○○가 수줍어하는 것이 걱정된다고 하셨는데, 지금은 어떻게 생각하세요?", "집단 면담 때 다양한 놀이를 했으면 좋겠다고 말씀하셨는데, 전에 비해 다양한 놀이를 한다고 생각하세요?" 같은 질문은 시작 시점을 돌아보게 하는 데 도움이 된다.

◦ 부모와 교사와 시각이 다를 수 있다는 것을 밝히고 시작한다.

부모와의 관계를 설정하는 질문이나 출발 시점을 되돌아보는 질문을 통해 교사는 부모의 시각이 자신의 시각과 같은지 또는 다른지 파악할 수 있다. 또한 부모들이 기관에서 영유아가 활동하는 것을 관찰하고 기록한 자료(▭ 제11장 부모교육과 지원의 방법 및 전략 중 '5) 관찰 또는 현장 학습', pp. 209~214)가 있다면 부모의 시각을 파악하는 데에도 도움이 된다. 만약, 교사의 시각과 부모의 시각이 유사하다면 개인 면담이 순조롭게 진행되겠지만, 그렇지 않다면 시각이 다를 수 있음과 다를 수 있는 원인에 대해 언급하는 것이 좋다. 예를 들면, "제 생각과 비슷한 생각을 하고 계시네요!" 또는 "제 생각과 약간 다른 생각을 하고 계신 것 같아요. 아마 부모님은 댁에서 보시고 저는 다른 영유아들과 함께 있는 상황에서 관찰했기 때문인 것 같습니다."와 같은 말은 순조로운 면담의 진행에 도움이 된다.

○ 교사가 더 많은 이야기를 하는 시간이기는 하지만, 부모와의 상호작용과 협력 및 의논이 필수임을 잊지 말아야 한다.

개인 면담을 위해 설정된 시간이 15~20분 정도로 짧기 때문에 많은 교사가 자신이 종합 정리한 내용을 부모에게 일방적으로 전달하는 경향이 있다. 그러나 개인 면담의 목적은 일 년간의 교육 성과를 되돌아보고 미래의 계획을 세우는 시간이므로 교사의 관점에 대해 부모가 동의하는지, 부모의 관점이 다르지는 않은지, 같거나 다르다면 그 이유는 무엇인지, 앞으로의 계획은 무엇인지에 대해 논의하는 시간이 반드시 포함되어야 한다.

○ 부모의 반응을 살펴 사용하는 설명의 수위를 조절한다.

부모의 개인적 특성에 따라 교사의 설명을 이해하는 정도가 다르다. 어떤 부모는 자세히 설명해야 이해하는 반면, 어떤 부모는 윤곽만 설명해도 이해한다. 또 어떤 부모는 조금만 강하게 이야기(예 "집단 모임에서 집중하지 못하는 경향이 있어요.")해도 충격을 받는 반면, 어떤 부모는 전혀 문제로 인식하지 못하는 경우도 있다. 따라서 부모의 개인적 특성에 따른 반응을 살피면서 설명의 강도나 난이도를 조절하려는 노력이 필요하다.

○ 부모가 이해하기 쉬운 용어를 사용한다.

교사들에게는 직전 교육 때부터 사용해 온 용어이기 때문에 너무 쉽고 친숙한 용어지만 부모에게는 낯선 용어들이 많이 있다. 예를 들면, 기본 생활 습관, 자조 능력, 또래 관계, 사회성 발달, 학습 준비도, 인성 발달, 긍정적 정서, 공격적 행동 같은 용어들은 교사에게는 매우 분명한 용어이지만 부모들에게는 생소한 용어일 수 있다. 따라서 부모들이 이해할 수 있는 쉬운 용어를 사용하여 설명한다.

○ 부모들의 이해를 촉진하기 위해 다양한 시청각 자료를 활용하여 구체적인 예를 제시한다.

유아교육에 대한 전문적인 지식이 없는 부모를 이해시키는 효과적인 방법은 시청각 자료를 이용하여 구체적인 예를 제시하는 것이다. 영유아의 활동 모습을 찍은 사진(예 학기 초의 혼자 노는 사진과 학기 말의 친구와 함께 노는 사진의 비교), 영유아의 작품, 영유아가 한 말이나 행동에 대한 기록은 부모의 이해를 높이는 데 도움이 된다.

예 14-1 친사회적 행동과 성역할 개념의 변화를 보여 주는 사진 자료

친사회적 행동의 예로 적절한 사진

자녀의 성에 대한 개념이 발전한 예로 적절한 사진

○ 현재 상태에 대한 강조보다는 발전된 과정을 중심으로 설명한다.

영유아의 성장과 발달은 지속적으로 이루어지는 것이고, 그 과정에서 최대의 효과를 내기 위해 지원을 제공하는 것이 교육이다. 따라서 현재의 상태를 강조하기보다는 학기 초 또는 학년 초부터 어떤 과정을 거쳐 발전하였는지에 대한 과정을 강조하는 것이 교육적으로 더 바람직하다. 또한, 결과보다는 과정을 강조하면 현재의 상태가 그리 만족스럽지 않더라도 미래를 전망할 수 있기 때문에 바람직한 면담이 될 수 있다.

부모와의 면담 시 국가 수준의 교육과정인 2019 개정 누리과정의 영역별 내용을 기초로 유아의 발달 과정을 정리하여 활용할 수도 있다. 2019 개정 누리과정에서 5개 영

역의 59개 지표에 따라 유아를 관찰하고 4점 척도로 관찰 수준을 측정하고 분기별, 학기별로 기록을 누적하여 방사형 또는 블록형으로 표기한 결과 리포트를 활용하여 유아의 발달적 진보를 토대로 부모 면담을 진행한다.

예 14-2 발전 과정을 정리할 때 사용할 수 있는 서식

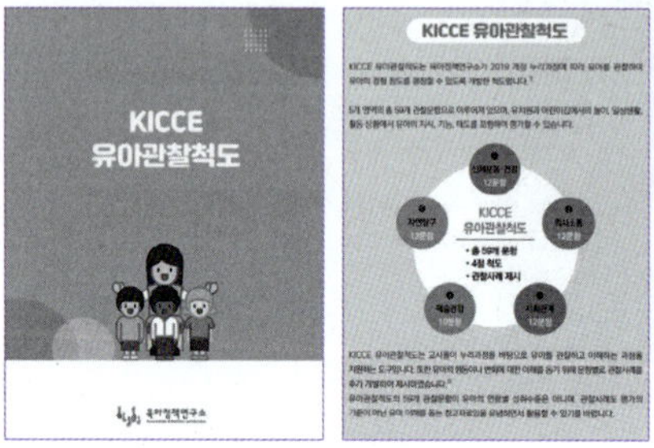

KICCE 유아관찰척도(육아정책연구소, 2023)

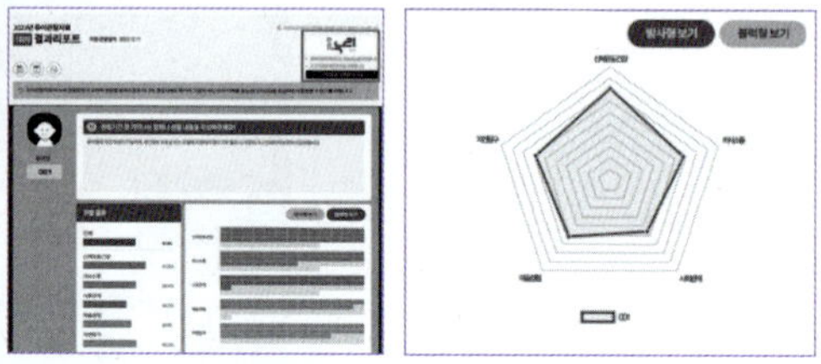

유아관찰자료 결과 리포트 예시

또한 유치원에서는 평가 자료를 분석하고 최종적으로 정리할 때 생활기록부를 사용하게 되어있다. 생활기록부(교육부, 2024)는 전자기록 시스템을 통해 전자적으로 생산하고 관리함으로써 유아의 인적사항, 학적사항, 출결상황, 신체발달상황, 유아발달상황의 변화를 보존하는 체제이다. 평가의 관점에서 보면, 학기 초에는 과거 이 유아를 담당했던 교사의 평가를 기반으로 유아를 이해하고 적절한 교육 및 생활 지도 계획을 세울 수 있고, 학기 말에는 다음 해 이 유아를 담당할 교사에게 정보를 제공함으로써 교육의 연속성을 높일 수 있다.

교육부(2024)에서 개발한 유치원생활기록부 기재요령에는 각종 예시가 제시되어 교사가 생활기록부를 작성하는 데 도움을 주고 있다.

예 14-3 유치원생활기록부

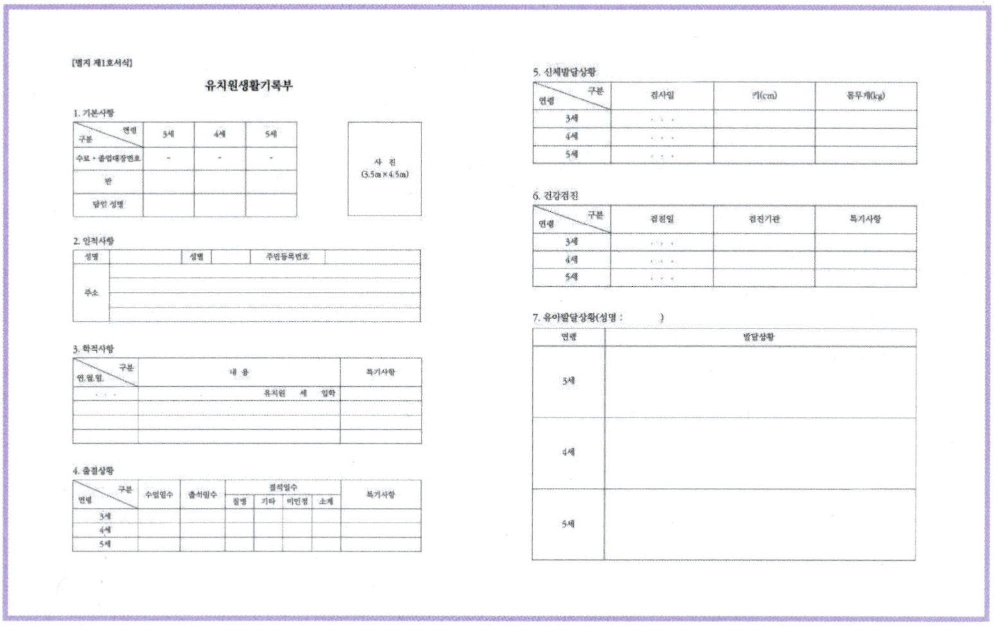

[별지 제1호서식]

유치원생활기록부

1. 기본사항

구분＼연령	3세	4세	5세
수료・졸업대장번호	-	-	-
반			
담임 성명			

사 진 (3.5㎝×4.5㎝)

2. 인적사항

성명		성별		주민등록번호	
주소					

3. 학적사항

구분＼연.월.일.	내 용	특기사항
	유치원 세 입학	

4. 출결상황

구분＼연령	수업일수	출석일수	결석일수				특기사항
			질병	기타	미인정	소계	
3세							
4세							
5세							

5. 신체발달상황

구분＼연령	검사일	키(cm)	몸무게(kg)
3세			
4세			
5세			

6. 건강검진

구분＼연령	검진일	검진기관	특기사항
3세			
4세			
5세			

7. 유아발달상황(성명 :)

연령	발달상황
3세	
4세	
5세	

출처: 교육부(2024). 2024학년도 유치원생활기록부 기재요령. pp. 10-11.

◦ 개별적인 사실이나 사례의 나열보다는 영유아에 대한 전반적인 시각을 갖게 하는 방식으로 자료를 정리하고 부모에게 전달한다.

부모와 개인 면담하는 사례를 관찰하면 교사들이 많은 자료를 모았지만 정리하지 않고 부모에게 전달하는 것을 흔히 보게 된다. 반년 또는 일 년 동안 개별 영유아에 대해 많은 정보를 수립하고 정확한 사례를 수집했다 하더라도 정리하고 종합하지 않으면 수집한 정보를 효율적으로 사용할 수 없다. 개별적인 사실의 나열은 부모에게 교사가 영유아를 정확히 알고 있다는 것을 느끼게 할 수는 있어도 영유아를 깊이 이해하고 있다는 것을 느끼게 할 수는 없다. 더구나 면담 시간이 15분 내외로 짧다는 것을 고려할 때 개별적인 사실을 나열하는 것으로 면담을 진행하는 것은 매우 불합리하다. 따라서 영유아에 대한 전체적인 그림을 부모가 먼저 파악하도록 하고 개별적인 사실은 예로 사용하는 것이 바람직하다.

예 14-4 영유아의 발달 과정에 대한 종합 정리

개별적인 사실을 나열한 예	전체적인 관점에서 설명한 예
○○는 수는 18까지 셀 수 있고, 색은 보라색과 분홍색을 가끔 혼돈하긴 하지만 다른 색은 다 알아요. 글씨는 읽는 것은 잘 읽지만 쓰는 것은 아직 받침이 정확하지 않아요. 특히, '같다', '갔다', '갖다'를 헷갈려 해요. 친한 친구는 3명인데, △△, ●●, ◈◈이에요. 그 아이들과 주로 역할놀이를 하죠. 좋아하는 놀이는 로봇놀이예요. 가끔 싸우기도 하죠. (계속)	○○는 또래의 아이들보다 약간 성숙한 편이에요. 이제는 아시겠지만 유아교육에서는 5개의 영역으로 나눠서 보는데, ○○는 특히 언어 영역이 뛰어난 편이에요. 특히 바람직한 것은 듣기를 잘한다는 것이죠. 이 사진을 보시면 아시겠지만 다른 친구가 발표하는 것을 열심히 듣고 있죠. 듣기 능력은 앞으로의 학습과 사회 생활에 매우 중요해요. 읽기와 쓰기는 초등학교에 들어가서 공부하는 데 큰 어려움이 없을 거예요. 인지적인 측면을 살펴보면… (계속)

○ 개인 면담은 그 영유아의 능력, 가능성, 또는 장점과 보완이 필요한 1~2가지 사항을 요약하고 부모와 함께 전략을 논의하는 것으로 마무리한다.

개인 면담의 중요한 목적은 특정 시점에서의 발전 상황을 파악하고 미래를 위한 발전적 계획을 수립하는 데 있다. 현재까지의 발전 상황을 정리하는 것으로 개인 면담을 마무리하는 것은 개인 면담의 목적을 절반만 이루는 것이 된다.

영유아가 가진 장점을 파악하고 그것을 더욱 발전시킬 계획을 수립하는 것은 쉬운 것처럼 보인다. 그러나 영유아의 관심 분야가 너무 다양할 때, 부모가 자녀에게 가진 기대가 비현실적일 때, 부모와 교사가 생각하는 영유아의 재능이 다를 때, 또는 영유아가 가진 특별한 재능이나 능력이 아직 발현되지 않을 때는 미래를 위한 계획을 수립하기 어려워진다. 이럴 때는 계획 수립보다는 영유아의 장점이나 재능을 더 잘 파악할 수 있는 방안이 무엇인지에 초점을 두고 논의하는 것이 바람직하다.

교사와 부모의 역할 중 하나는 영유아의 부족한 부분이 무엇인지 파악하고 지원하는 것이다. 교사는 영유아가 조금이라도 더 발전하고 성장하기를 바라는 교육자의 마음에서 부모에게 지원이 필요한 사항을 '매우 많이' 언급하는 경우가 있다. 그러나 부모는 교사에게서 자녀의 단점보다는 장점을 듣기를 원하는 것처럼 보인다. 또한, 교사가 정확히 파악하여 개선되어야 할 점을 이야기해도 부모가 받아들이려 하지 않거나 너무 많아서 개선해 볼 동기가 유발되지 않는다면 무의미할 것이다. 따라서 교사는 부

모가 꼭 알아야 한다고 생각하는 중요한 사안이나 부모가 가정에서 쉽게 실천해 볼 수 있는 사안 1~2가지를 중심으로 부모와 개선 방안을 논의하는 것이 더욱 바람직하다.

○ 부모와 면담 후 개선을 위한 전략을 마련하고 실천한다.

면담을 통해 개선 방향이 설정되면 실천한 결과를 부모에게 알리고 부모도 가정에서의 발전 사항을 기관으로 알려 협력을 통한 자녀 교육과 양육이 이루어지게 한다. 예를 들면, 또래와의 갈등이 빈번한 영유아가 긍정적인 행동을 했으면 격려하고 쪽지, 문자 메시지 또는 전자우편을 통해 가정에도 알려 부모도 자녀를 격려하게 한다.

○ 기록된 문서를 부모에게 제공해 주는 것에 대한 원칙을 마련한다.

기관에 따라 교사가 종합 정리한 문서나 지능검사 같은 검사 결과를 부모에게 제공하는 경우가 있다. 그러나 문서로 정리할 때는 축약해서 기록하기 때문에 설명이 불충분하고 때로 정확한 묘사를 하지 못할 때가 있다. 부모와 마주 앉아 이야기할 때는 부모의 반응을 살펴서 설명을 조절할 수 있지만 문서를 부모에게 주어 집으로 가져가게 하면 그런 조절이 불가능하다. 또한 영유아기에 실시되는 대부분의 검사는 신뢰도가 떨어지기 때문에 장기적인 예측력도 낮은 경우가 대부분이다. 따라서 기록된 문서와 검사 결과를 부모에게 제공하는 것은 신중히 고려해야 한다.

○ 개인 면담을 녹음하는 것에 대한 원칙을 마련한다.

핸드폰에 탑재된 녹음 기능이 점차 발달함에 따라 교사의 동의 없이 면담 내용을 녹음하는 경우가 있다. 부모는 기념으로 보관하거나 면담에 참석하지 않은 다른 가족과 듣기 위해 선의로 녹음하고, 부모와 교사가 모두 참석한 자리의 녹음은 법적으로도 문제가 없지만 신뢰의 측면에서 볼 때 교사나 기관의 동의하에 녹음을 하는 것이 바람직하다. 따라서 녹음에 대한 기관이나 학급의 원칙을 마련하고 부모에게 미리 공지한다.

5) 면담 후의 평가

면담이 끝난 후, 교사는 면담을 위한 준비를 충실히 하고, 면담을 성공적으로 진행했는지에 대한 자기 평가를 할 수 있다. Berger와 Riojas-Cortez(2011)는 자기 평가를 위해 스스로에게 다음과 같은 질문을 할 수 있다고 제시하였다.

- 영유아의 가정적 배경에 대해 미리 숙지하였는가?

- 학기 초부터 말까지 다양한 방법을 사용하여 영유아에 대한 다양한 정보를 수집하였는가?
- 기다리는 동안 부모가 볼 수 있도록 영유아의 작품이나 학습의 결과물 등을 전시해 놓았는가?
- 기다리는 동안 먹을 음료나 볼 책을 준비해 놓았는가?
- 학급을 어린이의 작품과 결과물 등으로 꾸며 놓았는가?
- 부모를 따뜻하게 환영하면서 맞이하였는가?
- 긍정적인 말로 시작하였는가?
- 부모의 욕구와 이해 수준에 맞춰 면담을 조정하였는가?
- 면담을 위한 목표가 분명하였는가?
- 어려운 말이나 전문적인 용어는 부모가 이해할 수 있는 말로 풀어 주었는가?
- 반영적으로 경청하였는가?
- 의사소통이 오고 가도록 했는가?
- 다른 부모나 영유아와 비교하지 않았는가?
- 함께 발전 방향을 의논하였는가?
- 요약하였는가?
- 사후 점검(follow-up)을 하였는가?
- 제시간에 시작하고 끝났는가?

3. 불만 있는 부모와의 상담 원칙

부모는 다양한 이유에서 교사와 면담하고 상담하고 싶어 한다. 유아교육기관에서는 부모의 욕구를 수용하고 교육의 성과를 부모와 나누기 위해 다양한 면담(예 개인 면담, 집단 면담, 상시 면담 등)을 다양한 통로(예 면대면 면담, 전화, 모바일 알림장, 서신, 쪽지, 채팅 등)로 실시한다.

그러나 일상적인 정보 교환이나 교육의 성과를 나누는 것 이외에도 부모가 교사나 유아교육기관에 가진 불만 때문에 상담을 할 때가 있다. 부모의 불만이나 항의가 타당할 때도 있지만 교사의 입장에서 볼 때 타당하지 않다고 생각되는 경우도 많고, 다른 부모나 영유아가 개입된 경우도 있고, 모두의 감정이 격한 경우도 있고, 각자의 입장이 다른 경우도 많기 때문에 상담에 특별한 주의가 요구된다(Margolis & Brannigan, 1986). 본 절에서는 불만 있는 부모와 상담할 때 지켜야 할 원칙과 전략에 대해 살펴봄으로써 교사의 상담 능력을 기르고자 한다.

○ 누가 상담에 참여할 것인지 결정한다.

교사나 유아교육기관에 불만이 있을 경우 사안에 따라 교사 혼자 참여하거나 다른 교직원(예 연령 주임, 원감 또는 기관장)이 참여할 수 있다. 다른 부모와 관련된 사안일 경우 각각의 부모와 먼저 상담한 후 필요에 따라 함께 모이는 것이 바람직하다. 갈등을 겪고 있는 두 부모가 함께 만날 경우 중립적 입장에서 중재하기 어렵기 때문에, 각 부모를 먼저 만나 입장을 이해한 후 해결을 위한 다양한 방안을 준비해서 다 함께 만나는 것이 바람직하다.

○ 일단 부모의 감정을 이해함을 알린다.

부모는 일어난 사건 때문에 감정이 격해서 오는 경우가 많다. 감정이 격한 상태에서는 합리적인 협의가 이루어지기 힘들므로 교사가 부모의 감정을 충분히 이해함을 알림으로써 부모가 흥분을 가라앉히도록 한다. 예를 들면, "아이 얼굴에 상처가 났으니 얼마나 속상하세요!", "친구들이 안 놀아 준다고 집에 와서 우니 많이 속상하셨죠?", "예상하지 못한 일을 겪으셔서 당황하셨을 거예요." 같은 말은 부모가 감정을 가라앉히는 데 도움이 된다.

○ 부모의 관점을 경청한다.

조용하고 예의바른 태도를 가지고 눈을 맞추며 부모의 말을 듣는다. 부모가 흥분해서 말하기 때문에 부모의 관점을 이해할 수 없다면 다시 한번 말해달라고 요청한다. 부모도 두 번째 말할 때는 화가 가라앉아서 좀 더 명확히 설명할 때도 있다.

○ 반영적 경청을 한 후, 부모가 한 말을 반영적으로 요약해 준다.

부모가 하고자 하는 이야기를 부모의 입장에서 요약해 준다. 이때 교사가 방어적으로 변명하거나 설명하려고 하면 부모는 이해받지 못했다고 생각해서 더욱 화가 날 수 있다. 따라서 "친구들과 잘 지낸다고 생각했는데 ○○가 친구들이 안 놀아 준다고 해서 걱정이 되시는군요.", "친구들과 잘 지내지 못해서 상처받을까 걱정되시는군요." 등의 말로 부모의 걱정을 수용해 준다.

○ 부모의 관점을 파악하고 난 후 교사의 관점과 비교하고 정리한다.

교사는 부모와 다른 시각에서 사건의 원인, 진행, 결과를 파악하는 경우가 많다. 부모의 입장을 충분히 이해함을 먼저 밝힌 후, 교사가 목격하거나 경험한 상황, 기관의 교육 정책, 교사로서의 역할 등에 입각하여 교사의 관점을 설명한다. 역시 방어적 입장으로 설명하기보다는 객관적 사실을 토대로 설명하고 부모 관점과의 공통점과 차이점을 비교한다. 다른 부모 또는 영유아가 관련되었을 경우, 특정인의 편을 들기보다는 긍정적인 방식으로 설명한다. 예를 들면, "영양과 습관 형성을 위해 급식 시간에 가능하면 다 먹게 하려고 노력하고 있습니다. 그런데 보통 ○○는 다 먹기 힘들어하는 편입니다. 적게 주고 다 먹도록 격려하는데, 그것이 오늘은 더 힘들었던 모양입니다.", "제가 보았고 옆에 있던 친구들의 말도 들어보니 ○○가 먼저 때리긴 했는데 △△가 같이 안 놀아준다고 해서 속상했나 봅니다. 아이들은 힘 조절이 잘 안 되고 화가 났을 때는 더욱 통제가 안 되는 경향이 있습니다. 일부러 다치게 하려고 했다기보다는 그냥 화가 나서 밀었는데 이런 결과가 나왔습니다."와 같은 말은 문제를 해결하는 데 도움이 된다.

○ 갈등 해결을 위한 단계를 밟는다.

부모의 감정을 수용하고, 서로의 관점을 이해한 후에는 문제를 해결하는 절차를 밟는다. 문제를 해결할 때는 Gordon(2000)이 제시한 부모-자녀 관계에서의 갈등 해결 단계와 같은 단계를 밟을 수 있다(▭ 제17장 국외에서 개발된 프로그램 중 '1. PET', pp. 364~380). 즉, 문제 정의하기 → 각자 가능한 해결책 생각하기 → 가능한 해결책 평가하기 → 최선의 해결책 선택하기 → 선택한 해결책 실행하기 → 평가하기의 단계를 거칠 수 있다.

○ 갈등 해결에 관한 기관의 정책이 있을 경우 정책에 따라 해결한다.

부모 간 또는 부모와 기관 간의 갈등이 있을 경우 해결하는 방법이나 절차에 대한 정책을 수립한 후, 학기 초 부모 오리엔테이션 때 부모에게 알리고 동의를 구하는 것이 바람직하다. 기관에서 갈등 해결에 관한 정책을 일방적으로 수립해서 실시하기보다는 부모에게 각 정책이 필요한 이유를 설명하고 부모의 동의를 구해야 나중에 갈등이 발생했을 때 효과적으로 실천할 수 있다. 예를 들면, 한 영유아의 명백한 잘못으로 다른 영유아를 많이 다치게 했을 경우(예 흉터가 남을 정도로 할퀴었거나 골절되었을 경우), 다치게 한 영유아의 부모가 다친 영유아의 부모에게 직접 사과하도록 하는 원칙을 만들 수 있다. 또한 기관과 갈등이 있을 때 사안에 따라 누가 참석할지에 대한 원칙도 만들 수 있다.

사 례

다음의 세 가지 사례는 집단 면담, 개인 면담, 그리고 일상적인 의사소통에서 발생했던 것이다. 집단 면담의 사례를 통해서는 다른 부모에게 의견을 물을 수 있는 사안과 교사가 응답해야 하는 사안에 관한 판단을 잘 하는 것의 중요함을 알 수 있고, 개인 면담의 사례를 통해서는 부모가 교사의 말을 어떻게 받아들이는지 고려하면서 자신의 의사를 전달하는 것의 중요함을 알 수 있으며, 기타 방식의 의사소통을 통해서는 교사와 부모가 효율적인 의사소통의 방식을 함께 결정해 가는 전략이 잘 나타나 있다.

사례 1

5세 학급의 담임인 A 교사는 집단 면담 시간에 초등학교 준비 교육에 대한 부모의 요구로 인해 곤란한 경험을 하였다. 첫 자녀를 기관에 보내는 부모가 자기 아이가 아직 글을 잘 읽고 쓸 줄 모른다고 걱정하면서 이 교육기관에서 가르쳐 주길 희망한다는 의견을 피력하였다. 학기 말이 되면 대부분의 유아가 읽고 쓸 줄 알게 된다는 의견을 다른 어머니들에게서 듣기 기대하면서 교사는 손위형제를 이미 초등학교에 보낸 어머니의 의견을 물었다. 그 어머니는 초등학교에 읽고 쓸 줄 모르는 상태로 가면 큰 고생을 한다고 강조하며 이 기관에서 좀 더 적극적으로 가르쳐야 한다고 하였고, 다른 어머니들도 이에 가세하였다. 교사는 5세 학급에서 다양한 활동을 통해 자연스럽게 읽고 쓰기 활동이 이루어진다고 설명하였지만, 어머니들은 교사의 설명에 만족하지 않았다. 이럴 경우, 다른 어머니의 의견을 먼저 묻기보다는 학습지를 사용하지 않더라도 유아교육기관의 다양한 활동을 통해 풍부한 읽기, 쓰기 경험과 연습을 할 수 있다고 교사가 직접 응답하고, 이런 방식으로 자녀가 읽고 쓰기를 배운 어머니가 있는지를 질문하는 것이 더욱 바람직하였을 것이다.

사례 2

B 교사는 교사 경력 1년차로서 담임하고 있는 영유아에 대한 열정이 매우 높았다. 영유아가 개선되어야 할 부분을 부모에게 알려 기관과 가정이 협력해서 영유아를 개선시키는 것이 중요하다고 생각한 교사는 개인 면담을 마무리하면서 영유아가 개선되어야 할 사항을 열거하기 시작하였다. 부모는 교사의 말을 들으면서 표정이 굳어졌고, 면담을 마친 후 기관장에게 가서 교사가 자신의 자녀를 미워하고 있다고 항의하였다. 이 사례는 교사로서의 열정을 가지고 선의에서 행한 행동을 부모가 잘못 받아들일 수 있다는 것을 보여준다. 부모와 진정한 의사소통을 하고 협력을 이끌어 내기 위해서는 부모의 얼굴 표정, 행동, 언어에 주의를 기울여 현재 부모의 생각과 느낌을 이해하고, 그것에 적절한 방식으로 반응하면서 교사가 가진 목표를 달성해야 한다. 즉, 부모와의 의사소통은 양방향적이므로 일방적으로 교사의 생각과 느낌을 전달하기보다는 부모의 생각과 느낌을 존중하는 것이 중요하다.

사례 3

C 교사는 부모들과의 의사소통을 촉진하기 위해 학기 초에 의사소통 방법에 대한 부모의 선호도를 조사하였다. C 교사와 부모들은 공개해도 좋은 사안에 대해서는 게시판 사용을, 비공개를 원하는 내용에 대해서는 모바일 알림장을 사용할 것에 동의하였다. C 교사는 매일 출근 직후인 오전 8시에 게시판과 모바일 알림장을 확인한다는 원칙을 부모에게 알림으로써, 당일 교사가 알아야 하는 내용은 오전 8시 이전에 게시하도록 하였다. 또한, 일반적으로 부모의 게시물이나 모바일 알림장에 교사가 댓글을 달거나 응답하지만, 특별히 부모가 교사의 응답을 기대할 때는 부모가 '응답희망'이라고 명시하도록 함으로써 서로에 대한 기대를 분명히 하도록 하였다. 물론, 홈페이지 게시판과 모바일 알림장 이외에도 부모의 상황과 선호에 따라 다른 방식의 의사소통도 가능함을 강조함으로써 소외되는 부모가 없도록 배려하였다.

요 약

유아교육기관에서는 다양한 면담을 통해 부모와의 의사소통을 실시하고 있다. 부모와의 의사소통을 통해 기관과 부모가 다양한 정보를 나눔으로써 영유아에 대한 교육의 효율성을 높일 수 있다. 면담은 크게 집단 면담, 개인 면담, 기타 면담으로 나눌 수 있다. 집단 면담과 개인 면담은 특정한 목표를 달성하기 위해 실시되고, 시간 및 장소가 미리 계획되고 준비되어 실시되는 반면, 기타 방식의 면담은 우발적, 비정기적, 비주기적으로 실시되는 경향이 있다. 각 면담을 통해 달성할 수 있는 목표, 필요한 준비, 사용할 전략 등이 다르므로 효과적인 면담을 위해 각 면담의 특성과 절차를 숙지하는 것이 중요하다.

교수-학습을 위한 제언

1. 10명 이내의 소집단을 구성하여 교사와 부모의 역할을 맡게 한 후 모의 집단 면담을 합니다. 부모 역할을 맡은 학생은 다양한 특성(예 오래 이야기하는 부모, 할 말이 없다고 하는 부모, 다른 부모가 하는 이야기에 매번 참견하는 부모, 자신의 경험이 절대적인 것처럼 행동하는 부모)의 부모 역할을 해봅니다. 모의 집단 면담 후 각자 맡은 역할에 대해 서로 평가해 봅시다.
2. 2명씩 짝을 지어 모의 개인 면담을 실시해 봅시다. 개인 면담을 위해 가상의 영유아에 대한 면담 자료를 미리 준비하도록 하는 과제를 한 후 실시하면 더욱 효과적입니다. 모의 개인 면담 후 자신과 상대가 맡은 역할에 대해 서로 평가해 봅시다.
3. 집단 면담이나 개인 면담의 목적이나 진행 방식에 대해 부모에게 어떻게 말할지 연습해 봅시다.
4. 교사로서 부모에게 소개할 교육 철학이나 기본적인 학급 운영 방침에 어떤 것이 있는지 의견을 나누어 봅시다.
5. 부모가 자녀의 편식을 걱정한다고 가정해 봅시다. 이에 대한 교사의 적절한 반응을 적어 봅시다.

반응을 적어 보세요.

반응의 예:

❶ 다른 부모에게 자녀들의 편식 경향을 물어 영유아기 편식이 일반적인 경향임을 알게 하여 안심시킨다.

❷ 다른 부모에게 어떤 전략을 사용하는지 물어 효과적인 전략을 공유하게 한다.

❸ 기관에서의 급식이 편식을 줄이는 데 어떤 역할을 하는지 설명한다.

❹ 부모와 기관이 일관성 있는 전략을 사용하기 위해 어떻게 해야 할지 설명한다.

6. 부모와 면담할 때는 부모가 이해하기 쉬운 용어를 사용해야 합니다. 다음의 용어를 부모가 이해하기 쉬운 말로 바꾸어 봅시다.

- 기본 생활 습관
- 학습 준비도
- 사회적 능력

쉬운 용어로 수정한 예:

- 기본 생활 습관: 옷 입고 벗기, 밥 먹기, 씻기, 정리하기, 인사하기 등 일상생활에 필요한 바람직한 습관
- 학습 준비도: 초등학교에 가서 학습하는 데 필요한 기본적인 능력으로 읽기, 쓰기, 셈하기, 듣기 등이 포함됨
- 사회적 능력: 또래 친구나 성인과 사회적인 관계를 맺고 상호작용을 하는 데 필요한 능력으로 긍정적인 방식으로 부탁하기, 요구하기, 양보하기, 제안하기 등이 포함됨

7. 화가 나서 교사에게 따지러 온 부모가 있다고 가정합시다. 가상적 상황(예 또래들 간의 싸움, 발표 시간에 발표 기회를 적게 준다는 불만, 급식 때 제공되는 음식이 부실하다는 불만, 자녀가 실외 놀이터에서 놀다가 입은 부상 등)을 설정한 후, 부모와의 갈등을 어떻게 해결할지 생각해 봅시다. 두 명이 한 팀이 되어 교사와 부모의 역할을 맡아 연습해 봅시다.

참고문헌

교육부(2024). 2024 유치원생활기록부 기재요령. 저자.

서울특별시유아교육진흥원(2012). 유치원교육과정 내실화를 위한 5세 누리과정 평가도구. 저자.

육아정책연구소(2023). KICCE 유아관찰척도. https://i-nuri.go.kr/에서 2025년 3월 30일 인출.

황현주(2003). 유치원 개인면담의 현황 및 교사와 부모의 요구. 이화여자대학교 교육대학원 석사학위논문.

Berger, E., & Riojas-Cortez, R. (2011). *Parent as partners in education: Families and schools working together* (8th ed.). Merrill.

Decker, L., & Decker, V. (2003). *Home, school, and community partnerships*. Scarecrow Education.

Gestwicki, C. (2012). *Home, school, and community relations* (8th ed.). Delmar.

Gordon, T. (2000). *Parent Effectiveness Training: The proven programs for raising responsible children*. Three Rivers Press.

Lawrence, G., & Hunter, M. (1978). *Parent-teacher conferencing*. Corwin Press, Inc.

Margolis, H., & Brannigan, C. (1986). Relating to angry parents. *Academic Therapy, 21*(3), 343-346.

Moles, O. (1996). Mew national directions in research and policy. In A. Booth & J. Dunn (Eds.), *School family links: How do we affect educational outcomes*. Erlbaum Associates.

Chapter 15

프로그램의 평가

학습목표

- 평가의 필요성을 이해한다.
- 평가의 종류와 그에 따른 내용을 이해하고 적용한다.
- 평가를 담당하는 주체가 누구인지 이해하고 적용한다.
- 평가를 시행하는 방법을 이해하고 적용한다.
- 평가를 언제 시행하는지 이해하고 적용한다.
- 평가 결과의 종합과 개선 방안을 제안하는 방법을 이해하고 적용한다.
- 평가 시의 유의 사항을 이해하고 적용한다.

유아교육기관에서 영유아에 대한 평가, 1년 동안 운영한 교육과정에 대한 평가, 행사 후의 평가 또는 교사의 업무 능력에 대한 평가는 실시되지만, 부모교육 및 지원 프로그램을 운영한 후 그에 대한 평가를 하는 경우는 드물다. 평가를 실시한다 하여도, 교사 회의에서 객관적인 자료 없이 주관적인 관점으로 평가하는 것에 그치는 경향이 있다. 예를 들면, 다양한 측면을 하나씩 평가하기보다는 '잘 진행된 것 같다.', '부모의 반응이 괜찮았다.', '많이 참석했으니 좋았다.' 등과 같이 전반적인 평가에 그치는 경우가 많다. 본 장에서는 부모교육 및 지원 프로그램에 대한 평가의 필요성, 평가의 종류와 내용, 평가의 담당자, 평가 방법, 평가 시기, 평가 결과의 종합과 개선 방안 도출 등에 대해 살펴보고자 한다.

1. 평가의 필요성

영유아 또는 성인을 대상으로 하는 다양한 종류의 프로그램을 실시한 후 평가를 실시하는 목적은 다양하지만(Osborne, 1996; Weinbach, 2004), 부모교육 및 지원 프로그램에 적용될 수 있는 평가의 필요성은 다음의 3가지로 요약할 수 있다.

표 15-1 프로그램 평가의 필요성

- 프로그램의 목표가 달성되었는지를 알아낼 수 있다.
- 평가 결과를 통해 다음에 실시될 프로그램을 개선할 수 있는 시사점을 찾을 수 있다.
- 평가를 통해 평가의 담당자(예 교사, 부모)가 자연스럽게 성장하는 기회가 제공된다.

첫째, 프로그램을 실시하는 것은 부모를 교육하고 지원하여 부모에게 도움이 되기 위함이므로, 평가를 통해 프로그램의 목표가 달성되었는지 알아보는 것이 필요하다. 둘째, 프로그램이 실시된 과정을 살펴봄으로써 어떤 점이 잘 진행되었고, 어떤 점이 개선되어야 하며, 어떤 방법으로 개선할 수 있는지를 파악하여 다음에 실시될 프로그램을 향상시킬 수 있으므로 평가가 필요하다. 마지막으로는 평가하는 과정에 참여하는 기관장, 교사, 부모, 또는 진행자는 평가 과정에서 그동안의 진행 과정을 되돌아보고,

문제점을 분석하고, 반성적인 사고를 하는 과정에서 성장하기 때문에 평가가 필요하다.

2. 평가의 종류와 내용

평가에는 결과 평가와 과정 평가가 있다. 결과 평가와 과정 평가의 목적이 다르듯이 결과 평가와 과정 평가에서 살펴보는 내용도 다르다. 그러나 결과 평가와 과정 평가는 완전 분리된 것이 아니라 서로 영향을 주는 상호작용적인 관계를 유지하여야 하는데, 그 이유는 과정 평가의 결과를 프로그램 진행에 반영하여 프로그램을 개선하면 프로그램의 결과가 향상되기 때문이다.

1) 결과 평가

결과 평가(outcome evaluation)란 부모교육 및 지원 프로그램의 목표가 달성되었는지 파악하기 위해 실시하는 평가이다. 보통 프로그램이 종료된 후에 실시되기 때문에 총괄 평가의 의미를 가지고 있으며, 결과 평가 또는 효과 평가(effect evaluation)라고 불린다. 결과 평가는 프로그램의 존재를 외부에 알리거나 교직원과 부모의 자부심을 진작시키는 데 활용된다(Powell, 1994; Todres & Bunston, 1993; Walker & Crocker, 2008). 예를 들면, 프로그램의 결과가 성공적일 경우, 프로그램의 존재를 알려 다른 기관에서도 프로그램을 실시하도록 지원할 수 있고, 원아 모집에 활용할 수 있으며, 기관장, 교직원 및 부모의 기관에 대한 자부심이 높아질 수도 있다.

결과 평가에서 알아보는 내용은 과정 평가에 비해 단순 명료한데, 그 이유는 결과 평가의 목적이 프로그램의 목적을 달성했는지 알아보는 데 있기 때문이다. 따라서 결과 평가에서 살펴보는 내용은 부모교육 및 지원 프로그램에서 설정한 목표이다.

예를 들면, 프로그램의 목표가 '유아교육기관에서 실시하는 교육에 대한 이해를 높인다.'였을 경우, 부모가 유아교육기관에서 실시하는 교육에 대한 이해가 높아졌는지를 평가하면 된다. 다음의 예는 3세 유아의 특성과 자녀 양육에 관한 프로그램 실시 후, 프로그램의 목표에 근거하여 부모들이 향상되었는지를 스스로 평가하도록 한 것이다.

예 15-1 프로그램 목표에 따른 결과 평가 문항

문항	평가 항목	부모의 의견
1	• 3세 유아의 발달 특성에 대한 이해 정도가 높아졌다고 생각하십니까?	① 아니다 ② 보통이다 ③ 그렇다
2	• 3세 유아의 행동 특성에 대한 이해 정도가 높아졌다고 생각하십니까?	① 아니다 ② 보통이다 ③ 그렇다
3	• 3세 유아의 학습 및 놀이 특성에 대한 이해 정도가 높아졌다고 생각하십니까?	① 아니다 ② 보통이다 ③ 그렇다
4	• 3세 자녀의 행동을 지도하는 방법 또는 전략에 대한 이해 정도가 높아졌다고 생각하십니까?	① 아니다 ② 보통이다 ③ 그렇다
5	• 3세 자녀를 양육하고 교육하는 데 있어 자신감이 높아졌다고 생각하십니까?	① 아니다 ② 보통이다 ③ 그렇다

2) 과정 평가

과정 평가(process evaluation)란 부모교육 및 지원 프로그램의 과정이 어떠하였는지 파악하기 위해 실시하는 평가이다. 보통 프로그램이 종료된 후뿐만 아니라 진행되는 과정에서도 실시되기 때문에 형성 평가(formative evaluation)의 의미를 가지고 있다.

과정 평가의 내용은 결과 평가에 비해 많은데, 그 이유는 과정 평가가 두 가지 목적으로 실시되기 때문이다. 첫째는 프로그램이 실시되는 과정에서 즉각적으로 개선할 것이 있으면 개선해야 하기 때문이고, 둘째는 프로그램 평가 결과에서 효과가 있거나 없었을 때, 왜 그런 결과가 나왔는가를 알아내서 미래를 위한 계획을 세워야 하기 때문이다(Todres & Bunston, 1993).

따라서 과정 평가에서 살펴보는 내용은 부모의 욕구 조사하기부터, 모집하기, 프로그램 목표 설정하기, 내용 선정하기, 진행자 훈련 또는 준비하기, 진행하기, 서비스 제공하기, 그리고 평가하기의 모든 단계가 포함된다(Powell, 1994; Walker & Crocker, 2008). 다음의 예는 진행의 각 단계에서 평가할 수 있는 내용이다.

예 15-2 과정 평가에 포함될 수 있는 내용

내용	상세 내용
욕구 조사	• 욕구 조사의 문항이 적절하였는가? • 다양한 특성을 가진 부모의 욕구를 파악하는 데 적절하였는가? • 이해하기 쉬운 용어로 구성되었는가? • 응답하기 쉽게 구성되었는가?
모집	• 모집을 위한 홍보 전략이 적절하였는가? • 1가지 이상의 다양한 방법으로 홍보하였는가? • 프로그램의 목적, 내용, 방법이 잘 반영된 홍보 내용이었는가? • 매력적으로 구성된 홍보였는가? • 출석률 또는 참여율은 어떠하였는가? • 지각률은 어떠하였는가? • 어떤 특성을 가진 부모들이 불참하거나 지각하였는가? 개선할 수 있는 방법은 무엇인가?
목표	• 부모의 욕구가 반영된 목표였는가? • 전문가의 관점에서 부모에게 필요한 지원이 반영된 목표였는가? • 부모와 전문가의 욕구가 조화된 목표였는가? • 달성할 수 있는 현실적 목표였는가? • 부모로서의 부모와 개인으로서의 부모 모두를 지원할 수 있는 목표였는가? • 어떤 목표가 달성되지 않았는가? 그 이유는 무엇인가? 개선할 수 있는 방법은 무엇인가?
내용	• 부모의 욕구가 반영된 내용이었는가? • 목표가 달성될 수 있는 내용이었는가? • 부모를 지원하고 궁극적으로는 자녀의 교육과 양육을 지원하는 내용이었는가? • 부모의 태도/신념, 지식/정보, 기술/전략을 고루 지원할 수 있는 내용이었는가? • 부모의 특성이나 수준(예 학력/이해 정도)에 적절한 내용이었는가? • 어떤 내용이 부적절하였는가? 어떤 이유(예 목표와의 부적합성/부모 욕구와의 부적합성/부모 수준과의 부적합성 등)에서 부적절하였는가? 개선할 수 있는 방법은 무엇인가?
진행자	• 부모가 편안해 하는 진행자였는가? • 부모의 특성과 수준을 고려하는 진행자였는가? • 선정된 내용이 전달되도록 진행하였는가? • 부모의 흥미를 끌게 진행하였는가? • 부모의 반응과 질문을 적절히 수용하며 진행하였는가? • 준비가 필요한 진행자(예 부모 강사, 일반인)의 경우 적절한 훈련과 준비가 되었는가? • 진행자가 부적절하였다면 어떤 측면에서 부적절하였는가? 개선 방법은 무엇인가?

계속

| 예 15-2 | 계속

내용	상세 내용
진행	• 교수-학습 방법은 목표 및 내용 달성과 부모의 특성에 적절하였는가? • 교수 매체의 선정은 내용을 전달하기에 적절하였는가? • 다양한 교수-학습 방법과 교수 매체가 적절히 사용되었는가? • 프로그램이 실시된 시간은 적절하였는가? • 프로그램의 길이는 적절하였는가? • 프로그램이 실시된 환경(예 장소, 가구의 배치, 조명, 습도, 온도, 음악 등)이 적절하였는가? • 진행이 부적절하였다면 어떤 측면에서 부적절하였는가? 개선 방법은 무엇인가?
예산	• 인적 자원에 대한 예산은 적절하였는가? • 음식에 대한 예산은 적절하였는가? • 자료나 재료에 대한 예산은 적절하였는가? • 기타(예 교통편)에 대한 예산은 적절하였는가?
서비스	• 음식(예 간식)이 적절하였는가? • 결석이나 지각을 줄이고, 참여자 간의 관계를 좋게 하기 위해 사용된 게임이나 상품이 적절하였는가? • 부가적으로 제공된 서비스(예 자녀 돌보기, 교통편 제공)가 적절하였는가? • 서비스가 부적절하였다면 어떤 측면에서 부적절하였는가? 개선 방법은 무엇인가?
평가	• 결과 평가에 적절한 항목이었는가? • 과정 평가에 필요한 항목이 모두 포함되었는가? • 평가 결과가 개선에 활용되었는가? • 평가에 소요된 시간이 적절하였는가? • 다양한 관점(예 부모, 진행자, 교사 등)에서 평가되었는가? • 평가 항목의 문항 수가 적절하였는가? • 평가에 지나치게 많은 시간과 노력이 투입되지는 않았는가?

3. 평가 방법

부모교육 및 지원 프로그램의 평가는 다양한 방법을 사용해서 이루어질 수 있다. 어떤 방법을 선택할지는 무엇을 알아보고 싶은지, 알아볼 수 있는 적절한 도구가 있는지, 평가자들이 특정 방법을 사용할 수 있는 준비 또는 훈련이 되어 있는지, 또는 알아보는 데 시간/노력/비용이 어느 정도 소요되는지에 따라 결정된다. Epstein, Larner,

그리고 Halpern(1995)은 대규모의 부모 및 가족 지원 프로그램의 평가에서 사용할 수 있는 방법으로 프로그램의 실시를 기록하고 점검하기 위한 서식, 공식적인 의료 및 건강 기록, 인터뷰와 질문, 관찰, 영유아에 대한 검사, 사례 연구, 참여자의 개별적인 발언 등을 제안하였다. 유아교육기관에 적용하여 쉽게 활용할 수 있는 방법을 살펴보면 다음과 같다.

1) 공식적인 기록

부모교육 및 지원 프로그램을 진행하면서 출석률, 지각률, 결석률 같은 공식적인 기록을 통해 프로그램의 성공과 실패를 파악할 수 있다. 예를 들면, 출석 기록을 통해 각 개인 부모별, 학급, 또는 연령별 참여 정도, 프로그램의 주제 또는 교수-학습 방법별 참여 정도를 파악할 수 있다. 한 해의 기록으로는 분명한 경향을 파악하기 힘들지만, 이런 기록이 여러 해 동안 축적되면 프로그램의 개선에 시사점을 주는 경향을 파악할 수 있다. 프로그램 시작 전부터 5분 단위로 사진을 찍어 놓으면 시작 때 부모가 어느 정도 오는지, 언제쯤이면 대부분의 부모가 오는지에 대한 경향을 파악할 수 있다. 또한, '자녀를 위한 도서 선정과 동화책 읽어 주기'와 같은 특정 프로그램을 실시한 후 1개월 동안 구입하거나 대여한 동화책 제목이나 책을 읽어 준 횟수를 기록하게 할 수 있으며, 사후 활동으로 제시된 활동을 한 횟수를 기록하거나 또는 결과물을 제출하게 할 수 있다. 공식적인 기록을 효과적으로 남기기 위해서는 부모나 진행자가 간단히 기록할 수 있게 사용하기 편한 서식을 제공하는 것이 중요하다. 다음의 예는 각 부모가 동화책과 관련된 활동한 것을 기록하도록 제공된 서식으로, 달력의 형태로 만들어 냉장고나 게시판에 붙이고 다른 일정도 함께 기록할 수 있게 한 것이다.

예 15-3 다양한 방법의 출석 및 지각률 기록 전략

출석부	5분 단위의 사진		
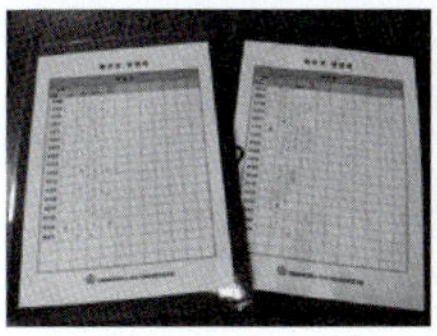			
	시작 10분 전	시작 시점	시작 10분 후

예 15-4 프로그램 효율성 평가 도구로 사용되는 도서 관련 활동 기록표

- 본 서식은 지난 달 실시된 "자녀와 함께 동화를" 프로그램 후 가정에서 동화와 관련된 활동을 어느 정도 하시는지 알아보기 위한 것입니다.
- 5월 한 달간 동화책 읽어주기, 동화책 함께 보기, 또는 동화책과 관련된 활동을 한 횟수를 각 날짜별로 표시해 주십시오.
- 가장 많은 활동을 한 가정에 동화책을 1권 드립니다. 활동하는 모습을 사진으로 찍어 보내 주시면 더욱 좋습니다.

구입한 동화책 목록 (5/1~5/31)	월	화	수	목	금	토	일
			1 ( )회	2 ( )회	3 ( )회	4 ( )회	5 ( )회
• •	6 ( )회	7 ( )회	8 ( )회	9 ( )회	10 ( )회	11 ( )회	12 ( )회
• • •	13 ( )회	14 ( )회	15 ( )회	16 ( )회	17 ( )회	18 ( )회	19 ( )회
• •	20 ( )회	21 ( )회	22 ( )회	23 ( )회	24 ( )회	25 ( )회	26 ( )회
• • •	27 ( )회	28 ( )회	29 ( )회	30 ( )회	31 ( )회		
•	학급명 ________			영유아명 ________			

2) 설문지

설문지는 가장 많이 사용되는 방식으로 알아보고자 하는 내용에 대한 질문을 작성하고 그 질문에 답하도록 한다. 부모교육 및 지원 프로그램의 평가에서 사용될 수 있는 설문지에는 연구를 위해 제작된 설문지와 필요에 의해 제작한 설문지가 있다.

연구를 위해 제작된 설문지는 도구의 신뢰도와 타당도가 입증된 것이어서 프로그램의 효과를 정확히 알 수 있으나 원하는 것을 정확히 평가해 주는 설문지를 확보하기 어렵다. 예를 들면, 프로그램의 목적이 부모들의 자녀 양육에 대한 자신감을 갖게 하는 것이라면 부모의 양육 효능감을 측정해 주는 도구[예 최형성, 정옥분(2001). 어머니의 양육 효능감 척도의 개발. 아동학회지, 22(3), 1-15]를 활용하여 평가할 수 있다. 또한 프로그램의 목적이 부모 간 지지망 형성을 통해 자녀 양육 스트레스를 줄이는 것이라면 부모의 사회적 지지를 측정해 주는 도구[예 박지원(1985). 사회적 지지 척도 개발을 위한 일 연구. 연세대학교 박사학위논문]를 활용하여 평가할 수 있다.

그러나 알아보고자 하는 내용에 적합한 설문지를 항상 찾을 수 있는 것은 아니다. 더구나 과학적 연구의 일환으로 평가하는 것이 아니기 때문에 알아보고자 하는 것을 파악할 수 있도록 간단히 설문지를 제작하여 사용할 수 있다. 본 장에서 예로 제시한

| 예 15-1 |은 필요에 따라 알아보고자 하는 내용을 기초로 제작한 설문지이다.

부모들이 친숙함을 느끼고 흥미를 유발할 수 있는 다양한 방법의 간단한 설문을 이용한 평가도 유용하다.

예 15-5 간단한 형식의 설문지

진행된 세 가지 활동에 대한 선호도 평가
(스티커 붙이기)

활동에 대한 소감기록 또는 평가하기
(나뭇잎 모양의 포스트 잇에 적어 나무 꾸미기)

3) 관찰

관찰은 현장에서 직접 보고, 듣고, 경험한 것을 일정한 서식에 기록하는 방법이다. 관찰도 설문지와 마찬가지로 연구를 위해 고안된 관찰 절차 및 서식이 있지만, 필요에 따라 관찰 절차와 서식을 새롭게 고안할 수 있다. 연구를 위해 제작된 관찰 절차는 신뢰도와 타당도가 입증된 것이어서 프로그램의 효과를 정확히 알 수 있으나, 원하는 것을 정확히 평가해 주는 관찰 절차를 확보하기 어렵다. 다음의 예 | 예 15-6 |은 Beal, Bohlen, 그리고 Raudabaugh(1962)가 집단 토론에서의 참여자의 역할을 분류한 것 중 일부로, 집단 토론에서의 리더 및 토론 참여자인 부모의 역할을 관찰에 기초하여 평가하는 데 활용할 수 있다.

예 15-6 리더와 토론 참여자의 역할

구분	상세 구분	참여자 1	참여자 2	참여자 3	참여자 4	참여자 5	참여자 6	참여자 7
역할	리더							
	추종자							
긍정적 행동	정보 구함							
	정보 제공							
	질문함							
	응답함							
	주장함							
	방향 설정함							
	의견 구함							
	의견 제공함							
	요약함							
	· · (계속)							
부정적 행동	독점함							
	부정적 반응함							
	공격적 반응함							
	방관함							
	· · (계속)							

※ 각 참여자에게 '상세 구분'에 제시된 것이 관찰될 때마다 '正'으로 표시

4) 토론

부모교육 및 지원 프로그램의 평가를 위해 동질성을 가진 집단 또는 이질적인 집단으로 소집단을 구성할 수 있다. 예를 들면, 교사나 기관장 집단 또는 부모 집단이 각각의 집단을 구성하여 프로그램을 평가한다면 동질적인 집단이 구성된 것이고, 교사나 부모가 함께 토론한다면 이질적인 집단이 구성된 것이다.

토론을 할 때는 리더를 정하고 어떤 측면에 대해 평가할 것인가에 대한 안을 미리 정하고 평가해야 효율적이다. 일반적으로는 프로그램의 목표가 달성되었는지와 | 예 15-2 |와 같은 과정 평가에 포함될 수 있는 내용을 준거로 토론할 수 있다. 토론은 각 참여자가 경험한 것을 기초로 의견을 나누는 것이기 때문에 의견이 종합 정리되어 개선 방안을 제시할 수 있도록 해야 한다. 다음의 | 예 15-7 |은 토론의 결과를 정리할 때 사용할 수 있는 서식이다.

예 15-7 프로그램 평가를 위한 토론 내용을 정리할 수 있는 서식(서비스)

평가 항목	의견 요약	개선 방안
음식 또는 간식의 적절성	긍정적	
	부정적	
게임 또는 상품의 적절성	긍정적	
	부정적	
부가적 서비스의 적절성	긍정적	
	부정적	

5) 개인적인 의견

부모교육 및 지원 프로그램의 평가를 위해 비공식적으로 수집된 개인의 의견을 활용할 수 있다. 이런 의견들은 프로그램의 계획, 진행, 평가 과정에서 느낀 것에 대한 주관적이고 감정이 포함된 언급인 경우가 많으므로 객관적인 자료의 역할보다는 추가적인 정보로 활용하는 것이 좋다. 예를 들면, "오늘 내용이 너무 좋았어요.", "보여주신 자료가 너무 생생했어요.", "둘째를 돌보아 주셔서 마음 편히 들을 수 있었어요.", "오늘 배운 것을 집에 가서 실천해 보고 싶어요."와 같은 의견들은 프로그램의 내용, 교수 자료, 서비스, 내용의 적용 가능성을 긍정적으로 평가한 것으로 받아들일 수 있다.

개인적인 의견은 부탁하지 않은 상태에서 부모가 자발적으로 주는 경우(예 귀가 하면서 교사나 다른 부모에게 한 말)와 기관에서 부탁해서 주는 경우가 있다. 예를 들면, 프로그램 시작 전에 각 부모에게 작은 용지를 제공한 후, 프로그램에 참여한 소감을 1~2가지 구체적으로 적어 귀가 전에 준비된 상자에 넣도록 부탁할 수도 있다. 다양한 분야에 관한 개인적인 의견을 듣기 원할 때는 어떤 분야에 대한 의견을 주면 좋은지를 적은 용지를 제공할 수 있다. 예를 들면, 각각의 용지에 "강사의 태도에 대해 느끼신 점을 구체적으로 적어 주십시오.", "프로그램의 내용이 어떠했는지에 대해 구체적으로 적어 주십시오." 같은 문구를 적으면 다양한 분야에 대한 개인적인 의견을 들을 수 있다. 어떤 경우이든 "참 좋았다." 같은 피상적인 의견보다는 "집에서 실천해 볼 수 있는 내용이어서 참 좋았다." 같은 구체적인 의견을 주도록 권유한다. 또는 모바일을 이용하여 QR 코드로 프로그램에 대한 개인적 평가 의견을 받아볼 수도 있다.

예 15-8 자유로운 의견 수집

접착식 메모지를 이용한 자유로운 의견 수집

4. 평가 시기

부모교육 및 지원 프로그램은 연간 계획을 수립한 후, 다양한 프로그램을 실시하는 것이므로 연간 계획에 대한 평가와 개별 프로그램에 대한 평가를 실시할 수 있다.

연간 계획에 대한 평가는 1년이 끝난 후 실시하고, 개별 프로그램에 대한 평가는 각 프로그램이 끝난 후 실시하게 된다.

연간 계획에 대한 평가는 연말에 1회 실시하면 되지만, 개별 프로그램에 대한 평가, 특히 과정에 대한 평가를 매번 실시하는 것은 쉽지 않다. 결과 평가, 즉 개별 프로그램의 목표가 달성되었는지를 평가하는 것은 프로그램마다 목표가 다르기 때문에 간단히 실시될 수 있다. 그러나 앞선 | 예 15-2 |에 제시되어 있듯이 과정 평가에 포함될 수 있는 내용은 반복적이기 때문에 매번 실시하기보다는 프로그램의 특성에 적합한 내용을 선정하고, 다양한 평가자가 참여하여 평가하도록 하는 것이 바람직하다. 다음의 예는 5개의 개별 프로그램에 대한 평가 계획을 수립한 것이다.

예 15-9 개별 프로그램에 대한 평가 계획

프로그램 주제 (교수-학습 방법)	평가 분야						
	결과 평가 (목표)	과정 평가					
		욕구 조사	모집	내용	진행자	진행	서비스
오리엔테이션(강연)	○	계획자	청중	진행자/ 청중	청중	진행자/ 청중	계획자/ 청중
영유아기 놀이 및 놀이 행동 (관찰/질의응답)	○						
놀잇감(강연/워크숍)	○						
자녀와의 대화 (강연/토론)	○						
한의학에서 본 영유아기 건강관리(강연)	○						

5. 평가 결과의 종합과 활용

부모교육과 지원 프로그램의 효율성에 대한 평가는 다양한 내용을, 다양한 담당자가, 다양한 방법을 통해, 다양한 시기에 이루어지기 때문에 모든 내용에 대한 일관적인 평가 결과가 축적되기보다는 단편적이고, 중복적이고, 때로는 상반된 평가 결과가 나타나기도 한다. 예를 들면, 내용에 대한 평가는 진행자와 청중이 모두 할 수 있으며, 진행자와 청중의 평가에 공통점도 있지만 차이점도 있을 수 있다. 또한, 교수 방법과 매체의 사용에 대해서 진행자는 설문지로, 청중은 관찰로 평가할 수도 있다.

따라서 프로그램에 대한 전체적인 평가를 위해서는 다양한 주체가, 다양한 방법으로 평가한 결과를 최종적으로 종합하여야 한다. 최종적으로 평가의 결과를 종합한 후에, 개선 방안도 마련할 수 있다. 평가 결과의 종합은 프로그램의 결과에 대한 평가와 | 예 15-2 |에 제시된 과정 평가의 결과를 함께 요약하고 개선안을 마련하는 방법으로 진행된다. 다음의 | 예 15-10 |은 프로그램의 평가 결과를 종합하고, 평가에 기초하여 개선 방안을 도출할 때 사용할 수 있는 서식이다.

예 15-10 프로그램의 평가 결과 종합과 개선 방안

평가 분야		평가 결과 종합	개선 방안
결과 평가	목표		
과정 평가	욕구 조사		
	모집		
	목표		
	내용		
	진행자		
	프로그램의 진행		
	예산		
	서비스		
	평가		
기타	참석률/결석률		
	지각률		

6. 평가 시 유의점

부모교육 및 지원 프로그램의 평가가, 평가를 위한 평가가 되지 않고 평가의 목적을 달성하기 위해서는 다음의 사항을 염두에 두어야 한다(Larner, 1992; Osborne, 1996; Weinbach, 2004).

○ 평가에 대해 긍정적인 시각을 갖도록 한다.

평가가 효율적으로 이루어지기 위해서는 평가의 각 단계가 객관적이고 체계적으로 진행되어야 하지만 더 중요한 것은 평가를 바라보는 시각이 긍정적이어야 한다. 계획자나 진행자가 평가를 귀찮고 부가적인 일이라 생각하고, 참여하는 부모도 무엇인가를 캐내 가는 것, 자신을 감시하는 것이라고 생각한다면 정확한 평가가 이루어지기 어렵다. 따라서 평가를 실시하거나 평가의 대상이 된다는 인식보다는 모두 평가의 주체라는 인식을 갖고 적극적으로 참여하는 자세를 갖는 것이 중요하다. 특히, 부모들에게는 평가의 참여를 통해 다음에 실시될 프로그램의 개선에 기여한다는 자부심을 갖게 하는 것이 중요하다.

○ 평가를 통해 성장할 기회를 갖게 한다.

평가를 통해 프로그램의 평가에 참여한 모두에게 성장할 기회를 제공하는 것이 중요하다. 예를 들면, 진행자는 자신의 진행을 되돌아보는 기회를 통해 진행 방법을 개선할 수 있고, 부모는 영유아기 건강 관리에 대한 프로그램에 참여한 후 결과 평가의 일환으로 영유아기 건강 관리와 관련된 질문에 답하는 과정을 통해 다시 한번 내용을 회상할 수 있다.

○ 현실적인 평가 계획을 수립한다.

이상적인 계획은 각 프로그램을 실시한 후, 관련 있는 모든 사람(예 계획자, 진행자, 청중)이 결과 평가와 과정 평가의 모든 내용에 대해 다양한 방법으로 자료를 수집한 후 평가하는 것이지만, 현실적으로 실현되기는 어렵다. 평가에 지나치게 많은 노력이 요구될 경우 평가 주체의 동기와 시간이 소진되어 오히려 불성실한 평가가 이루어질 가능성이 크다. 따라서 평가 내용, 평가 담당자, 평가 방법, 그리고 평가 시기를 고려하여 적절하고 현실적인 평가 계획을 수립하여야 한다.

◦ 평가 결과를 다음 프로그램 진행에 반영하여 개선되게 한다.

평가의 목적은 현재 프로그램의 성공과 실패를 알아내는 것뿐만 아니라 성공 또는 실패를 기초로 더 나은 프로그램을 만들어 가는 데 있다. 생산성 측면에서 보면 현재보다는 미래를 위한 준비에 평가 결과를 활용하는 것이 더 효율적이다. 따라서 평가의 결과를 프로그램의 개선에 적극 활용하는 것이 중요하다. 예를 들면, 부모에게 프로그램을 안내하는 다양한 방법(예 전체 통신문, 홈페이지 게시, 개별 초대장, 전화, 면대면 권유) 중 특정한 1~2개의 방법이 효율적인 것으로 밝혀지면, 추후에는 그 방법을 적극 활용하는 방향으로 안내 계획을 수정할 수 있다. 반면, 특정한 방법보다는 여러 번 홍보하는 것이 효율적인 것으로 밝혀지면 추후에는 여러 번 홍보하는 것으로 안내 계획을 수정할 수 있다.

사 례

다음의 사례는 프로그램의 결과 평가를 위해 제작한 설문지를 평가한 뒤 수정한 것이다.

사례 1

A 유아교육기관에서는 "자녀와의 관계를 향상시킨다."는 목표를 가지고 워크숍을 실시하였다. 워크숍에서는 다양한 의사소통 전략과 애정 표현 방법, 긍정적인 행동 지도 방법 등을 다뤘다. 프로그램이 종료된 후, 평가를 위해 부모에게 "자녀와의 관계가 향상되었는가?"라는 질문을 했을 때 부모들은 "어떤 점에서 향상되었다는 것인지?", "무엇을 기준으로 향상되었다고 하는지?", "향상의 의미가 무엇인지?" 등에 대해 혼란스러워했다.
평가를 위한 질문에 대한 평가를 거쳐 "자녀에게 소리 지르거나 야단치는 횟수가 줄었는가?", "자녀를 안아주거나 웃어주는 빈도가 증가하였는가?", "자녀와의 관계에서 스트레스를 적게 느끼는가?", "자녀를 격려하고 칭찬하는 빈도가 증가하였는가?", "부정적인 말보다는 긍정적인 말로 훈육하는가?" 등의 구체적인 질문을 제시하였다.

사례 2

다음은 부모에게 평가를 위한 설문지를 작성하도록 할 때 제시하는 안내문이다. 안내문에 평가의 필요성을 강조함으로써 부모가 성실히 응답하도록 유도하였고, 어떤 내용에 대해 평가하는지, 어느 정도 시간이 소요되는지 등을 상세히 제시하였다.

> 안녕하십니까?
> 먼저 프로그램에 참여하고 끝까지 참석해 주신 부모님들께 감사드립니다.
>
> 본 설문지는 참여하신 프로그램을 평가하는 목적으로 제작되었습니다. 평가해 주신 내용은 더 나은 프로그램을 만드는 데 반영될 것입니다. 또한, 설문에 답하시면서 그 동안 경험하신 것을 되돌아볼 수 있는 기회를 가지실 수 있으리라 생각됩니다.
>
> 설문지의 내용은 프로그램의 내용과 진행자의 진행 방식, 그리고 제공된 서비스에 관한 것입니다. 설문을 완성하는 데 약 5분의 시간이 소요될 것입니다.
>
> 귀한 시간을 나눠주신 부모님께 다시 한 번 감사드리며, 더 나은 프로그램으로 다시 뵙겠습니다.
>
> 감사합니다.
>
> 20○○년 ○ 월 ○ 일
> ○○○(기관명) 원장 ○○○(기관장 명)

요 약

부모교육 및 지원 프로그램에서의 평가는 프로그램의 목표가 달성되었는지를 알아보는 것 이상이어야 한다. 프로그램에 대한 평가를 통해 계획자, 진행자, 참여 부모가 발전하고 성장할 뿐만 아니라 프로그램에 관심 있는 다른 사람들과 의사소통할 수 있어야 한다. 평가의 목적은 프로그램의 목표가 달성되었는지 알아볼 뿐만 아니라 추후 프로그램을 개선하는 방안을 마련하는 데 있다. 또한 적절히 시행된 평가를 통해 참여자가 성장할 수 있는 기회를 가질 수 있다. 평가의 종류는 결과 평가와 과정 평가로 나눌 수 있는데, 결과 평가는 프로그램의 효율성을 측정하는 데 주로 이용되고, 과정 평가는 프로그램의 개선 방안을 마련하는 데 주로 이용된다. 과정 평가는 프로그램의 계획부터 종료까지의 전 과정을 대상으로 이루어진다. 평가의 담당자로 계획자, 진행자, 청중이 참여할 수 있는데, 가능하면 다양한 시각에서 평가하도록 한다. 평가 방법으로는 공식적인 기록, 설문지, 관찰, 토론, 개인적인 의견 등을 활용할 수 있는데, 역시 다양한 방법을 활용해서 평가를 위한 자료를 수집하도록 노력해야 한다. 평가는 연간 프로그램이 종료된 후와 각 프로그램이 종료된 후에 실시되는데, 평가가 추가적인 부담이 되지 않도록 일정과 방법, 내용을 조정하는 지혜가 필요하다.

교수-학습을 위한 제언

1. '| 예 15-2 | 과정 평가에 포함될 수 있는 내용'을 살펴봅시다. 각 과정마다 추가하여 평가해야 할 내용이 있습니까? 있다면 어떤 이유에서 포함되어야 합니까?
2. 부모교육 및 지원 프로그램의 평가에서 공식적인 기록을 사용할 수 있는 내용에는 무엇이 있는지 생각해 보십시오. 예를 들면, 지각에 대한 기록을 남긴다고 가정해 봅시다. 지각 여부, 지각한 정도, 개인별, 반별 또는 연령별 지각률, 지각의 이유 등을 기록할 수 있습니다. 이 중 어떤 정보를 기록해야 프로그램의 개선에 도움이 된다고 생각하십니까? 그 이유는 무엇입니까? 기록할 내용이 정해지면 효율적으로 기록할 수 있는 서식을 만들어 보십시오.
3. 부모교육 및 지원 프로그램의 평가에서 설문지를 사용하여 기록할 수 있는 내용에는 무엇이 있는지 생각해 보십시오. 예를 들면, | 예 15-2 | 에 제시된 내용 중 일부를 선택하여 설문지의 형태로 만들어 보십시오. 설문지의 기록자는 계획자, 진행자, 청중 중 누구입니까? 기록자에 적합한 내용과 어휘로 수정하여 작성해 보십시오.
4. 부모교육 및 지원 프로그램의 평가에서 관찰을 사용하여 기록할 수 있는 내용에는 무엇이 있는지 생각해 보십시오. 예를 들면, | 예 15-2 | 에 제시된 내용 중 일부를 선택하여 관찰 서식의 형태로 만들어 보십시오. 관찰자는 계획자와 청중 중 누구입니까? 관찰자에 적합한 내용과 어휘로 수정하여 작성해 보십시오.
5. 2~3명이 한 집단이 되어 누가 어떤 내용을 평가하는 것이 왜 바람직한지 토론한 후, '| 예 15-9 | 개별 프로그램에 대한 평가 계획(p. 305)'에 제시된 내용에서 평가를 담당할 주체를 빈칸에 채워 넣어 봅시다.

<table>
<tr><th rowspan="3">프로그램 주제
(교수-학습 방법)</th><th colspan="7">평가 분야</th></tr>
<tr><th rowspan="2">결과 평가
(목표)</th><th colspan="6">과정 평가</th></tr>
<tr><th>욕구
조사</th><th>모집</th><th>내용</th><th>진행자</th><th>진행</th><th>서비스</th></tr>
<tr><td>오리엔테이션
(강연)</td><td>○</td><td>계획자</td><td>청중</td><td>진행자/
청중</td><td>청중</td><td>진행자/
청중</td><td>계획자/
청중</td></tr>
<tr><td>영유아기 놀이 및
놀이 행동
(관찰/질의응답)</td><td>○</td><td></td><td></td><td></td><td></td><td></td><td></td></tr>
<tr><td>놀잇감(강연/워크숍)</td><td>○</td><td></td><td></td><td></td><td></td><td></td><td></td></tr>
<tr><td>자녀와의 대화
(강연/토론)</td><td>○</td><td></td><td></td><td></td><td></td><td></td><td></td></tr>
<tr><td>한의학에서 본
영유아기 건강관리
(강연)</td><td>○</td><td></td><td></td><td></td><td></td><td></td><td></td></tr>
</table>

6. 부모교육 및 지원 프로그램을 실시한 후, 부모가 프로그램의 전반적인 사항에 대해 평가하도록 할 수 있는 설문지를 제작하여 봅시다. [김희진(2005). 삼성 유아 프로그램 II: 포괄적 보육서비스-부모 지원 프로그램 진행자 매뉴얼. 다음세대. pp.238-249]를 참고할 수 있습니다.

참고문헌

김희진(2005). **삼성 유아 프로그램 II: 포괄적 보육서비스-부모지원 프로그램 진행자 매뉴얼**. 다음세대.

박지원(1985). 사회적 지지 척도 개발을 위한 일 연구. 연세대학교 대학원 박사학위논문.

최형성, 정옥분(2001). 어머니의 양육 효능감 척도의 개발. **아동학회지, 22**(3), 1-15.

Beal, G., Bohlen, J., & Raudabaugh, J. (1972). *Leadership and dynamic group actions*. Ames, IA: Iowa State University.

Epstein, A., Larner, M., & Halpern, R. (1995). *A guide to developing community-based family support program*. Ypsilanti, Michigan: High/Scope.

Larner, M. (1992). Realistic expectations: Review of evaluation findings. In M. Larner, R. Halpern, & O. Harkavy (Eds.), *Fair start for children* (pp. 218-245). New Haven, CT: Yale University Press.

Osborne, D. (1996). *Staff training and assessment*. Cassell.

Powell, D. (1994). Evaluating family support program: Are we making progress? In S. Kagan & B. Weissbourd (Eds.). *Putting families first: America's family support movement and the challenge of change* (pp. 441–470). Jossey-Bass.

Todres, R., & Bunston, T. (1993). Parent education program evaluation: A review of the literature. *Canadian Journal of Community Mental Health, 12*, 225–257.

Walker, D., & Crocker, R. (2008). Measuring family systems outcomes. In H. B. Weiss & F. H. Jacobs (Eds.), *Evaluating family programs* (pp. 153–176). Hawthorne, NY: Aldine.

Weinbach, R. (2004). *Evaluating social work services and programs*. Ablex.

Part Ⅲ

부모교육 및 지원 시 활용할 수 있는 프로그램

Chapter 16

국내에서 개발된 프로그램

1. 부모와 자녀가 함께 하는 교육 활동 자료

개발주체 및 연도 교육부(2001)

개발목적 무분별하고 부적절한 사교육에 의지하기보다는 가정에서 부모와 자녀가 함께 놀면서 학습할 기회를 제공하는 것을 목적으로 함

내 용 부모와 자녀가 가정에서 쉽게 해볼 수 있는 활동 82개를 건강, 사회, 표현, 언어, 탐구 생활 영역별로 나누어 소개함

특 징

❶ 부모와 자녀 간의 긍정적 관계를 형성할 수 있는 활동을 제시함
❷ 준비물 없이 쉽게 할 수 있는 활동을 제시함
❸ 놀이를 하면서 학습의 효과를 높일 수 있는 활동을 제시함
❹ 다양한 연령의 유아와 다양한 사회 계층의 부모가 활용할 수 있는 활동을 제시함
❺ 유치원 생활 영역 및 생활 주제, 실시 장소, 필요 도구, 계절, 발달 영역별로 활동을 분류하여 제시함

활용방법 통신문, 홈페이지, 부모-자녀 소집단 활동 프로그램, 유아교육기관 행사, 부모교육 및 지원 프로그램으로 활용함

연구진 책임연구원 김희진(이화여자대학교 유아교육과 교수)
공동연구원 이경미(이화여자대학교 부속 유치원 원감)
김현주(나랑유치원 원감)
최명희(한국어린이육영회 부설유치원 교사)

「유아와 부모가 함께 하는 교육 활동 자료」는 교육부에서 2001년 발간한 자료로 가정에서 부모가 자녀와 함께 할 수 있는 활동 82개가 소개되어 있다. 자료집은 자료 개발의 필요성 및 목적, 이론적 배경, 자료 활용 방안, 자료 활용 효과의 극대화 방안이 제시된 1부와 실제 활동이 제시된 2부로 구성되어 있다. 자료집의 내용을 간단히 살펴보면 다음과 같다.

프로그램의 목적

- 유아들이 부적절한 조기 교육에 참여하기 때문에 생기는 부작용을 줄이고, 놀이를 통한 부모와의 적절한 상호작용을 통해, 긍정적인 부모-자녀 관계가 형성되도록 지원하는 것을 목적으로 개발함

프로그램의 내용

- 「유아와 부모가 함께 하는 교육 활동 자료」에는 82개의 활동이 제시되어 있는데, 활동은 다음과 같은 다양한 기준으로 분류되어 있기 때문에 사용자의 목적에 맞게 선택하여 사용함

표 16-1 활동 분류 기준

분류 기준	내용
유아교육과정 생활 영역	• 건강, 사회, 표현, 언어, 탐구 생활 영역으로 활동 구분
생활 주제	• 유아교육과정에 제시된 생활 주제(예 나, 동물, 지역사회, 계절 등)별로 구분
장소	• 실내(예 주방, 목욕탕 등) • 실외(예 차 속, 걸으면서, 놀이터, 산·바다, 기타로 구분)
도구	• 필요한 도구가 있음과 없음으로 구분
계절	• 봄, 여름, 가을, 겨울로 구분
발달시킬 수 있는 영역	• 수, 과학, 언어, 사회·정서, 신체, 음률, 미술 등으로 구분

• 자료집에 제공된 각 활동은 다음과 같은 내용으로 구성되어 있음

활동 제목

부모의 동기를 유발시킬 수 있는 짧고 서정적인 글

- 누구와(적합한 연령)
- 이 활동을 하면(교육적 성과)
- 필요한 것은(준비물)
- 놀이를 할 때는(놀이 시 유의점)
- 기타(주의 사항이나 놀이를 확장시키는 방법)

• 유아교육과정의 생활 영역별 활동명은 다음 | 표 16-2 |와 같음

표 16-2 유아교육과정 생활 영역별 활동명

생활 영역	활동명		
건강 영역	• 거울이 되어 춤을 추어요 • 철사 옷걸이 라켓 • 엉금엉금 굴 지나가기 • 온 가족이 함께 하는 비석치기 • 구슬로 맞추기 놀이 • 엄마, 아빠랑 함께 하는 공놀이	• 보이지 않는 요술공 • 수건 체조 • 재미있는 빨대축구 • 변신! 보자기 • 구슬 볼링 게임	• 양말 바구니 • 코끼리 공기놀이 • 나는 상자 로봇 • 쌀 모으기
사회 영역	• 내가 지켜야 할 약속 • 나는 포순이, 아빠는 포돌이 • 마음씨 좋은 신문 • 감사합니다 고맙습니다 • 우리 집에 오신 분들 기념 사인 • 이런 돌은 어디 있지? • 우리집 에너지 절약은 내가 먼저 • 아빠의 골목지도, 나의 골목지도 • 동글동글 데굴데굴 호두알이 쏘옥	• 양치는 소년 이야기 • 깨끗한 동네 지킴이 • 개미 가족의 일꾼 개미 • 일주일을 계획해요 • 깜깜한 밤, 길을 걸을 때 • 아기 돌보기 • 오늘은 재활용품 분리수거 하는 날 • 사진으로 보는 가족의 역사 • TV 속에서 찾아낸 아름다운 이야기	• 사랑의 카드 • 우리집 뉴스 • 영수증을 모아요 • 알뜰한 시장보기 • 가을의 놀이
표현 영역	• 가족 음악회 • 싹둑싹둑 실컷 잘라요 • 사포를 이용한 선 꾸미기 • 야채 도장 찍기 • 표정이 있는 얼음 • 미술관에 갔어요	• 신나는 드럼 연주 • 박물관의 빗살무늬 토기 • 스테인드글라스 • 장난감이 그리는 그림 • 풀꽃놀이 • 신문지로 소리내요	• 옥수수 인형 • 타일 그림 • 거품 놀이 • 자연의 물감 • 바느질 하기

계속

| 표 16-2 | 계속

생활 영역	활동명		
언어 영역	• 커다란 코끼리와 작은 생쥐 • 꼬리에 꼬리를 무는 말놀이	• 빙고놀이 • 숨은 소리 찾기	• 무언극 놀이 • 보물찾기
탐구 영역	• 우리 집 콩나무 • 보이지 않는 정전기 • 모래 속에서 만나요 • 종이컵으로 놀아요 • 맛있는 과자, 재미있는 과자 • 시원 달콤 맛있는 바나나 • 신문지로 만든 재미있는 퍼즐 • 그림자의 길이 재기(해시계 만들기)	• 커지는 요술손 • 엄마의 비밀 주머니 • 무지개 얼음 과자 • 미역 주스, 허브 차 • 세모 만들기 놀이 • 어느 컵에 숨었나? • 주물럭 주물럭 물을 만져보자	• 달걀로 만든 배 • 물총놀이 • 풍선놀이 • 기억놀이 • 크다 작다 • "왜?" 게임

- 기관의 특성을 반영하여 수정 가능함
  - 자료집과 함께 제공된 CD-ROM에는 자료집의 내용이 한글문서로 저장되어 있어서 활동 방법과 삽화를 수정하거나 각 유아교육기관의 로고나 명칭을 삽입할 수도 있고, 각 기관의 특성에 맞게 활동을 변형할 수도 있음. 뿐만 아니라 각 활동에 필요한 자료를 출력하여 사용할 수 있도록 구성되어 있음

프로그램의 활용 방안

「유아와 부모가 함께 하는 교육 활동 자료」는 부모에게 자료집 전체를 제공하고 부모가 선택해서 사용하게 하기보다는 유아교육기관에서 다양한 요인을 고려하여 적절한 활동을 부모에게 제공하도록 제안하고 있음. 자료 활용 방안을 살펴보면 다음과 같음

- 통신문으로 활용
  - 생활 주제, 장소, 계절, 상황, 준비물, 교육 목표 등을 고려하여 적절한 활동을 선택한 후 통신문 형식으로 제작하여 활동을 소개하고 가정에서 실시하도록 권유함
- 우리 기관만의 부모-자녀 놀이 활동으로 활용
  - 가정의 고유한 놀이 활동을 기록하고 사진, 그림 등으로 표현하여 다른 가족과 공유할 수 있도록 함
- 부모-자녀 소집단 활동으로 활용
  - 유아교육기관에서 실시하는 부모교육 및 지원 프로그램의 일환으로 원하는 가족

만 참여하는 부모-자녀 놀이 프로그램을 운영할 수 있음
- 유아가 하원하는 시간 혹은 그 외의 시간을 이용하여 10쌍 이내로 이루어진 부모-자녀 소집단을 구성하여 자료집에 제시된 활동을 한두 가지씩 자녀와 함께 하는 프로그램을 운영할 수 있음

• 유아교육기관 행사를 위한 활용
  - 부모회를 시작할 때 분위기를 좋게 하고 부모끼리 친숙해질 수 있게 다양한 활동이 실시됨. 이때 자료집에 제시된 활동 중 움직임이 적고, 넓은 공간을 필요로 하지 않는 활동을 선택하여 실시할 수 있음
  - 또한 운동회나 소풍 때 부모와 자녀가 함께 하는 게임으로 활용할 수 있음. 다양한 기회를 통해 활동을 접함으로써 가정에서 자녀와 시도해 보고자 하는 부모의 동기가 유발될 수 있음

• 가정에서 활용
  - 일정한 기준에 맞는 활동 5~10개를 가정통신문 형식으로 가정에 보내서 부모가 선택해서 활용하도록 함. 자료를 낱장으로 가정에 보내면 실시 후 버려지므로, 처음 활동을 보낼 때 삼공파일을 함께 제공하여 모을 수 있도록 함

2. 자녀 양육 역량 강화를 위한 부모교육 프로그램

1) 일반적 부모 역할 지원 프로그램

개발주체 및 연도 제주특별자치도교육청, 교육과학기술부(2008)

개발목적 만 0~5세 자녀를 둔 부모가 자녀의 발달적 특성과 요구를 이해하고 지원함으로써 자녀가 발달의 전 영역에서 유능한 존재로 성장할 수 있도록 돕는 것을 목적으로 함

내 용 5개 영역(인지, 언어, 사회, 정서, 기타)의 20개 주제에 관해 부모가 알아야 할 정보, 지식, 기술을 중심으로 구성됨

특 징

❶ 부모가 자녀의 발달을 돕는 데 필요한 정보/지식/기술을 모두 제시함

❷ 인지, 언어, 사회, 정서 발달 및 기타 영역별로 주제와 내용을 선정하여 제시함

❸ 프로그램을 실시하는 데 필요한 전체 프로그램 매뉴얼, 부모교육자용 강의 지침서, 참여 부모에게 배부되는 부모용 소책자로 구성됨

❹ 부모교육자의 일방적 강의가 아니라 부모가 적극적으로 참여하게 하는 강의, 역할극, 토론, 평가, 워크숍, 발표 등의 다양한 교수-학습 전략을 사용함

활용방법 일반적 부모 역할 지원 프로그램을 실시하는 곳에서 부모교육자가 강의 지침서와 부모용 소책자를 활용함

연구진 책임연구원 류지후(사단법인 대한어린이교육협회 상임고문)
공동연구원 이기숙(이화여자대학교 유아교육과 교수)
김희진(이화여자대학교 유아교육과 교수)
이승연(이화여자대학교 유아교육과 교수)
김현주(색동유치원 원장)
조인경(혜천대학 유아교육과 교수)
임진형(제주한라대학 유아교육과 교수)
최혜영(그림·말 대표)
현태송(제주동초등학교병설유치원 원장)
방효숙(전남 순천 비봉초등학교병설유치원 원감)
신창숙(진일유치원 원장)
강소연(인간교육실현 학부모연대 회장)

「일반적 부모 역할 지원 프로그램」은 대·소집단의 부모를 대상으로 자녀 양육과 관련된 20개의 주제에 대한 부모교육을 하도록 구성되었다. 프로그램 실시 절차와 방법(계획 → 대상의 선정과 모집 및 안내 → 프로그램 실행 → 프로그램 평가)을 소개한 1부와 발달 영역별 부모교육자 강의 지침서가 제시된 2부로 구성되어 있다. 프로그램의 내용을 간단히 살펴보면 다음과 같다.

프로그램의 목적

- 부모가 자녀의 발달적 특성과 요구를 이해하고 지원함으로써 자녀가 발달의 전 영역에서 유능한 존재로 성장할 수 있도록 돕는 것을 목적으로 개발함

프로그램의 주제와 내용

- 만 0~5세 자녀의 인지, 언어, 사회, 정서 발달을 지원하기 위하여 일상생활에서 각 영역별 지도 가능한 주제를 선정하고 이를 프로그램 내용으로 구성함

표 16-3 발달 영역에 따른 프로그램의 주제

영역	프로그램의 주제	
인지	• 오감을 깨우는 놀이 • 건전하고 교육적인 TV 시청	• 창의적인 아이로 키우기 • 초등학생이 되는 우리 아이
언어	• 책을 좋아하는 아이로 키우기 • 행복해지는 대화법	• 잘 읽고 잘 쓰는 아이로 키우기 • 부모와 함께 하는 영어 교육
사회	• 품위 있는 부자로 키우기 • 다른 사람과 더불어 살아가는 아이로 키우기	• 열린 대화로 나누는 자녀 성교육 • 다문화 가정 이해하기
정서	• 나를 잘 다스리는 아이로 키우기 • 예술적 소양이 풍부한 아이로 키우기	• 우리 아이 기질에 맞게 키우기 • 자연에 한 발 더 가까이
기타	• 발달이 늦은 아이, 발달이 지연되는 아이 • 무엇이든 잘 먹고 잘 크는 아이로 키우기	• 자라는 아이, 함께 자라는 부모 • 안전한 환경에서 키우기

프로그램의 구성

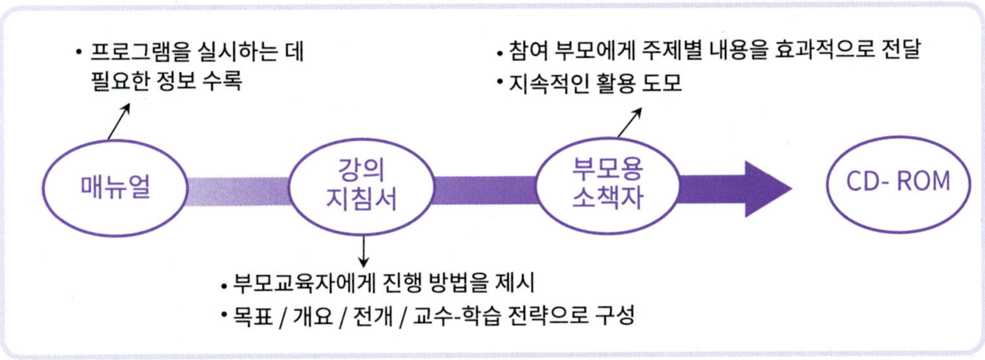

전체 프로그램 매뉴얼

- 프로그램의 계획부터 평가 단계까지 수행해야 하는 절차에 대한 자세한 안내가 제공됨

프로그램 진행 단계	내용
계획 단계	• 부모교육을 실시하는 기관의 기초 계획과 부모의 욕구 조사를 거쳐 확정하는 단계에서 수행할 업무에 대한 설명
참여 부모의 선정과 모집 및 안내 단계	• 참여 부모의 특성이나 모집 인원에 따라 달라지는 모집 방법과 참여 부모에 따라 달라지는 프로그램 안내, 실행, 평가 방법에 대한 설명
실행 단계	• 주제 선정 및 진행 순서의 결정, 참여 부모의 초청, 당일 프로그램 진행 절차와 담당자에 대한 결정, 부모교육자 준비, 환경의 구성, 부모용 소책자의 제공, 진행 기록의 순서로 실행하면서 고려해야 할 사항에 대한 설명
평가 단계	• 프로그램의 목표를 달성했는지 확인하고, 프로그램의 진행 과정 개선에 도움을 주고, 프로그램에 참여하는 부모가 성장할 수 있는 기회를 제공하는 평가 방법에 대한 설명

부모교육자용 강의 지침서

- 부모교육자가 사용하는 강의 지침서는 다음과 같은 내용으로 구성됨

<table>
<tr><th>구성</th><th>상세 내용</th></tr>
<tr><td>강의 목표</td><td>• 각 주제에 대한 강연 시 달성해야 할 핵심 목표 제시</td></tr>
<tr><td>강의 개요</td><td>• 각 주제의 도입, 전개, 정리 과정에서 다루어야 할 내용 요약
<table>
<tr><th>진행</th><th>활동</th><th>강의 자료</th><th>시간(분)</th></tr>
<tr><td>도입</td><td>• 생각해 보는 글</td><td>• 소책자</td><td>10</td></tr>
<tr><td>전개*</td><td>• 스스로 평가
• 유익한 지식
• 엉뚱한 질문 vs. 현명한 대답
• 오해와 진실
• 좋은 부모
• 따뜻한 대화
• 의미 있는 토론
• Q & A
• 현장 탐방</td><td>• 소책자
• 필기도구
• 빔프로젝터
• 노트북
• 강의 자료</td><td>60</td></tr>
<tr><td>정리</td><td>• 행복한 가족
• 유용한 정보</td><td>• 소책자</td><td>20</td></tr>
</table>
*강의 주제에 따라 선별해서 사용함</td></tr>
<tr><td>강의 전개</td><td>• 도입부터 정리까지의 강의 전개에 필요한 모든 정보와 자료가 제시됨
• 기본적으로는 부모용 소책자와 같은 내용이나 부모교육자가 알아야 할 정보가 상세히 제시되어 있음</td></tr>
</table>

• 부모교육자 강의 지침서에는 다양한 교수 전략이 제시됨

교수 전략	유의점/특징
강의	• 참여 부모의 수준에 맞게 강의 내용을 적절한 양으로 나누어 전달하도록 함
역할극	• 참여 부모끼리 학습한 내용을 중심으로 역할을 정해 연습해 보거나 부모와 자녀로 역할을 나누어 역할극을 하면서 상대방의 입장을 이해하도록 함
토론	• 주제와 관련된 내용 중에서 참여 부모가 자신의 생각과 경험을 나누며 토론함으로써 주제를 재구성하는 기회가 되도록 함
평가	• 참여 부모가 자신에 대해 평가해 봄으로써 개선의 기회를 가지도록 함
워크숍	• 교육의 마지막 단계에서 숙련된 진행자의 지도하에 참여 부모가 직접 연습을 해봄
발표	• 개인/그룹의 경험이나 의견을 발표하는 과정에서 부모가 직접 의사를 표현해 볼 기회를 제공함

부모용 소책자

- 부모용 소책자는 부모교육자 강의 지침서와 기본적으로 같은 주제와 내용이며, 부모가 참여할 활동을 중심으로 구성되어 있음
- 부모교육자 강의 지침서의 '강의 개요'에 소개된 다양한 활동이 부모용 소책자에 반영된 예는 다음 | 예 16-1 |과 같음

예 16-1 강의 개요에 소개된 다양한 활동이 부모용 소책자에 반영된 예

생각해 보는 글 • 프로그램의 도입부에서 주제에 대한 관심과 흥미를 유도하기 위하여 주제를 함축하는 짧은 글, 그림, 사진 등의 자료를 살펴보는 활동 • 생각해 보는 글 대신에 '생각해 보는 시간', '함께 불러보는 노래'라는 용어를 사용하기도 함	**스스로 평가** • 참여 부모가 주제에 대하여 이미 가지고 있는 사전 지식이나 경험, 사고나 행동의 패턴을 스스로 평가해 봄으로써 주제에 대해 어느 정도 알고 있는지를 점검하기 위한 활동
유익한 지식 • 주제에 대한 일반적인 또는 전문적인 지식을 제공하여 부모로 하여금 인식의 기반을 확대하기 위한 활동 • 유익한 지식 대신에 내용을 강조하기 위해 제목이 그대로 들어가는 경우도 있음. 예를 들어 '발달이 늦은 아이와 발달이 지연되는 아이', '믿어야 자라는 아이', '함께 더불어 사는 세상' 등이 있음	**엉뚱한 질문 vs. 현명한 대답** • 주제에 대한 지식을 효과적으로 전달하기 위해 부모로 하여금 자녀의 엉뚱한 질문에 대한 현명한 대답을 찾아보도록 하는 활동
오해와 진실 • 주제에 대한 정보를 살펴보고, 부모가 흔히 범하는 오해를 알아보며, 오해를 통해 진실을 터득해보는 활동	**좋은 부모** • 자녀양육의 실제에서 발생하는 문제를 해결하기 위한 실제 운영상의 지침을 제공함으로써 실천적인 양육기술을 향상시키는 활동
따뜻한 대화 • 프로그램의 내용을 실제로 자녀에게 실행할 때, 부모-자녀 간의 원만한 관계를 유지하면서 전달하기 위한 효과적인 대화 방법과 유형을 알려 주는 활동	**의미 있는 토론** • 주제에 대한 의견을 자유롭게 의사소통 하는 기회를 통하여 다른 부모와 경험, 감정을 공유하거나 협의하기 위한 활동

계속

Q & A	현장 탐방
• 각 활동에서 충분히 다루어지지는 않았지만 부모가 실제에서 부딪힐 수 있는 문제들을 재확인하고 그 문제를 함께 해결하기 위한 활동	• 자녀와 함께 탐방해 볼 수 있는 가까운 장소나 견학 장소 등을 소개하여 가족이 다 함께 경험해 보고 느껴보도록 하는 활동
행복한 가족	**유용한 정보**
• 가정에서 자녀와 함께 직접 해 볼 수 있는 요리, 게임, 책 읽기, 그림그리기 등의 놀이 활동을 통하여 가족 간의 정서적 유대 강화를 돕는 활동	• 부모가 주제에 대하여 심도 있는 지식 또는 추가적인 정보가 필요할 때 유용하게 활용할 수 있는 공공기관, 지역사회 센터, 도서, 인터넷 사이트 등을 소개하는 활동

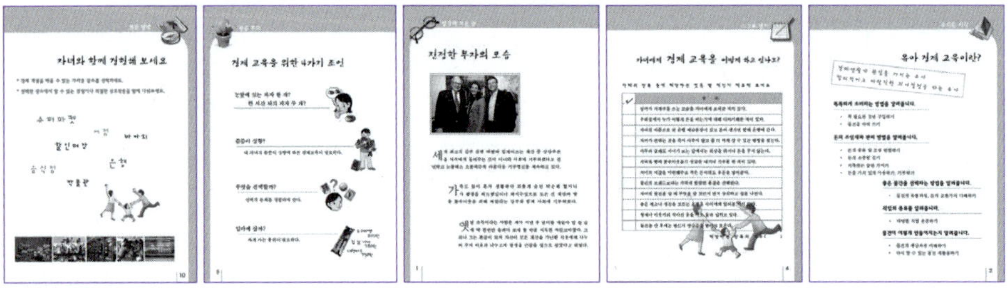

CD-ROM

• 전체 프로그램 매뉴얼, 부모교육자용 강의 지침서, 부모용 소책자가 담겨 있고 출력해서 사용하도록 되어 있음

2) 인지, 언어, 사회, 정서 발달을 돕는 영역별 활동 프로그램

개발주체 및 연도 제주특별자치도교육청, 교육과학기술부(2008)

개발목적 만 0~5세 자녀를 둔 부모가 가정에서 놀이를 통해 자녀의 전반적인 발달 및 기본학습능력 함양을 지원할 수 있도록 하는 것을 목적으로 함

내 용 자녀의 인지, 언어, 사회, 정서 발달을 지원하기 위해 각 발달 영역별로 하위 핵심 개념을 선정하고 이를 기초로 영역별 활동을 총 120개 소개함

특 징

❶ 자녀의 인지, 언어, 사회, 정서 발달을 지원하는 활동을 제시함

❷ 부모-자녀 간의 긍정적인 관계 형성을 지원하는 활동을 제시함

❸ 대상 연령을 만 0~1세(0~24개월), 만 2~3세(24~48개월), 만 4~5세(48~72개월)로 구분하고 각 발달 영역별로 활동을 제시함

❹ 각 활동은 영역 구분 표시, 연령 구분 표시, 활동 사진 또는 그림, 활동 제목, 활동 목표, 활동 개요, 준비물, 활동 방법, 유의점, 확장 활동으로 구성하여 제시함

❺ 한 가지 활동을 다양한 수준의 영유아에게 적용할 수 있도록 세 수준, 즉 가장 쉬운 수준(시작하는 어린이), 중간 수준(발전하는 어린이), 가장 어려운 수준(도약하는 어린이)으로 제시함

활용방법 자녀의 인지, 언어, 사회, 정서 발달 영역 중 지원이 더 필요하다고 생각되는 영역의 활동을 선택하여 가정에서 실시함

연구진 책임연구원 류지후(사단법인 대한어린이교육협회 상임고문)
공동연구원 이기숙(이화여자대학교 유아교육과 교수)
김희진(이화여자대학교 유아교육과 교수)
이승연(이화여자대학교 유아교육과 교수)
김현주(색동유치원 원장)
조인경(혜천대학 유아교육과 교수)
임진형(제주한라대학 유아교육과 교수)
최혜영(그림·말 대표)
현태송(제주동초등학교병설유치원 원장)
방효숙(전남 순천 비봉초등학교병설유치원 원감)
신창숙(진일유치원 원장)
강소연(인간교육실현 학부모연대 회장)

「인지, 언어, 사회, 정서 발달을 돕는 영역별 활동 프로그램」은 만 0~1세, 만 2~3세, 만 4~5세 자녀를 가진 부모가 가정에서 할 수 있는 다양한 120개의 활동으로 구성되었다. 프로그램 실시 절차와 방법(계획 → 대상의 선정과 모집 및 안내 → 프로그램 안내 → 프로그램 실행 → 프로그램 평가)을 소개한 1부와 인지, 언어, 사회, 정서 발달을 돕는 영역별 활동을 소개하는 2부로 구성되어 있다. 프로그램의 내용을 간단히 살펴보면 다음과 같다.

프로그램의 목적

- 부모와 자녀가 집에서 쉽고 재미있게 할 수 있는 활동을 통해 자녀의 전반적인 발달을 지원하는 것을 목적으로 개발함

프로그램의 주제와 내용

- 만 0~5세 자녀의 인지, 언어, 사회, 정서 발달을 지원하기 위하여 각 발달 영역별로 하위 핵심 개념을 선정하고 이를 기초로 영역별 활동 프로그램 내용을 구성함

인지	사회
탐색 문제해결 수학적 기초 / 개념 과학적 기초 / 개념	자아개념 사회적 관계 도덕성의 기초 친사회적 행동
언어	**정서**
비언어적 의사소통 말하기 / 듣기 읽기 / 쓰기 문해 즐기기	애착 정서 인식 정서 표현 정서 조절

프로그램의 구성

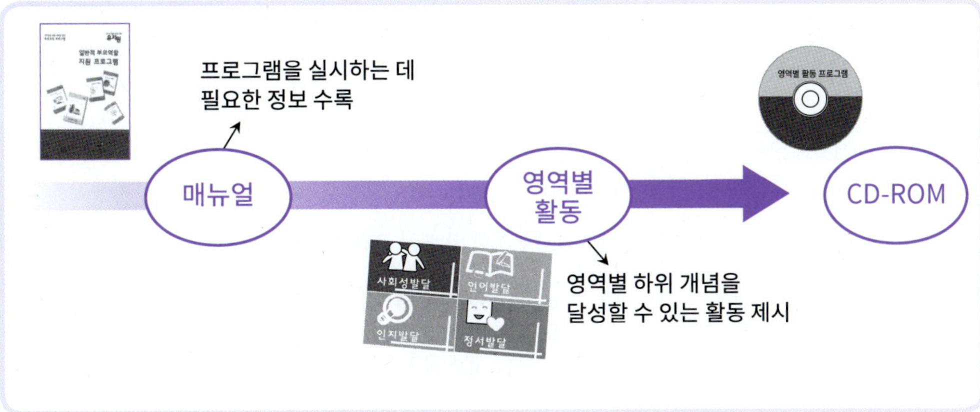

• 영역별, 연령별 구체적인 구성은 다음의 | 표 16-4 |와 같음

표 16-4 영역별, 연령별 활동 수와 자료 형태

영역별, 연령별 활동 수					형태
구분	0~1세	2~3세	4~5세	총	• 책자(전체 프로그램 매뉴얼 + 영역별 활동집) • CD-ROM
인지	5개	10개	15개	30개	
언어	5개	10개	15개	30개	
사회	5개	10개	15개	30개	
정서	5개	10개	15개	30개	
총	120개 활동				

전체 프로그램 매뉴얼

• 프로그램의 계획부터 평가 단계까지 수행해야 하는 절차에 대한 자세한 안내가 제공됨

프로그램 진행 단계

프로그램 진행 단계	내용
계획 단계	• 프로그램 실시 대상, 대상 부모의 모집, 영역별 활동 프로그램 안내, 활동 프로그램 활용 방법, 프로그램 전달자에 대한 계획을 세울 때 고려할 사항 제시
참여 부모의 선정과 모집 단계	• 학부모 전체, 참여 희망 부모, 지원이 필요한 부모의 세 유형으로 나누어 선정하고 모집할 때 고려할 사항 제시
프로그램 안내 단계	• 설명회 개최나 안내 편지를 통한 안내 시 고려할 사항 제시
실행 단계	• 전체 학부모를 대상으로 할 경우, 참여를 희망한 학부모만 대상으로 할 경우, 지원이 필요한 부모를 대상으로 하는 각각의 경우에 활동을 제공 하는 방법, 제공하는 활동 수량과 빈도를 조절하는 방법, 활동을 제공할 때 유의해야 하는 사항 제시
평가 단계	• 평가 시기, 평가 방법, 평가 내용, 평가 결과의 활용 방법에 대한 안내 제시

인지, 언어, 사회, 정서 발달을 돕는 영역별 활동

• 모든 활동은 다음의 방식으로 구성됨

구분	내용	예
영역 구분 표시	• 영역별로 배경색과 아이콘을 달리하여 구분을 쉽게 함	
연령 구분 표시	• 연령별로 숫자와 아이콘을 달리하여 구분을 쉽게 함	
활동 사진 또는 그림	• 해당 연령 영유아가 부모와 직접 활동한 사진을 넣어 이해를 쉽게 함	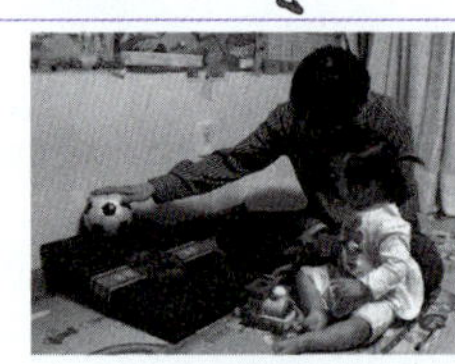
활동 제목	• 활동 방법을 가장 잘 표현할 수 있는 제목을 넣어 이해를 쉽게 함	데굴데굴 굴러 가요
활동 목표	• 활동 목표를 쉬운 말로 제시하여 부모의 이해를 도움	이 놀이는 자녀에게 왜 좋을까요? *구르는 사물의 특징을 탐색할 수 있습니다. *경사로에서 더 빠르게 구르는 현상에 관심을 가질 수 있습니다.

계속

구분	내용	예
활동 개요	• 활동 방법의 개요를 쉬운 말로 제시하여 부모의 이해를 도움	어떻게 놀이할까요? *여러 가지 굴러가는 물건을 굴려보고 경사로의 높이에 따른 변화를 탐색하는 활동입니다.
준비물	• 활동에 필요한 준비물을 그림이나 사진으로 제시하여 인식을 쉽게 함	필요한 것 바퀴 달린 놀잇감, 자동차, 깡통, 고무공, 물건을 굴릴 수 있는 나무판이나 쟁반 등의 대용물 
활동 방법	• 해당 연령 내에서 수준을 나누어 활동 방법을 구체적으로 제시	 가장 쉬운 수준 / 중간 수준 / 가장 어려운 수준
유의점	• 활동 시 유의점을 쉬운 말로 제시하여 부모의 이해를 도움	 꼭 기억하세요!
확장 활동	• 같은 목표를 달성할 수 있는 다른 활동을 제시하여 다양한 활동을 하도록 함	 이렇게도 놀 수 있어요.

CD-ROM

전체 프로그램 매뉴얼, 영역별 활동, 가정에서 출력해서 쓸 수 있는 자료가 담겨 있음

3. 취약 계층 가정(저소득, 탈북 가정) 부모교육 프로그램

1) 가정방문 프로그램(개별용)

개발주체 및 연도 육아정책연구소(2011)

개발목적 만 0~5세 자녀를 가진 저소득 및 탈북 가정의 부모에게 자녀를 양육하는 데 필요한 도움을 제공함으로써 양육을 지원하는 것을 목적으로 함

내 용 만 0~5세 자녀를 양육하면서 수행해야 하는 핵심 역할 지표(기본적 욕구 충족, 발달 지원 및 교육, 사회 연계)에 대해 도움이 되는 정보 제공, 상호작용 방법 안내, 스트레스 해소를 위한 지원으로 구성됨

특 징

❶ 저소득 가정으로 대부분 분류되는 탈북 가정 부모를 위한 지원이 포함됨
❷ 지표별로 부모의 핵심 역할 지원 방안이 제시됨
❸ 각 연령별(만 2세 미만, 만 2세, 만 3세, 만 4세, 만 5세)로 동일한 부모 양육 역할을 제시함으로써 자녀 양육의 일관성을 높임
❹ 각 연령별 활동과 관련된 양육 정보와 상호작용 방법을 제시함
❺ 동일한 내용으로 부모용 활동 자료와 가정방문자용 자료를 분리하여 제작함으로써 사용자의 편의를 도모함. 가정방문자용 자료는 자세한 지침을 포함함

활용방법 프로그램 주관기관에서 선정한 저소득 또는 탈북 가정을 방문하여 20차시의 활동을 실시함

연구진 책임연구원 김희진(이화여자대학교 유아교육과 교수)
공동연구원 김은영(분당구청 어린이집 원장)
김현주(예일유치원 원장)
최명희(마포보육정보센터장)
고지민(이화여자대학교 유아교육과 박사과정 수료)
강재희(우송대학교 아동복지과 교수)

「가정방문 프로그램(개별용)」은 프로그램의 개요와 운영방법을 소개한 프로그램 매뉴얼인 1부, 부모용 활동 자료인 2부와 가정방문자용 자료인 3부로 구성되어 있다. 프로그램의 내용을 간단히 살펴보면 다음과 같다.

프로그램의 목적

- 만 0~5세 자녀를 가진 저소득 및 탈북 가정의 부모에게 자녀를 양육하는 데 필요한 도움을 제공함으로써 양육을 지원하는 것을 목적으로 개발함

프로그램의 주제와 내용

- 자녀를 양육하면서 수행해야 하는 핵심 역할 지표와 관련된 유용한 정보 제공, 상호작용 방법 안내, 스트레스 해소를 위한 지원으로 구성됨
- 각 연령별(만 2세 미만, 만 2세, 만 3세, 만 4세, 만 5세) 20차시로 구성됨
- 모든 연령에 공통적으로 적용되는 핵심 역할 지표별 내용은 다음 | 표 16-5 |와 같음

표 16-5 모든 연령에 공통적으로 적용되는 핵심 역할 지표별 하위 역할과 활동명

핵심 역할	하위 역할	활동명(차시별 활동명)
기본적 욕구 충족의 역할	의복 제공	• 연령별 적절한 의복 • 의복관리 • 의생활 관련 기본 생활 습관
	음식 제공	• 연령별 적절한 음식 • 연령별 적절한 식사 도구 • 식생활 관련 환경 구성 • 식생활 관련 예절 및 기본 생활 습관
	주거 제공	• 연령별 적절한 주거 환경 • 주거 관리 • 주거 환경에서의 안전 유지 • 주생활 관련 기본 생활 습관
	건강 유지	• 연령별 적절한 신체 위생 • 정기적 건강검진 • 건강 관련 기본 생활 습관

계속

| 표 16-5 | 계속

핵심 역할	하위 역할	활동명(차시별 활동명)
발달 지원 및 교육의 역할	신체적 지원	• 신체 발달 순서 및 특성 • 신체 발달 촉진을 위한 활동 및 경험
	인지적 지원	• 탐색 기회 제공 및 격려 • 문제해결 기회 제공 및 격려 • 수학적·과학적 기초 개념 형성 지원
	언어적 지원	• 비언어적 의사소통을 위한 지원 • 연령별 듣기, 말하기, 읽기, 쓰기 지원 • 문해 즐기기 지원 • 언어 발달의 순서 및 특성, 중요성
	사회적 지원	• 긍정적 자아 개념의 중요성 및 형성을 위한 지원 • 대인 관계 중요성 및 대인 관계 기술 발달 지원 • 친사회적 태도 및 기술 발달 지원
	정서적 지원	• 정서 발달의 순서 및 특성, 중요성 • 애착 및 안정된 정서 유지 지원 • 정서인식, 표현 및 조절능력 발달 지원
	사회적 규범/가치형성 지원	• 한국사회에서 중시되는 규범 및 가치관 형성 지원
	훈육	• 기본적 훈육 원리 • 연령별 훈육 방법 • 훈육과 관련된 정보를 얻을 수 있는 정보원
	놀이 지원	• 놀이의 중요성 • 연령별로 적절한 놀잇감 • 놀이에서의 부모 역할 • 발달을 지원하는 자녀와의 놀이
	학습 지원	• 놀이와 학습의 차이 • 학원, 학습지 이용의 득과 실 • 연령별 학습 방법
사회 연계의 역할		• 영유아교육기관 정보 • 자녀 양육과 관련된 지역사회 기관 • 자연과 문화 경험 제공 기관 • 부모의 정신 건강을 위한 일상적 지원 및 기관

부모용 활동 자료

- 연령별 부모 역할은 같으나 연령에 맞는 내용으로 구성함. 예를 들어, 부모의 의복 제공 역할을 다루는 5차시에서는 적절한 의복 제공, 의복 관리, 의생활 관련 기본 생활 습관 형성을 위해 만 2세 미만, 만 2세, 만 3세, 만 4세, 만 5세 자녀의 연령에 따라 부모가 어떤 역할을 해야 하는지가 제시됨

예 16-2 적절한 의복 제공 역할에 대한 연령별 활동 간의 일관성

연령별 적절한 의복 제공의 역할		
연령	[정보] 알아두면 좋아요	[활동] 자녀와 함께
만 0~1세	생략	생략
만 2세	• 원하는 옷을 골라 입을 수 있는 기회를 가끔 줍니다(예 양말, 바지, 웃옷 중 하나 고르게 하기). • 활동하거나 입고 벗기 편한 옷(고무줄 바지, 단추가 크거나 없는 옷)을 줍니다. • 벗은 옷을 치우게 합니다(예 빨래통에 넣기).	<빨랫감 놀이터> • 빨랫감이 많았을 때 빨래를 개기 전에 방바닥을 닦은 후 빨래를 쌓아 놓습니다. • 빨래 더미에서 구르거나 던지며 놀 수 있습니다. • 놀이가 끝나면 자기의 옷을 골라 보게 합니다.
만 3세	생략	생략
만 4세	• 날씨나 활동(예 견학)에 맞지 않는 옷이 아니면 거의 매일 스스로 옷을 골라 입게 합니다. • 여전히 활동하거나 입고 벗기 편한 옷(고무줄 바지, 단추가 크거나 없는 옷, 위로 입는 셔츠)이 좋으나 보통 옷도 입을 수 있습니다. • 벗은 옷을 치울 때 분류(예 겉옷과 속옷 통)하게 합니다. • 다 갠 옷이나 수건을 제자리에 치우게 합니다. • 스스로 옷 입는 법을 가르칩니다. - 큰 단추가 달린 옷은 스스로 채우게 합니다. - 단추 풀기가 채우기보다 쉬우므로 먼저 시킵니다. - 앞이 터진 셔츠는 목 부분을 자녀 앞에 놓고, 양팔을 끼운 후 만세를 하게 하면 옷이 바로 입혀집니다. • 옷을 살 때 함께 가서 직접 고를 기회를 줍니다.	<양말 공받기> • 빨아 놓은 양말을 자녀와 함께 짝지어 동그랗게 말아 갭니다. • 집에 있는 큰 바구니를 부모가 잡고, 자녀가 양말 공을 던져 넣습니다. 부모와 자녀가 바꿔서 합니다. • 잘하면 점점 먼 거리에서 던져 넣게 합니다.
만 5세	생략	생략

가정방문자용 자료

- 저소득 가정 및 탈북 가정 부모의 특성에 대한 정보를 제공함
- 프로그램 실시 전 준비 사항과 가정 방문 일에 방문 전, 방문 시, 방문 후 점검하거나 기록해야 하는 사항에 대해 자세히 안내함

지난 한 주 동안 자녀와 활동한 것과 일상적으로 있었던 일 나누기

⬇

이번 주 활동과 관련된 정보 제공 [알아두면 좋아요]

⬇

이번 주 활동 소개 [자녀와 함께]: 일상생활 활동 + 놀이 활동

⬇

활동의 실시 또는 시범

⬇

소개된 활동에 관한 질문

⬇

다음 방문 때까지 할 추후 활동 소개 [다음 만날 때까지]

⬇

기타 부모가 원하는 정보나 궁금한 사항에 대한 답 제공/
타 기관과의 연계/정서적 지원 제공

⬇

다음 일정 정하기

2) 유아교육기관용 소집단 부모교육 프로그램

개발주체 및 연도 육아정책연구소(2011)

개발목적 만 0~5세 자녀를 가진 저소득 및 탈북 가정의 부모 또는 부모 역할을 수행하는 성인이 자녀를 양육하는 데 필요한 다양한 분야의 정보를 제공함으로써 양육을 지원하는 것을 목적으로 함

내 용 만 0~5세 자녀를 양육하는 데 필요한 다양한 분야의 정보를 기초로 30개 주제를 선정함

특 징

❶ 대부분 저소득 가정으로 분류되는 탈북 가정 부모를 위한 지원이 포함됨

❷ 자녀의 연령에 관계없이 기본적으로 알아야 하는 정보로 30개의 내용을 구성함

❸ 한 번에 한 가지 내용으로 프로그램을 진행하거나 관련 있는 주제 2~3개를 묶어 프로그램을 진행함(예 안전에 관한 주제로 '사고 없는 우리집 만들기'와 '알아두면 아이 살리는 응급처치'를 함께 진행할 수 있음)

활용방법 유아교육기관, 보육정보센터 또는 동사무소/구청 같은 지역사회기관, 기타 부모가 모이는 다양한 기관에서 사용 가능함

연구진 책임연구원 김희진(이화여자대학교 유아교육과 교수)
공동연구원 김은영(분당구청 어린이집 원장)
김현주(예일유치원 원장)
최명희(마포보육정보센터장)
고지민(이화여자대학교 유아교육과 박사과정 수료)
강재희(우송대학교 아동복지과 교수)

「유아교육기관용 소집단 부모교육 프로그램」은 프로그램의 개요(대상, 목적 및 목표, 내용 및 구성, 프로그램 자료 소개)를 소개한 1부와 프로그램 운영 방법(대상, 모집 방법, 형식, 장소, 내용, 강사, 환경 선정)을 소개한 2부로 구성되어 있다. 프로그램의 내용을 간단히 살펴보면 다음과 같다.

프로그램의 목적

- 만 0~5세 자녀를 가진 저소득 및 탈북 가정의 부모 또는 부모 역할을 수행하는 성인이 자녀를 양육하는 데 필요한 다양한 분야의 정보를 제공함으로써 양육을 지원하는 것을 목적으로 개발함

프로그램의 주제와 내용

- 만 0~5세 자녀를 양육하는 데 필요한 다양한 분야의 30개 주제로 구성함

표 16-6 양육 분야별 내용

분야	분야별 주제
국가와 문화	• 대한민국 국민의 기본상식: 국경일 • 대한민국 국민의 기본상식: 기념일과 명절
신체, 건강, 안전	• 지나치기 쉬운 발달문제: 조기발견이 치료의 첫걸음 • 알아두면 아이 살리는 응급처치 • 안 맞히면 큰일 나는 예방접종: 언제, 무엇을 • 사고 없는 안전한 우리 집 만들기 • 내 아이 나이에 맞는 운동법
놀이와 학습	• 내 아이에 맞는 놀잇감: 놀이는 아이의 모든 것 • 알고 보면 쉬운 공부법 • 유치원, 어린이집, 학원: 서로 다릅니다. • 초등학교 입학 준비: 이것만은 꼭!
인지와 언어 발달	• 책 많이 읽는 아이로 키우기 • 수학 좋아하는 아이로 키우기 • 영어 즐기는 아이로 키우기

계속

| 표 16-6 | 계속

분야	분야별 주제
사회 및 정서 발달	• 기분 잘 다스리는 아이로 키우기 • 예절 바른 아이로 키우기 • 친구들과 사이좋게 지내는 아이로 키우기 • 아이 성격 알면 수월해지는 아이 키우기
훈육	• 부모의 이런저런 양육태도: 자녀의 모습은? • 때리지 않고 아이 키우기 • 잔소리 않고 아이의 좋은 습관 길러주기 • 남 때리고 욕하는 내 아이 가르치기 • 형제끼리 싸우는 내 아이들 가르치기 • 텔레비전과 컴퓨터: 적절하게 사용하기
다양한 가족	• 맞벌이 가정에서 꼭 알아야 할 몇 가지 • 한부모 가정에서 꼭 알아야 할 몇 가지 • 조부모께 아이를 맡기는 부모를 위한 안내 • 손자녀 키우시는 조부모님을 위한 중요한 정보들
정신건강 및 지역사회 기관	• 엄마의 행복은 온 가족의 행복 • 지역사회 100% 활용법

프로그램 자료(부모용 소책자)

- 참여 부모가 각 주제의 내용을 효과적으로 이해하고 지속적으로 참고할 수 있도록 핸드북 형식으로 제공함
- 각 핸드북은 부모가 이해하기 쉬운 용어로 설명함
- 다문화 가정과 탈북 가정 부모의 이해를 돕기 위해 '용어 사전'을 추가하고 남북한이 달리 사용하는 어휘나 문화 차이를 글 또는 그림으로 설명함
- 각 주제별 핸드북은 6~16쪽으로 구성되며 이해를 돕기 위해 삽화가 활용됨. 훈육 분야의 주제인 「부모의 이런저런 양육태도: 자녀의 모습은?」 소책자의 예는 다음과 같음

예 16-3 소책자-「부모의 이런저런 양육태도: 자녀의 모습은?」

부모의 이런저런 양육태도
자녀의 모습은?

KICCE 부모교육 핸드북

어떻게 아이를 키우나요?

아이를 존중하고 민주적으로 키우는 부모

- 아이도 어른처럼 생각이 있는 하나의 인격체로 생각합니다.
- 아이를 부모 마음대로 할 수 있는 소유물처럼 생각하지 않습니다.
- 아이에게 선택할 수 있게 하고, 자신이 한 일에 대해 책임을 지게 합니다.
- 아이가 할 수 있는 일과 할 수 없는 일을 잘 알고 스스로 하게 하거나 도와줍니다.
- 아이가 할 수 있는 일은 최선을 다할 수 있도록 옆에서 지켜봐줍니다.
- 아이가 혼자 하기 힘들어할 때 옆에서 도와줍니다.
- 아이가 하기 싫어할 때 억지로 시키지 않습니다.
- 아이에게 어려운 일이 생길 때 아이와 함께 이야기하면서 좋은 방법을 찾아봅니다.

아이가 이렇게 큽니다

- 자기 일은 스스로 알아서 잘 해냅니다.
- 자신감이 넘칩니다.
- 뭐든지 적극적입니다.
- 사교적이고, 친구의 마음을 잘 배려합니다.
- 학교생활도 잘 적응합니다.

부모의 이런저런 양육태도 자녀의 모습은? 2 1 3

계속

어떻게 아이를 키우나요?

아이가 부모의 생각대로 따라야 한다고 생각하고 키우는 부모

- 부모가 모든 것을 결정해도 괜찮다고 생각합니다.
- 아이는 부모의 말에 무조건 따라야 한다고 생각합니다.
- 아이의 생각이나 의견을 헤아리지 않습니다.
- 아이에게 선택권을 주지 않고 부모가 알아서 정합니다.
- 아이가 실수하는 것을 받아들이지 못합니다. 실수하면서 배워간다고 생각하지 않습니다.
- 아이에게 자주 화내거나 마음에 상처 주는 말을 하고, 때리는 경우도 있습니다.

아이가 이렇게 큽니다

- 하고 싶은 것도 없고, 자신감도 부족합니다.
- 창의적이지 않고, 자신의 생각을 말하는 것을 어려워합니다.
- 친구의 이야기를 듣지 않고, 자기 멋대로 합니다.
- 부모의 눈을 피해서 나쁜 행동을 하거나, 거짓말을 할 때도 있습니다
- 부모와 이야기하는 것을 피할 때도 있습니다.
- 부모에 대한 적대감을 가질 수도 있습니다.
- 아이와 점점 사이가 멀어지고, 대화가 없어집니다.

부모의 이런저런 양육태도 자녀의 모습은?

4 | 5

어떻게 아이를 키우나요?

아이한테 무엇이든지 다 해주면서 키우는 부모

- 아이가 혼자 하는 것을 불안해합니다.
- 아이가 혼자 할 수 있는 일도 부모가 알아서 해줍니다.
- 아이가 원하거나 좋아하는 것은 다 해주려고 합니다.

아이가 이렇게 큽니다

- 뭐든지 부모에게 의존합니다.
- 자기가 하고 싶은 일을 못할 때, 자신을 잘 조절하지 못합니다.
- 심하게 떼쓰고, 공격적인 행동을 보일 수도 있습니다.
- 무기력하고, 좌절감을 자주 느낍니다.
- 고집이 세고, 친구에게 양보하는 것을 잘 못합니다.
- 부모를 만만한 대상으로 생각하기도 합니다.

어떻게 아이를 키우나요?

아이에게 관심이 없거나 그냥 내버려두는 부모

- 아이가 크면 저절로 알게 된다며 가르치지 않습니다.
- 아이가 마음대로 행동하도록 키워야지 자율성이 생긴다고 생각합니다.
- 아이가 잘못된 행동을 하더라도 혼내지 않습니다.
- 아이가 하는 일에 무관심하고, 놀아주지도 않습니다.
- 애정표현을 거의 하지 않습니다.
- 부모는 기분에 따라 아이의 요구를 들어주느라 뚜렷한 규칙이나 기준이 없습니다.
- 아이의 연령을 고려하지 않고 아이가 자신이 생각하는 대로 행동을 하지 않는다고 혼내는 경우가 있습니다.
- 아이가 필요로 하는 것이 무엇인지 모르기 때문에 긍정적인 반응을 거의 하지 않습니다.

아이가 이렇게 큽니다

- 기본생활습관이 전혀 잡혀있지 않습니다.
- 노는 것에도 관심이 없습니다.
- 친구와 어떻게 놀이 해야 할지 잘 모릅니다.
- 자기 멋대로 행동하기 때문에, 친구와 다툼이 생깁니다.
- 학교생활에 잘 적응하지 못합니다.

부모의 이런저런 양육태도 자녀의 모습은?

6 | 7

계속

| 예 16-3 | 계속

이렇게 해보세요!

아이를 존중하고 민주적으로 키우는 경우, 이렇게 해보세요!

- 아이가 고집을 부리거나 부모의 말에 잘 따르지 않을 때, 화가 나고, 잘못 키웠나 하는 생각이 들 수 있지만, 아이가 커가는 하나의 과정으로 생각해주세요.
- 매번 설명해줘야 하고, 기다려줘야 하기 때문에 울화통이 터지는 순간이 있을 수 있습니다.
- 하지만 아이에게 생각하고, 선택할 기회를 주는 것은 매우 중요합니다.
- 부모는 조급하게 생각하지 말고 인내심을 갖고 키우세요.

아이가 부모의 생각대로 따라야 한다고 생각하고 키우는 경우, 이렇게 해보세요!

- 어릴 때에는 아이가 부모에게 순종하기 때문에 아이를 잘 키웠다고 착각할 수 있습니다.
- 하지만, 아이가 부모의 기대와 다르게 행동할 때, 부모는 화를 참지 못하고 점점 함부로 대하게 됩니다.
- 어릴 때부터 사랑으로 대해주고, 아이의 생각이나 의견을 존중해주세요.
- 실수하는 것을 너그럽게 이해해주고, 혼자 할 수 있을 때까지 기다려주고 격려해 주세요.

부모의 이런저런 양육태도 자녀의 모습은? 8 | 9

이렇게 해보세요!

아이한테 무엇이든지 다 해주면서 키우는 경우, 이렇게 해보세요!

- 부모가 아이가 원하는 대로, 알아서 다해주면 그 순간에는 시간도 적게 들고, 편할 수 있습니다. 하지만 길게 본다면 절대 바람직한 행동이 아닙니다.
- 부모는 하나에서 열까지 다 해줘야 하기 때문에 몸도 힘들고, 짜증나는 경우도 많아집니다.
- 부모는 아이가 커갈수록 다루기가 힘들고, 어디까지 아이의 의견을 받아줘야 할지 혼란스러울 때가 많아집니다.
- 아이가 혼자서 할 수 있는 기회를 최대한 많이 주세요.
- 아이가 잘못된 행동을 했을 때 단호하게 말해주세요. 그리고 어떻게 행동해야 하는지 알려 주세요.

아이에게 관심이 없거나 그냥 내버려두는 경우, 이렇게 해보세요!

- 부모는 아이에게 바라는 대부분이 막연합니다.
- 또한 아이가 무엇을 느끼고 무엇을 생각하는지에 대해 민감성이 떨어집니다.
- 아이가 비뚤어지고 버릇없는 행동을 할 때조차 무관심할 때가 있습니다.
- 하지만, 아이가 커가면서 부모에게 무관심하거나 부모를 거부하게 되면 부모는 오히려 아이를 탓하게 됩니다.
- 부모는 아이에 대한 애틋한 감정이 없고, 아이를 키우는 재미를 못 느끼게 됩니다.
- 아이에게 관심을 갖고 사랑으로 대해 주세요.
- 아이와 함께 놀아주면서, 아이와 좋은 관계를 만들어가세요.

부모의 이런저런 양육태도 자녀의 모습은? 10 | 11

4. 유아 인성 교육을 위한 부모 훈련 프로그램 및 연수 자료집

개발주체 및 연도 교육과학기술부, 육아정책연구소(2012)

개발목적 유아기 자녀를 가진 부모가 인성 교육과 부모 역할의 중요성을 이해하고 바람직한 방법으로 인성 교육을 실시하는 데 필요한 정보와 전략을 제공하는 것을 목적으로 함

내 용 자녀 인성 지도에 근간이 되는 유아기 발달에 대한 이해와 부모-자녀 관계에 대한 내용 및 나눔, 양심, 예절, 책임, 공감, 자존감 함양을 위한 인성 교육 내용으로 구성됨

특 징

❶ 유아기 인성 발달의 근간이 되는 자녀 발달에 대한 이해와 부모의 양육 태도, 기질, 애착의 중요성에 대한 내용이 포함됨

❷ 단편적인 인성이 아니라 '함께 하는 세상', '정의로운 세상', '존중하는 세상', '책임지는 세상', '소통하는 세상', '자아가 건전한 세상'을 이루기 위한 공통 인성을 다룸. 예를 들면, '정의로운 세상'을 위한 인성에서는 양심, 질서, 정직, 도덕, 공정성, 정의에 대해 다룸

❸ 강사용 매뉴얼에 상세한 설명을 제시하고, 소집단 또는 대집단을 이끄는 강사 모두 사용하게 함

❹ 집단의 특성에 맞게 소집단 강의에서는 소책자를 사용하고 대집단 강의에서는 슬라이드 노트를 포함한 PPT를 사용함

❺ 책, 기사, 동영상, 만화, 삽화 등의 다양한 매체를 활용함

❻ 문제풀이, 토론, 역할극, 체크리스트, 경험 나누기, 퍼즐 완성하기 등의 다양한 활동을 통해 흥미와 몰입도를 높임

활용방법 소집단의 부모를 대상으로 10차시 프로그램을 진행하거나 대집단의 부모를 대상으로 강연하는 데 활용함

연구진 책임연구원 김희진(이화여자대학교 유아교육과 교수)
공동연구원 이경미(아이코리아부속 새세대유치원 원장)
김은영(이화여자대학교 유아교육과 겸임교수)
최명희(마포보육정보센터 센터장)

프로그램의 목적

- 유아기 자녀를 가진 부모가 인성 교육과 부모 역할의 중요성을 이해하고, 바람직한 방법으로 인성 교육을 실시하는 데 필요한 정보와 전략을 제공하는 것을 목적으로 함

프로그램의 주제와 내용

- 소집단과 대집단 프로그램 모두를 10차시의 내용으로 구성함

표 16-7 소집단 및 대집단 프로그램의 내용

구분	유아 인성 교육을 위한 부모 훈련 프로그램 (소집단)	유아 인성 교육을 위한 부모 연수 자료집 (대집단)
1	• 프로그램 소개와 인성의 개념 및 인성 교육의 중요성	• 프로그램 소개와 인성의 개념 및 인성 교육의 중요성
2	• 기본 내용 – 우리 아이 인성의 토대 다지기 1 – 인성의 바탕이 되는 유아기 발달	• 기본 내용 – 우리 아이 인성의 토대 다지기 1 – 인성의 바탕이 되는 유아기 발달
3	• 기본 내용 – 우리 아이 인성의 토대 다지기 2 – 부모–자녀 관계	• 기본 내용 – 우리 아이 인성의 토대 다지기 2 – 부모–자녀 관계: 애착과 기질
4	• 함께 하는 세상을 위한 인성 – 나눔, 배려, 협동, 조력, 다름에 대한 이해	• 기본 내용 – 우리 아이 인성의 토대 다지기 3 – 부모–자녀 관계(양육태도와 모델링)
5	• 정의로운 세상을 위한 인성 – 양심, 질서, 정직, 도덕, 공정성, 정의	• 함께 하는 세상을 위한 인성 – 나눔, 배려, 협동, 조력, 다름에 대한 이해
6	• 존중하는 세상을 위한 인성 – 예절, 존중, 효, 겸손	• 정의로운 세상을 위한 인성 – 양심, 질서, 정직, 도덕, 공정성, 정의
7	• 책임지는 세상을 위한 인성 – 책임, 절제, 인내, 자기조절	• 존중하는 세상을 위한 인성 – 예절, 존중, 효, 겸손
8	• 소통하는 세상을 위한 인성 – 공감, 의사소통, 정서 이해 및 표현, 조절, 협상, 감정이입	• 책임지는 세상을 위한 인성 – 책임, 절제, 인내, 정직, 자기조절
9	• 자아가 건전한 세상을 위한 인성 – 자존감, 긍정적 사고, 자아 개념	• 소통하는 세상을 위한 인성 – 공감, 의사소통, 정서 이해 및 표현, 조절, 협상, 감정이입
10	• 정리: 프로그램 평가 및 효과 평가	• 자아가 건전한 세상을 위한 인성 – 자존감, 긍정적 사고, 자아 개념

프로그램의 구성

- 유아 인성 교육을 위한 부모 훈련 프로그램(소집단)에서 사용될 진행자 매뉴얼과 부모용 소책자, 유아 인성 교육을 위한 부모 연수 자료집(대집단)에서 사용될 PPT(강의자용 슬라이드 노트 포함), 모든 것을 담은 CD-ROM으로 구성됨

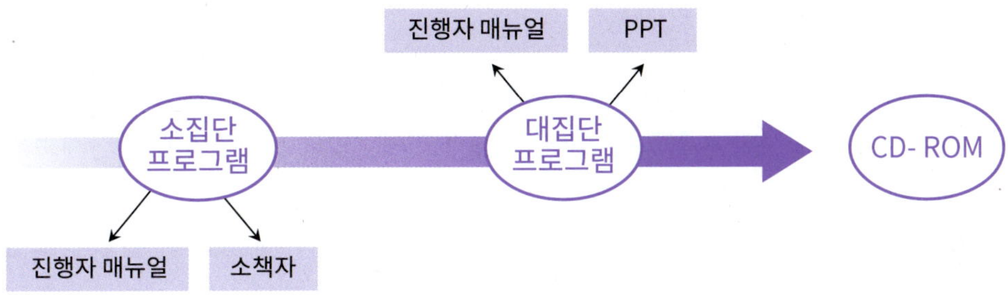

유아 인성 교육을 위한 부모 훈련 프로그램(소집단)

- 소집단과 대집단 프로그램 모두를 10차시의 내용으로 구성함

1 프로그램 특성

- 10차시(각 차시별 90분) 과정으로 개발됨
- 다양한 교수-학습 전략을 사용하여 훈련 효과를 극대화함
  - 주입식 형태의 일방적인 강의가 아니라 동영상이나 사진, 글 등을 통해 생각해 보는 시간을 제시하고 토론해 봄으로써 동기를 부여함
  - 자녀를 위한 인성 교육에 앞서 부모 자신을 돌아볼 수 있는 기회를 제공함

    예 미리 찾아보는 나의 '인성' 지수, 나를 위한 전략: 나부터 바꿔보자
  - 부모가 소집단 활동에서 할 수 있는 활동 중심으로 전개

    예 자기 생각 말하기, 함께 문제 풀기, 체크리스트 하기, 나라면 이 상황에서 이렇게 반응, 부모가 같은 인성을 대상별 또는 맥락(상황)별 적응하는 방법을 생각해 보기, 부모가 자녀와 하는 활동 고안해 보기, 문제 상황에서 해결법 만들기, 경험 나누기 등

- 가정과 연계하여 자녀뿐만 아니라 가족 전체가 실천할 수 있는 전략을 제시하고 실천하도록 과제를 부여함
- 매 차시 시작마다 지난 시간 돌아보기를 통해 배운 내용을 점검하고 가정에서 실천한 것에 대해 확인, 평가하는 시간을 가짐

2 진행자 매뉴얼

- 강의 목적, 강의 개요, 강의 전개의 순서로 강사의 역할을 상세히 안내함

3 부모용 소책자

- 부모용 소책자는 부모가 실시할 활동을 중심으로 구성되어 있음
- 각 주제마다 실시되는 활동은 크게 씨앗의 단계, 꽃의 단계, 열매의 단계로 구성되어 있으나, 방법 및 전략은 주제의 특성에 맞게 구성됨
- 부모용 소책자에 제시된 기본적 단계와 단계별 세부적 내용에 따른 활동의 종류 및 특성은 다음과 같음

예 16-4 부모용 소책자의 구성

■ 도입

씨앗의 단계

도입	씨앗의 단계 (인식의 단계)	현재 자신의 인성 요소에 대한 이해와 실천적 수준을 인식하고 문제의식을 갖는 단계

■ 전개

꽃의 단계

전개	꽃의 단계 (이해와 실천의 단계)	인성 요소의 개념과 필요성에 대한 지식을 이해하고 실제 부모자신 및 자녀의 인성 요소를 발달시킬 수 있는 기술을 습득하는 단계

■ 마무리

열매의 단계

마무리	열매의 단계 (생활화와 나눔의 단계)	훈련을 통하여 얻은 지식과 기술에 대한 자기 평가 및 삶에 일상적으로 적용할 수 있는 계획을 수립하고 이를 실현할 수 있는 다양한 추가 정보를 얻는 능력을 키우는 단계

- 단계별 세부적 내용
  - 각 단계 아래 각각 여러 형태의 하위 항목을 만듦
  - 인성 요소의 특성에 따라 항목을 가감함
- 지난시간 돌아보기
  - 프로그램의 맨 처음에 지난 시간에 배웠던 내용을 요약, 평가해보는 활동
  - O/X 문제, 줄긋기, 괄호 넣기, 지난 주 내용 요약 및 실천 소감 등

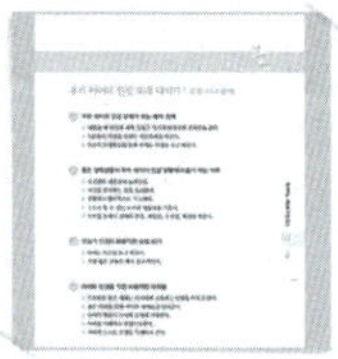

씨앗의 단계
- 생각해 보는 한 토막, 미리 찾아보는 나의 〈인성〉 지수라는 활동으로 구성됨
- 생각해 보는 한 토막에서는 인성요소에 대해 관심을 불러일으킬 수 있는 짧은 글, 사진화보, 신문이나 잡지에 기고된 글, 동영상 등에 대한 내용을 가지고 활동 진행
- 미리 찾아보는 나의 〈인성〉 지수에서는 각 인성의 행동을 일상에서 이미 실천하고 있는 요소를 찾아서 적어보거나 각 인성의 특성에 따라 세부내용별 또는 상황별, 대상별 등으로 구분한 표를 제시하여 활동 진행

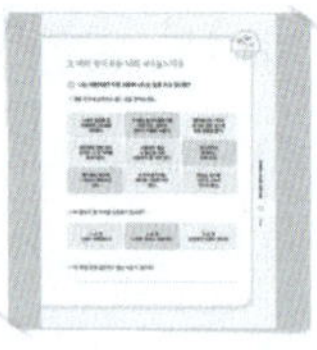

계속

꽃의 단계

〈이론 부분〉

- 이론에 해당되는 내용으로는 본질 탐구, 관계 탐구, 미래 탐구가 있음
- 본질 탐구에서는 너의 정체는 무엇이냐? 라는 항목으로 〈인성〉의 정의와 개념에 대해 이해를 돕기 위한 활동으로 과거와 현대의 다양한 고전/사례를 통해 각 인성의 의미 고찰

- 관계 탐구에서는 너의 친구는 누구냐? 라는 항목으로 같은 유형끼리 묶인 인성 덕목에 대한 개념이나 이해를 돕는 내용으로 구성

- 미래 탐구에서는 너를 어디에 쓸고? 라는 항목으로 〈인성〉이 갖춰질 때 그 이후 삶(유아기, 학동기, 성인기)에 미치는 영향에 대한 이해를 돕는 내용으로 활동 구성
- 부모의 양육이 자녀를 어떻게 성장하게 하는지와 관련된 예 포함

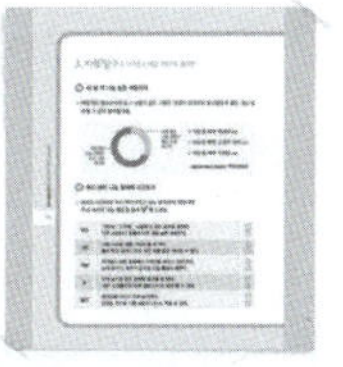

〈실천 부분〉

- 실천에 해당되는 내용으로는 나를 위한 전략, 아이를 위한 전략, 가족을 위한 전략이 있음
- 나를 위한 전략에는 나부터 바꿔보자! 라는 항목으로 부모의 〈인성〉을 강화하기 위한 다양한 활동 제시

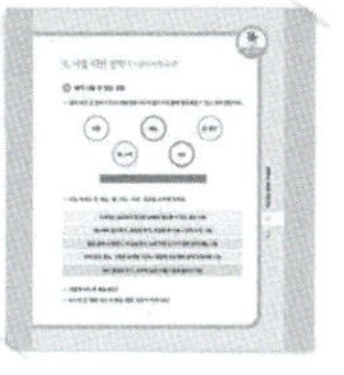

- 아이를 위한 전략에는 아이도 바꿔보자! 라는 항목으로 자녀의 〈인성〉을 강화하기 위한 자녀 지도 방법에 대해 다양한 활동 제시

- 가족을 위한 전략에는 모두 다 바꿔보자! 라는 항목으로 가족 전체의 〈인성〉을 강화하기 위한 방법에 대해 다양한 활동 제시

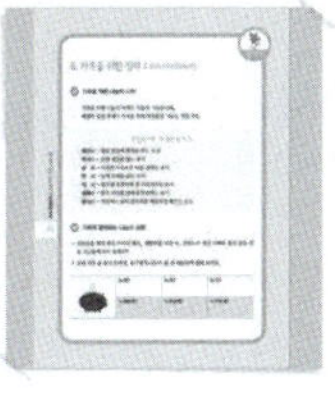

열매의 단계

- 정리하기, 정보 나누기 활동으로 구성됨
- 정리하기는 이번 시간에 학습한 내용에 대해 정리해보는 활동으로 내용 요약 및 핵심어 찾기, 단답식, O/X퀴즈, 줄긋기, 간단한 느낌쓰기 등 다양한 형태로 제시함

- 정보 나누기는 부모 훈련을 정리하면서 추가적인 정보를 얻을 수 있는 활동으로 책, 영화, TV 프로그램, 강좌, 캠프, 관련된 부모 훈련 프로그램, 교육기관, 재단이나 협회, 학회, 특별한 장소 등을 소개함

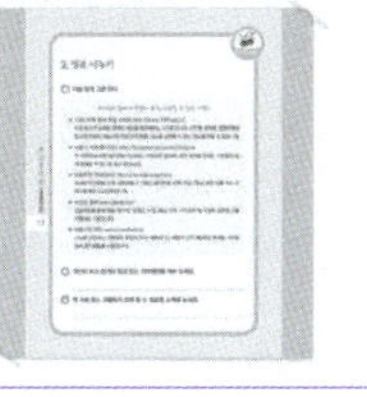

유아 인성 교육을 위한 부모 연수 자료집(대집단)

- 기본 내용은 '유아 인성 교육을 위한 부모 훈련 프로그램(소집단)'과 같으나, 강의용으로 내용을 재구성한 프로그램임
- 필요에 따라 다양한 길이의 시간으로 프로그램을 구성할 수 있도록 20분, 40분, 60분 길이로 제작함

표 16-8 다양한 시간으로 구성한 프로그램

구분	내용
60분 강의 시	• 자녀와 함께 하는 인성 교육의 6가지 인성 유형(5~10주차용) 중 하나를 선택해서 강의 • 단, 이론 부분이 강의 내용 안에 포함될 수 있도록 강사용 매뉴얼을 반드시 숙지하는 것이 바람직함
90분 강의 시	〈기본 이론 내용 + 6가지 인성 유형 중 하나 선택〉 • 1차시 중 인성 개념 + 6가지 인성 유형 중 하나 • 1차시 중 인성 교육의 중요성 + 6가지 인성 유형 중 하나 • 2차시 중 뇌발달 및 인지발달 + 6가지 인성 유형 중 하나 • 2차시 중 정서 및 사회성 발달 + 6가지 인성 유형 중 하나 • 3차시 애착 및 기질 + 6가지 인성 유형 중 하나 • 4차시 양육태도 및 모델링 + 6가지 인성 유형 중 하나 ※ 60분 강의 내용을 상세히 설명하며 90분 강의로 진행해도 됨
120분 강의 시	〈기본 이론 내용 + 6가지 인성 유형 중 하나 선택〉 • 1차시 + 6가지 인성 유형 중 하나 • 2차시 + 6가지 인성 유형 중 하나 • 3, 4차시 + 6가지 인성 유형 중 하나 〈6가지 인성 유형 중 두 개 선택〉 • 자아가 건전한 세상을 위한 인성 + 나머지 인성 유형 중 하나 • 함께 하는 세상을 위한 인성 + 소통하는 세상을 위한 인성 • 함께 하는 세상을 위한 인성 + 책임지는 세상을 위한 인성 • 정의로운 세상을 위한 인성 + 존중하는 세상을 위한 인성 • 정의로운 세상을 위한 인성 + 책임지는 세상을 위한 인성 • 소통하는 세상을 위한 인성 + 존중하는 세상을 위한 인성

- 강연자는 '유아 인성 교육을 위한 부모 훈련 프로그램(소집단)'에 제시된 진행자 매뉴얼을 읽고 준비함
- 강의를 듣는 부모는 소책자의 내용과 유사하나 PPT로 제작된 자료를 봄

• 동일 주제에 대한 소책자의 일부와 PPT의 해당 부분을 비교하면 다음과 같음

예 16-5　동일 주제에 대한 소책자의 일부와 PPT의 해당 부분을 비교

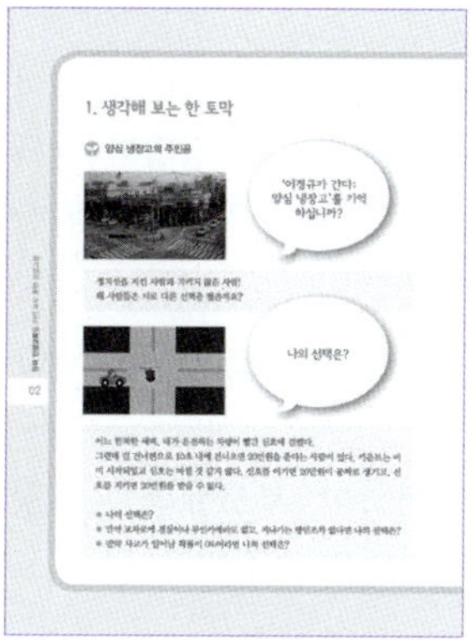

소책자 1

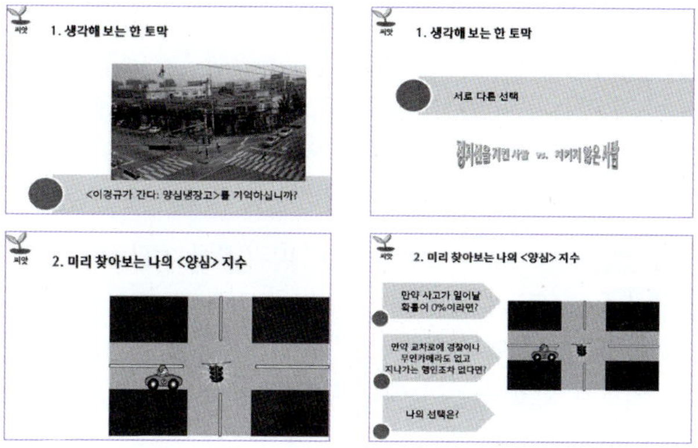

PPT 1

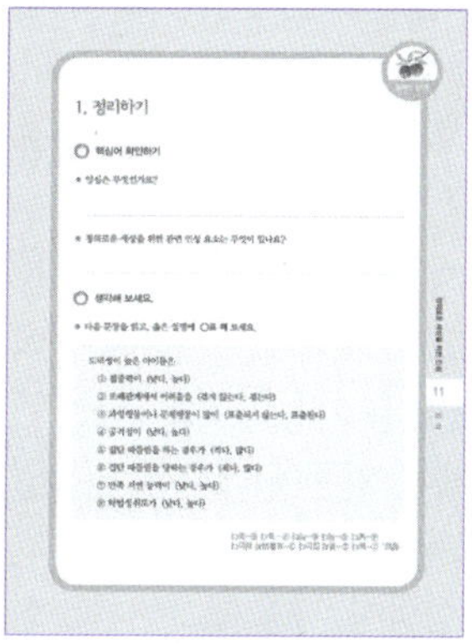

소책자 2

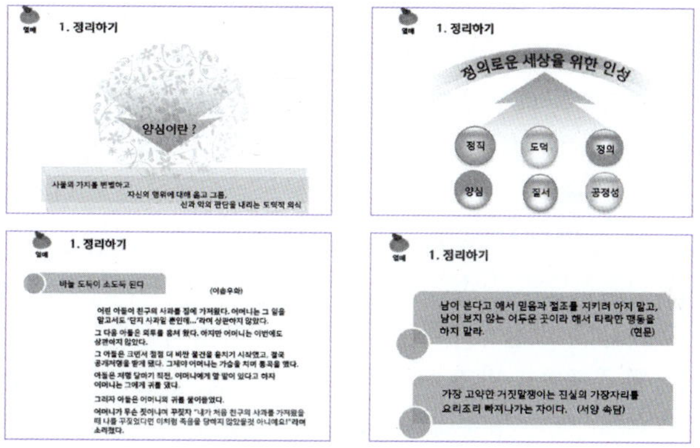

PPT 2

5. 여성가족부 부모교육 매뉴얼

개발주체 및 연도 여성가족부(2017)

개발목적 영유아기, 초등학생, 중·고등학생 등 자녀의 연령에 따라 요구되는 부모 역할이 달라, 이를 지원하는 부모교육이 필요함. 결혼과 임신, 출산, 자녀의 성장에 따른 부모의 역할 변화를 반영하고, 각 시기별 부모를 지원하고 역량을 강화하기 위한 교육 자료를 개발, 보급하는 것을 목적으로 함

내 용 임신, 출산, 자녀의 성장에 따라 부모가 필요한 지식, 태도 등에 대한 내용으로 구성됨

특 징

1. 자녀와 더불어 성장하는 부모에게 필요한 내용을 구성하기 위하여, 부모교육의 가장 기초가 되고 근본이 되는 부분은 공통 부분으로 구성하고, 자녀의 성장과 발달을 고려하여 구분 편성
2. 교육 내용 구성에 부와 모, 남아와 여아 등 성에 따른 편견이 없도록 양성 평등적 가치를 견지하고자 노력하며 양성 평등적 가치관 반영
3. 다양한 가족 유형을 고려하고자 부모교육의 일반적 내용과 더불어 다양한 가족 특성에 따라 요구되는 어려움과 지원 내용을 특화하여 교육 내용을 구성
4. 부모교육 대상에 따라, 강의 시간에 따라 강사가 강의 내용을 선택하여 구성하고 활용할 수 있도록 교육 자료를 모듈 형식으로 기획 개발
5. 발달과정에 따라 그 시기의 특성을 반영하여 모듈 형식으로 개발된 PPT와 강의용 매뉴얼, 동영상은 강의자에게는 부모교육 준비에 부담을 덜어주고, 부모에게는 개별 학습이 가능하도록 구성하고 오프라인 강의뿐 아니라 온라인으로도 활용 가능하도록 구성
6. 교육부, 보건복지부 등 타 부처, 육아정책연구소, EBS 등에서 기존에 개발된 매뉴얼 및 콘텐츠를 반영하여 재구성하고 또한 관련 부모교육 자료를 안내
7. 여성가족부가 중심이 되어 개발 과정에도 아동학, 가족학, 상담학, 교육학, 여성학, 심리학, 사회복지학 등 다양한 배경을 지닌 전문가 참여
8. 부모교육 내용에서 부모 스스로 돌아보는 부분을 포함하고 부모교육 이후 부모 스스로 진단 가능한 척도를 마련

활용방법 부모교육 시 필요한 주제와 관련된 강의용 PPT, 동영상을 활용하여 오프라인 또는 온라인 강의 진행

연구진 총 12권 중 영아와 유아기 자녀를 둔 부모 집필진

영아기 집필진	유아기 집필진
김지현(육아정책연구소 부위원) 마미정(중앙육아종합지원센터 센터장) 신혜원(서경대학교 아동학과 교수)	이규림(육아정책연구소 부위원) 김희진(이화여자대학교 유아교육과 교수) 마미정(중앙육아종합지원센터 센터장)

프로그램의 목적

- 유아기, 초등학생, 중·고등학생 등 자녀의 연령에 따라 요구되는 부모 역할 수행에 도움이 되는 부모교육 자료를 제공하는 것을 목적으로 함

프로그램의 주제와 내용

- 모든 연령에 공통으로 적용되는 내용(1권)과 영아기 자녀를 둔 부모(5권), 유아기 자녀를 둔 부모(6권), 아버지(10권)에게 적용되는 내용, 그리고 가족의 특성(11권)에 따라 적용되는 내용만 살펴보면 다음과 같음

표 16-9 대상 및 내용

구분	대상	내용
1권	공통	① 부모됨이란? ② 부모로서의 자기 이해 ③ 부모의 발달 과업 ④ 부모-자녀 관계 ⑤ 사회적 돌봄
5권	영아 부모	① 영아의 개별적인 특성에 적합한 양육 방식 ② 영아의 생활습관 및 식습관 형성 ③ 영아와의 의사소통 및 애착 형성 ④ 영아 양육 환경과 육아 관련 정보 선별 ⑤ 자녀 출산 후 부부간 역할분담 및 역할갈등 개선
6권	유아 부모	① 자녀 발달 특성 이해 ② 자녀의 놀이 지원 ③ 자녀와의 관계 맺기 ④ 학습 기초 다지기 ⑤ 유아기 양육 정보
10권	아버지	① 아버지됨이란? ② 아버지의 양육 참여 ③ 아버지의 놀이 지원 ④ 아버지의 의사소통 ⑤ 아버지의 역할
11권	가족 특성별	① 맞벌이 가족의 건강한 자녀 키우기 ② 한부모 가족의 건강한 자녀 키우기 ③ 재혼 가족의 건강한 자녀 키우기 ④ 다문화 가족의 건강한 자녀 키우기 ⑤ 조손 가족의 건강한 자녀 키우기 ⑥ 비동거 가족의 건강한 자녀 키우기

프로그램의 구성

- 부모교육을 위한 매뉴얼과 강의용 PPT, 교육용 동영상으로 구성됨
  - 부모 생애 주기별 교육과정으로 개발됨
  - 강의용 PPT를 제공하며, 일방적인 강의가 아니라 동영상과 워크숍 등을 통해 부모가 직접 생각하고 참여할 수 있는 기회를 제공함
  - 강의 시 활용할 수 있는 워크숍 자료를 제공함

생애주기별		주제	매뉴얼	PPT	동영상
총론		-	총론	-	당신은 어떤 부모인가요? (종합)
공통		5개	제1권	5종	부모와 자녀, 적절한 거리
예비부모	청소년	10개	제2, 3권	4+6종	돌봄은 힘이 세다/ 스스로 양말을 개 본적이 있나요?
	성인	5개	제4권	5종	부모의 실수
영유아	영아 부모	5개	제5권	5종	애착은 건강한 성장의 첫걸음
	유아 부모	5개	제6권	5종	놀이는 밥이다
학령기	초등 부모	5개	제7권	5종	가장 큰 선물은 함께하는 시간
	중등 부모	5개	제8권	5종	I-Message로 대화 나누기
	고등 부모	5개	제9권	5종	부모는 최고의 진로 상담가
아버지		5개	제10권	5종	아빠 효과
가족특성별 (한부모, 다문화, 장애, 입양, 조부모)		6개	제11권	6종	어느 소년의 꿈
상담		6개	제12권	6종	대화가 필요해
총 계		총 62개	총13권	총 62종	총 13종

그림 16-1 교육 매뉴얼 및 교육 자료의 구성

예 16-6 PPT 주제별 요약

제 1 권 부모교육 공통

번호	제목(주제)	교육 내용	PPT 예시
1	"부모 됨이란 무엇인가?" (부모 됨이란?)	- "부모"에 대해 우리가 기존에 지닌 이미지 탐색 - 우리 안에 있는 "부모 됨의 신화" 발견 - "부모 됨의 신화"를 되짚어 보며 올바른 방향 탐색 - 다양한 부모됨의 모습 안내	
2	"나와 마주보기" (부모로서의 자기 이해)	- 가족과 나 - 건강한 나 - 노력하는 나	
3	"자녀와 함께 성장하는 부모" (부모의 발달 과업)	- 나는 어떤 부모일까? - 생애주기에 따른 자녀의 발달 과업 - 생애주기에 따른 부모의 역할 변화 - 적절한 양육행동이란 무엇일까? - 부모역할을 통해 성장하기	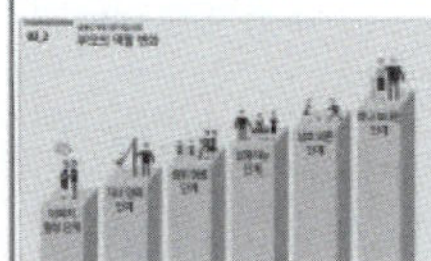
4	"부모와 자녀 사이" (부모-자녀 관계)	- 부모와 자녀 사이에 대해 생각해보기 - 가족주기에 따른 부모 자녀 관계 - 자녀를 존중하는 대화 나누기 - 원칙과 책임감을 가르치기 - 자녀와 공감하고 협동하기	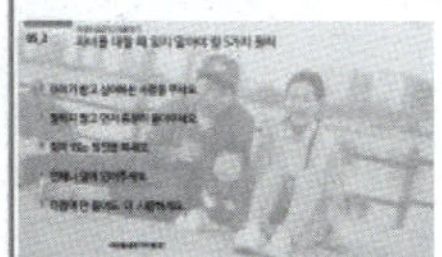
5	"함께 하는 육아 공동체" (사회적 돌봄)	- 출산과 양육의 책임에 대해 해외 사례 안내 - 더 넓은 가족의 의미 소개 - 함께하는 육아의 중요성 소개	

제 5 권 영아 부모교육

번호	제목(주제)	교육 내용	PPT 예시
1	"내 아이는 어떤 아이?" (영아 개별적인 특성에 적합한 양육방식)	- 자녀의 특성을 파악하고 영아 개인특성에 따라 양육방식이 달라져야 함을 안내 - 기질 및 성별에 따른 양육 방식의 사례 안내 - 발달 수준에 따라 중점을 두어야 하는 양육 방식 및 부모 역할 안내	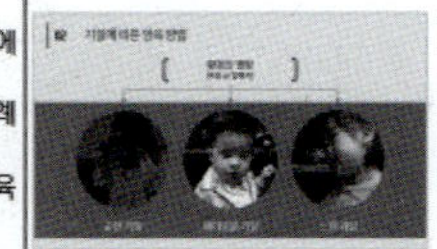
2	"어떻게 재울까 어떻게 먹일까?" (영아의 생활습관 및 식습관 형성)	- 잠자기, 먹기, 씻기 및 배변하기 등 기본생활 습관 형성이 안정적으로 이루어져야 함의 중요성 안내 (세부 연령별) - 영아가 떼 부리는 원인과 떼 부리는 과정 및 건강한 훈육 지침 안내	
3	"마음의 소리를 듣고 답해요" (영아와의 의사소통 및 애착 형성)	- 언어 능력이 덜 발달된 영아가 부모 및 타인과 의사소통하는 특징 및 영아와 효과적으로 의사소통 하는 지침 안내 - 영아의 건강한 발달을 위해 가장 중요한 요소 중 하나인 부모(양육자)의 민감성의 의미를 설명 - 세부 연령별 영아의 반응에 민감하게 반응하고 상호작용하는 부모의 역할 지침 안내	
4	"안전하게 키우고 바른 정보 이용해요" (영아 양육환경과 육아관련정보 선별)	- 영아기 자녀를 위한 육아정책 소개 - 영아기 자녀를 위한 부모이용정보 소개 - 가정 내 양육환경 알아보기 - 가정 내 놀이 환경 알아보기	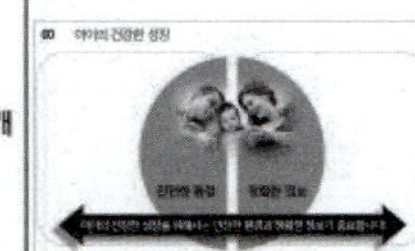
5	"우리아이 부부가 함께 키워요" (자녀 출산 후 역할분담 및 관계 개선)	- 자녀 출산 이후 달라진 부부의 생활 패턴과 양육 분담 계획하기 - '부부함께 육아'의 중요성과 배우자와의 의사소통을 위한 팁 제공 - 아이를 둘러싼 양육자 간 갈등을 이해함 - 양육자들의 갈등을 효과적으로 해결하는 방안 논의	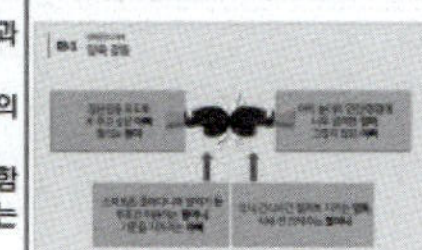

계속

| 예 16-6 | 계속

제 6 권 유아 부모교육

번호	제목(주제)	교육 내용	PPT 예시
1	같이 크는 아이와 나 (자녀 발달 특성 이해)	- 유아기 주요 발달 특성 - 발달 특성에 따른 부모의 역할 - 적합한 발달을 돕는 교육내용	
2	잘 노는 미래의 인재로 키우기 (자녀의 놀이 지원)	- 유아기 놀이의 중요성 - 놀이유형 및 방법 - 일상생활에서 활용 가능한 놀이 지원 방법	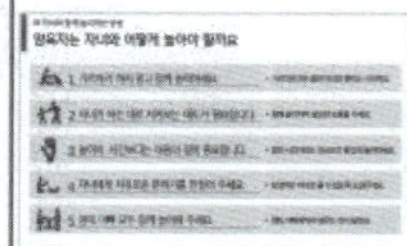
3	우리 사이 어떤 사이? (자녀와의 관계 맺기)	- 자녀와의 관계 맺기의 중요성과 방법 - 효과적인 대화법 및 문제행동 해결 방법 - 자녀와의 관계 증진을 위한 전략	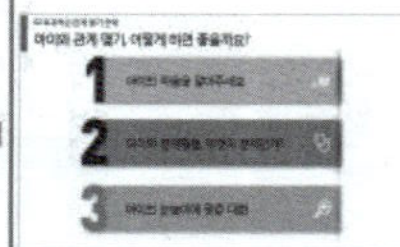
4	즐겁게 공부하는 아이로 키우기 (학습의 기초다지기)	- 유아 자녀의 학습 범위 및 유형(어떤 유형의 학습을 할 것인가/언제 시작할 것인가? 등) - 기타 학습 준비에 대한 부모의 요구 및 고민	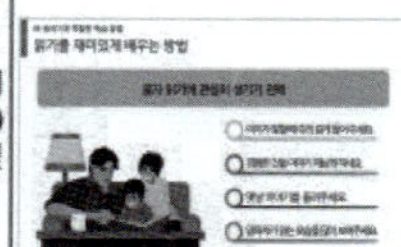
5	알수록 도움되는 양육정보 (유아기 양육 정보)	- 기관 활동에 대한 자녀와 부모의 상호작용 방법 - 기관 선택시 유의사항 - 기관에서 할 수 있는 부모참여활동 안내 - 유아 관련 정부의 육아정책 소개 등	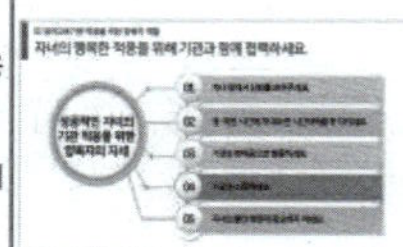

제 10 권 아버지 교육

번호	제목(주제)	교육 내용	PPT 예시
1	신(新)나는 아빠 ('부담' 아닌 '즐거움') 자발적이고 즐거운 아빠가 되기 위한 아빠의 마음가짐	- 남녀 및 부모의 차이를 통해 부성의 본질을 이해한다. - 아버지효과에 대해 이해한다. - 아버지참여와 관련한 쟁점들에 대해 살펴본다. - 적극적이고 자발적인 아버지참여 방안을 모색한다.	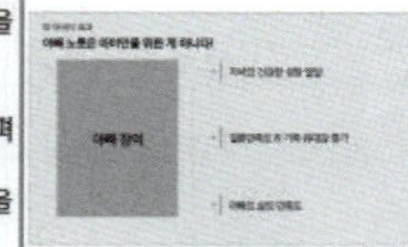
2	함께하는 아빠 ('어쩌다' 아닌 '언제나') 일과 가정을 조화시키는 아빠의 시간계획	- 아버지상의 변화와 일·가정조화의 중요성을 인식한다. - 아버지의 일·가정 양립 현실을 살펴본다. - 생활시간분석을 통해 자신의 일·가정 양립 수준을 파악한다. - 아빠시간 15분을 계획하고, 가족과 함께하는 시간을 만든다.	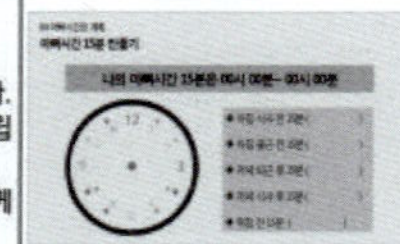
3	놀이하는 아빠 ('놀아주는' 아닌 '같이 노는') 아이와 아빠 모두가 즐기는 아빠식 놀이	- 아빠놀이의 의미와 중요성을 이해한다 - 아빠놀이의 필요성을 인식한다. - 자녀의 발달단계 특성과 발달단계별 놀이특성을 파악한다. - 아빠놀이 실습을 통해 직접 아빠놀이를 체험한다.	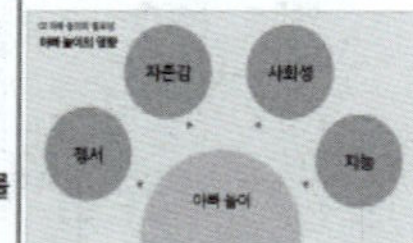
4	통하는 아빠 ('통제' 아닌 '공감') 존중하고 공감하는 아빠식 소통	- 가족의사 소통의 어려움을 탐색한다. - 아버지의 3단계 소통법으로써 SNS를 제시한다. - 판단하지 않고 아이의 마음을 읽는 공감연을 한다. - 비언어적 표현의 중요성을 이해한다. - 언어적 표현으로써 '나-전달법'을 연습한다.	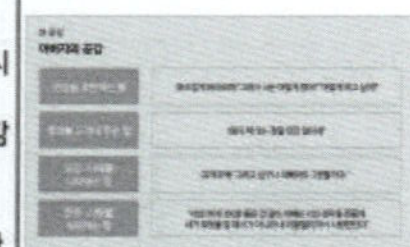
5	키우는 아빠 ('지식' 아닌 '태도') 아이의 마음근력을 키워주는 아빠식 교육	- 자녀교육에 대한 아버지의 책임과 역할을 알아본다. - 마음근력에 대해 이해한다. - 마음근력을 어떻게 키워줄 것인지 알아본다. - 더불어 살아가기 위한 아버지의 역할에 대해 생각해본다.	

계속

| 예 16-6 | 계속

제 11 권 가족특성별 부모교육

번호	제목(주제)	교육 내용	PPT 예시
1	함께 하는 부모, 행복한 아이 (맞벌이 가족의 건강한 자녀 키우기)	- 맞벌이 가족으로서의 고민을 공감하고, 부모와 자녀에게 무엇이 필요한지 알아봄 - 맞벌이 부모로서 효율적으로 양육하는 방법을 안내함	
2	한부모 가족의 자신만만 아이 키우기 (한부모 가족의 건강한 자녀 키우기)	- 한부모 가족으로서의 고민을 자녀의 발달단계와 가족유형별로 알아봄 - 한부모로서 효과적으로 양육하는 방법을 안내함	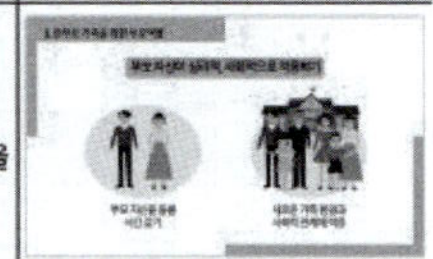
3	재혼 가족, 새롭게 거듭나기 (재혼 가족의 건강한 자녀 키우기)	- 재혼 가족에 대한 잘못된 생각을 알아보고 이를 바로잡음 - 재혼 가족으로서의 고민을 공감함 - 새로운 가족으로 거듭나기 위한 양육 방법을 안내함	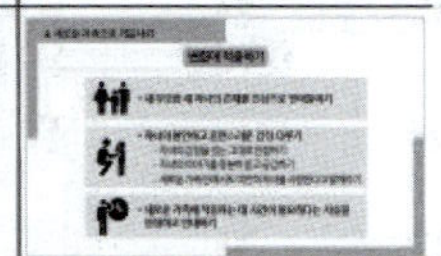
4	함께 사는 다문화, 행복한 아이 (다문화 가족의 건강한 자녀 키우기)	- 다문화 가족으로서의 고민을 공감하고, 자녀에게 무엇이 필요한지 알아봄 - 자녀의 정체성을 바로 세울 수 있는 방법을 안내함 - 자녀 및 자녀의 주변과 효율적으로 소통하는 방법을 안내함	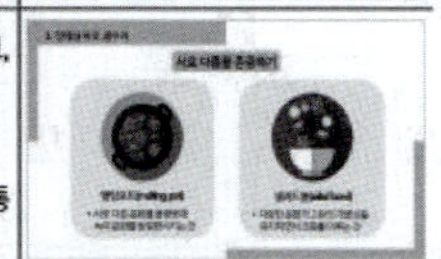
5	지혜로운 조부모의 눈높이 양육 (조손 가족의 건강한 자녀 키우기)	- 조부모 양육의 강점을 안내함 - 조부모의 고민과 손자녀 양육의 의미를 찾아봄 - 손자녀의 마음을 이해할 수 있도록 도움 - 조부모 역할을 효율적으로 수행하는 방법을 안내함	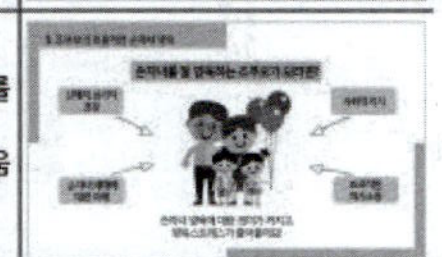
6	따로 또 함께 사랑을 키우는 가족 (비동거 가족의 건강한 자녀 키우기)	- 비동거 가족으로 살아가고 있는 가족 구성원들의 마음을 알아봄 - 건강한 비동거 가족으로 지내기 위한 방법을 안내함	

6. 부모교육 및 지원을 위한 기타 관련 자료

1) 유아를 위한 부모교육 자료(「유능하고 행복한 자녀로 키우기」)

개발주체 및 연도 교육인적자원부(2002)

개발목적 과도한 유아 조기 및 특기 교육의 성행으로 유아들이 스트레스를 겪는 문제가 대두됨에 따라 부모에게 유능하고 행복한 자녀를 키우기 위해 필요한 것이 무엇인지를 소개하기 위함

자료형태 소책자, CD-ROM, 비디오(상영시간 30분), 리플렛

내 용

❶ 소책자: 11개의 주제(발달, 적기 교육, 바른 생활 습관, 놀잇감, 그림책, 창의성, 친구 관계, 자녀와의 대화, 비디오 시청, 성교육, 언어 교육 등) 다룸
❷ 비디오: 과잉 조기 교육, 조기 영어 교육 및 비디오 과다 시청의 문제점 제시, 과잉 조기 교육이 뇌 발달에 미치는 부정적 영향 제시, 앞으로의 자녀 교육 방향 제시
❸ 리플렛: '행복한 아이가 유능해진대요/엄마, 아빠! 뇌 발달이 아주 중요해요/엄마, 아빠! 놀이가 공부래요/엄마, 아빠! 이렇게 해주세요/유치원이 학교인 것을 알고 계신가요'의 주제를 다룸

특 징

❶ 부모를 대상으로 유아 조기 및 특기 교육의 문제점에 대해 이야기할 때 사용할 비디오와 리플렛이 포함됨
❷ 보건소, 소아과, 유치원 등 부모가 자주 방문하는 장소에 리플렛을 비치하도록 함

활용방법

❶ 각 기관에서 바람직한 유아기 교육을 주제로 부모 교육 및 지원 활동을 실시할 때 사용할 수 있음
❷ 책자와 CD-ROM을 적절히 활용하여 통신문, 부모회 강의 자료, 부모 소집단 활동, 그리고 가정에서의 활동 자료로 활용할 수 있음

연구진 개발진 이기숙(이화여자대학교 교수)
장영희(성신여자대학교 교수)
정미라(경원대학교 교수)
이경미(한국어린이육영회 부설 유치원장)

2) 유아기 부모를 위한 양성 평등 의식 교육 프로그램

개발주체 및 연도 여성부(2002)

개발목적 유아기 자녀와 유아기 부모를 대상으로 건전한 성 역할 의식을 함양하고, 양성 평등 의식의 교육을 담당한 강사를 위해 개발됨

자료형태 책자

내 용 양성 평등 의식 교육의 중요성, 양성 불평등의 현황, 양성 평등 사회 구현을 위한 전략, 학습 및 실제 활동들 제시함

특 징

❶ 유아기 부모 양성 평등 의식 교육을 담당할 강사의 활동 진행을 위해 활동을 도입(만화, 사진 자료, 체크리스트, OX 퀴즈, 사례들, 다양한 방법들 제시), 전개, 정리의 차례로 제시함

❷ 학습자를 위해 전체 50개의 활동에 적절하고 다양한 유형의 교수 방법(역할극, 집단토의, 체크리스트, 미디어 시청 및 분석, 사례 분석 등)과 학습자 자료를 함께 제시함

활용방법 50시간 연수 프로그램으로 개발되었으나, 강사나 학습자에 따라 맞춤형 교육을 할 수 있게 선택하여 활용함

연구진 연구책임자 박은혜(이화여자대학교 유아교육과)
공동연구자 김희진(이화여자대학교 유아교육과)
곽삼근(이화여자대학교 교육학과)
김정원(한국성서대 보육학과)

3) 삼성 영유아 프로그램 Ⅱ. 포괄적 보육 서비스 : 부모 지원 프로그램 진행자 매뉴얼

개발주체 및 연도 삼성아동교육문화센터(2005)

개발목적 여러 대상에게 다양한 서비스를 제공하는 포괄적 부모 지원 프로그램의 계획 및 개발, 실행, 평가에 관련된 모든 것을 안내하여 부모 지원 프로그램을 진행하는 데 직접적인 도움을 주기 위함

자료형태 책자

내 용 부모 지원 프로그램 개발을 위해 준비 단계, 실행 단계, 마무리 단계에서 알아야 할 내용과 점검해야 할 사항들을 구체적으로 제시함

특 징

❶ 각 장마다 배운 내용을 점검하고 인식의 변화를 측정할 수 있는 평가 척도를 제시함

❷ 자신의 생각을 직접 적어보고 연습할 수 있도록 제시됨

❸ 프로그램 진행에 도움이 되도록 부모 지원 프로그램을 실시한 어린이집의 사례, 부모지원 프로그램에서 활용할 수 있는 설문지, 서식 및 정보, 소책자를 함께 제공함

활용방법

❶ 부모 지원 프로그램을 계획하기 전에 숙지하여, 프로그램 개발, 실행, 평가 시 참고함

❷ 부록에 포함된 부모용 소책자, 설문지, 정보 등을 활용하여 부모에게 제공함

연구진 김희진(이화여자대학교 유아교육학과 교수)

4) 직장보육시설의 취업부모를 위한 육아 지원 프로그램

개발주체 및 연도 근로복지공단(2009)

개발목적 영유아 육아 환경을 개선함으로써 영유아의 성장을 도모하고, 취업부모의 건전한 육아관 형성과 육아기술 습득을 지원하며, 취업부모를 위한 직장보육시설의 육아 지원을 체계화하고 효율적으로 실천하는 것을 목적으로 함

자료형태 책자

내 용 3개 내용(가족 참여 중심의 육아 지원 실제, 가족 놀이 중심의 육아 지원 실제, 가정통신 자료 중심의 육아 지원 실제)으로 서술됨

내용	내용별 활동	
가족 참여 활동 12개	봄 3개	• 오리엔테이션, 프로젝트, 신체 활동
	여름 3개	• 놀이강연, 표현 활동, 견학
	가을 3개	• 강연/워크숍, 자연 체험 활동, 신체 활동
	겨울 3개	• 놀이 1, 워크숍, 놀이 2
가족 놀이 활동 6개	일상놀이 3개	• 몸놀이, 생각놀이, 놀잇감 놀이
	주말(휴일놀이) 3개	• 공터놀이, 자연 체험놀이, 문화 체험놀이
통신문 12개	• 좋은 부모되기와 관련된 통신문 4개	
	• 건강한 아이로 키우기와 관련된 통신문 4개	
	• 바른 아이로 키우기와 관련된 통신문 4개	

특 징

❶ 일반 부모가 아닌 직장보육시설에 자녀를 보내는 부모를 대상으로 개발된 프로그램

❷ 어린이집에서 주관하여 실시하는 가족 참여 활동과 가정에서 부모와 자녀가 할 수 있는 놀이와 관련된 활동을 주로 제시함

활용방법 직장보육시설에서 어린이집 주관 활동, 가정에서 하는 활동, 또는 통신문으로 활용함

연구진 책임연구원 이경화(부경대학 유아교육과 교수)
공동연구원 김미숙(근로복지공단 창원어린이집 시설장)
박귀엽(사하삼성어린이집 시설장)
우미경(KRX푸르니어린이집 시설장)
차미영(부산세관어린이집 시설장)
최영주(기흥삼성어린이집 시설장)
홍성희(근로복지공단 직장보육시설 지원센터 보육지도원)

5) 유아·부모·교사를 위한 유치원 부모교육 프로그램

개발주체 및 연도 서울특별시유아교육진흥원(2012)

개발목적 유치원 관리자 또는 교사가 유치원 교육의 중요성과 특성에 대한 부모의 이해를 높이고, 유아기 자녀를 둔 부모가 시대적 변화에 따른 부모의 역할을 수행할 수 있도록 지원하는 부모교육을 용이하게 실시하도록 돕는 것을 목적으로 함

자료형태 책자

내 용 홍보용으로 사용할 수 있는 주제 2개, 맞춤형으로 실시할 수 있는 주제 4개, 교원용 부모 상담 자료 3개

내용	주제
홍보용 프로그램	• 유치원 교육의 중요성 • 유치원 교육에 대한 이해
맞춤형 프로그램	• 유아기 발달 • 양육 태도 및 방법: - 우리 아이 좋은 버릇 들이기 - 애착형성과 부모의 양육 태도 - 성공하는 자녀 교육 1, 2 - 아이의 질문에 지혜롭게 대답하기 - 아빠와 할 수 있는 활동 - 창의성이 톡톡 튀는 아이로 만들기 - 화내지 않으며 내 아이와 대화하는 법 - 자녀를 위해 아빠와 엄마가 함께 읽는 시 • 맞벌이 가정을 위한 부모교육 • 초등학교 준비: 유치원과 초등학교는 학습 환경이 달라요/유치원과 초등학교는 배우는 것이 달라요
교원용 부모 상담 자료	• 학부모 상담을 위한 마음 준비하기 • 학부모 상담을 위한 실제 • 학부모 유형에 맞는 상담 Q & A

특 징

❶ 유치원 교육에 대한 부모용 홍보 자료, 다양한 주제에 관한 강의 자료, 부모와의 상담 자료 등 다양한 분야의 자료를 제공함
❷ 부모를 대상으로 강의할 때 사용할 수 있는 PPT를 제시함
❷ PPT에 다양한 동영상을 포함시킴

활용방법 유치원에서 부모교육 자료나 상담 자료로 활용함

연구진 책임연구원 이태영(배화여대 유아교육과 교수)
공동연구원 곽현주(배화여대 유아교육과 교수)
김민진(중앙대 유아교육과 교수)
이병래(중부대 유아교육과 교수)
전우경(중앙대 부모교육아카데미 주임교수)
정혜손(서울장충유치원 원장)

6) 탈북 영유아 부모를 위한 양육 안내서

개발주체 및 연도 한국교육개발원(2013)

개발목적 영유아기 자녀를 가진 탈북 부모가 자녀를 우리나라의 시민으로 건강하게 성장하고 학습할 수 있도록 양육하는 것을 지원하기 위해 개발됨

자료형태 소책자

내 용 6개 분야의 24개의 주제로 구성됨

내용	주제	
올바르게 아이 키우기	• 자녀를 양육하는 태도 • 맞벌이 가정의 자녀 양육	• 문제행동 • 조부모와 함께 하는 자녀 양육
놀이로 아이 키우기	• 놀이의 중요성 • 놀이 활동	• 놀잇감
가르치며 아이 키우기	• 유치원과 어린이집 • 미디어 교육	• 아이의 공부 도와주기 • 기본 생활 습관 기르기
건강하게 아이 키우기	• 예방접종의 모든 것 • 안전한 우리집	• 우리아이를 위한 식생활
초등학교 입학 준비하기	• 초등학교에 대해 알아보기 • 초등학교 생활	• 초등학교 입학준비 • 가정에서 도와주세요
우리 동네 기관 활용하기	• 읍·면 사무소, 동주민 센터 • 보육정보센터 • 보건소	• 지역아동센터 • 건강가정지원센터 • 사회복지관

특 징

❶ 탈북 부모의 의견을 바탕으로 내용 구성함
❷ 한국문화나 한국어 용어에 생소한 부모의 특성을 고려하여 내용을 설명하거나, 용어에 대한 해석을 제시함

활용방법 탈북 부모가 자녀를 보내는 기관이나, 탈북 가정 지원 기관에서 소책자를 배치·배부하거나 소집단 활동 및 강의 자료로 활용함

연구진 책임연구원 김희진(이화여자대학교 유아교육과 교수)
공동연구자 김은영(이화여자대학교 유아교육과 겸임교수)
최명희(마포보육정보센터 센터장)
김선영(명지전문대 유아교육과 강사)

Chapter 17

국외에서 개발된 프로그램

- Gordon, T. (2000). Parent Effectiveness Training: The proven programs for raising responsible children. New York: Three Rivers Press.

- Dinkmeyer, D. Sr., McKay, G. D., Dinkmeyer, J. S., Dinkmeyer, D. Jr., & McKay, J. L. (1997). Parenting Young Children: Systematic Training for Effective Parenting of children under six. American Guidance Services, Circle Pines, MN.

1. 부모 효율성 훈련(Parent Effectiveness Training: PET)

1) 개요

Parent Effectiveness Training(PET)은 1962년 캘리포니아(California)의 패서디나(Pasadena) 지역에서 자녀와의 문제를 갖고 있는 소수의 부모 집단을 대상으로 Thomas Gordon이 실시한 의사소통 기술 향상 프로그램이 기초가 되어 개발된 프로그램이다. 초기에는 문제를 가진 부모와 자녀를 대상으로 실시되었으나, 점차 문제가 없는 일반 가정과 아직 자녀를 두지 않은 부부를 대상으로 확대 실시되고 있다.

Gordon은 부모가 의사소통 기술이 있으면 자녀의 행동과 감정에 대한 상담자 역할을 할 수 있고 부모-자녀 간의 갈등도 해소될 수 있다고 믿었다. 부모가 사용할 수 있는 의사소통 기술 향상 원칙은 모든 연령의 어린이에게 적용될 수 있다고 했으나, 교재에 사용된 대부분의 예는 초등학생을 대상으로 적용한 것이다. PET에 참여한 부모를 대상으로 한 연구들은 자녀와의 긍정적인 상호작용과 가족 응집력이 증가하고, 가족 간의 갈등 빈도가 감소했다고 밝히고 있다. PET는 총 16장으로 구성되어 있는데, 각 장의 내용은 다음 | 표 17-1 |과 같다.

표 17-1 PET의 내용

장	내용
1	• 부모는 훈련받지 못하고 비난만 받는다(Parents are blamed but not trained)
2	• 부모는 신이 아니라 인간이다(Parents are persons, not God)
3	• 부모가 어떻게 들어야 자녀가 부모에게 말을 하게 되는가: 수용의 언어(How to listen so kids will talk to you: The language of acceptance)
4	• 적극적 경청 효과적으로 실행하기(Putting your active listening skill to work)
5	• 말을 하기에는 너무 어린 자녀는 어떻게 들을 것인가(How to listen to kids too young to talk much)
6	• 자녀가 부모의 말을 듣도록 어떻게 말할 것인가(How to talk so kids will listen to you)
7	• 나-전달법 효과적으로 실행하기(Putting I-Message to work)
8	• 환경을 바꿈으로써 수용 불가능한 행동 수정하기(Changing unacceptable behavior by changing the environment)
9	• 필연적인 부모-자녀 갈등: 누가 이겨야 하는가?(Inevitable parent-child conflicts: Who should win?)
10	• 부모의 권력: 필요하고 정당화되는 것인가?(Parental power: Necessary and justified?)
11	• 갈등 해결을 위한 '무승부 법'(The 'no-lose' methods for resolving conflicts)
12	• '무승부 법'에 대한 부모의 두려움과 걱정(Parents' fears and concerns about the 'no-lose' method)
13	• '무승부 법' 활용하기(Putting the 'no-lose' method to work)
14	• 부모로서 해고되는 것을 어떻게 피할 것인가(How to avoid being fired as a parent)
15	• 스스로를 바꿈으로써 어떻게 갈등을 피할 것인가(How parents can prevent conflicts by modifying themselves)
16	• 어린이들의 다른 부모들(The other parents of young children)

제1~2장은 부모가 훈련받을 필요성과 자신의 수용성 파악하기에 대해 서술되어 있고, 제3~5장은 수용적 언어의 사용과 적극적 경청, 제6~7장은 나-전달법, 제8장은 환경 변화를 통한 행동 지도, 제9~13장은 무승부 법, 제14~15장은 청소년기 자녀를 둔 부모가 자신의 가치관을 변화시킬 필요, 마지막 제16장은 다양한 교육기관이나 단체에서 일하는 사람들이 받을 수 있는 훈련 프로그램(예 교사 효율성 훈련)에 대해 소개하고 있다. PET에서는 부모 훈련의 필요성과 수용성 파악하기, 적극적 경청, 나-전달법, 환경 변화, 무승부 법의 5가지 전략을 핵심으로 다루고 있는데, 각 전략의 핵심 개념을 정리하면 다음과 같다.

2) 핵심 개념

PET에서 강조하는 핵심 개념은 크게 갈등을 예방하는 목적으로 사용하는 의사소통 전략과 이미 발생한 갈등을 해결하는 목적으로 사용하는 갈등 해결 전략으로 나뉜다.

(1) 부모 훈련의 필요성과 부모의 수용성 수준 파악

○ 부모를 비난할 것이 아니라 훈련해야 한다.

사회는 어린이들과 청소년들에게 발견되는 모든 문제의 책임을 부모에게 돌리고 비난하는 경향이 있다. 그러나 부모들은 준비 없이 부모가 되고, 부모가 되어서도 적절한 도움과 훈련을 받지 못하기 때문에 많은 어려움을 겪는다. 부모가 적절한 훈련을 통해 도움을 받는다면 효율적으로 역할을 수행할 수 있다.

○ 부모는 신이 아니다.

부모의 역할을 효율적으로 수행하기 위해서 부모가 신이 될 필요는 없다. 부모도 인간이기 때문에 실수를 하고 비일관적으로 행동할 때도 있고, 부부가 자녀에게 일관되지 않은 메시지를 보내기도 하고, 자녀의 어떤 행동은 수용하고, 어떤 행동은 수용할 수 없기도 하다.

○ 자신의 수용 수준을 파악하라.

중요한 것은 자신이 일반적으로 어떤 상황에서 어떤 감정을 느끼고 어떻게 행동하는지 파악하는 것이다. 이를 '부모를 위한 수용 다이어그램(Acceptance diagrams for parents)'이라고 하는데 그림으로 표시하면 다음과 같다.

<상대적으로 수용적인 부모> <상대적으로 비수용적인 부모>

부모가 상대적으로 수용적인가 또는 수용적이지 않는가는 부모의 특성, 자녀의 특성, 상황 등 많은 요인의 영향을 받는다. 예를 들면, 안정적으로 애착된 부모나 자아개념이 높은 부모는 수용 가능 영역이 넓은 경향이 있고, 스트레스를 받거나 기분이 안 좋을 때는 같은 부모라도 수용 가능 영역이 좁아지는 경향이 있다. 자녀가 둘 이상 있는 부모는 각 자녀의 특성에 따라 수용성이 달라질 수 있다. 또한 타인 앞에서는 더 수용적으로 행동하지만 집에서는 덜 수용적으로 행동할 수도 있다. 부모의 수용성 정도에 따라 바람직한 부모 또는 바람직하지 않은 부모로 판단되는 것이 아니기 때문에 부모는 자신의 수용성 수준에 대해 걱정할 필요가 없다. 다만, 자신의 수용성 수준을 이해하고, 자녀와의 관계에서 부모의 수용성이 어떻게 영향을 미치는지 이해하는 것이 중요하다.

○ 거짓 수용을 조심하라.

조심하여야 할 것은 부모가 거짓으로 수용하는 척하는 것(false acceptance)이다. 거짓 수용은 마음속으로는 수용할 수 없지만 겉으로는 수용하는 척하는 것이다. 예를 들면, 5세 자녀가 늦게까지 자고 싶어 하지 않을 때, 부모는 마음속으로는 자신이 좋아하는 책을 읽고 싶고, 자녀가 아침에 못 일어날까봐 걱정도 되기 때문에 자라고 하고 싶다. 그러나 '허용주의' 양육 태도를 가진 부모는 자녀에게 요구하는 것이 자신의 양육 태도와 맞지 않는 것이라고 생각하여 주저하게 된다. 이 경우, 부모는 거짓 수용을 하는 것인데 아이들은 부모의 어투와 행동을 통해 부모의 마음을 매우 정확히 파악한다. 특히 자녀들은 부모의 행동과 말이 일치하지 않는 것을 경험하기 때문에 심리적 또는 정서적으로 혼란을 느끼게 된다. 따라서 부모는 자신의 감정과 생각을 속이려 하기보다는 자녀에게 솔직히 표현하는 것이 더 바람직하다.

○ 자녀를 수용하면서 자녀의 바람직하지 못한 행동만 수용하지 않는 것이 가능한가?

부모는 '죄는 미워하되 인간은 미워하지 말라'는 말처럼, 자녀의 바람직하지 않은 '행동'만 수용하지 말 것을 권고 받는다. 그러나 자녀의 바람직하지 않은 행동에 대해 수용할 수 없는 감정과 무관하게 자녀를 (인간으로서) 수용하는 것은 현실적으로 불가능하다. 따라서 자녀가 특정 순간에 바람직하지 못한 행동이나 말을 했을 때는 자녀를 (인간으로서) 받아들이기 힘들다고 자녀와 스스로에게 인정하는 것이 최선의 방법이다.

○ 문제의 소지자를 확인하라.

효율적인 의사소통을 위해 적극적 경청과 나-전달법 중 어떤 전략을 사용할 것인가는 누가 문제를 소유했는지에 따라 달라진다. 문제의 소지자가 누군지 알아내기 위해서는 그 문제 때문에 누가 스트레스를 받는지 파악한다. 만약, 자녀가 스트레스를 받으면 자녀가 문제의 소지자이고, 이때 부모는 자녀의 감정에 반응해 주는 적극적 경청 전략을 사용한다. 만약 자녀의 행동이나 부모-자녀 관계에서 발생한 사건 때문에 부모가 스트레스를 받으면 부모가 문제를 소지한 것이다. 이때는 3단계로 구성된 나-전달법을 사용한다. 문제의 소지자와 문제의 소지자에 따라 나타나는 전형적인 행동은 다음 | 표 17-2 |, | 표 17-3 |과 같다.

표 17-2 문제의 소지자

영역	문제의 소지자	비고
부모가 수용 가능한 영역	자녀가 문제 소유	• 자녀만 스트레스를 받음 • 부모 자신의 욕구가 직접적으로 방해받지 않았기 때문에 자녀만 문제를 소유함 • 자녀만 문제를 소유했다고 부모가 걱정하지 않거나, 도와주지 않는 것은 아님. 적극적 경청을 통해 지원함 • 문제 해결의 책임은 자녀에게 있음
	누구도 문제 소유하지 않음	• 자녀와 부모 모두 욕구를 충족시킴 • 자녀가 부모의 욕구 충족을 방해하지 않고, 부모도 자녀의 욕구 충족을 방해하지 않음
부모가 수용 불가능한 영역	부모가 문제 소유	• 부모만 스트레스를 받음 • 자녀의 행동이 부모의 욕구를 충족시키는 데 방해가 됨 • 나-전달법을 통해 자녀의 행동이 부모에게 왜 스트레스를 주는지 자녀에게 전달함

표 17-3 문제의 소지자에 따른 전형적 행동

자녀가 문제를 소유할 때	부모가 문제를 소유할 때
• 자녀가 의사소통을 시작한다. • 부모가 듣는 역할을 한다. • 부모가 상담자 역할을 한다. • 부모는 자녀를 돕길 원한다. • 부모가 '(자녀의 기분을 반영시켜 주는) 반향판' 역할을 한다. • 자녀가 해결책을 찾도록 촉진한다. • 부모는 자녀의 해결책을 수용한다. • 부모는 자녀의 욕구에 주된 관심이 있다. • 부모가 소극적인 역할을 한다.	• 부모가 의사소통을 시작한다. • 부모가 말하는 역할을 한다. • 부모가 영향력을 행사하는 역할을 한다. • 부모는 스스로를 돕길 원한다. • 부모가 자신의 '소리'를 보내는 역할을 한다. • 부모 스스로 자신의 문제를 해결해야 한다. • 부모는 자신의 해결책에 만족해야 한다. • 부모는 자신의 욕구에 주된 관심이 있다. • 부모가 적극적인 역할을 한다.

(2) 수용적 언어의 사용과 적극적 경청

1 수용적 언어의 사용

○ 수용의 언어: 자녀가 부모에게 말을 할 수 있도록 어떻게 들어줄 것인가?

부모-자녀 관계를 개선시키기 위해서는 부모와 자녀가 서로 상대를 진심으로 받아들인다는 것을 느끼고 전달할 수 있어야 한다. 부모가 사용하는 수용적인 언어는 자녀의 마음을 열게 하고, 말을 하게 하고, 부모의 말을 받아들이게 한다. 반면, 평가나 판단, 비난, 훈계, 도덕적인 말, 명령 등은 자녀가 느끼기에 부모가 자신을 수용하지 않는다고 느끼기 때문에 부모의 말을 듣지 않게 한다.

○ 수용함을 드러내야 한다.

자녀를 수용하는 것과 자녀가 수용됨을 느끼게 하는 것은 별개의 문제이다. 부모가 자녀를 수용한다는 것을 비언어적 또는 언어적 메시지를 통해 자녀에게 전달할 수 있다. 비언어적으로 전달하는 방법에는 '수용함을 보여주기 위해 자녀가 하는 행동(예 놀이에 열중함)과 말(예 유치원에서의 일을 이야기함)에 끼어들지 않기(nonintervention to show acceptance)'가 있다. 부모가 자녀가 하는 행동과 말에 끼어들어 참견하지 않으면, 자녀는 자신의 행동과 말이 수용됨을 느낄 수 있다. 또한, 부모는 '수용함을 보여주기 위해 수동적으로 듣기(passive listening to show acceptance)' 전략을 사용할 수 있다. 수동적 듣기에는 아무 말 하지 않기, 고개 끄덕여 주기, 눈 맞춰 주기 등의 반응이 포함된다.

언어적 메시지를 통해 부모가 자녀를 수용하고 있다는 것을 보여줄 수 있지만, 불행히도 부모는 수용하지 않음을 보여주는 말을 더 많이 한다. 부모가 이런 유형의 언어를 사용하면 자녀는 마음을 닫고 부모-자녀 관계는 악화된다. 수용하지 않는 언어의 예는 다음 | 표 17-4 | 와 같다.

표 17-4 수용하지 않는 언어

유형	예
명령, 지시, 요구 (ordering, directing, commanding)	• 다른 부모가 어떻게 하든 상관없어. 이 집에 사는 동안은 내 말을 따라야 해. • 엄마한테 그런 식으로 말하지 마!
경고, 훈계, 위협 (warning, admonishing, threatening)	• 계속 싸우면 둘이 못 놀게 할 거야! • 계속 하면, 넌 후회하게 될 거야!
권고, 도덕적인 말, 훈계 (exhorting, moralizing, preaching)	• 너무 불평을 많이 하면 안 돼! • 친구와 잘 지내는 법을 배워야 해.
조언, 제안, 해결책 제시하기 (advising, giving suggestions or solutions)	• 내가 너라면…. • 그럼 다른 아이랑 놀지 그러니? • 그 친구가 원하는 것을 주지 그랬니?
가르치기, 교수하기, 논리적 논쟁하기 (teaching, instructing, giving logical arguments)	• 어떻게 해야 할지 내가 알려 줄게. • 내가 너만 했을 때, 난 두 배로 공부했어.
판단, 비판, 동의하지 않기, 비난하기 (judging, criticising, disagreeing, blaming)	• 아주 산만한 아이로구나! • 네가 그 아이를 화나게 한 게로구나!
칭찬하기, 동의해 주기 (praising, agreeing)	• 친구에게 참 잘해 주었네! • 너는 똘똘한 아이니까 잘 해결하리라 믿어.
놀리기, 비웃기, 창피주기 (name calling, ridiculing, shaming)	• 그렇게 지저분하다니 창피하지도 않니? • 세상에나…, 참 착하기도 하지.
해석하기, 진단하기, 분석하기 (interpreting, diagnosing, analysing)	• 네가 동생한테 샘을 내고 있어. • 너는 꼭 내가 피곤할 때 나를 더 못살게 굴고 싶어 하는 것 같아.
확인, 동정, 위로, 지지 (reassuring, sympathizing, consoling, supporting)	• 걱정마, 다 잘 될 거야. • 기운 내! 다른 사람들은 더 큰 문제를 가지고도 잘 사는데 뭐!
조사, 질문, 심문하기 (probing, questioning, interrogating)	• 언제 어디서 그 일이 일어났니? • 왜 네 친구가 너한테 그렇게 말했니?
철회, 방향 전환, 주의 전환, 웃기기 (withdrawing, diverting, distracting, humoring)	• 다른 곳으로 가기, 시계 보기, 이야기 주제 바꾸기

○ 간단한 '문 열기 전략' 사용하기

자녀가 자신의 감정이나 문제에 대해 이야기할 때 사용할 수 있는 효과적이고 건설적인 전략 중의 하나는 더 말하도록 격려하는 '문 열기 전략(door openers)'이다. "아~", "그렇구나!", "음!", "흥미롭군!", "정말?", "에이~ 아니지?", "네가 그랬어?" 같은 간단한 반응이나 "좀 더 말해 보지 않을래?", "그 이야기를 들으니 정말 좋은데!", "네 생각이 흥미로운데!", "전부 다 듣고 싶어.", "너한테 중요한 문제 같구나."와 같은 좀 더 분명한 반응은 자녀가 더 말하고 싶은 마음이 들게 한다.

2 적극적 경청

'문 열기 전략'이 대화의 문을 여는 데 기여한다면, 적극적 경청은 대화의 문이 계속 열려 있도록 하는 데 기여한다. 또한 화자만 적극적으로 참여하는 소극적 듣기와는 달리 적극적 경청에서는 화자와 청자가 모두 적극적으로 대화에 참여한다.

○ 대화의 과정 지속되게 하기

어린이가 무엇인가를 원할 때는 내부에 불균형(disequilibrium)이 일어났기 때문이다. 다시 균형 상태로 돌리기 위해 불균형을 해소하려는 말을 한다. 예를 들면, 배가 고플 때는 "배고파요.", "밥 주세요.", "저녁 언제 먹어요?", "저녁밥이 뭐예요?" 같은 다양한 방식으로 표현(encoding process)할 수 있다.

자녀의 말에 의도가 분명히 드러날 때(예 "배고파요.")는 의도를 해석(decoding process)하는 것이 쉽지만, 의도가 분명히 드러나지 않을 때(예 "저녁밥이 뭐예요.")는 부모가 자녀의 의도를 잘 파악해서 반응해야 대화가 계속된다. "오늘은 네가 좋아하는 불고기야."라는 반응은 자녀로 하여금 부모가 자신을 이해하지 못한다는 생각을 하게 하는 반면, "배고프구나. 금방 돼."라는 반응은 부모가 자신을 이해한다는 생각을 하게 한다.

○ 적극적 경청 사용하기

적극적 경청은 부모가 어떤 의미가 담긴 말을 하는 것이 아니라, 조금 전에 자녀가 한 말을 다시 되돌려 주는 의사소통 전략이다. 이 전략은 자녀가 문제를 소유했음을 인정하고, 자녀 스스로 해결하도록 허락하는 것이기 때문에 자녀를 돕는 부모의 효율성을 증가시킨다.

적극적 경청은 자녀가 하는 말을 듣고 같은 뜻이 담긴 다른 말로 바꿔서 다시 자녀에게 되돌려 주는 것이지만, 단순히 자녀가 한 말을 그대로 반복하는 것이 아니라, 자녀의 감정과 자녀가 전하려고 하는 메시지의 내용을 부모의 말로 다시 돌려주는 것이다.

적극적 경청을 잘하기 위해서는 많은 연습과 시간이 필요하다. 적극적으로 경청한다는 것은 부모가 자녀의 목소리 톤과 신체 언어에 주의를 기울여 자녀가 말하려고 하는 것을 적극적이고 조심스럽게 듣는다는 것이다. 예를 들면, 자녀가 울면서 "선생님이 미워!"라고 했을 때, 자녀의 말에는 왜 자기가 교사에게 화가 났는지 나타나 있지 않지만, 자녀의 목소리나 행동을 통해서 자녀의 감정을 읽을 수 있다. 이때의 적절한 적극적 경청은 "어떤 일 때문에 선생님에게 화가 났구나."라고 말하는 것이다.

○ 적극적 경청의 어려움

적극적 경청을 사용하는 것은 매우 쉬워 보이지만, 다음 두 가지 이유 때문에 부모는 어려움을 경험한다. 첫째는 부모가 감정을 표현하는 다양한 정서적 어휘를 가지고 있지 않기 때문에 어려움을 겪는다. 둘째는 부모가 적극적 경청 대신 | 표 17-4 |에 제시된 것 같은 의사소통의 걸림돌이 되는 말을 사용하는 경향이 있기 때문에 어려움을 겪는다. 부모가 이런 언어 표현을 사용하면 자녀는 자신이 말하려고 하는 것을 부모가 잘 듣지 않고, 듣는 데 관심도 없고, 자신의 감정과 느낌을 존중하지 않는다고 생각하게 된다. 그러나 때로는 부모가 정확히 적극적 경청을 해도 부모의 목소리 톤이나 신체 언어가 뒷받침되지 않을 때도 있다. 이 경우도 자녀는 부모가 자신을 이해하지 못한다고 생각하게 된다. 따라서 의사소통에 걸림돌이 되는 말의 사용을 줄이고, 적절한 어휘와 신체 언어를 활용하여 적극적 경청을 하는 것이 중요하다.

○ 자녀의 바람직한 행동에 적극적 경청 사용하기

적극적 경청은 기본적으로 이미 발생한 문제가 자녀의 것일 때 사용하지만, 문제가 되지 않는 바람직한 행동에 대해서도 사용할 수 있다. 즉, 좋은 감정을 전달하려는 자녀의 노력에 반응할 때도 사용할 수 있다. 예를 들면, "오늘 홈런 쳤어요!" 하고 기뻐서 뛰어올 경우, "와! 홈런을 쳐서 기쁘고 흥분되었구나. 잘했다!"라고 반응할 수 있다.

(3) 나-전달법

부모가 문제를 가졌을 때 부모는 자녀를 바꾸는 방법, 환경을 바꾸는 방법, 또는 자신을 바꾸는 방법 중 하나를 선택해야 한다. 예를 들어, 엄마 화장품을 꺼내 얼굴에 그리고 노는 여섯 살 난 딸에게는 딸의 행동을 변화시킬 말을 하든지, 어린이용 화장품을 사주거나 자녀의 손이 닿지 않는 곳에 치워 환경을 바꾸든지, 또는 '그 또래의 여자아이들이란 다 그렇지…' 하며 부모의 생각을 바꿀 수 있다. 나-전달법은 위의 세 가지 방법 중 첫 번째 방법으로, 부모에게 문제가 있을 때, 자녀의 행동이 바뀌기를 희망하면서 자녀에게 사용하는 전략이다.

○ 부모가 사용하는 비효과적인 방법

자녀가 문제를 소유했을 때와 마찬가지로, 부모는 자신이 문제를 소유했을 때도 비효과적인 방법으로 문제를 해결하려고 한다. 부모가 사용하는 비효과적인 방법은 '해결 메시지(Solution message)'와 '깎아내리기 메시지(Put-down message)'가 있다.

'해결 메시지'에는 명령, 지시, 요구(ordering, directing, commanding), 경고, 훈계, 위협(warning, admonishing, threatening), 권고, 도덕적인 말, 훈계(exhorting, moralizing, preaching), 그리고 조언, 제안, 해결책 제시하기(advising, giving suggestions or solutions)가 있는데, 이런 메시지는 부모가 자녀에게 무엇을 하길 바라는지 알려주는 것이기 때문에 문제가 발생한다. 첫째, 대부분의 자녀들은 부모가 제시하는 해결책을 따르려 하지 않고, 둘째, 이런 말을 함으로써 부모는 자녀에게 자녀가 선택한 해결책을 믿을 수 없다는 믿음을 전달하고, 셋째, 부모의 욕구가 자녀의 욕구보다 더 중요하다는 것을 전달하게 된다.

'깎아내리기 메시지'에는 판단, 비판, 동의하지 않기, 비난하기(judging, criticising, disagreeing, blaming), 놀리기, 비웃기, 창피주기(name calling, ridiculing, shaming), 해석하기, 진단하기, 분석하기(interpreting, diagnosing, analysing), 가르치기, 교수하기(teaching, instructing)가 있다. '깎아내리기 메시지'는 자녀가 죄책감을 느끼게 하고, 부모가 공정하지 않다고 느끼게 하고, 부모에게 배척당한다고 느끼게 하고, 반항하고 싶은 마음이 들게 하고, 복수하고 싶은 마음이 들게 하고, 자신이 부적절하다고 느끼게 하기 때문에 문제를 악화시킨다.

○ 너-전달법과 나-전달법

앞서 언급한 비효과적인 방법의 대부분은 자녀를 비난하는 너-전달법이다. 반면, 자녀의 부적절한 행동 또는 부모가 받아들이기 힘든 자녀의 행동에 대해 부모가 어떻게 느끼는지를 표현하는 것은 나-전달법이다. 너-전달법과 나-전달법의 예를 들면 다음 | 표 17-5 | 와 같다.

표 17-5 너-전달법과 나-전달법의 예

너-전달법	나-전달법
• 너, 놀자고 조르는 것 그만둬.	• 내가 피곤해서 지금은 같이 놀고 싶지 않구나.
• 네가 제때 안 나오면….	• 너를 데리러 왔는데 안 보이면 걱정이 된단다.
• 너는 왜 그렇게 지저분하니!	• 네 방을 치운 후, 금방 또 치워야 하면 속상하단다.

부모가 너-전달법을 사용했을 때와 나-전달법을 사용했을 때 자녀가 받아들이는 메시지는 매우 다르다. 예를 들면, 부모가 피곤할 때 "나는 매우 피곤해."라고 말하면 자녀는 "엄마가 피곤하구나."라고 해석하지만, 부모가 피곤할 때 "너는 왜 그렇게 성가시게 구니!"라고 말하면 자녀는 "내가 나쁜 아이구나."라고 해석하게 된다.

○ 나-전달법의 필수 요소

나-전달법은 부모가 문제를 가졌을 때 자녀의 행동에 대한 부모의 감정을 표현하기 위한 목적으로 사용된다. '나'를 강조하는 전달법은 비난의 뜻을 담고 있지 않기 때문에 비난을 담게 되는 너-전달법과는 달리 긍정적인 결과를 낳는다. 이 전략의 주요 목표는 자녀의 행동으로 인해 부모가 느끼는 감정에 대해 자녀를 비판하고자 하는 것이 아니라, 자녀가 이해하길 바라면서 표현하는 것이다.

나-전달법은 세 부분으로 나뉘어져 있다. 먼저 부모가 수용하지 못하고 있는 자녀의 행동이 무엇인지 말하고, 다음으로 부모의 감정이 어떤지 표현한 후, 마지막으로 자녀의 행동이 부모에게 주는 가시적인 결과를 밝히는 것으로 마무리한다. 예를 들면, "○○아! 너와 이야기하고 싶은 문제가 엄마한테 있어(문제의 소유자 밝힘). 부엌에 오니 과자 껍질과 부스러기가 여기저기에 흩어져 있더구나(수용 못 할 자녀의 행동). 나는 속이 상해(부모의 감정). 왜냐하면 내가 치워야 하거나 네게 치우라고 잔소리를 해야 하기 때문이야(자녀의 행동이 낳은 가시적인 결과).”라고 말할 수 있다.

위의 예와는 상반된 너-전달법의 예를 들면, “○○야! 너는 왜 항상 안 치우니! 네가 어지른 것은 네가 치워. 나는 절대 안 치워 줄 거야. 네가 할 일은 네가 해야 하니까. 안 치우면 다음엔 그 과자를 안 사줄 거야!” 같은 말이 될 수 있다.

○ 자녀의 긍정적 행동에 나-전달법 사용하기

Gordon은 자녀를 칭찬하거나 문제를 예방하기 위해서도 나-전달법을 사용할 수 있다고 하였다. 이런 나-전달법은 자녀의 긍정적 행동을 강화하고 미래에 일어날 부정적 행동의 빈도를 줄일 가능성을 높이기 때문에 ‘예방적 나-전달법(preventive I-message)’이라고 불린다. 예를 들면, 자녀가 긍정적 행동을 했을 때, “○○야, 부엌에 가니 모든 것이 깨끗이 치워져 있구나(문제를 야기하지 않은 자녀의 행동). 나는 너무 자랑스러워(부모의 감정). 네가 먹은 것을 스스로 치우니 엄마의 일이 훨씬 줄어들었구나(자녀의 행동이 미치는 가시적인 영향).”라고 말할 수 있다. 또는 자녀에게 어떤 행동을 기대할 때 “○○야. 학교가 끝난 후 네가 어디 있는지 알면 좋겠어. 그래야 네가 안전하다는 것을 알 것이고 엄마가 안심이 되니까.”라고 말할 수 있다.

(4) 환경 변화를 통한 문제 행동 지도

환경 변화를 통한 문제 행동 지도는 영아나 나이 어린 유아를 가진 부모가 효과적으로 사용할 수 있는 방법이다. 자녀의 나이가 적을수록 부모의 말이나 말 속에 담아 전달하려는 뜻을 이해하지 못하는 경우도 있기 때문에 환경 변화를 통한 행동 지도 전략도 함께 활용하는 것이 효과적이다. 환경을 변화시키는 방법에는 8가지가 있는데 간단히 살펴보면 다음과 같다.

○ 환경을 풍부하게 해주기

자녀들이 흥미로워할 다양한 놀잇감과 자료를 제공하여 환경을 풍요롭게 해줌으로써 바람직하지 않은 행동이 나타날 가능성을 줄일 수 있다.

○ 환경을 빈약하게 해주기

환경이 지나치게 풍부할 경우 자녀가 받는 자극의 수준이 지나치게 높아 오히려 부적절한 행동을 할 가능성이 높아진다. 환경을 적절한 수준에서 ‘빈약’하게 만들어 줌으로써 자녀에게 제공되는 자극을 적절한 수준에서 유지할 수 있다.

○ 환경을 단순하게 만들어 주기

유아들은 환경이 너무 복잡하거나 자신이 이해하기 힘든 수준일 때 바람직하지 못한 행동을 하게 된다. 예를 들면, 유아의 신체 크기에 맞는 옷장이나 서랍장, 깨지지 않는 컵과 접시, 유아의 손이 닿는 문고리 등은 유아가 불필요하게 부적절한 행동을 할 가능성을 줄여 준다.

○ 자녀의 생활공간을 정해 주기

자녀가 마음대로 생활할 수 있는 공간을 정해 주는 것도 바람직하지 못한 행동을 줄이는 전략이 된다. 예를 들면, 자녀의 방 안에서는 마음대로 놀잇감을 가지고 놀게 하되 거실로는 가지고 나오지 못하게 약속하면, 자녀에게 충분한 공간을 허용하면서도 온 집이 어질러지는 것을 방지할 수 있기 때문에 도움이 된다.

○ 자녀에게 안전한 환경 제공하기

깨지지 않는 식기 사용, 인화 물질이나 약품의 안전한 저장, 전기 콘센트 막음 장치 사용, 서랍장 잠금 장치 사용 등을 통해 안전한 환경을 제공함으로써 자녀의 호기심이 바람직하지 못한 결과를 낳을 가능성을 줄일 수 있다.

○ 다른 활동으로 대체해 주기

자녀의 활동이나 자녀가 사용하는 도구가 바람직하지 않은 결과를 낳을 가능성이 크면 대체할 수 있는 다른 활동이나 도구를 제공할 수 있다. 예를 들면, 위험한 물건(예 칼)을 가지고 요리를 하는 흉내를 내며 노는 자녀에게 대체할 물건(예 모형 칼이나 날카롭지 않는 플라스틱 칼)을 제공할 수 있다.

○ 일어날 환경의 변화에 자녀를 미리 준비시키기

환경에 변화가 일어날 것을 미리 알고 있으면 자녀를 미리 준비시킬 수 있다. 예를 들면 이사하거나, 동생이 태어나거나, 여행할 계획이 있을 때는 자녀에게 미리 이야기해 주거나, 사전 경험(예 이사할 동네에 가보기, 동생이 사용할 물건을 보여주기, 여행할 때 사용할 물건을 가지고 미리 놀아보기)을 하게 해줄 수 있다.

○ 나이 많은 자녀들과 함께 계획하기

자녀가 계획하는 데 참여할 수 있는 능력이 있다고 생각하면 계획 과정에 참여하게 함으로써 바람직하지 않은 행동이 일어날 가능성을 줄일 수 있다. 예를 들면, 자녀 방 가구 배치를 바꾸는 것, 컴퓨터 시간을 제한하는 것, 용돈을 정하는 것 등 자녀와 관련된 사안을 결정할 때 자녀를 참여시킬 수 있다.

(5) 부모-자녀 간 갈등의 해소법: 무승부 법

부모-자녀 간 갈등은 부모 또는 자녀 어느 한쪽의 문제가 아니라 부모-자녀 관계의 문제, 즉 부모와 자녀 모두의 문제이기 때문에 발생한다. 자녀가 성장하면서 자율적이 되고, 자신의 주변에서 일어나는 일에 대한 통제권을 가지려는 욕구가 강해지면서 부모-자녀 간의 갈등도 빈번해진다. 부모-자녀 간 갈등은 자녀의 자율성과 부모의 권위 간의 경계를 서로 확장하려고 하기 때문에 일어나는 것이므로, 부모의 권위를 유지하면서도 자녀의 자율성을 증진시키는 방법으로 갈등을 해결하는 기술이 필요하다.

부모-자녀 간 갈등을 해결하는 방법으로 제시된 것이 '갈등 해결의 무승부 법(no-lose method of conflict resolution)'이다. 무승부 법은 기본적으로 민주적인 갈등 해결 방법이고, 부모와 자녀 모두를 이기게(win-win) 하거나 양쪽 모두를 어느 정도 만족시키기 때문에 바람직한 갈등 해결 방법이다. 무승부 법을 사용할 때는 다음의 6단계를 거쳐 문제를 해결한다.

○ 1단계: 문제 정의하기(defining the problem)

부모와 자녀 간 갈등의 원인이 되는 문제가 무엇인지를 명확히 한다. 때로 부모는 자녀가 어떤 것 때문에 불만을 갖고 있다고 생각하지만, 자녀는 다른 것 때문에 불만을 가지고 있을 수 있다. 따라서 부모와 자녀가 서로 무엇 때문에 갈등하고 있는지를 분명히 하는 것으로 갈등 해결을 시작한다. 예를 들면, 부모는 자녀가 야채를 먹길 원하고 자녀는 야채를 먹기 싫어하기 때문에 갈등할 수 있고, 부모는 자녀가 활동하기 편한 옷을 입고 유치원이나 어린이집에 가길 원하는데 자녀는 드레스를 입고 가길 원하기 때문에 갈등할 수 있다.

○ 2단계: 가능한 해결책 생각해 보기(generating possible solutions)

갈등의 이슈를 명확히 한 후에는 부모와 자녀 모두 다양한 해결책을 제시한다. 다양한 해결책을 제시할 때는 갈등을 해결하겠다는 의지가 전제되어야 한다. 부모나 자녀 중 모두 또는 한쪽이 양보할 생각이 전혀 없다면 갈등을 해결할 수 있는 해결책을 제시할 수 없기 때문이다. 예를 들면, 부모는 자녀가 모든 종류의 야채를 주는 대로 모두 먹어야 한다고 하는 생각에 변함이 없고, 자녀도 야채를 전혀 안 먹겠다는 생각에 변함이 없다면 가능한 해결책을 생각해 낼 수 없다.

해결책을 제시할 때는 다양한 수준의 협상이 가능한 해결책을 제시하려고 노력해야 한다. 예를 들면, 부모는 자녀가 먹길 원하는 야채 종류의 수를 다양하게 하거나, 먹는 양을 다양하게 하거나, 또는 1주일 중 야채 먹는 날의 수를 다양하게 제시하는 것이 바람직하다. 자녀도 먹는 야채의 종류를 점차적으로 늘리겠다거나, 매일 한 입씩이라고 먹겠다거나, 또는 야채를 먹은 후에 좋아하는 간식을 먹겠다거나 하는 제안을 할 수 있다.

또한 해결책을 제시할 때는 가능성을 평가할 수 있도록 2~3가지 정도로 제한하여 제시하도록 한다. 연령이 어린 자녀의 경우 너무 많거나 또는 적은 수의 해결책을 제시할 수 있으므로, 부모가 먼저 적절한 수의 해결책을 제시하는 모범을 보이고 자녀에게도 그렇게 하도록 격려한다.

○ 3단계: 가능한 해결책 평가해 보기(evaluating the possible solutions)

부모와 자녀가 각자 해결책을 제시한 후, 각 해결책을 다양한 관점에서 평가해 본다. 어떤 해결책은 부모와 자녀 사이의 격차가 너무 커서(예 부모는 매일 조금씩이라도 야채를 먹길 원하고 자녀는 일주일에 한 번 한 입 먹기를 원할 때) 또 다른 갈등의 원인이 되기도 한다. 또 어떤 해결책은 실천하지 못할 해결책(예 자녀가 내일부터 모든 야채를 매일 먹을 수 있다고 할 경우)일 수도 있다. 특히, 어린 자녀의 경우 자신이 한 약속의 결과를 예측하지 못하고 오늘만 넘어가면 내일은 부모가 원하는 대로 하겠다고 할 경우도 많다(예 "오늘만 드레스 입게 해주면 내일부터는 바지를 입을게."). 따라서 자녀와 제시된 모든 해결책을 평가할 때는 자녀가 정확한 평가를 할 수 있도록 지원하여야 한다.

○ 4단계: 수용할 수 있는 최선의 해결책 선택하기(deciding on the best acceptable solution)

다양한 해결책을 평가한 후에는 최선의 해결책을 선택한다. 최선의 해결책이란, 부모나 자녀 한쪽의 입장에서의 최선이 아니라, 두 사람 모두 조금씩 양보하지만 모두 만족할 수 있다는 의미에서의 최선을 의미한다. 또한 최선의 해결책을 선택할 때는 실천 가능한 해결책인지도 평가해야 한다. 실천하면서 부모 또는 자녀가 바로 불만을 느끼거나 실천할 수 없다면 또 다른 갈등으로 발전할 수 있기 때문이다.

○ 5단계: 해결책 실시해 보기(implementing the decision)

부모와 자녀가 동의하여 최선의 해결책을 결정한 후에는 미리 설정한 기간(예 1일 또는 1주일) 동안 실천해 본다. 실천하는 동안 부모와 자녀는 실천 사항을 기록하고, 부모는 자녀가 잘 실천할 경우 격려하여 준다.

○ 6단계: 사후 평가하기(follow-up evaluation)

일정 기간 실시한 후에는 부모와 자녀 간의 약속이 어떻게 실천되었는지 평가해 본다. 약속대로 실천되었을 경우, 그 수준에서 당분간 진행할 것인지(예 매일 한 입씩 야채 먹기) 또는 자녀의 향상을 크게 격려하고 약간 높은 수준의 해결책(예 매일 두 입씩 야채 먹기)을 실천해 볼 것인지 결정한다. 약간 높은 수준의 해결책을 실시하고자 할 때는 부모가 자녀를 강요하기보다는 자녀가 스스로 동기 유발되어 제안할 때까지 인내심을 갖고 기다려 줄 필요가 있다. 약속대로 실천되지 않았을 경우, 다시 문제를 정의하는 1단계로 돌아가 문제를 해결한다.

2. 효율적인 부모 역할을 위한 체계적 훈련 (Systematic Training for Effective Parenting: STEP)

1) 개요

Systematic Training for Effective Parenting(STEP)은 알프레드 애들러(Alfred Adler)와 루돌프 드라이커스(Rudolf Dreikurs)의 아동 훈육 원칙(child management principles)에 기초하여 개발한 프로그램이다. STEP은 구조화된 교육과정으로 카세트 테이프, 부모 매뉴얼, 지도자 매뉴얼로 구성되어 있다. 교재로만 구성된 PET와는 달리 카세트테이프라는 청각적 교수-학습 매체가 제공되었기 때문에 관심을 모으기도 했었다.

이 프로그램의 핵심은 의사소통 방법과 자연적 또는 논리적 귀결 같은 비처벌적인 훈육 방법을 부모가 배우도록 하는 것이며, 책임감, 의사 결정 능력, 문제 해결 능력을 향상하는 기술의 습득도 강조한다. 기본적으로 PET와 공통된 요소가 많지만, PET에서 사용하는 전략에 자연적 또는 논리적 귀결 전략이 추가된 프로그램이다. STEP은 총 7장으로 구성되어 있는데, 각 장의 내용은 다음 | 표 17-6 |과 같다.

표 17-6 STEP의 내용

장	내용
1	• 어린이 이해하기(Understanding young children)
2	• 어린이의 행동 이해하기(Understanding young children's behaviors)
3	• 유아기에 자아 개념 형성하기(Building self-esteem in the early years)
4	• 어린이에게 말하고 어린이의 말 듣기(Listening and talking to young children)
5	• 어린이들이 협동하는 것을 배우도록 돕기(Helping young children learn to cooperate)
6	• 어린이 훈육하기(Discipline for young children)
7	• 어린이들의 사회·정서 발달(Young children's social and emotional development)

2) 기본 이론

STEP은 Alder와 Dreikurs의 이론과 프로그램의 영향을 받았기 때문에 STEP을 소개하기에 앞서 그들의 이론을 간략히 소개하고자 한다. Adler는 사회적 훈육 이론(Social Discipline Theory)을 발전시켰는데, 부모와 자녀 간의 민주적 관계에 기초한 Adler의 이론은 Dreikurs가 주도한 미국의 부모교육 운동(Parent Education Movement)에 기반이 되었다.

사회적 훈육 이론의 기본 가정은 집단 구성원은 누구나 동등한 가치를 지녔다는 것이다. 가족 관계에 이 이론을 적용시키면 가족 구성원은 누구나 토론할 사안을 제시할 수 있으며, 다른 구성원은 이 사안을 존중해야 한다는 원칙이 성립된다. 민주적 접근법에 따르면, 부모와 자녀가 갖는 책임감의 수준이나 누리는 특권의 수준은 다르지만 모두 같은 가치를 가진다. '같은 가치'를 가진다는 태도는 각 가족 구성원의 욕구와 희망을 존중해야 한다는 것을 강조하는 것에서도 잘 드러난다.

Dreikurs는 Adler의 이론을 기초로 자녀들이 부적절한 행동을 하는 이유를 부모가 이해하고, 적절히 지원하는 방법에 관한 개념적 틀을 제시하였다. 그의 개념적 틀을 간단히 살펴보면 다음과 같다. Dreikurs에 의하면, 모든 인간이 공통적으로 설정하는 일차적인 목적은 소속감을 느끼는 것이다. 소속감을 느끼지 못할 때는 소속감을 느끼기 위해 부적절한 행동이라는 이차적인 목적을 설정한다. 중요한 목적인 소속감을 느끼기 위해 행하는 네 가지 부적절한 행동은 다음과 같다.

○ 부모의 관심을 얻기 위한 잘못된 행동(misbehavior designed to gain attention)

가족 구성원, 특히 부모에게 충분한 관심을 받을 때 자녀들은 가정에서의 자신의 자리에 대한 인식, 즉 소속감을 느끼게 된다. 어린이는 타인에게 높은 수준의 관심을 받길 원하기 때문에 다양한 방법을 사용해서 부모의 관심을 얻으려 한다. 대부분의 경우는 긍정적인 방법을 사용하지만, 가족 구성원이나 부모가 충분한 관심을 주지 않았을 때는 관심을 얻기 위해 부정적인 행동을 하게 된다.

○ 힘을 얻기 위한 잘못된 행동(misbehavior designed to gain power)

가족의 일원으로서 소속감을 느끼기 위해서 어린이는 자신이 영향력과 결정권이 있다는 것을 경험해야 한다. 무엇을 입고, 먹고, 어떤 놀이를 할 것인지 등에 대해 영향력을 행사하려는 것도 소속감을 느끼기 위해서다. 어린이는 자신의 행동뿐만 아니라 가족의 다른 구성원과의 관계에서도 영향력을 행사함으로써 소속감을 느낀다. 만약, 어린이가 자신과 가족의 일에 대해 영향력을 행사할 수 없다고 느끼면, 힘이 없다고 느끼기 때문에 통제권을 얻기 위해 잘못된 행동을 하기도 한다.

○ 복수하기 위한 잘못된 행동(misbehavior related to the goal of revenge)

관심과 힘(power)을 찾으려는 노력이 실패했을 때 복수라는 목표를 세우게 된다. 어린이는 관심과 힘을 느끼려는 자신들의 행동에 대한 타인의 반응 때문에 상처를 받았을 때, 복수하려는 목적을 가지고 잘못된 행동을 한다. 이 행동은 상처받은 감정에서 시작되었기 때문에 어린이의 잘못된 행동은 복수의 성격을 띠게 되고, 자신에게 상처 주었던 사람을 대상으로 잘못된 행동을 한다.

○ 부적절함을 반영하는 잘못된 행동(misbehavior that reflects a display of inadequacy)

타인의 관심과 자신이 힘을 가졌음을 느끼기를 포기한 어린이는 자신의 부적절함을 표현하는 방법으로 잘못된 행동을 한다. 노력해도 소용없다는 태도와 절망이 어린이의 행동을 지배하기 때문에 게으름, 지저분함, 포기, 무관심 등의 부적절한 행동을 보이게 된다.

어린이의 일차적인 목표는 소속감을 얻는 것인데, 소속감을 적절한 방법으로 얻지 못했을 때는 위에 언급한 네 가지 부적절한 행동을 통해 다시 소속감을 느끼려 한다. 따라서 부적절한 행동은 부차적인 목표가 된다. 그러나 부차적인 목표를 통해 1차적인 목표를 달성한 어린이들은 자기 행동이 부모와 가족과의 관계를 악화시킨다는 것을 이해하지 못한다. 상황을 더욱 악화시키는 것은 부모 역시 자녀의 부적절한 행동에 관심을 보이거나, 서로 힘을 행사하려고 자녀와 갈등하거나, 자녀에게 다시 복수하거나, 절망에 빠져 포기함으로써 자녀의 목표를 달성시켜 준다는 것이다. 그러나 훈련을 통해, 부모는 자녀의 부적절한 행동이 낳은 결과를 보고 자녀가 왜 부차적 목표를 세우고 어떤 부적절한 행동을 했는지 파악할 수 있다. 부모가 자녀의 부적절한 행동을 예방하거나 수정하기 위해서 세울 수 있는 목표는 다음과 같다.

○ 자녀의 부적절한 행동 예방하기(prevention of children's misbehavior)

자녀의 잘못된 행동 목표를 이해하면 부모는 그것을 예방할 수 있는 목표를 설정할 수 있다. 잘못된 행동을 예방할 수 있는 세 가지 전략은 다음과 같다.

- 자녀의 부적절한 행동에 대한 부모의 반응 수정하기(changing one's response to a child's misbehavior): 자녀의 부적절한 행동을 예방하기 위해서 부모는 자녀가 부적절한 방법으로 목표를 달성할 수 없도록 반응해야 한다. 특히, 부모는 부모의 관심을 끌려는 부적절한 행동에 관심을 보이지 말아야 하고, 힘겨루기를 하려는 자녀의 행동에 화내거나 통제력을 잃지 말아야 하고, 복수를 하려는 자녀의 행동에 상처받거나 상처 주는 말과 행동으로 반응하지 말아야 하고, 자녀가 모든 것을 포기한 것처럼 보이더라도 부모는 포기하지 말아야 한다.
- 자녀가 자신의 부적절한 행동의 목표를 인식하도록 도와주기(helping children to become award of their goals of misbehavior): 자녀가 자기 행동의 목표가 무엇인지 깨닫게 하기 위해서는 왜 그런 행동을 했는지 물어보는 전략을 사용할 수 있다. 예를 들면, "엄마의 주의를 끌려고 동생을 때렸니?"라고 질문하면 유아는 자기가 바람직하지 않은 방법으로 목표를 달성하려 한 것을 알게 된다. 그러나 이런 전략이 성공적이려면 자녀가 부모의 질문을 가치중립적인 것으로 느껴야 한다. 즉, 엄마의 주의를 끌려고 동생을 때린 것을 안다거나 그렇게 하는 것은 나쁘다는 등의 의미가 포함된 질문으로 느끼는 것이 아니라, 사실만을 묻는 질문으로 느껴야 한다. 어린이가 바람직하지 않은 방법으로 자신의 목표를 달성하려고 했다는 것을 깨닫게 하는 것을 '인식 반영(recognition reflex)'이라고 한다.
- 부적절한 행동을 하지 않고 소속감을 느끼도록 자녀를 도와주기(helping children to achieve belongingness without resorting to misbehavior): 부모는 자녀가 소속감을 느끼는 것이 인간의 기본적인 욕구임을 인식하고 자녀에게 충분한 관심을 주고, 결정권을 행사할 수 있게 배려해야 한다.

○ 관심을 얻으려고 하는 부적절한 행동 예방하기(prevention of children's misbehavior designed to gain attention)

관심을 얻으려 부적절한 행동을 하는 것을 예방하기 위해서는 부모의 기준에 맞는 긍정적인 행동을 했을 때만 긍정적인 관심을 보여야 한다. 자녀들은 긍정적인 행동보다는 부정적인 행동이 부모의 관심을 불러일으킨다고 생각하기 때문에 부모의 관심을 얻고 싶을 때는 부적절한 행동을 하게 된다.

◦ 힘을 얻으려고 하는 부적절한 행동 예방하기(prevention of children's misbehavior designed to gain a sense of power)

부모는 자녀 스스로 힘을 가졌다는 것을 느낄 수 있는 기회를 많이 제공하여야 한다. 자녀에게 선택하도록 하는 것도 한 전략인데, 예를 들면, 아주 어린 자녀들에게는 "빨간 티셔츠 입을래? 파란 티셔츠 입을래?"라고 선택권을 줄 수 있고, 조금 큰 어린이들에게는 "저녁에 닭고기 먹을래? 생선 먹을래?" 하고 선택권을 줄 수 있다. 부모는 다양한 방법을 사용해서 자녀에게 힘을 실어주고, 선택권을 주고, 의견을 묻고, 자아 개념을 높여 줄 수 있다. 이렇게 하기 위해서는 일상생활에서 자녀의 행동을 주의 깊게 관찰하고 적절한 방법으로 자녀가 힘을 느끼도록 도와주어야 한다.

STEP의 각 장에 수록된 핵심 개념을 살펴보면 다음과 같다.

3) 핵심 개념

(1) 어린이 이해하기

제1장에서는 어린이의 발달 특성(예 기질, 발달의 속도, 발달의 스타일, 각 발달 단계의 특성), 부모가 자녀에게 하는 기대의 역할, 스트레스의 영향, 믿음-행동 간의 관계, 다른 성인의 역할, 놀이의 역할, 부모의 다양한 부모 양육 태도(예 권위적, 허용적, 민주적 양육 태도)에 대해 소개하고 있다. 제1장의 내용을 요약하면 다음과 같다.

- 부모로서 해야 할 일은 자녀를 행복하고, 건강하고, 자신감 있고, 협동할 수 있고, 책임감 있고, 스스로를 존중하고, 스스로를 믿는 어린이로 키우는 것이다.
- 각 어린이는 각자의 기질을 가지고 태어났으므로 부모는 이를 수용하고 존중하여야 한다.
- 각 어린이는 자신만의 속도와 방법으로 발달의 단계를 거쳐 발달한다.
- 어린이는 준비되었을 때 새로운 기술을 익힌다.
- 아기는 성인, 자신, 그리고 세상에 대한 신뢰를 형성해야 한다.
- 걸음마기 어린이는 독립심을 배워야 한다.
- 유아기 어린이는 놀이를 통해 자신만의 세상을 만들어 간다.
- 부모는 자녀에 대한 기대를 가지는데, 자녀는 부모의 기대대로 행동하는 경향이 있다.

- 부모가 느끼는 스트레스를 줄임으로써 부모 역할을 더욱 효율적으로 할 수 있다.
- 자녀에게 "안돼"라고 말하기보다는 "돼"라고 말할 수 있도록 기회와 환경을 만든다.
- 긍정적인 믿음은 긍정적인 행동을 낳는다. 존중과 사랑을 보여줌으로써 자녀에게 긍정적인 믿음을 심어줄 수 있다.
- 다른 성인들이 부모로서의 역할을 수행하는 데 도움을 줄 수 있다.
- 자녀에게 놀 시간을 충분히 준다.
- 민주적 양육 태도를 가지고, 합리적인 한계를 설정하고 자녀에게 선택할 기회를 제공함으로써 책임감 있고 협력할 줄 아는 어린이로 키울 수 있다.

(2) 어린이의 행동 이해하기

제2장에서는 자녀가 가지는 믿음의 기원, 자녀 행동의 이유, 자녀의 잘못된 행동에 대한 부모의 이해와 대응에 대해 소개하고 있다. 제2장의 내용을 요약하면 다음과 같다.

- 자녀는 가족에서 강조되는 것, 부모가 말하고 행동하는 것, 부모의 양육 태도, 자신의 출생순위를 통한 경험을 기초로 자신, 부모, 세상에 대한 믿음을 형성해 간다.
- 모든 어린이는 소속되기를 원한다. 자녀가 가진 믿음은 소속감을 느끼기 위해 어떻게 행동할지에 영향을 미친다.
- 어린이는 소속감을 느끼기 위해 바람직한 행동뿐만 아니라 바람직하지 않은 행동도 할 수 있다.
- 소속감을 느끼기 위해 자녀가 행하는 바람직하지 않는 행동의 유형에는 관심 끌기, 힘 과시하기, 복수하기, 자신의 부적절함 보여주기가 있다.
- 자녀가 부적절한 행동을 하는 목표를 이해하기 위해 다음을 확인한다.

표 17-7 자녀의 부적절한 목표에 대한 일반적인 반응

자녀의 목표	자녀나 부모에게 관찰되는 감정 또는 행동
관심 끌기	• 부모로서 성가시게 느껴진다. • 부모로서 혼란을 느낀다. • 부모가 관심을 주면 멈추나, 더 많은 관심을 얻기 위해 다시 반복한다.
힘 과시하기	• 부모로서 분노를 느낀다. • 부모가 원하는 것을 자녀에게 시키려 하거나 포기한다. • 자녀와 싸우면 자녀도 부모와 싸우려 한다. • 부모가 포기하면 자녀도 부적절한 행동하기를 멈춘다.
복수하기	• 부모로서 상처받거나 분노를 느낀다. • 부모도 복수하려고 한다. • 자녀는 다시 복수하려고 한다. • 복수가 부모와 자녀 간에 반복된다.
자신의 부적절함 보여주기	• 부모로서 포기하고 싶은 마음이 든다. • 자녀가 아무 능력이 없다고 믿고 싶은 마음이 든다. • 포기했기 때문에 부모로서 해야 할 격려를 하지 않는다. • 자녀는 향상되지 않는다.

자녀가 바람직하지 않는 행동을 하는 것을 막기 위해 부모는 자녀의 부적절한 목표에 대해 다음과 같은 방식으로 대응하여야 한다.

표 17-8 자녀의 바람직하지 않은 목표에 대한 부모의 바람직한 반응

자녀의 목표	부모의 바람직한 반응
관심 끌기	• 잘못된 행동을 무시한다. • 바람직한 행동을 했을 때 긍정적인 관심을 보인다.
힘 과시하기	• 자녀와 싸우기보다는 자녀가 행동의 결과를 스스로 경험하게 한다.
복수하기	• 복수로 대응하기보다는 무시한다. • 신뢰와 상호 존중을 회복하도록 노력한다.
자신의 부적절함 보여주기	• 절대 포기하지 않는다. • 자녀의 장점을 찾아 격려해 준다. • 약간의 진전이라도 보이면 놓치지 않고 격려한다.

• 아주 어린 유아는 의도적으로 잘못된 행동을 하는 것이 아니라, 다른 욕구가 있기 때문에 그런 행동을 한다는 것을 이해해야 한다. 왜냐하면 영아나 걸음마기 어린이는 복수하거나 부적절함을 보여주기 위해 잘못된 행동을 의도적으로 하지 않기 때문이다.
• 자녀가 잘못된 행동을 하였을 때는 긍정적 관심과 인정을 줌으로써 문제를 해결해야 한다. 이런 방법을 통해서만이 자녀의 자신감과 신뢰를 회복할 수 있다.

(3) 유아기에 자아 개념 형성하기

제3장에서는 자녀의 긍정적 자아 개념을 형성하기 위한 부모의 역할을 격려의 관점에서 소개하고 있다. 제3장의 내용을 요약하면 다음과 같다.

• 존중과 격려는 어린이가 긍정적인 자아 개념을 형성하는 데 도움이 된다.
  - 긍정적 자아 개념이란, 자신이 수용되고, 강하고, 능력 있으며, 사랑받고 있다고 느끼는 것이다. 자녀가 긍정적 자아 개념을 갖도록 하기 위해 부모로서, 자녀의 감정과 행동에 사려 깊게 반응한다.
    예 "○○가 같이 안 놀아 주어서 속상하구나. ○○가 널 싫어하는 것이 아니고 낮잠을 자고 싶어서 그러는 거야."
  - 자녀가 가진 독특함을 인정한다.
    예 "와! 정말 용감한 사자처럼 그렸네. 할머니에게 보내드려야겠다."
  • 자녀의 관심과 흥미를 지원해 준다.
    예 "호랑이에 대해 알고 싶구나. 도서관에서 호랑이에 대한 다른 책을 빌려 오자."
  - 선택권을 준다.
    예 "배고프구나. 옥수수를 쪄먹을까? 감자를 쪄먹을까?"
  - 실수로부터 배우도록 한다.
    예 "너무 높게 쌓았더니 무너졌구나. 어떻게 하면 블록으로 안 무너지게 지을 수 있을까?"
  - 부모가 스스로를 존중한다는 것을 보여준다.
    예 "엄마가 이 문을 고쳤어. 와! 나도 내가 이렇게 잘 고칠 줄은 몰랐네!"
• 자녀를 사랑하고 수용할 때, 자녀에 대한 믿음이 있을 때, 노력할 때, 향상을 이루

었을 때, 자녀를 인정할 때 격려할 수 있다.
- 칭찬보다는 격려를 한다.

칭찬과 격려는 여러 가지 측면에서 다르다. 칭찬과 격려의 차이점을 비교하면 다음 | 표 17-9 |와 같다.

표 17-9 칭찬과 격려

칭찬	격려
• 일종의 보상이다. 자녀는 부모가 가치 있다고 생각하는 것을 했기 때문에 보상으로 칭찬을 받는다.	• 일종의 선물이다. 격려는 언제, 어디서, 어떤 이유(예 노력한 것, 특별한 재능, 성공 또는 실패한 것)로도 받을 수 있다.
• 판단의 의미가 담긴 언어를 사용한다. 예를 들면, "참 착한 아이로구나.", "네가 자랑스럽구나." 같은 말에는 판단의 의미가 내포되어 있다.	• 인정의 의미가 담긴 언어를 사용한다. 예를 들면, "가게에서 참을성 있게 기다려 주어 고맙구나.", "이름을 쓸 수 있어서 스스로 자랑스럽게 느끼는구나." 같은 말에는 인정의 의미가 내포되어 있다.

격려는 자녀가 목표를 달성하도록 하고 자아 개념을 향상시키는 데 도움이 되는 기술이다. 격려의 특징은 다음과 같다.

○ 자녀에 대한 가치 판단을 하지 않는다.

격려의 가장 바람직한 측면은 자녀에 대한 가치 판단을 하지 않는다는 데 있다. 부모가 자녀에 대해 긍정적인 말을 할 때 가치나 의견을 담고 있는 경우가 많은데, 그런 말은 자녀가 스스로를 믿게 하는 데 아무런 도움이 안 된다. 가치가 담기지 않은 격려의 말은 일이 잘 안 풀릴 때도 지속할 힘을 자녀에게 주고 자신이 열심히 한 것과 긍정적인 결과에 자녀가 자부심을 느끼게 한다.

○ 자녀의 감정에 초점을 둔다.

자녀를 격려하기 위해서 부모는 자녀가 자신이 한 것과 자신에 대해 어떻게 느끼는가의 중요성을 강조해야 한다. 즉, "나는 네가 자랑스러워.", "너 같은 아이를 둬서 행복해." 같이 부모의 감정이나 부모의 신념을 강조하기보다는 "네 자신이 자랑스럽지!", "네가 한 일에 대해 만족하리라 생각하는데!" 같이 자녀의 감정에 초점을 두고 말한다.

○ 결과보다는 과정을 강조한다.

일반적으로 부모는 자녀가 설정한 목표를 달성할 때까지 기다리기 때문에 자녀가 목표를 향해 노력하는 도중에 동기를 유발할 기회를 놓치곤 한다. “네가 지금까지 한 일을 봐!”, “재미있는 생각을 해냈네!”, “지난 번에는 여기까지 하는데 3일 걸렸는데, 이제는 하루만에 할 수 있게 되었네!”와 같은 말은 자녀가 동기 유발되게 도와준다. 자녀가 설정된 목표를 달성한 후에도 결과보다는 과정에 초점을 두는 것이 더 바람직한 격려가 된다. 예를 들면, “이것을 만드느라 정말 열심히 일했어. 네 레고 로봇이 정말 멋있지 않니?” 같은 말로 격려할 수 있다. 격려는 결과보다는 과정을 강조하는 것이기 때문에, 자녀가 비록 목표를 이루거나 성공하지 못했어도 격려를 할 수 있는 장점이 있다. 예를 들면, 실패한 경우에도 “봐! 지난번보다 조금 더 잘할 수 있게 되었지?” 또는 “조금 더 생각하면 이번엔 성공할 수 있을 거야!”라고 말해 줄 수 있다.

○ 자녀의 가치를 자녀가 이룬 것 또는 실패한 것과 분리시킨다.

비록 자녀가 성공하기 위해 노력한 과정이나 자녀의 성취를 인정하는 것이 격려이지만, 부모는 항상 자녀가 한 일의 과정이나 결과에 관계없이 자녀를 사랑하고 인정한다는 것을 자녀에게 알려야 한다. 왜냐하면, 자녀의 가치는 자녀가 한 일이 아니라 자녀 그 자체로 충분하기 때문이다. 마찬가지로 자녀가 실수하거나 성취하지 못했을 때도 자녀의 가치를 자녀의 실수 또는 실패와 분리해야 한다. “실수했다고 걱정하지 마. 누구나 실수를 통해 배운단다. 어떻게 고칠 수 있는지 보자! 네가 열심히 해왔으니 잘 할 수 있어.”라는 말은 자녀의 가치를 인정하면서도 실수 또는 실패를 개선하는 것에 초점을 맞추기 때문에 자녀에게 격려가 된다.

부모로서 격려할 때 주의할 것은 격려한 뒤에 다시 좌절하게 만드는 말을 덧붙이지 않도록 하는 것이다. 예를 들면, “정말 열심히 했어. 그런데…, 다음에도 열심히 할 수 있을까?”, “시간 낭비 안 하고 부지런히 하면 잘할 수 있을 거야.” 같은 말은 자녀를 좌절하게 만들 수 있다.

(4) 어린이에게 말하고 어린이의 말 듣기

제4장에 소개된 자녀에게 어떻게 말을 하고 자녀의 말을 어떻게 들을 것인가에 대한 내용은 PET에 소개된 나-전달법의 사용과 적극적 경청(반영적 경청)의 사용에 대한

설명과 같으므로, 자세한 내용은 PET을 참조한다(pp. 364~380). 자녀의 연령에 따른 나-전달법과 적극적 경청의 예를 제시하면 다음 | 표 17-10 | 과 같다.

표 17-10 자녀의 연령에 따른 나-전달법과 적극적 경청

자녀의 연령 및 특성		나-전달법	적극적 경청
영아기	부모의 말을 이해하지 못하나, 부모의 감정은 이해한다.	• "네가 아픈 것 같아 나도 슬프구나." • "네가 웃으니 나도 행복해."	• "공을 잡을 수 없어서 화가 났구나." • "강아지가 물까봐 겁이 났구나."
걸음마기	말로 표현할 수 있으나, 자녀를 더 잘 이해하기 위해 행동을 관찰하여 감정을 이해한다.	• "네가 왜 우는지 모르면 너를 도와줄 수 없단다." • "네가 장난감을 던지면, 부서질까봐 걱정된단다."	• "과자를 더 안 준다고 해서 엄마한테 화가 난 것 같구나." • "친구와 놀게 되어서 정말 기쁘구나."
유아기	논리적 사고 능력이 있으나, 자녀의 감정을 이해하기 위해 행동을 관찰하고, 감정을 나타내는 정확한 용어를 사용한다.	• "네가 친구와 사이좋게 놀면 엄마도 기쁘단다. 왜냐면 네가 친구들과 사이가 좋으니까." • "길거리에서 뛰면 엄마는 네가 다칠까봐 걱정이 돼. 특히 비 오는 날은 미끄럽거든."	• "게임에 져서 속상한 것 같은데, 엄마와 이야기할래?" • "선생님이 네 이야기를 잘 들어주셔서 기분이 좋구나."

(5) 어린이들이 협동하는 것을 배우도록 돕기

제5장에서는 자녀에게 협동을 가르치기 위한 부모의 역할을 소개하고 있다. 협동이란 함께 일하는 것을 의미하는 것으로, 자녀가 협동하도록 가르치기 위해서는 오랜 시간이 필요하다. 부모는 자녀에게 협동을 가르치기 위해 다음의 네 가지 전략을 사용할 수 있는데, 그 내용을 요약하면 다음과 같다.

○ 상황을 단순하게 만들기

부모는 자녀에게 선택할 수 있는 대안을 제공함으로써 자녀가 협동하도록 할 수 있다. 예를 들면, "친구와 밖에 나가 놀고 싶으면, 놀잇감을 먼저 정리하는 것이 좋겠다.", "둘이 잘 해결할 수 있겠니? 아니면 오늘은 그만 놀고 싶니?" 같은 제안을 하고 자녀가 선택하도록 할 수 있다.

○ 필요한 한계 설정하기

자녀가 당장 요구를 들어줄 것을 고집하고, 부모의 제안을 들으려고 하지 않을 때는 자녀에게 한계를 가르칠 필요가 있다. 예를 들면, "지금은 엄마가 손님하고 이야기하고 있기 때문에 너와 놀 수가 없어.", "엄마가 손님과 이야기하는데 자꾸 떠들면, 네 방으로 보낼 수밖에 없어." 같은 말을 함으로써 자녀에게 안 되는 것도 있음을 알게 할 필요가 있다.

○ 대안 찾아보기

대안 찾아보기는 PET에 소개된 무승부 법과 같은 내용이므로 자세한 내용은 PET을 참조한다(pp. 364~380).

○ 가족회의 하기

정기적인 가족회의를 통해 어린이는 협동하기를 배울 수 있다. 가족회의는 문제를 해결하기 위해서만 열리는 것이 아니라, 가족 간에 좋은 기분을 나누고, 즐거운 시간을 갖고, 가족의 공동 관심사에 대해 함께 의사 결정하고, 격려하기 위해서도 열릴 수 있다.

(6) 어린이 훈육하기

제6장에서는 벌과 훈육을 비교하고 자녀의 훈육을 위해 부모가 사용할 수 있는 10가지 전략을 소개하고 있는데, 그 내용을 요약하면 다음과 같다.

○ 벌

벌은 자녀가 부모의 기대에 부응하지 못했거나, 자녀가 실패 또는 실수했을 때 부모가 자녀에게 주는 부정적인 언어적 또는 신체적 반응으로, 자녀의 자아 개념을 손상시키고, 문제를 더욱 복잡하게 하며, 부모-자녀 관계를 악화시킨다. 벌은 부모의 분노 또는 권위에 자녀가 굴복하기 때문에 단기간의 효과는 있을지 모르나, 장기적으로는 다음과 같은 다양한 부작용이 있다.

• 자녀의 바람직하지 않은 행동을 강화한다.

자녀의 바람직하지 않은 행동을 벌주는 것은 그 행동을 강화하는 결과를 낳을 수 있다. 예를 들면, 자녀가 부모의 주의를 끌기 위해 부적절한 행동을 하였을 때, 부모는 벌을 주면서 동시에 주의도 주게 된다. 비록 부모의 관심이 부정적인 관심이지만, 어떤 아이들은 이런 관심이라도 얻으려고 부적절한 행동을 반복하게 된다.

• 행동의 결과와 벌이 논리적으로 연결되지 않는 경우가 많다.

대부분의 경우 벌은 자녀의 행동과 논리적으로 연결되어 있지 않다. 예를 들면, 우유를 쏟은 자녀에게 행주로 닦게 하는 것은 논리적으로 맞는 결과지만, 손을 들고 서 있게 하는 벌은 논리적으로 관련 없는 벌이다.

• 부모-자녀 관계를 악화시킨다.

부모의 의도는 자녀에게 가르침을 주는 것이지만, 자녀들은 계속해서 벌을 주는 부모를 피하고, 싫어하게 되고, 거짓말하거나 반항하게 되기 때문에 부모-자녀 관계가 악화된다.

• 타인과의 관계를 악화시킨다.

부모에게 지속적으로 벌을 받은 유아들은 성인을 벌주는 사람으로 인식하거나, 성인에 대한 긍정적 신뢰를 형성하지 못하기 때문에 다른 사람과의 관계도 악화된다.

○ 훈육

훈육은 하나의 행동이나 말이 아니라, 일련의 과정 또는 분위기이기 때문에 자녀를 훈육하는 데는 많은 시간과 노력이 필요하다. 자녀를 훈육(DISCIPLINE)하는 데 다음과 같은 다양한 전략을 사용할 수 있다.

- Distract: 자녀의 관심을 다른 곳으로 돌린다.
- Ignore misbehavior: 바람직하지 못한 행동을 무시한다.
- Structure the environment: 환경을 적절히 구성(예 안전하게 탐색할 수 있는 환경 조성, 규칙적인 일과, 자녀의 소유물 인정)해 준다.
- Control the situation, not the child: 자녀를 통제하기보다는 상황을 통제(예 한계 설정해 주기, 선택권 주기)한다.
- Involve the child: 훈육 과정에 자녀를 포함(예 자연적 결과와 논리적 결과를 경험하게 함)시킨다.
- Plan time for loving: 자녀와 함께 서로의 사랑을 느낄 수 있는 시간을 보낸다.
- Let go: 지나친 보호를 삼간다.
- Increase your consistency: 상황(예 대중 앞에서, 다른 사람 앞에서, 친구들이 놀러 왔을 때 등)에 관계없이 일관성 있게 말하고 행동한다.
- Notice positive behavior: 자녀의 바람직한 행동에 관심을 보이고 격려한다.

- Excuse the child with a time-out: 아주 방해되는 행동을 할 때 자녀가 혼자 있을 시간을 준다.

위의 10가지 전략 중 자녀를 훈육 과정에 포함시키기(자연적/논리적 귀결)와 혼자 있게 하기(Time-out)에 대해 상세히 살펴보면 다음과 같다.

○ 자연적 귀결과 논리적 귀결

자녀들은 따뜻하게 돌보아주는 부모의 도움을 받아 적절한 선택을 하고, 자신의 행동에 책임을 지는 것을 배워야 한다. 논리적 귀결과 자연적 귀결은 서로 밀접히 관련된 것으로 부모가 자녀의 행동에 대한 결과를 경험하도록 기회를 줄 때만 결과로부터 배운다는 것을 강조한 개념이다.

결과를 경험하게 하는 것과 벌은 다르다. 자녀가 결과를 경험하게 할 때는 부모 자신과 자녀를 존중할 수 있고, 자녀가 경험하는 것이 자녀의 바람직하지 못한 행동과 관련 있는 것이고, 과거가 아니라 현재에 초점을 둘 수 있고, 단호하지만 동시에 우호적으로 자녀를 대할 수 있고, 자녀가 선택하고 결정할 기회를 줄 수 있다.

- 자연적 귀결

자연적 귀결은 우리가 일상생활을 하면서 성급한 결정을 할 때 일어나는데 성인이든 유아든 그 경험(예 불에 데는 것, 많이 먹으면 체하는 것, 추운데 얇게 입으면 감기 걸리는 것, 짜게 먹으면 병에 걸리는 것)으로부터 배울 수 있다. 예를 들면, 어린이들은 경사진 길을 뛰어 내려가면서 어떤 일이 생길지 생각하지 못한다. 뛰어 내려가다 넘어져서 무릎이 까지는 것이 달려 내려간 행동의 자연적 귀결이다. 반면, 풀밭에서 넘어지면 그리 크게 다치지 않는다는 것을 아는 것도 자연적 결과를 경험하는 것이다.

만약 자녀가 자연적 결과를 경험하는 것을 부모가 막지 않는다면 자녀들은 그 경험으로부터 배울 수 있다. 그러나 때로는 자연적으로 결과를 경험하도록 하는 것이 위험할 수 있기 때문에(예 찻길에서 공놀이하는 것), 부모는 자녀가 자연적 결과를 경험하도록 내버려 둘 것인지, 논리적 설명을 통해 어떤 결과가 생길지 미리 생각하게 할 것(induction)인지 판단하여야 한다.

- 논리적 귀결

자연적 귀결과 밀접한 관련이 있는 것이 논리적 귀결이다. 논리적 귀결은 부모가 벌을 주는 방법을 피하면서도 자녀가 자신의 행동과 논리적으로 관련 있는 결과를 경험하게 하고 그것으로부터 배우게 하고 싶을 때 사용할 수 있다. 대부분의 경우, 논리적 귀결은 계약 또는 약속을 하고 그것이 지켜지지 않았을 때 경험하게 된다. 예를 들면, 부모는 자녀와 놀잇감을 치워야 다시 그 놀잇감으로 놀 수 있다는 규칙을 만들 수 있다. 이때 왜 놀잇감을 치워야 하는지와 치우지 않을 경우 어떤 불편함이 생기는지 등의 이유를 설명하고 치우지 않았을 경우 어떻게 할 것인지 결정(예 1주일 동안 놀 수 없다.) 한다.

때로는 약속이나 계약에 의하지 않고서도 논리적 결과를 경험하게 할 수 있다. 예를 들면, 약속 없이도 동생의 놀잇감을 망가뜨렸을 경우 동생의 놀잇감을 고쳐주도록 할 수 있다. 중요한 것은 약속이나 계약의 유무가 아니라 잘못한 행동과 논리적으로 관련 있는 결과를 경험하도록 하는 것이다.

○ Time-out의 활용

자녀를 잠시 혼자 있게 하는 time-out 전략은 자녀가 자신의 성질을 못 이겨 소리지르고 발버둥(temper tantrum)을 치거나, 지속적으로 방해되는 행동을 하거나, 타인을 때리거나 무는 것 같은 극단적인 행동을 할 때 사용할 수 있다. time-out의 목적은 자녀가 행동을 통제하는 것을 배우게 할 뿐만 아니라 부모도 자녀에게 폭발적으로 화내는 것을 막는 데 있으므로, time-out을 사용할 때는 다음의 사항을 유의한다.

- 자녀가 혼자 있을 공간을 정한다.
- 왜 혼자 있어야 하는지에 대한 이유를 설명한다.
- 얼마동안 혼자 있게 할지 결정한다. 일반적으로 자녀의 나이(즉, 5세라면 5분)만큼의 시간보다 오래 혼자 있게 하지 않는다. 때로는 자녀가 스스로 준비되었다고 생각하면 나오게 할 수도 있다.
- 문을 걸어 잠그지 않는다.
- 자녀가 원한다면 time-out 동안 놀게 할 수 있다. time-out은 벌이 아니라 자녀가 스스로를 통제하게 하는 것이 목적임을 명심한다.
- time-out이 끝나면 더 이상 그 문제에 대해 토론하지 않는다. 다시 이야기하면 자녀는 부모의 관심을 원할 때 그 행동을 반복할 수 있다.

(7) 어린이들의 사회·정서 발달

제7장에서는 자녀의 사회·정서 발달을 지원하기 위한 부모의 역할을 소개하고 있는데, 그 내용을 요약하면 다음과 같다.

- 자녀의 감정을 이해하고 민감하게 반응한다. 어린이들은 관심을 얻기 위해, 힘을 얻기 위해, 복수하기 위해, 부적절함을 보이기 위해 감정을 활용하므로 자녀의 의도를 파악하려고 노력한다.
- 자녀가 느끼는 다양한 감정과 그 원인을 이해한 후, 자녀의 감정을 이해함을 표현하고 적절한 방법으로 도와준다.
- 자녀가 좌절 때문에 성질부리기(temper tantrum)를 할 때는 달래주어 부모가 자녀의 감정을 이해함을 보여 주지만, 힘과 권력을 얻기 위해 성질부리기를 할 때는 무시하거나 time-out 전략을 사용한다.
- 자녀가 스트레스를 받을 때는 심리적, 신체적 증후를 보이므로 잘 관찰하고 적절히 대처한다.
- 유아기는 사회적으로 수용되는 행동을 배우는 시기이다. 적절한 한계를 설정해 주고, 긍정적 행동에 관심을 보이고, 타인을 배려하고, 돕고, 협력하도록 가르친다.
- 거짓말하기, 과장하기, 욕하기는 유아기 자녀에게 일반적으로 나타나는 현상이므로 과대 반응을 보이지 않는다.
- 자녀가 공격적으로 행동하면 그런 행동을 하는 이유를 알아낸 후, 바람직한 방법으로 자녀가 그 목적을 이루도록 돕는다.
- 2세 이전에 대소변 가리기 훈련을 하지 않는다. 2세 이전에는 신체적으로 준비가 되지 않기 때문에 부모와 자녀 모두에게 좌절감을 안겨준다.
- 자는 시간과 방법에 대한 규칙을 정하고, 잠자는 준비를 하는 시간이 즐거운 시간(예 책 읽어주기, 함께 누워 이야기하기)이 되도록 한다.

참고문헌

Dreikurs, R. (1972). *Discipline without tears.* New York: Hawthorne.

Dreikurs, R., & Grey, L. (1968). *A new approach to discipline: Logical consequences*. New York: Hawthorne.

Dreikurs, R., & Grey, L. (1970). *A parent's guide to child discipline*. New York: Hawthorne.

Dreikurs, R., & Soltz, V. (1964). *Children: The challenge*. New York: Hawthorne.

김 희 진

이화여자대학교 사범대학 교육학과(학령전교육 전공) 학사
University of Illinois at Urbana-Champaign 유아교육전공 석사
Purdue University 유아교육전공 박사
이화여자대학교 사범대학 부속 이화유치원 교사
현, 이화여자대학교 사범대학 유아교육과 교수
관심 분야: 부모교육과 지원, 부모-유아 상호작용, 유아의 사회적 관계,
영아교육 프로그램, 영유아 평가

한 영 미

이화여자대학교 사범대학 유아교육과 학사
이화여자대학교 일반대학원 유아교육학과 유아교육전공 문학석사
이화여자대학교 일반대학원 유아교육학과 유아교육과정전공 문학박사
전, (사)아이코리아 연수원/보육교사교육원 전임교수
현, 국립공주대학교 사범대학 유아교육과 조교수
관심 분야: 부모교육과 지원, 영아교육 프로그램, 유아안전교육, 유아음악교육 등

제3판 **유아교육기관에서의 부모교육과 지원**

초판 1쇄 인쇄 2006년 7월 25일
초판 8쇄 발행 2012년 8월 25일
제2판 5쇄 발행 2021년 8월 26일
제3판 1쇄 발행 2025년 8월 30일

지은이_ 김희진 · 한영미
펴낸이_ 황호철
펴낸곳_ 도서출판 파란마음
주소_ 10097 경기도 김포시 김포대로926번길 88-27, 227동 1401호
전화_ (031) 992-7679 | 팩스_ 0508-900-2212
홈페이지_ http://paranmaum.co.kr/
등 록_ 2006년 4월 24일 · 제409-3020000251002006000024호

ISBN 979-11-90935-58-6 93370
값 25,000원